Peter Lipps
Temperamente und Pädagogik

PETER LIPPS

Temperamente und Pädagogik

Eine Darstellung für den Unterricht
an der Waldorfschule

VERLAG FREIES GEISTESLEBEN

Im Gedenken an Dr. Kurt Diehl
(19. Juni 1919 – 1. Dezember 1988)

ISBN 3-7725-1585-1

1. Auflage 1998
Verlag Freies Geistesleben
Landhausstr. 82, 70190 Stuttgart
© 1998 Verlag Freies Geistesleben & Urachhaus GmbH, Stuttgart
Einband: Walter Schneider
Druck: Offizin Chr. Scheufele, Stuttgart

«Für Lebensweisheit wie für die Pädagogik
ist ein wirklich lebensvolles Erkennen
der Natur der Temperamente unerläßlich,
und beide würden unendlich gewinnen
durch sie.»[1]

Rudolf Steiner

Inhalt

Vorwort

Die vorliegende Darstellung versucht, den mannigfaltigen Erscheinungen der vier Temperamente – dem cholerischen, sanguinischen, melancholischen und phlegmatischen Temperament – und ihren Gesetzmäßigkeiten nachzuspüren. Geleitet von der Menschenkunde Rudolf Steiners, will sie sich dem Geheimnis dieser unterschiedlichen Lebens- und Seelenäußerungen nähern.

Wie machen sich die Temperamente in alltäglichen Situationen bemerkbar? Wie manifestieren sie sich in der Lebenseinstellung eines Menschen und in seiner Konstitution? In einem ersten Teil wollen wir versuchen, uns durch eine phänomenologische Betrachtung diesen Eigentümlichkeiten der menschlichen Temperamente zu nähern. Viele biographische Schilderungen sowie charakteristische Gedichte und Ausschnitte aus Erzählungen eröffnen hier ein weites Feld, so daß unterschiedlichste Nuancen der einzelnen Temperamente erkennbar werden.

Bei einer intensiveren Beschäftigung mit den vier Temperamenten tauchen vor allem zwei große Fragenkomplexe auf. Erstens: Wo im Menschen – im Leiblichen, im Seelischen, gar im Geistigen – ist das Temperament beheimatet? Läßt es sich genauer orten, physiologisch und psychologisch greifen, als Schicksal des Menschen be-greifen? Zweitens: Was bedeutet das Temperament für die individuelle Biographie, und wie wirkt es im Zusammenleben der Menschen? Stellt die Entwicklung des menschlichen Temperaments die Eltern und Erzieher vor eine pädagogische Aufgabe, oder muß dies der Selbsterziehung des Erwachsenen überlassen werden? Für die Pädagogik, auch und gerade in der konkreten Unterrichtsgestaltung, ergeben sich hier wesentliche neue Gesichtspunkte.

Diesen Fragen soll im zweiten und im dritten Teil des Buches – zu den menschenkundlichen Aspekten und zu ihrer pädagogischen Bedeutung – nachgegangen werden. Der historisch interessierte Leser könnte sich aber nach der phänomenologischen Betrachtung des ersten Teils zunächst auch der Geschichte der Temperamentenlehre zuwenden, von der im vierten Teil des Buches berichtet wird, ehe er den Blick auf die Forschungen Rudolf Steiners lenkt.

Das Buch stützt sich auf über zwanzig Jahre Erfahrung in der Beobachtung und in der Handhabung der Temperamente im Unterricht der Waldorfschule. Viele Aspekte wurden in der Arbeit mit Lehrern und Eltern immer wieder neu dargestellt und laufend vertieft, einige auch in Zeitschriften veröffentlicht und im Rundfunk gesendet. Daß der Autor, zunächst Volksschullehrer und dann Klassenlehrer einer Waldorfschule, sich insbesondere mit Musik, Geschichte, Literatur und bildender Kunst befaßt, gibt dem Werk einen bestimmten Duktus. Dennoch ist dieses Buch eines Waldorflehrers nicht nur für den Waldorflehrer gedacht, es wendet sich vielmehr an alle, die an grundlegenden psychologischen und pädagogischen Fragen interessiert sind. Mehr noch: Es ist eigentlich ein Ratgeber für den täglichen Umgang mit dem anderen Menschen – und mit sich selbst! Deshalb wurden möglichst anschauliche Beispiele gewählt und bewußt einige schwierige Wege, zum Beispiel im Zusammenhang mit kosmologischen und astrologischen Darstellungen, nicht beschritten. Wenn vieles nur Anregung, gar nur Frage bleibt, so ist das gelegentlich auch Absicht: Dem Geheimnis der Temperamente muß man sich in ständiger eigener Auseinandersetzung nähern, und gegenüber dem Farbenreichtum der menschlichen Temperamente bleibt alle Theorie grau.

Innerhalb der Waldorfpädagogik wird auch die Frage erörtert, ob Rudolf Steiner seine vielfältigen Hinweise für eine neue Temperamentenlehre mehr im Sinne einer beschreibenden Wissenschaft oder eher als künstlerische Methode gegeben habe. Der Autor, ganz und gar in der pädagogischen Praxis zu Hause – nicht nur in der Arbeit mit Kindern, sondern auch mit Erwachsenen –, neigt zu letzterem. Das schließt nicht aus, in einer allgemeinen anthroposophischen Menschenkunde wie in einer spezielleren anthroposophischen Psychologie die wissenschaftlichen Anregungen Rudolf Steiners weiter zu verfolgen. Hier ist allerdings noch weit mehr zu erarbeiten als auf dem pädagogischen und künstlerischen Feld, wo in der Nachfolge Rudolf Steiners Beachtliches entstanden ist. Einige Wege sind in diesem Buch ganz anfänglich beschritten, auf andere ist hingewiesen. Innerhalb der Pädagogik, speziell des Volksschulalters, also des zweiten Jahrsiebts, hat die Methode eines temperamentgemäßen Unterrichts ihre Bedeutung und Richtigkeit längst und umfassend bewiesen; auch dafür enthält dieses Werk Beispiele. Es ist ganz klar und unbestritten, daß diese Methode allerdings nur ein Teilgebiet anthroposophischer Pädagogik ist, so wie die Temperamentenlehre innerhalb der Menschenkunde Rudolf Steiners ja auch nur einen Teilaspekt darstellt. Dennoch ist es längst an der Zeit, auf die menschlichen Temperamente ausführlich und umfassend einzugehen; das will diese «Monographie» versuchen.

Der Autor dankt allen Freunden und Kollegen, die die Arbeit mit Interesse verfolgt und manche Anregung gegeben haben, und er dankt insbesondere seiner Familie für ihre liebevolle Geduld. Den entscheidenden Anstoß, mit einer solchen Arbeit nicht erst im Ruhestand zu beginnen, gab Veronika Hillebrand. Der Beginn der Arbeit war dann nur möglich durch die Unterstützung der Pädagogischen Forschungsstelle beim Bund der Freien Waldorfschulen – hier sei der Hinweise von Wolfgang Schad und der Aufmunterung durch Georg Kniebe gedacht – und durch die Hilfe des Rudolf Steiner-Fonds für wissenschaftliche Forschung. Daß ein vertieftes Studium und die ersten Niederschriften in einem Freijahr beginnen konnten, verdankt der Autor dem Kollegium der Michael Bauer Schule in Stuttgart. Ein besonders herzlicher Dank gebührt Martin Lintz als Lektor des Verlages Freies Geistesleben; er hat mit Einfühlungsvermögen und Sorgfalt viele Kürzungen, Umstellungen und Verbesserungen vorgenommen. Das ursprünglich vorgesehene reichhaltige Bildmaterial mußte aus Kostengründen leider etwas reduziert werden. Dafür, daß die Entstehung des Werkes recht lange brauchte, bittet der Autor Freunde und Kollegen um Nachsicht, aber neben dem vollen Engagement in der Waldorfschule und in der Familie und neben den künstlerischen Interessen blieb wenig Zeit. (Und schließlich ist auch das Bücherschreiben Temperamentssache ...)

Der Autor verhehlt nicht, daß er immer wieder auch die Reaktion seiner Bekannten, Fachleute wie Laien, bedachte, und mehr als einmal sah er ihr Kopfschütteln, aber auch ihr zustimmendes Nicken leibhaftig vor sich. Am interessantesten waren allerdings meist die

13

Gespräche mit unbefangenen und neugierigen Laien. Ein wenig Sorge machen dem Autor insbesondere die melancholischen Naturen, denn deren Ansprüche an Wahrheit und Tiefe, Sorgfalt und Genauigkeit, Verbindlichkeit und Gestaltung und Vollkommenheit können fast grenzenlos sein ... Dem fühlt sich der Autor nicht gewachsen. Dagegen freut er sich mit den Sanguinikern, die sich, bei allem regen und vielseitigen Interesse, letztlich immer nur das holen, was sie brauchen – und für sie gibt es gewiß Anregung genug. Auch die Choleriker werden zufrieden sein, denn sie lesen und studieren nicht lange, sondern handeln; sie werden Beispiele in Fülle finden. Die Phlegmatiker möchte man am liebsten auf einen zweiten Band vertrösten, der all das enthielte, was jetzt noch fehlt und den Horizont gebührend erweiterte; doch diesen zweiten Band müssen sich die Phlegmatiker wohl selbst erarbeiten ...

Stuttgart 1997   *Peter Lipps*

I.
Eine Phänomenologie der Temperamente
oder
Der Sanguiniker liebt
wechselnde Eindrücke

Einleitung

«Jeder neue Gegenstand, wohl beschaut,
schließt ein neues Organ uns auf.»[2]
Johann Wolfgang Goethe

Am Bach tummeln sich Kinder. Der Kleinste, schlank und beweglich, kobolzt übers Brückengeländer, schlüpft durchs Rohr, springt über den Graben, muntert die anderen auf, ihn zu fangen. Behäbig setzt sich der Freund in Trab. Aber er hat erst dann Erfolg, als der Kleine sich fangen läßt. Jetzt ruht sich der Freund behaglich aus, bis schließlich ein Hund sein Interesse weckt. Das größere Mädchen, schlank, mit dunklen Augen, fühlt Verantwortung und ruft mit ernstem Gesicht: «Kommt her zu mir, da ist ein großer Hund!» – «Pah!» entgegnet das andere Mädchen, das klein, aber kräftig ist, «den fürchte ich nicht!» Und schon geht sie mit entschlossenem Schritt, einen Stock in der Hand, auf ihn zu ...

Eine alltägliche Szene, die man so oder ähnlich vielerorts beobachten kann. Warum sind die vier Kinder so verschieden? Macht es die unterschiedliche Herkunft? Ist es der Unterschied der Geschlechter? Liegt es am Körperbau, an Seelischem, am Intellekt?

Ein anderes Beispiel: Auf der Baustelle arbeiten vier Männer. Der erste, wohl der Älteste, schafft in bedächtigem Gleichmaß; langsam, aber stetig wächst das Werk. Gilt es zu beraten, nimmt er sich Zeit. Geduldigem Zuhören folgt besonnenes Wort. Der Vorarbeiter befiehlt energisch, packt entschlossen mit an, ihm geht die Arbeit rasch von der Hand. Der Jüngste zeigt am wenigsten Ausdauer: Mal baut er hier, mal mißt er dort, bedient flink erst die eine, dann die andere Maschine und gesellt sich gern zu den Kollegen. Der vierte bleibt an seiner Sache, vergräbt sich in ihr, sinnt dann und wann lange nach.

Auch hier kann man sich fragen: Woher die Unterschiede? Kommen sie von der verschiedenartigen Ausbildung? Liegt es am Lebensalter und den unterschiedlichen Lebenserfahrungen? Oder an körperlichen, moralischen, geistigen Kräften?

Ein Gedicht von Heinrich Peitmann gibt hierauf eine erste Antwort; sie soll dann im folgenden genauer geprüft werden.[3]

Leicht springt über den Stein der Sanguiniker, keck und mit Anmut,
Stolpert er trotzdem darob, macht er sich wenig daraus.
Grimmig stößt ihn beiseit des Cholerikers kräftiger Fußtritt,
Und sein funkelndes Aug freut sich des schönen Erfolgs.
Kommt das Phlegma an, so hemmt es gemäßigt die Schritte:
«Gehst du mir nicht aus dem Weg, gehe ich eben herum.»
Aber grübelnd vor ihm bleibt der Melancholiker stehen,
Unzufriedenen Gesichts über sein ewiges Pech.

Goethes Äußerungen in seinem «Vorschlag zur Güte» sollen Richtschnur für den folgenden Versuch einer Phänomenologie der Temperamente sein: «Erfahren, schauen, beobachten, betrachten, verknüpfen, entdecken, erfinden sind Geistestätigkeiten, welche tausendfältig, einzeln und zusammengenommen, von mehr oder weniger begabten Menschen ausgeübt werden. Bemerken, sondern, zählen, messen, wägen sind gleichfalls große Hülfsmittel, durch welche der Mensch die Natur umfaßt und über sie Herr zu werden sucht, damit er zuletzt alles zu seinem Nutzen verwende.»[4]

Der zweite hier genannte Ansatz, eine stärker quantitative Betrachtung, bleibt bezüglich der Behandlung der Temperamente eine Aufgabe für die Zukunft, über deren Sinn und Bedeutung allerdings erst noch gründlich zu beraten wäre. Hier soll dagegen die erste, qualitative Richtung verfolgt werden. Doch muß man sich dabei auch vor Augen halten, daß eine «reine» Phänomenologie eigentlich kaum mehr möglich ist: Zu sehr lebt der Begriff «Temperament» im allgemeinen Bewußtsein, als daß man der Gefahr der vorzeitigen Auswahl, des frühen Beurteilens, des gleichzeitigen Wahrnehmens und Begreifens wirklich entgehen könnte. Um dennoch ein größeres Panorama von charakteristischen Temperamentsäußerungen ausbreiten zu können, sind im folgenden Beschreibungen, Schilderungen, Darstellungen, Charakterisierungen von unterschiedlichster Art ausgewählt; sie ließen sich mühelos erweitern oder austauschen (wenngleich viele von ihnen im Zusammenhang mit dem Text des Buches stehen, so eines das andere ergänzend und illustrierend). Die Beispiele sind im Blick auf die vier Temperamente in ihrer reineren Form ausgewählt; man wird jedoch neben verschiedener Intensität auch mannigfache Mischungen und Übergänge wahrnehmen. Die Stichworte und Texte beleuchten einmal nur einen Teilaspekt, ein anderes Mal beschreiben sie Grundstrukturen, sie sind im einen Fall aus dem Leben gegriffen, in einem anderen ein Kunstprodukt, gelten hier dem Seelischen eines Menschen, dort seinem Leib. Pädagogen und Psychologen kommen ebenso zu Wort wie Dichter und Philosophen. Kurz: Diese Beiträge zu einer anfänglichen Phänomenologie der Temperamente sind so bunt gemischt wie die Temperamente selber; und es sei gleich vorweg auf die Gefahr hingewiesen, die droht, wenn man sich festlegen und Definitionen festhalten will: Das lebendig Gemischte entflieht – und «temperamentum» heißt gerade nichts anderes als Mischung. Der Leser sei sich dabei seines eigenen Temperaments, das auch ihn bindet, bewußt. «Im Grunde kann kein Mensch über sein Temperament hinweg, es wird immer seine Lebensäußerungen bestimmen», schreibt Alfred Kubin.[5]

Mit Absicht versagt sich der Autor hier eigene Beschreibungen, denn zu leicht erliegt man der Versuchung, dem Typus gerecht werden zu wollen und dadurch Betonungen und Bewertungen zu setzen, die gegebene Wirklichkeiten mehr oder weniger stark verfälschen. Statt dessen sollen knappe Kommentare zu den Textausschnitten Wesentliches hervorheben. Den einzelnen Beispielen ist eine kleine Sammlung von Redewendungen, Namen, Bezeichnungen und Charakterisierungen der Temperamente vorangestellt, wie sie sich in der Umgangssprache und in den verschiedenartigsten Abhandlungen über diese Thematik finden. Einige berühmte Vertreter des jeweiligen Temperaments sind hier ebenfalls aufgeführt, auch wenn sie sich nicht immer ganz leicht zuordnen lassen.

Sanguinik

Seelische Eigenheiten und Attribute: leichter Sinn, flacher Sinn, Leichtsinn, Frohsinn, Heiterkeit, Fröhlichkeit, sonniges Gemüt; warmblütig, luftig, leicht, beweglich, anmutig, empfindsam, herzlich, gefühlvoll, offen, neugierig, anteilnehmend, begeisterungsfähig, freundlich, wetterwendisch, zerstreut, wechselhaft, flatterhaft, launisch, unkonzentriert, oberflächlich, unterhaltend, gesellig, freigebig, ungeduldig.

Bezeichnungen: Luftikus, Bruder Leichtfuß, Hans-guck-in-die-Luft, Springinsfeld, Hans-Dampf-in-allen-Gassen, Enthusiast, Phantast, Wirbelwind, Wirrkopf, Spinner, Windbeutel.

Redewendungen: Er kommt von einem zum andern, kommt vom Hundertsten ins Tausendste, lebt von der Hand in den Mund, entfacht ein Strohfeuer, entflammt, macht frischen Wind, sieht alles rosig, sieht alles im günstigen Licht, sieht den Himmel offen, ist himmelhoch jauchzend, zu Tode betrübt, ihm gehört die Welt, er hat Sonne im Herzen, baut Luftschlösser, ihm hängt der Himmel voller Geigen, er schwebt im Wolkenkuckucksheim.

Typische Vertreter: Don Juan, Wolfgang Amadeus Mozart, Felix Mendelssohn-Bartholdy, Richard Wagner, Johann Jakob Bodmer, Jean-Jacques Rousseau.

Zuordnungen: Luft, Leichtigkeit, Helle, Morgen, Frühling.

Betrachten wir einige Textbeispiele. So wie im folgenden Gedicht Goethes «Musensohn» als ein Künstler-Typus von Ort zu Ort und durch die Zeiten des Jahres schweift, so möge der Leser von einem sanguinischen Eindruck zum anderen schweifen. Der «Musensohn» ist der beseelte Künstler, dem alles zu Melodie und Tanz, zu Bild und Gedicht wird, er verkörpert den sanguinischen Menschen in seiner

Offenheit und Liebenswürdigkeit, in seinem Erfassen und Gestalten. Er erscheint dann im nachfolgenden Gedicht, in Eichendorffs «Frische Fahrt», zum fahrenden, forschenden Abenteurer gesteigert, den es in «die schöne Welt» hinauslockt.

Der Musensohn

Durch Feld und Wald zu schweifen,
Mein Liedchen wegzupfeifen,
So gehts von Ort zu Ort!
Und nach dem Takte reget,
Und nach dem Maß beweget
Sich alles an mir fort.

Ich kann sie kaum erwarten,
Die erste Blum im Garten,
Die erste Blüt am Baum.
Sie grüßen meine Lieder,
Und kommt der Winter wieder,
Sing ich noch jenen Traum.

Ich sing ihn in der Weite,
Auf Eises Läng und Breite,
Da blüht der Winter schön!
Auch diese Blüte schwindet,
Und neue Freude findet
Sich auf bebauten Höhn.

Denn wie ich bei der Linde
Das junge Völkchen finde,
Sogleich erreg ich sie.
Der stumpfe Bursche bläht sich,
Das steife Mädchen dreht sich
Nach meiner Melodie.

Ihr gebt den Sohlen Flügel
Und treibt durch Tal und Hügel
Den Liebling weit von Haus.
Ihr lieben holden Musen,
Wann ruh ich ihr am Busen
Auch endlich wieder aus?

Johann Wolfgang Goethe

Frische Fahrt

Laue Luft kommt blau geflossen,
Frühling, Frühling soll es sein!
Waldwärts Hörnerklang geschossen,
Mutger Augen lichter Schein;
Und das Wirren bunt und bunter
Wird ein magisch wilder Fluß,
In die schöne Welt hinunter
Lockt dich dieses Stromes Gruß.

Und ich mag mich nicht bewahren!
Weit von euch treibt mich der Wind,
Auf dem Strome will ich fahren,
Von dem Glanze selig blind!
Tausend Stimmen lockend schlagen,
Hoch Aurora flammend weht,
Fahre zu! Ich mag nicht fragen,
Wo die Fahrt zu Ende geht!

Joseph von Eichendorff

Beweglichkeit ist ein Kennzeichen des sanguinischen Temperaments, denn der Wechsel, die Abwechslung werden gesucht. Die Seele braucht beständig neue Eindrücke, und ihre Gefühle können sich in ihrer Heftigkeit und Leidenschaft bis zum Extrem steigern: «himmelhoch jauchzend – zu Tode betrübt». Da kann auch der Leib nicht in Ruhe bleiben, und so werden «Fahrt» und «Tanz» zu typischen Bildern. Daß im Gedicht so oft Luft und Wind beschworen werden, hängt mit dem sanguinischen Temperament viel inniger zusammen, als man meint. Über das «Wahr-Bild» des Luftigen wird später Genaueres ausgeführt. Durch Eichendorffs Gedicht kann man etwas davon erahnen, warum früher das sanguinische Temperament als «das Temperament an sich» bezeichnet wurde, bis heute nachklingend in der Redewendung: «Er ist ein temperamentvoller Mensch.» Unübertroffenes musikalisches Beispiel dafür ist der erste Satz aus dem Streich-Oktett von Felix Mendelssohn-Bartholdy.

Wenden wir uns einzelnen Persönlichkeiten in ihrer Individualität zu, so erleben wir, wie Besonderes im Allgemeinen aufleuchtet. Eine charakteristische Beschreibung gibt Caroline von Heydebrand in dem folgenden Textauszug: Das Kind Knud erscheint hier unter vieler ähnlichen Kindern bereits als eine eigene, unverwechselbare Person. Wieviel mehr trifft dies erst für den jugendlichen Menschen zu; als Beispiel dafür bringen wir eine Schilderung von Friederike Brion, Goethes Liebe in seiner Straßburger Zeit. In beiden Charakterisierungen erkennt man ganz bestimmte sanguinische Züge des Kindes- und des Jugendalters.

«Der fünfjährige Knud hat rötliche Löckchen über der runden Stirn, sehr blaue Augen und eine zierliche Himmelfahrtsnase. Die Oberlippe ist über die Unterlippe vorgeschoben. Er ist nicht besonders groß für sein Alter, aber schlank und ebenmäßig gewachsen. Der Kopf ist ziemlich groß, die Gliedmaßen sind beweglich. Er liebt es, auf den Zehenspitzen zu trippeln Wenn es ihm aber einfällt, kann er auch sehr fest auftreten. Im Springen ist er äußerst geschickt, mehrere Stufen der in den Garten führenden Treppe überfliegt er auf einmal. Der Tag ist nicht mehr fern, wo er von der Terrasse direkt in den Garten springen wird über alle zehn Treppenstufen hinweg. Wenn er stürzt, heult er schnell ein paar Tränen, tröstet sich aber gleich wieder und gehört zu den Kindern, die mit Tränen in den Augen lachen können. Seinen viele Jahre älteren Bruder springt er unter lautem Kriegsgeschrei an. Er ist nicht feige, aber unüberlegt und frech wie ein kleiner bellender Köter. Zieht er den kürzeren, was unweigerlich der Fall ist, dann ist er schwer gekränkt und zieht sich grollend in einen Winkel zurück. In kürzester Zeit ist aber sein Zorn verraucht; ohne der erlittenen Niederlage zu gedenken, sucht er den Bruder zu bewegen, mit ihm zu spielen. Der soll sein Pferd sein, er der tollkühne Reiter – nach kurzer Zeit hat er dies Spiel satt, ein neues wird ausgedacht und begonnen und bald wieder durch etwas ganz anderes ersetzt. Auch wenn er allein spielt, wechselt er rasch und kommt innerhalb des einen Spieles auf immer neue Zusammenstellungen. Was er sieht und hört, lenkt ihn von dem ab, was er vorhat, und bringt ihn sofort auf frische Einfälle. Schnell bewegen sich Kopf und Augen hin und her wie bei einem Vögelchen. Auch wenn man mit ihm ernsthaft spricht, ist er bei allem guten Willen, mit dem er zuhören möchte, sofort abgelenkt. Es braucht nur eine Fliege an der Wand zu kriechen – und seine beflügelte Seele ist dem Erwachsenen unter der Hand entschlüpft. Die Mutter nennt ihn ‹Spatz›, die Großmutter ‹Eidechslein› – und beides paßt auf ihn. Er hat eine helle, hohe Stimme und ist sehr musikalisch. Das Flötenspielen hat er sich allein beigebracht. Schon jetzt zittert er vor freudiger Erwartung auf die Schule, von der er sich ungezählte Abwechslungen verspricht. Obwohl die Erwachsenen allerlei tadelnde, mehr oder weniger unverständige Beiworte für ihn haben: fahrig, zerstreut, flatterhaft, unkonzentriert, vergeßlich, sogar oberflächlich, ohne Ernst, nervös usw., ist er doch allgemein beliebt. Denn er ist das ‹Kind an sich›, wirklich nur Kind, und das gewinnt ihm alle Herzen, auch derer, die die obigen schmückenden Beiworte auf ihn anwenden.»[6]

Nun der Text von Goethe über Friederike Brion:

«Es gibt Frauenspersonen, die uns im Zimmer besonders wohl gefallen, andere, die sich besser im Freien ausnehmen; Friederike gehörte zu den letztern. Ihr Wesen, ihre Gestalt trat niemals reizender hervor, als wenn sie sich auf einem erhöhten Fußpfade hinbewegte; die Anmut ihres Betragens schien mit der beblümten Erde, und die unverwüstliche Heiterkeit ihres Antlitzes mit dem blauen Himmel zu wetteifern. Diesen erquicklichen Äther, der sie umgab, brachte sie auch mit nach Hause, und es ließ sich bald bemerken, daß sie Verwirrungen auszugleichen und die Eindrücke kleiner unangenehmer Zufälligkeiten leicht wegzulöschen verstand. [...]

Auf Spaziergängen schwebte sie, ein belebender Geist, hin und wieder, und wußte die Lücken auszufüllen, welche hier und da entstehen mochten. Die Leichtigkeit ihrer Bewegungen haben wir schon gerühmt, und am allerzierlichsten war sie, wenn sie lief. So wie das Reh seine Bestimmung ganz zu erfüllen scheint, wenn es leicht über die keimenden Saaten wegfliegt, so schien auch sie ihre Art und Weise am deutlichsten auszudrücken, wenn sie, etwas Vergessenes zu holen, etwas Verlorenes zu suchen, ein entferntes Paar herbeizurufen, etwas Notwendiges zu bestellen, über Rain und Matten leichten Laufes hineilte. Dabei kam sie niemals außer Atem und blieb völlig im Gleichgewicht [...].

Ich war grenzenlos glücklich an Friederikens Seite: gesprächig, lustig, geistreich, vorlaut, und doch durch Gefühl, Achtung und Anhänglichkeit gemäßigt. Sie in gleichem Falle, offen, heiter, teilnehmend und mitteilend. Wir schienen allein für die Gesellschaft zu leben und lebten bloß wechselseitig für uns.»[7]

In Caroline von Heydebrands liebevoller Charakterisierung wird wiederum die Beweglichkeit des sanguinischen Temperaments deutlich: im Trippeln und Springen des Kindes, im wechselnden Spiel. Das findet man oft bei Kindern, genauso wie den Wechsel der Seelenregungen zwischen Lachen und Weinen. Wenn Knud ein «Kind an sich» genannt wird, so ist das der Hinweis auf die Sanguinik als das eigentlich kindliche Temperament. Bleibt sie über das Kindesalter hinaus dominierend, dann mag ein Mensch wie Friederike Brion, damals achtzehnjährig, vor einem stehen. Es ist, neben vielem anderen, die Seelenfähigkeit des Verbindens, «teilnehmend und mitteilend», was einen beim Sanguiniker so besonders berührt und ihn so liebenswert und liebenswürdig macht.

Vereinen sich diese Teilnahme und die Freude am Mitteilen, «das Herz auf der Zunge tragend», mit der Lust an Spaß und Witz, an Phantasie und Übermut, dann nähern wir uns zum Beispiel dem Mozart der «Bäsle-Briefe», die natürlich nur eine Seite des jungen (und verliebten) Mannes zeigen, das «Buffoneske», könnte man sagen:

«Ma très chère Nièce! Cousine! fille!
Mère, Soeur, et Epouse!
Poz Himmel Tausend sakristey, Cruaten schwere noth, teüfel, hexen, truden, kreüz-Battalion und kein End, Poz Element, luft, wasser, erd und feüer, Europa, asia, affrica und America, jesuiter, Augustiner, Benedictiner, Capuciner, minoriten, franziscaner, Dominicaner, Chartheüser, und heil: kreüzer herrn, Canonici Regulares und iregulares, und alle bärnhäüter, spizbuben, hundsfütter, Cujonen und schwänz übereinander, Eseln, büffeln, ochsen, Narrn, dalken und fuxen! was ist das für eine Manier, 4 soldaten und 3 Bandelier? – so ein Paquet und kein Portrait? – ich war schon voll begierde – ich glaubte gewis – denn sie schrieben mir ja unlängst selbst, daß ich es gar bald, recht gar bald bekommen werde. Zweifeln sie vielleicht ob ich auch mein wort halten werde? – das will ich doch nicht hoffen, daß sie daran zweifeln! Nu, ich bitte sie, schicken sie mir es, je ehender, je lieber. es wird hoffentlich so seyn, wie ich es mir ausgebeten habe, nemlich in französischen aufzuge.»[8]

Dieses Zitat aus einem der Briefe des jungen Mozart an sein «Bäsle» in Augsburg ist Beleg für das Überschäumende, Phantasievolle des sanguinischen Temperaments und auch für die Gefahr, sich in Einzelheiten zu verlieren und im Wechsel der Assoziationen in die Irre zu geraten. Oft genug erscheint uns der Sanguiniker als unruhig und unkonzentriert, und es wird später auch über die Gefährdungen dieses Temperaments zu reden sein.

Wenn ein sanguinischer Mensch alt geworden ist, berichtet er im Rückblick wohl anders; das Leben hat ihn in die Schule genommen und mit Schicksalsschlägen belehrt. Einen solchen Menschen läßt Romain Rolland sprechen:

«Zuvörderst ist da, und solches ist wohl die Hauptsach bei der Angelegenheit: ich selbsten, ich, Colas Breugnon, ein braver Bursche aus dem Burgund, gesund und kugelrund, vorn und hinten gut im Stande, mitnichten im ersten Jugendglanz, dieweil die Fünfzig bereits geraume Weile überschritten sind, aber lendenstramm, mit festen Zähnen, klaren Augen, frisch wie ein Fisch im Wasser und mit Haaren, die, obwohl ein weniges grau, noch festiglich am Kopfe sitzen. Hiemit will ich nicht sagen, es wäre mir nicht lieber, so sie blond wären; desgleichen wollte ich nicht den Spröden spielen, so man mir böte, zwanzig oder dreißig Jahre noch einmalen zu leben. Jedoch zehn Lustren sind ein gut Ding! Spottet nur, ihr Grünschnäbel, jeder bringt es mitnichten soweit. Vermeint ihr, es sei ein kleines, wenn man seine Knochen fünfzig Jahre hindurch zu heutiger Zeit auf allen Wegen Frankreichs spazierengeführt? Heiliger Gott, was hat unser Buckel alles zu kosten bekommen an Sonne und Regen! Hin und her geschleudert sind wir, Freundlein, wieder und wieder ausgekocht und dann von neuem ausgewaschen sind wir! Etliches ist in diesen gegerbten Ranzen hineingestopft worden an Freuden und Trübsalen, an lustigen Bosheiten, an Erfahrungen und Narreteien, an Weizen und Spreu, an sauren Trauben und süßen Dingen, die man erlebt, erlitten, erfahren, erdacht, erstritten hat. Alles dies ist kunterbunt über und drüber in unseren Ranzen gepackt. Welch eine Lust, darin zu wühlen! Doch Geduld, Colas! Morgen ist auch noch ein Tag, wir wollen morgen darin herumstöbern. So ich heute damit anfange, werde ich nicht endigen. Für den Augenblick wollen wir das Inventarium aller Habseligkeiten aufnehmen, deren Eigentümer ich bin.»[9]

Geduldig Weizen und Spreu zu sondern fällt dem Sanguiniker nicht leicht. Immerhin haben Leben und Schicksal diesen Menschen geformt und gefestigt; man spürt, daß zuviel Sanguinik zum Alter und zur Reife nicht paßt. Das merkt man auch gut im Vergleich mit dem folgenden Bericht über den schweizerischen Schokoladenfabrikanten Philipp Suchard (1797–1884) und sein Lebenswerk:

«Die geistige Beweglichkeit und Unabhängigkeit des Sanguinikers ließen ihn zu einem höchst vielseitigen Unternehmer werden. Sein erfolgreiches Wirken begann er mit einem 1825 in Neuenburg eröffneten eigenen

Confiseriegeschäft, wo er ‹selbsthergestellte Schokolade aus feinstem Caraca-Cacao› empfahl. Um die Arbeit des Walzens und Rührens maschinell auszuführen, erwarb er sich ein Jahr später eine mit Wasserkraft betriebene Mühle in Serrières und richtete Knetmaschinen ein, die täglich 25 – 30 Kilogramm Schokolade liefern konnten. Auf einer Amerikareise ließ er sich für die neuartigen Dampfmaschinen begeistern und erwarb sich 1832 bei einer französischen Gesellschaft ein Dampfschiff für den Neuenburgersee, setzte sich dadurch zwar dem erbitterten Widerstand der um ihren Erwerb besorgten Schiffsleute, ängstlicher Behörden, um ihr Leben fürchtender Ärzte aus, überwand indes mit Optimismus jeden Gegner und führte selber vierzehn Jahre lang das Schiff ‹sozusagen täglich über den See› Gleichzeitig betreute er eine Zuckerbäckerei in Neuenburg und seine Schokoladenfabrik in Serrières. ‹Am frühen Morgen erteilte er in Neuenburg und Serrières seine Weisungen, dann führte er den Schiffskurs nach Yverdon oder nach Biel, und wenn er abends wieder eintraf, erwarteten ihn die Bestellungen, Buchhaltungs- und andere Arbeiten.› Doch damit nicht genug, schaltete sich Suchard auch in die Bemühungen ein, dem nach den Napoleonischen Kriegen darniederliegenden Handel durch Aufbau einer Seidenzucht zu helfen. Er pflanzte in den Weinbergen von Serrières 3000 Maulbeerbäume und ließ einen Fachmann als Betriebsleiter aus Avignon kommen. Spinnmaschinen und Webstühle begannen neben dem Schokolade-Rührwerk zu arbeiten. Eine aus Frankreich eingeschleppte Seuche vernichtete Suchards Seidenraupenzucht, damals das größte derartige Unternehmen in der Schweiz. Auch der Versuch, den Asphalt, der aus den Steinkohlen im Val-de-Travers gewonnen wurde, abzusetzen, unterstützte Suchard ‹mit Feuereifer›. Ferner beteiligte er sich als einer der ‹Gérants de la Société›, an der 1840 gegründeten Gesellschaft zur Schiffbarmachung des Rheins. Des weiteren versuchte er, die behördlich geförderte Auswanderung von Schweizern zu unterstützen, indem er in Amerika Ländereien erwarb und wirtschaftlich zu erschließen trachtete. Das großangelegte Unternehmen scheiterte aus verschiedenen Gründen. Auch bei der Schlacht von Solferino am 24. Juni 1859, die Henri Durant zur Gründung des Roten Kreuzes angeregt hatte, war Suchard dabei, um den Opfern des mörderischen Treibens beizustehen. ‹Ein Geschäftsmann aus Neuenburg verband während zweier Tage die Verwundeten und schrieb für die Sterbenden die letzten Briefe an ihre Familien; man war selbst aus Rücksicht auf ihn gezwungen, seinem Eifer Einhalt zu tun,› schreibt Dunant von Philipp Suchard. Vielseitigkeit, Unterneh-

Abb. 1:
Philippe Suchard

mungsfreude und der Optimismus, sich durch keine Schwierigkeiten und Niederlagen unterkriegen zu lassen, bilden die guten Seiten des sanguinischen Temperamentes im Lebenslauf des großen Schweizer Industriellen. In einer Würdigung heißt es: ‹Er war einer der intelligentesten, rührigsten und angriffigsten Industriellen, welche die Schweiz je hervorgebracht, daneben ein guter Patriot, der für alles Schöne und Humane Sinn hatte, für seine Angestellten wie ein Vater sorgte [...]; in der Reklame war er freilich ein Meister.›»[10]

Das ausgeprägte Temperament eines Menschen gräbt eine charakteristische Spur im Lebensgang. Kurt Brotbeck gibt hier mit Philipp Suchard ein biographisches Beispiel. Da mag man sich nun selbst als Sanguiniker in einer Lebensrückschau prüfend fragen: Wieviel habe ich angefangen – und was wurde vollendet? Welches unter den vielen Interessen der Kindheit und Jugendzeit blieb bestimmend im Leben – und welches trat in den Hintergrund? Warum habe ich dann und wann die Spur gewechselt, einen neuen Weg eingeschlagen, gar kehrtgemacht? Wie ernst waren meine menschlichen Beziehungen, waren es gar nur viele oberflächliche und kaum eine tiefe und andauernce? Es ist klar, daß hier vieles zusammenspielt und daß nicht nur das Temperament bestimmend ist. Deutlich ist bei dem Beispiel, daß Suchards Unternehmungen auch aus einem cholerischen Tat-Impuls heraus lebten und daß ein eher melancholisch gefärbtes Mitfühlen ihn zur Hilfe bewog. Dennoch zeigt gerade der Lebensüberblick eindringlich die sanguinische Tendenz.

Den Abschluß der Beispiele zur Sanguinik bildet ein Auszug aus einem Grimmschen Märchen, ein geradezu klassisches Bild dafür, wie der Sanguiniker von einem Eindruck zum nächsten eilt: Rotkäppchen im Wald.

«Der Wolf dachte bei sich: ‹das junge zarte Ding, das ist ein fetter Bissen, der wird noch besser schmecken als die Alte: du mußt es listig anfangen, damit du beide erschnappst.› Da ging er ein Weilchen neben Rotkäppchen her dann sprach er: ‹Rotkäppchen, sieh einmal die schönen Blumen, die rings umher stehen, warum guckst du dich nicht um? ich glaube, du hörst gar nicht, wie die Vöglein so lieblich singen? du gehst ja für dich hin, als wenn du zur Schule gingst, und ist so lustig haußen in dem Wald.›
Rotkäppchen schlug die Augen auf, und als es sah, wie die Sonnenstrahlen durch die Bäume hin- und hertanzten und alles voll schöner Blumen stand, dachte es: ‹wenn ich der Großmutter einen frischen Strauß mitbringe, der wird ihr auch Freude machen; es ist so früh am Tag, daß ich doch zu rechter Zeit ankomme›, lief vom Wege ab in den Wald hinein und suchte Blumen. Und wenn es eine gebrochen hatte, meinte es, weiter hinaus stände eine schönere, und lief darnach, und geriet immer tiefer in den Wald hinein.»[11]

29

Melancholik

Seelische Eigenheiten und Attribute: ernster Sinn, schwerer Sinn, düsterer Sinn, Trübsinn, Wehmut, Schwermut, umschattetes Gemüt, Einsamkeit; schwerblütig, sehnsüchtig, mißmutig, gedankenblaß, bleich, depressiv, hoffnungslos, griesgrämig, erstarrt, ängstlich, empfindlich, angekränkelt, nüchtern, kritisch, ernst, genau, gewissenhaft.

Bezeichnungen: Kopfhänger, Trauerkloß, Pessimist, Spintisierer, Denker, Grübler, Zweifler, Einzelgänger, Griesgram, Miesepeter, Hypochonder, Pedant, Unglücksrabe.

Redewendungen: Er macht ein Gesicht wie drei Tage Regenwetter, sieht schwarz, bläst Trübsal, läßt den Kopf hängen, steckt im Schneckenhaus, findet das Haar in der Suppe, sucht die blaue Blume.

Typische Vertreter: Hamlet, Rainer Maria Rilke, Frédéric Chopin, Erasmus von Rotterdam, Immanuel Kant, Franz Kafka, Georg Trakl, Käthe Kollwitz, Béla Bartók, Caspar David Friedrich, Nikolaus Lenau.

Zuordnungen: Erde, Schwere, Festigkeit, Dunkelheit, Nacht, Winter.

Goethe spricht angesichts der Melancholie vom «dunklen Grund» der Seele. Auf ihr leuchtet, wie ein Regenbogen, Farbe und Form der Kunst auf. Das illustrieren das folgende Gedicht und der Textauszug aus *Wilhelm Meisters Lehrjahren.*

> Zart Gedicht, wie Regenbogen,
> Wird nur auf dunklen Grund gezogen;
> Darum behagt dem Dichtergenie
> Das Element der Melancholie.
>
> *Johann Wolfgang Goethe*[12]

«Der Frühling war in seiner völligen Herrlichkeit erschienen; ein frühzeitiges Gewitter, das den ganzen Tag gedrohet hatte, ging stürmisch an
den Bergen nieder, der Regen zog nach dem Lande, die Sonne trat wieder
in ihrem Glanze hervor, und auf dem grauen Grunde erschien der herrliche Bogen. Wilhelm ritt ihm entgegen und sah ihn mit Wehmut an. Ach!
sagte er zu sich selbst, erscheinen uns denn eben die schönsten Farben des
Lebens nur auf dunklem Grunde? Und müssen Tropfen fallen, wenn wir
entzückt werden sollen?»[13]

Der Melancholiker entwickelt einen ausgeprägten Sinn für Kunst
und Harmonie. Selbst in den Abgründen der Schwermut vermag
Kunst Heilung zu bewirken; um diese Abgründe wußte der expressionistische Dichter Georg Trakl.

Melancholia

Ein Stoppelfeld. Ein schwarzer Wind gewittert.
Aufblühn der Traurigkeit Violenfarben,
Gedankenkreis, der trüb das Hirn umwittert;
An Zäunen lehnen Astern, die verstarben,
Und Sonnenblumen schwärzlich und verwittert.
Da schweigt die Seele grauenvoll erschüttert
Entlang an Zimmern leer und dunkelfarben.

Georg Trakl

Goethe spricht mit Bedacht vom «Element» der Melancholie, von
einer Nuance in der Mischung der Temperamente, Trakl hingegen
war dem melancholischen Temperament ganz und gar ausgeliefert;
seine Dichtkunst half ihm, mit den seelischen Verwundungen und
Belastungen zu leben. Eine besondere Qualität dieses Temperaments
liegt in dem Schönheits- und Formempfinden, in der Sehnsucht nach
Vollendung und Erfüllung, die dem Melancholiker aus seinem
Schmerz erwächst. Aus diesem Grund finden sich in der Dichtkunst
auch viele Beispiele für eine melancholische Färbung. Die folgenden
Gedichte thematisieren einige ausgesprochen melancholische Befindlichkeiten und Erfahrungen: Liebe, Einsamkeit, Tod.

Lesebuch

Wunderlichstes Buch der Bücher
Ist das Buch der Liebe;
Aufmerksam hab ich's gelesen:
Wenig Blätter Freuden,
Ganze Hefte Leiden;
Einen Abschnitt macht die Trennung.
Wiedersehn! ein klein Kapitel,
Fragmentarisch. Bände Kummers
Mit Erklärungen verlängert,
Endlos, ohne Maß.
O Nisami! – doch am Ende
Hast den rechten Weg gefunden;
Unauflösliches, wer löst es?
Liebende sich wieder findend.

Johann Wolfgang Goethe[14]

Wieder zeigt sich der «dunkle Grund» der Seele, der die Gefühle in innigstem Erinnern bewahrt, sie steigert in schmerzlichem Empfinden, aus dem nichts ins heilsame Vergessen entlassen werden kann. Tatsächlich hält der Melancholiker nichts mehr fest als den Kummer und das Leid, das ihm, gerade ihm, bereitet wurde. Liebesleid haftet mehr als Liebesfreud, erst recht beim melancholischen Liebhaber; das hat hier Goethe, auch aus eigener Erfahrung, in poetischer Weise höchst lebendig beschrieben.

Hermann Hesse wählte in dem folgenden Gedicht das Bild des Nebels, der den Einsamen umgibt. Auch er spricht vom «Dunkel», dem Seelendunkel der Schwermut.

Im Nebel

Seltsam, im Nebel zu wandern!
Einsam ist jeder Busch und Stein,
Kein Baum sieht den andern,
Jeder ist allein.

Voll von Freunden war mir die Welt,
Als noch mein Leben licht war;
Nun, da der Nebel fällt,
Ist keiner mehr sichtbar.

Wahrlich, keiner ist weise,
Der nicht das Dunkel kennt,
Das unentrinnbar und leise
Von allen ihn trennt.

Seltsam, im Nebel zu wandern!
Leben ist Einsamsein.
Kein Mensch kennt den andern,
Jeder ist allein.

Hermann Hesse

Einsamkeit ist ein Grundgefühl des Melancholikers, und damit hängen seine gesteigerte Selbstwahrnehmung und sein introvertiertes Wesen zusammen. Den anderen Menschen suchen, das andere Ich, das Du, es ist unablässiges geheimes Sehnen des Melancholikers.

Eine Steigerung des Einsamkeitserlebens ist die Begegnung mit dem Tod. Unzählige Beispiele ließen sich finden, wie Dichter versuchen, sie zu gestalten; Huchels Gedicht ist besonders einprägsam.

Ein Toscaner

Ist es die Stunde,
das Silber von den Dächern zu nehmen,
den Tau von den Blättern des Ölbaums zu schütteln?

Hinfällig
wie der Staub auf vergilbten Manuskripten
ist mein Leben geworden.

Nicht überschreite
die Säulen des Hercules.
Der Tod, der mürrische Maultiertreiber,

ich sah ihn gestern abend am Stall,
umschwirrt von Bremsen,
er weiß den Weg.

Bald deckt
das schwarze Profil der Berge
den Weinstock und die Brunnen zu.

Peter Huchel

Niemand spricht mehr vom Sterben und vom Tod als gerade der melancholische Mensch. Er ist dem Leichnam, dem Skelett, dem Gebein tatsächlich näher, sein physischer Leib ist ihm spürbare, schmerzende Last. Huchel hat in seinem Gedicht manch altes Zeichen neu «übersetzt»: das Stundenglas des Todes, den Knochenmann selbst, die Schatten der Vergänglichkeit ...

In vollendeter Weise zeichnet Conrad Ferdinand Meyer, selbst der Melancholie verfallen, in dem anschließenden Gedicht das ausgeprägt melancholische Temperament:

Il Pensieroso

In einem Winkel seiner Werkstatt las
Buonarotti, da es dämmerte;
Allmählich vor dem Blicke schwand die Schrift ...
Da schlich sich Julianus ein, der Träumer,
Der einzige der heitern Medici,
Der Schwermut kannte. Dieser glaubte sich
Allein. Er setzte sich, und in der Hand
Barg er das Kinn und hielt gesenkt das Haupt.
So saß er schweigend bei den Marmorbildern,
Die durch das Dunkel leise schimmerten,
Und kam mit ihnen murmelnd ins Gespräch,
Geheim belauscht von Michelangelo:
«Feigheit ists nicht und stammt von Feigheit nicht,
Wenn einer seinem Erdenlos mißtraut,
Sich sehnend nach dem letzten Atemzug,
Denn auch ein Glücklicher weiß nicht, was kommt
Und völlig unerträglich werden kann –
Leidlose Steine, wie beneid ich euch!»
Er ging, und aus dem Leben schwand er dann
Fast unbemerkt. Nach einem Zeitverlauf
Bestellten sie bei Michelangelo
Das Grabbild ihm und brachten emsig her,
Was noch an Schilderein vorhanden war
Von schwachen Spuren seines Angesichts.
So waren seine Züge, sagten sie.
Der Meister schob es mit der Hand zurück:
«Nehmt weg! Ich sehe, wie er sitzt und sinnt
Und kenne seine Seele. Das genügt.»
Conrad Ferdinand Meyer

34

Abb. 2: Michelangelo: Giugliano – Il Pensieroso

Hingewiesen sei hier nur auf die inhaltliche Seite des Gedichts, nicht auf Sprache und Form. Die Zeit: Abenddämmerung, Dunkel, Nacht. Der Ort: Innenraum in doppeltem Sinne – Architekturraum und Seelenraum. Die Haltung: sitzend, das Kinn in die Hand gestützt, das Haupt gesenkt. Die Handlung: träumen, sinnen, denken, erinnern. Der zentrale Gedanke: Todessehnsucht und Gestaltung im Kunstwerk. Michelangelos Worte fassen die beiden Aspekte des Temperaments, nämlich Leib und Seele, zusammen: «Ich sehe, wie er sitzt und sinnt.» Auch wenn man der Deutung Herman Grimms zu Michelangelos Medici-Grab in Florenz – die Namen Lorenzo und Giuliano seien schon früh verwechselt worden[15] – nicht folgen will, C. F. Meyer vertritt dieselbe Ansicht: Für ihn ist die Skulptur des sinnend Sitzenden, die schon von Vasari «der in Nachdenken Versunkene» genannt wird, eine Darstellung des Giugliano de' Medici und nicht des Lorenzo.

Die folgenden Beispiele – aus Romanen von Jens Bjørneboe und Gerhart Hauptmann – zeigen in der Darstellung des Schriftstellers, nicht des Psychologen, Physiognomisches des Melancholikers. Die Züge des Antlitzes verraten viel über das Wesen eines Menschen. Achten wir einmal auf die Beschaffenheit der Haut, lesen wir im Ausdruck des Gesichtes, studieren wir die Falten des Antlitzes bis hin zu den Sorgen- und Denkfalten, folgen wir der Linie des Mundes, suchen wir den Blick zu ergründen!

«Jonas war ziemlich blaß. Er hatte die weiße, etwas feuchte Haut, die Stadtkinder oft haben. Er hatte kalte Hände und sprach ganz hinten im Munde, beinahe im Hals. [...] Aber das Wichtigste an ihm war doch der vergrämte Gesichtsausdruck; etwas, das ihm um Augen und Mund saß und das man nicht selten bei Kindern sieht. Es sieht aus, als habe man ihnen etwas genommen und als sei das erlittene Unrecht in ihren Gesichtern sitzen geblieben. Um die Zeit, da Jonas verschwand, muß dieser Ausdruck sehr stark ausgeprägt gewesen sein. Doch mit dem Blick selbst war alles in Ordnung. Jonas sah meist zu Boden, wenn er mit Erwachsenen zusammen war. Hob er den Blick, so sahen ganz gesunde achtjährige Augen auf, luftig und fern. Es begann damit, daß Jonas in die Schule kam wie andere Kinder – und daß mit diesem Augenblick der Ernst in sein Leben trat. Und dieser Ernst hielt an.»[16]

«Emanuel [Quint] stand da mit herabhängenden Armen und mit einem Ausdruck seines blutlosen Gesichts, das weder herausfordernd noch verschüchtert war. Durch das dünne rötliche Bartgekräusel um Oberlippe und Kinn sah man die feine Linie seines Mundes, gegen die Winkel herabgezogen, und die bei Quints Jugend in auffälliger Weise ausgeprägten Falten von den Nasenflügeln seitlich zum Mund herab. Die Augenlider waren entzündet, und die etwas hervortretenden Augen, obgleich groß aufgetan, schienen im Augenblick nichts von dem zu bemerken, was vorging. Die rötlichen Augenbrauen waren, wie in schmerzlichem Nachdenken, heruntergezogen, und über die ganze, mit Sommersprossen bedeckte Gesichtshaut, von der klaren Stirn bis zum Kinn herab, gingen die inneren Bewegungen des Gemüts wie unsichtbare Winde über einen ruhigen, den gelblichen Abendhimmel widerspiegelnden See.»[17]

Auch in der Beschreibung des Komponisten Béla Bartók von Hans W. Heinsheimer wird der Zusammenhang der Physiognomie mit dem Temperament sehr deutlich:

«Die klaren, durchdringenden, ach so ernsten Augen sehen wieder nach mir: fragend, gelassen, unerbittlich. Das schöne, kluge Gesicht: ruhig, streng, nur selten bewegt von einem kurzen, rasch sich wieder verflüchtigenden bitteren und fast verlegenen Lächeln. Er war scheu, sehr schweigsam, immer auf der Hut, mißtrauisch gegenüber allen Menschen und Dingen. Nie hörte ich ihn seine Stimme erheben. Wo ein anderer laut aufgefahren wäre, zog er sich sofort in eine eisige Atmosphäre zurück, und seine Augen drückten einen stummen Tadel aus, gegen den schwerer anzukämpfen war als gegen einen temperamentvollen Ausbruch. Er war von kleiner Gestalt und erschreckend zart. Mit seinem dünnen Körper, seiner scharf geschnittenen Nase, seiner edlen Stirne und mit dem weichen, seidigen Haar, mit seinen durchscheinenden Kinderhänden, seinem langsamen, schwingenden Gang (als ob er auf Wolken ginge) glich er einem Asketen, einem Denker, einem ewig Brütenden, niemals Zufriedenen, einem, der rastlos von einem inneren Feuer getrieben wurde – einem Feuer, das ihn im wahrsten Sinne des Wortes schließlich verzehrte.»[18]

Drei höchst unterschiedliche Persönlichkeiten zeigen uns hier ihr «Gesicht»: der norwegische Sonderschüler Jonas, der deutsche «Narr in Christo Emanuel Quint» und der ungarische Komponist Béla Bartók. Gemeinsam ist ihnen der Schmerz – Lebensschmerz,

Abb. 3:
Béla Bartók

Schmerz der Seele; Rudolf Steiner hat über den feinen Schmerz am physischen Sein Genaueres dargestellt.[19] Dieser Schmerz mag aus dem Blick sprechen, aus dem schmalen Mund, aus den typischen Falten der Sorgen und der Schwermut oder aus der Neigung des Hauptes. Auffällig ist oftmals das Zarte, Feingliederige, Durchformte, ja Durchgeistigte: Die Physis der knöchernen Leiblichkeit drängt vor, lebenspralle Leiblichkeit des Fleisches schwindet. Der Melancholiker ist in besonderer Weise «im Leibe zu Hause», an den Leib gebunden, und das Ich wird ihm eher im Erleiden und Durchdenken als im Tatendrang bewußt.

Im folgenden werden nach den physiognomischen Beobachtungen einige Lebensgewohnheiten, wie sie gerade dem Melancholiker eigen sind, geschildert. Auch hier kann nur eine Auswahl gegeben werden, noch vieles wäre zu ergänzen. So berichtet Paul Sacher:

«Bartóks Genauigkeit war erstaunlich. Er trug immer ein Metronom bei sich und kontrollierte damit die Tempi, auch wenn er selber spielte. Seine Partituren enthalten bei jedem Satz, oft nach gewissen Abschnitten in-

nerhalb des Satzes, die Ausführungsdauer in Minuten und Sekunden angegeben. Als ich mich einmal auf dem Briefumschlag in der Hausnummer
geirrt hatte, bemerkte er im nächsten Brief ‹Bitte korrigieren Sie die
Hausnummer 29 (statt 27)›! Seine leidenschaftliche Sachlichkeit durch-
drang alles. Er war selber bis ins Letzte klar und forderte von jedem das
Äußerste an differenzierter Präzision. Dabei zeigte er bei Proben große
Geduld und war nie beleidigt oder verletzt, wenn die Verwirklichung
seiner Absichten nicht mühelos vonstatten ging.»[20]

Über Kant erfahren wir von einem unbekannten Zeitgenossen:

«Kant stand jeden Tag im Sommer und im Winter des Morgens um fünf
Uhr auf. Sein Bediener war pünktlich um drei Viertel auf Fünf vor seinem
Bette, weckte ihn und ging nicht eher fort, als bis sein Herr aufgestanden
war. Bisweilen war Kant noch so schläfrig, daß er den Bedienten selbst
bat, er möchte ihn noch etwas ruhen lassen: aber dieser hatte von ihm
selbst solche gemessene Befehle, sich dadurch nicht irre machen zu lassen, und ihm durchaus keinen längeren Aufenthalt im Bette zu gestatten,
daß er ihn öfters zwang, pünktlich aufzustehen.

Durch vieljährige Gewohnheit hatte er eine besondere Fertigkeit er-
langt, sich in die Decken einzuhüllen. Beim Schlafengehen setzte er sich
erst ins Bett, schwang sich mit Leichtigkeit hinein, zog den einen Zipfel
der Decke über die eine Schulter unter dem Rücken durch bis zur andern
und durch eine besondere Geschicklichkeit auch den andern unter sich,
und dann weiter bis auf den Leib. So emballiert und gleichsam wie en
Kokon eingesponnen, erwartete er den Schlaf.»[21]

Auffällig bei vielen Melancholikern ist das Bemühen um Form und
Genauigkeit. Das führt einerseits zu bewunderungswürdigen künstlerischen Gestaltungen – man denke nur an Schuberts Musik, etwa an
die «Winterreise» als einem Inbegriff der Melancholie –, andererseits
führt es zur bloßen Pedanterie, die das Leben mit knöcherner Hand
preßt. Hier nähern wir uns auch einem höchst typischen «Krank-
heitsbild» des Melancholikers, der Hypochondrie, über die sich Kant
ganz explizit geäußert hat:

«Ich habe wegen meiner flachen und engen Brust, die für die Bewegung des
Herzens und der Lunge wenig Spielraum läßt, eine natürliche Anlage zu
Hypochondrie, welche in früheren Jahren bis an den Überdruß des Lebens
grenzte. Aber die Überlegung, daß die Ursache dieser Herzbeklemmung
vielleicht bloß mechanisch und nicht zu heben sei, brachte es bald dahin,

daß ich mich an sie gar nicht kehrte, und während dessen, daß ich mich in der Brust beklommen fühlte, im Kopf doch Ruhe und Heiterkeit herrschte, die sich auch in der Gesellschaft nicht nach abwechselnden Launen (wie Hypochondrische pflegen), sondern absichtlich und natürlich mitzuteilen nicht ermangelte.»[22]

Sehr viel extremer als bei Kant wird der hypochondrische Zug des Melancholikers in dem Textbeispiel von Virginia Woolf deutlich:

«Der Dichter ließ Orlando dann die vollständige Geschichte seines Gesundheitszustands während der letzten ungefähr zehn Jahre wissen. Der war so schlecht gewesen, daß man sich nur wundern konnte, er lebe noch. Er hatte hintereinander einen Schlagfluß, die Gicht, die Bleichsucht, die Wassersucht und die drei Arten von Fieber gehabt; wozu er noch obendrein an einem erweiterten Herzen, einer vergrößerten Milz und einer geschrumpften Leber litt. Vor allem aber habe er, so erzählte er Orlando, Empfindungen im Rückgrat, welche jeder Beschreibung spotteten. Da sei ein Wirbel, ungefähr der dritte von oben, der wie Feuer brenne; ein anderer, etwa der zweite von unten, sei so kalt wie Eis. Manchmal erwache er mit einem Gehirn wie Blei; zu anderen Zeiten sei ihm, als würden in ihm tausend Wachskerzen flammen und ein Feuerwerk abgebrannt. Er könne ein Rosenblatt durch seine Matratze hindurch spüren, sagte er, und könne sich in London fast nach dem Gefühl der Pflastersteine unter seinen Sohlen zurechtfinden. Er sei ganz und gar ein feingearbeitetes und so merkwürdig zusammengesetztes Stück Maschinerie (hier hob er wie unbewußt die Hand, und sie war in der Tat von der denkbar feinstgeformten Gestalt), daß ihn der Gedanke völlig sprachlos mache, es hätten sich nur fünfhundert Exemplare seiner Gedichte verkauft, aber das sei natürlich größtenteils auf diese Verschwörung gegen ihn zurückzuführen. Er könne nur sagen, so schloß er, mit der Faust auf den Tisch schlagend, die Dichtkunst in England sei tot.»[23]

Ist die Pedanterie die eine recht typische Begleiterscheinung des melancholischen Temperaments, so ist die Hypochondrie die andere. Beide mögen sie gelegentlich fast harmlos sein, manchmal werden sie aber doch bedrohlich. Es bleibt fraglich, ob es Kant tatsächlich gelang, sich so zu beherrschen, wie er es beschreibt; und man meine nur nicht, Virginia Woolf habe dichterisch übertrieben. Gewiß hat nicht jeder Hypochonder so viele Wehwehchen und Zipperlein, aber in der

Intensität des Sich-selbst-Wahrnehmens, des An-sich-selber-Leidens ist der melancholische Hypochonder unübertroffen.

Goethe weist im Gespräch mit Eckermann am 29. Mai 1831 auch auf einen anderen Zug des hypochondrischen Wesens hin: «Es zeugt von einem zu zarten Gewissen, welches das eigene moralische Selbst so hoch schätzet, daß es ihm nicht verzeihen will. Ein solches Gewissen macht hypochondrische Menschen, wenn es nicht durch eine große Tätigkeit balanciert wird.»[24]

Vergessen wir über dieser eher «egoistischen» Haltung nicht, daß gerade der Melancholiker sich in Hilfsbereitschaft und in echtem Mitleiden dem Mitmenschen, ja aller Kreatur zuwendet. Dies sei wiederum an konkreten Erfahrungen, leidend und helfend, aufgezeigt.

So lesen wir in einer Erzählung von Georges-Arthur Goldschmidt:

«Schwere Lasten trug er gerne, es zuckte ihm dann durch den Körper: Tragen, Niedergedrücktwerden. Schweres, das ihm die Brust zudrücken würde; Arme und Bauch mit Lehmmassen zugedeckt. Er könnte sich nicht mehr regen, er wäre nur noch steinartig in sich selber eingeschlossen; zugemauert, niedergedrückt, rund, zugeschnürt würde er nur noch daliegen, den anderen zur Verfügung. Er wäre nur noch eine kleine Bewußtseinskugel [...].»[25]

Bei Karl König, dem Heilpädagogen und Begründer der Camphill-Bewegung, werden die Impulse der Selbstlosigkeit und des Mitleidens schon in seiner Jugend, zur Zeit des Ersten Weltkriegs, sichtbar:

«Es ging eine besondere Veränderung in unserem Jungen vor, so erzählt die Mutter. Er wollte keine neuen Kleider tragen, er suchte sich immer die alten und ausgewachsenen Kleider und Wäsche vor, welche zum Weggeben bestimmt waren, und er sagte: ‹Ich schäme mich, so gut angezogen auf die Straße zu gehen, wo ich soviel Elend unter den Menschen sehe.› Es war eine schwere Aufgabe für uns, wie wir uns demgegenüber verhalten sollten. Oft kamen Bekannte zu uns ins Geschäft und fragten uns, warum wir unseren Jungen so schäbig herumgehen lassen. ‹Sie sind doch in guten Verhältnissen und können ihm Kleider kaufen.› Wir sagten nur: ‹Es ist sein Wille, und da können wir nichts tun.› Oft kam er im Winter ohne Überrock nach Hause. Wir fragten ihn, und er sagte: ‹Ich sah einen armen Jungen frierend ohne Rock, so gab ich ihm meinen.› – Mit großer Sorge, so schreibt die Mutter in ihren Erinnerungen, habe sie zusehen müssen, wie ihr Sohn immer mehr in

Abb. 4:
Karl König

sich gekehrt und verschlossen wurde. Migränen hielten ihn oft tagelang im Bett [...]. ‹Es lag so eine Traurigkeit in ihm, als wenn er den ganzen Weltschmerz allein tragen müßte. Wir hatten Angst, die Türe zu öffnen, ob wir ihn heil vorfinden werden.›»[26]

Und in seinem Tagebuch notierte Karl König später:

«Das Leid der Welt ist in mir. [...] Zu Leid, Arbeit und Schaffen bin ich erkoren. Ich bin ein Mensch.»[27]

Auch im Bereich der Märchen finden wir für diese selbstlose Haltung des Melancholikers viele typische Beispiele, etwa «Die Sterntaler»:

«Es war einmal ein kleines Mädchen, dem war Vater und Mutter gestorben, und es war so arm, daß es kein Kämmerchen mehr hatte, darin zu wohnen, und kein Bettchen mehr, darin zu schlafen, und endlich gar nichts mehr als die Kleider auf dem Leib und ein Stückchen Brot in der Hand, das ihm ein mitleidig Herz geschenkt hatte. Es war aber gut und fromm. Und weil es so von aller Welt verlassen war, ging es im Vertrauen auf den lieben Gott hinaus ins Feld. Da begegnete ihm ein armer Mann, der sprach: ‹ach, gib mir etwas zu essen, ich bin so hungerig.› Es reichte ihm das ganze Stückchen Brot und sagte: ‹Gott segne dirs›, und ging weiter.»[28]

Im Erleiden der Last, gebunden im Leib, niedergedrückt vom Erleben des Elendes, kann der Melancholiker sich wie ein Opfer hingeben, stumm den Schmerz ertragend, oder es kann zum Entschluß kommen, dem anderen Leidensgenossen zu helfen. Karl König begründete mit der Camphill-Bewegung jene christliche Helfergemeinschaft, in der auf moderne und anthroposophisch begründete Weise etwas von dem Märchen «Die Sterntaler» verwirklicht wird.

Zum Abschluß sei wenigstens mit einem kurzen Beitrag einer ganz besonderen melancholischen «Kunstfigur» gedacht, des Shakespearschen Hamlet, der wie wenige Sagen- und Dramengestalten die Gemüter beschäftigt hat und bis heute nachwirkt. Walter Jens hat ihn so charakterisiert:

«Hamlet, ein dänischer Prinz, der mit seinem Gefolge nach Wittenberg kommt [...], studiert an der Universität Theologie, hört Luther Jesaja auslegen und Bugenhagen den Korinther-Brief deuten, excerpiert Melanchthons Aristoteles-Kolleg und promoviert endlich, mit Barett und Ring gekleidet, im Kollegium zum Doktor der Gottesgelehrtheit. Die Pest, ein Jahr später, sieht ihn an Luthers Seite in der Stadt; die Kranken aufopfernd pflegend, infiziert er sich am Ende selbst und behält auch nach seiner Genesung jenen Zungenfehler und das Gesichtszucken bei, das ihn auch in Helsingör nicht mehr verläßt. Früh gealtert, traurig und stotternd, ein Opfer der Pest und der Wittenberger Melancholie: so kehrt er nach Dänemark heim – und schreibt dann, ein elegisches Memorial, den Bericht vom großen Sterben, schreibt über die Pest und jenen Herrn Meister, der sein Schicksal bestimmt.

Ich stelle mir vor, daß er, an einem grauen Herbstabend, in seinem Turmzimmer sitzt und hinüber nach Helsingborg schaut. Nebel liegen über dem Sund, am anderen Ufer verschwimmen die Lichter; aus einer Wachstube, sehr weit weg, kommt Gesang. Sonst ist es still. Hamlet trägt ein schwarzes Gewand; auch sein Zimmer ist dunkel getönt: er liebt die Nacht und verachtet den Tag. Der Schatten bedeutet ihm mehr als das Licht; Wittenberg hat ihn das Träumen gelehrt.

Ich gebe ihm das Antlitz der Dürer'schen Melancholie; seine Augen sind traurig ins Weite gerichtet: dorthin, wo die Sonne nicht mehr scheint und das Reich der Gestirne, der Weltenraum der Meteore, beginnt. Um seine Stirn liegt ein Tollkirschenkranz, Wange und Handteller berühren einander. Hamlet schweigt, und er hat Grund dazu, denn er weiß, die Hofgesellschaft schneidet hinter seinem Rücken Gesichter. Nur die einfachen Leute verlachen ihn nie. Am liebsten spricht er mit den Totengräbern, gutmütigen Männern, die sogar seine Sprechweise nachmachen dürfen: das kehlige ‹ch›, das knatternde ‹p› und, vor allem, das asthmatische ‹h›.

Hamlet ist einsam, die Schwermut hat ihn in Fesseln geschlagen, und an seiner Leber nagen die Zweifel.»[29]

Was C. F. Meyer in seinem Gedicht «Il Pensieroso» genial in wenigen Worten umreißt, das setzt Walter Jens in einem facettenreichen Hamlet-Bild kunstvoll zusammen. Eingegliedert in einen *Dialog über einen Roman* verdichten sich die verschiedenartigen Züge des melancholischen Temperaments zu einem Typus «Hamlet, der Melancholiker». Weisen wir auf einige Einzelheiten hin: Gelehrsamkeit und Religion als Gotteslehre, Mitleid und Helferwille, Alter und Gebrechen, Lebensrückschau als elegisches Denkmal, Krankheit und Tod, Abend und Nacht, Nebel und ferner Gesang, Stille, die Farbe Schwarz, Schatten und Traum, Dürers «Melencolia I», Weltall, Tollkirsche, das aufgestützte Haupt, Spott und Verachtung, Totengräber, Schwermut, Zweifel, Melancholie als krankhafter Zustand. Auf die Entartung des melancholischen Temperaments, die kleinen und die großen Gefahren dieses wie jedes Temperaments, wird später eingegangen. Hier sei nur festgehalten, daß wir mit dem Begriff «Melancholik» das melancholische Temperament meinen, mit «Melancholie» aber, sofern es nicht als Zitat im ersten Sinne gemeint ist, die Erkrankung eines einseitig und extrem ausgeprägten melancholischen Temperaments. An Hamlets «Leber nagen die Zweifel», so Walter Jens: Die Leber ist auch Organ des Willens, und Lethargie ist mangelnder Willensantrieb. Die genaue Differenzierung der Krankheit «Melancholie» nach Schwermut, Lethargie, Depression, Trübsinn, Resignation, Todessehnsucht, Zynismus, Nihilismus, Verzweiflung, Apathie usw. ist letztlich auch eine Sache der Definition; sie gehört ins Gebiet der Psychiatrie als Seelenheilkunde und soll hier nur am Rande erwähnt werden.

Phlegmatik

Seelische Eigenheiten und Attribute: kühler Sinn, matter Sinn, dumpfer Sinn, stumpfer Sinn, Gleichmut, Langmut, Ruhe, Bequemlichkeit, Behaglichkeit, Faulheit; kaltblütig, sachlich, objektiv, gleichgültig, gemütlich, bequem, ruhig.

Bezeichnungen: Faulpelz, Trödelliese, Transuse, Tranflöte, (Wal-) Fisch, Schnecke, Langweiler, Seifensieder, Schlafmütze, Schlemmer, Genießer.

Redewendungen: Er schmort im eigenen Saft, bewahrt ruhig Blut, bewahrt einen kühlen Kopf, ist kühl bis ans Herz; Eile mit Weile! Wer langsam geht, kommt auch zum Ziel! Stille Wasser gründen tief.

Typische Vertreter: Conrad Ferdinand Meyer, Gottfried Keller, Shakespeares Falstaff, Eduard Mörike.

Zuordnungen: Wasser, Fülle, Abend, Herbst.

Die folgenden kurzen Gedichte und Sprüche von Goethe führen von der Stärke und der Positivität des phlegmatischen Temperaments, zum Beispiel Offenheit, Stetigkeit, Lebensfreude, Vernunft, zu seinen Schwächen: Sich-selbst-genug-Sein, Bequemlichkeit, Faulheit, Erstarrung.

Auch in der bedeutsamen Wendung «Der Augenblick wird Ewigkeit», die das zweite Gedicht beschließt, lebt ein phlegmatisches Element.

Und das bekannte Motiv des Schlaraffenlandes, das in dem dritten Zitat anklingt, ist ebenfalls ein typischer Zug des phlegmatischen Temperaments.

Weite Welt und breites Leben,
Langer Jahre redlich Streben,
Stets geforscht und stets gegründet,
Nie geschlossen, oft geründet,
Ältestes bewahrt mit Treue,
Freundlich aufgefaßtes Neue,
Heitern Sinn und reine Zwecke:
Nun! man kommt wohl eine Strecke.

Johann Wolfgang Goethe[30]

Genieße mäßig Füll und Segen;
Vernunft sei überall zugegen,
Wo Leben sich des Lebens freut.
Dann ist Vergangenheit beständig,
Das Künftige voraus lebendig,
Der Augenblick wird Ewigkeit.

Johann Wolfgang Goethe[31]

Wer aber recht bequem ist und faul,
Flög dem eine gebratne Taube ins Maul,
Er würde höchlich sichs verbitten,
Wäre sie nicht auch geschickt zerschnitten.

Johann Wolfgang Goethe[32]

Herrscht in der Sanguinik das luftige Element vor und dominieren in der Melancholik die festen Formen des Erdigen, so tritt jetzt das Fließende und Strömende in den Vordergrund. Das lebendige Wasser, mehr als nur Sinnbild des phlegmatischen Temperaments, kann zur «Meeresstille» werden, kann in Todesruhe geraten, schließlich ersticken im Sumpf.

Goethe bringt dies künstlerisch zum Ausdruck:

Meeres Stille

Tiefe Stille herrscht im Wasser,
Ohne Regung ruht das Meer,
Und bekümmert sieht der Schiffer
Glatte Fläche ringsumher.
Keine Luft von keiner Seite!
Todesstille fürchterlich!
In der ungeheuren Weite
Reget keine Welle sich.

Johann Wolfgang Goethe[32]

In dieser Situation bedarf es der Gegenkräfte. «Glückliche Fahrt» ist daher auch das Gedicht, das sich in den meisten Goethe-Ausgaben daran anschließt und stark sanguinisch wirkt.

Im folgenden wenden wir uns zunächst zwei Persönlichkeiten zu, über deren «Phlegma» die Autoren in ihren Büchern ganz ausführlich, sozusagen «in epischer Breite», berichten, diesem Temperament, das weder Eile noch Kürze verträgt, ganz entsprechend. Zunächst ein Auszug aus Gontscharows Roman *Oblomow:*

«[Oblomow] war ein mittelgroßer Mann von zweiunddreißig, dreiunddreißig Jahren, hatte ein angenehmes Äußeres und dunkelgraue Augen, doch fehlte seinen Gesichtszügen jeglicher bestimmte Ausdruck und jegliche innere Spannung. Die Gedanken huschten frei wie Vögel über das Gesicht, flatterten in den Augen, ließen sich auf den halbgeöffneten Lippen nieder, versteckten sich in den Falten der Stirn und verschwanden schließlich überhaupt; dann leuchtete das ganze Gesicht im gleichmäßigen Licht der Sorglosigkeit. Vom Gesicht wanderte die Sorglosigkeit in die Posen des ganzen Körpers und sogar in die Falten des Schlafrocks. Manchmal verdüsterte sich sein Blick durch Müdigkeit oder Langeweile; doch vermochten weder Müdigkeit noch Langeweile auch nur einen Augenblick lang jene Weichheit aus dem Gesicht zu vertreiben, die der beherrschende und eigentliche Ausdruck nicht nur des Gesichts, sondern seiner ganzen Seele war; und diese Seele spiegelte sich offen und klar in den Augen, in seinem Lächeln, in jeder Bewegung des Kopfes und der Hände wider. Und ein flüchtig beobachtender, kühler Mensch, der im Vorübergehen einen Blick auf Oblomow geworfen hätte, würde wohl gesagt haben: Das muß ein guter, einfältiger Patron sein! Hätte jedoch ein

Mensch sein Gesicht länger aufmerksam und mit größerem Wohlwollen betrachtet, wäre er vermutlich lächelnd, in angenehme Grübeleien versunken, weitergegangen.

Die Gesichtsfarbe [Oblomows] war weder rosig noch bräunlich noch ausgesprochen blaß, sondern einfach neutral oder erschien wenigstens so; vielleicht deshalb, weil Oblomow schon ziemlich aufgedunsen war. Daran konnten unmöglich die Jahre schuld sein, sondern eher der Mangel an körperlicher Bewegung oder an frischer Luft oder vielleicht das eine wie das andere. Überhaupt machte sein Körper, der matten, allzu weißen Farbe des Halses, den kleinen, rundlichen Händen und den schlaffen Schultern nach zu schließen, einen verweichlichten Eindruck für einen Mann.

Seine Bewegungen, selbst wenn er erregt war, blieben weich und entbehrten nicht einer gewissen graziösen Trägheit. Wenn sich eine Sorgenwolke, aus der Seele aufsteigend, auf sein Gesicht legte, wurde sein Blick trübe, auf der Stirn zeigten sich Falten, und sein Mienenspiel drückte Zweifel, Kummer und Angst aus; aber nur selten nahm diese Erregung bestimmte gedankliche Formen an, noch seltener verwandelte sie sich in einen Entschluß. Im allgemeinen löste sich die ganze Erregung in einen Seufzer auf und erstarb in Apathie oder in Schläfrigkeit.»[34]

Gontscharow malt in seinem Roman ein umfassendes Bild des phlegmatischen Temperaments. Schon die äußere Beschreibung der Titelfigur zu Beginn des Werkes gibt viele charakteristische Züge des ausgeprägt phlegmatischen Temperaments wieder, auch wenn der Dichter eine individuelle Gestalt zeichnet: Spannungslosigkeit, Weichheit, Blässe, Leibesfülle, Schlaffheit, Trägheit, Schläfrigkeit.

Das andere Beispiel stammt aus Sten Nadolnys Roman *Die Entdeckung der Langsamkeit:*

«John Franklin war schon zehn Jahre alt und noch immer so langsam, daß er keinen Ball fangen konnte. Er hielt für die anderen die Schnur. Vom tiefsten Ast des Baumes reichte sie herüber bis in seine emporgestreckte Hand. Er hielt sie so gut wie der Baum, er senkte den Arm nicht vor dem Ende des Spiels. Als Schnurhalter war er geeinet wie kein anderes Kind. [...] Vielleicht war in ganz England keiner, der eine Stunde und länger nur stehen und eine Schnur halten konnte. Er stand so ruhig wie ein Grabkreuz, ragte wie ein Denkmal. [...]

Langsam ist der Schüler F., weil er alles, was ihm einmal aufgefallen ist, sehr lang ansehen muß. Das ins Auge gefaßte Bild bleibt zur gründlichen

Erforschung stehen, nachfolgende gleiten unbesehen vorüber. Schüler F. opfert die Vollständigkeit zugunsten der Einzelheit. Für die letztere wird der ganze Kopf gebraucht, und es dauert seine Zeit, bis für eine nächste wieder Platz ist. Daher kann der Langsame keine schnellen Entwicklungen verfolgen, [...] kann aber alles Einzigartige und die allmählichen Entwicklungen besser erfassen. [...]

Viele sinnlose Anstrengungen und Leiden erübrigten sich bei rechtzeitigem Messen der Geschwindigkeit. Schon in der Schule könne man Abteilungen für schnelle und für langsame Kinder einrichten.

Man lasse die Schnellen schnell und die Langsamen langsam sein, jeden nach seinem aparten Zeitmaß. Die Schnellen können in Überblicksberufe gebracht werden, die der Beschleunigung des Zeitalters ausgesetzt sind: sie werden das gut vertragen und als Kutscher oder Parlamentsabgeordnete beste Dienste tun. Langsame Menschen hingegen lasse man Einzelberufe wie Handwerk, Arztgewerbe oder Malerei lernen. Aus dieser Zurückgezogenheit werden sie auch den allmählichen Wandel am besten verfolgen können und die Arbeit der Schnellen und Regierenden vom Ergebnis her sorgsam beurteilen.»[35]

Ist Beweglichkeit das Kennzeichen des sanguinischen Temperaments, dann ist Trägheit das Kennzeichen der ausgesprochenen Phlegmatik. Damit entsteht aber auch eine andere Dimension der Zeit – Zeit als andauernde Gegenwart. Das hat Sten Nadolny in seinem Roman über den Seefahrer John Franklin umfassend beschrieben und psychologisch-pädagogisch bewertet. Ein Mädchen einer achten Klasse, fast krankhaft langsam und überaus phlegmatisch, wählte sich John Franklin als Thema für die Jahresarbeit und erkannte und bekannte vor der Klasse: «Ich habe diese Gesalt gewählt, weil ich ihr ähnlich bin.»

Der Phlegmatiker ist in seiner Langsamkeit oft Zielscheibe des Spotts. So ist es nicht verwunderlich, daß in Witzen gerade das phlegmatische Temperament häufig auftaucht. Die folgende Episode sowie die daran anschließenden typischen «Berner-Witze» spiegeln auf humorvolle Weise eine charakteristische Seite des Phlegmatikers wider:

Ein Erstkläßler sagt zu seiner Mutter: «Mama, du sollst mich morgens früher wecken, damit ich nicht so schnell machen muß, wie ich gar nicht kann.»

Eine Zürcher Seele steigt eilig gen Himmel und überholt eine geruhsam wandelnde Berner Seele: «Gestatten, Escher aus Zürich, gestern mit dem Car tödlich verunfallt.» – «Angenehm», erwidert langsam die bedächtige Berner Seele, «Balmer, Bern, gefallen 1515 in der Schlacht von Marignano.»

Zur Bemalung des Ziffernblatts an ihrem «Zytgloggeturm» mußten die Berner eigens einen Zürcher Handwerker kommen lassen, denn der Berner hatte sich beklagt, daß ihm der Zeiger (Böswillige reden vom kleinen) immer den Pinsel aus der Hand schlage.

Um Antwort sind die langsamen Berner dennoch nicht verlegen: «Warum wir so gemächlich sind? – Damit uns die anderen Schweizer zu folgen vermögen!»

Der Phlegmatiker lebt besonders stark in den Wachstums- und Ernährungsprozessen. Er liebt das Essen und gibt sich ihm genüßlich hin. So antwortete etwa ein kleiner Phlegmatiker auf die Frage, was ihm denn am Hauptunterricht am meisten gefalle: «D' Gschicht.» Als die Lehrerin, stolz auf ihre erzählerischen Talente, nach dem Warum fragte, sagte der Bub bloß: «Weil's henterher 's Vesper gibt.»

Typisch auch die folgende Charakterisierung:

Ein Lehrer beschrieb die Treue und Anhänglichkeit eines Phlegmatikers und erzählte von seiner großen Hilfsbereitschaft, aber auch von seinem langsamen Arbeiten; seine kurze Darstellung schloß er mit einer Bemerkung zur Konzentrationsfähigkeit des Jungen: «Er konnte sich einer Sache ganz und gar hingeben. Aber gegen Ende des Hauptunterrichts lenkte ihn sein Pausenvesper im Schulranzen doch immer wieder ab. Da konnte es geschehen, daß er sein Vesper herausholte und hineinbiß. Wenn ich das merkte und er sich ertappt fühlte, übergoß eine tiefe Röte sein Gesicht, und er sah mich, weiteressend, unverwandt an, als wollte er sagen, es gehe halt nicht anders.»

Vielleicht ist es manchem Phlegmatiker peinlich, wenn zuviel über seine Eßlust gesprochen wird, zumal sie zusammen mit einer gewissen Trägheit zur Leibesfülle führt, aber dieser Zug ist charakteristisch. Ein Schülertext aus der 12. Klasse malt das verführerische Element, das für den Phlegmatiker vom Essen ausgeht, stark aus:

«Das Schulbrot

Er saß im Unterricht. Es wurde gerade vorgelesen. Tatsachen und Geschichten über Brot.

Aus seiner Tasche duftete es verführerisch, es roch nach warmem, würzigem Brot. Er versuchte, an etwas anderes zu denken, aber der Duft kitzelte seine Nase, ihm begann das Wasser im Mund zusammenzulaufen. Er durfte der Versuchung nicht unterliegen, nicht jetzt. Aber die Versuchung war so groß, dieser Duft ...

Schließlich hielt er es nicht mehr aus, tastete vorsichtig nach der Tasche. Papier knisterte, es duftete stärker.

Sein Verlangen wuchs. Hastig griff er das Brot und biß hinein, kaute es, abwesend, sehr lange durch. Er nahm nichts mehr von dem wahr, was um ihn herum geschah.

Als er wieder zu sich kam, stand *sie* drohend vor ihm, entriß ihm seinen Schatz, das, worauf er sich so lange gefreut hatte. Sie entriß ihm das Brot und wies stumm zur Tür. Er taumelte wie im Traum hinaus und dachte nur noch an das ihm entrissene, warme, duftende Brot.»[36]

Bei der ungezügelten Eßlust des Phlegmatikers fällt einem unwillkürlich auch das Motiv des Schlaraffenlandes (Abb. 5) ein. Wenn dieser Mythos auch vielschichtig ist, am bekanntesten davon ist doch die phantastische Vorstellung von köstlichem Essen und einem faulen Leben. Daran hat der phlegmatische Mensch mehr oder weniger starken Anteil. Wir zitieren hier aus einer Erzählung Boccaccios:

«... in einem Landstrich, der Wohlbekomm's genannt würde, ebenda, wo man auch die Weintrauben mit Bratwürsten anbände und eine Gans für einen Dreier bekäme und ein Gänschen obendrauf. Dort wäre ein Berg aus geriebenem Parmesankäse, auf dem Menschen ständen, die nichts anderes machten als Makkaroni und Eierklöße, die sie in Kapaunenbrühe kochten und dann den Berg hinunterkollern ließen, und wer unten die meisten auffinge, der hätte die meisten. Und nicht weit davon liefe auch ein Bach, ganz von Vernacciawein, vom besten, den man trinken könnte und in dem kein Tropfen Wasser wäre.»[37]

Schließlich wählen wir zur Charakterisierung des phlegmatischen Temperaments ebenfalls noch ein typisches Märchenmotiv, «Dornröschen», aus. Das besondere Verhältnis zur Zeit, das Element des Stillstands und der Ruhe kommen darin besonders gut zum Ausdruck:

Abb. 5: Pieter Breughel d. Ä.: Das Schlaraffenland

«In dem Augenblick aber, wo sie den Stich empfand, fiel sie auf das Bett nieder, das da stand, und lag in einem tiefen Schlaf. Und dieser Schlaf verbreitete sich über das ganze Schloß: der König und die Königin, die eben heim gekommen waren und in den Saal getreten waren, fingen an einzuschlafen, und der ganze Hofstaat mit ihnen. Da schliefen auch die Pferde im Stall, die Hunde im Hof, die Tauben auf dem Dache, die Fliegen an der Wand, ja, das Feuer, das auf dem Herde flackerte, ward still und schlief ein, und der Braten hörte auf zu brutzeln, und der Koch, der den Küchenjungen, weil er etwas versehen hatte, an den Haaren ziehen wollte, ließ ihn los und schlief. Und der Wind legte sich, und auf den Bäumen vor dem Schloß regte sich kein Blättchen mehr.»[38]

Cholerik

Seelische Eigenheiten und Attribute: hitziger Sinn, feuriger Sinn, tätiger Sinn, mutiger Sinn, unruhiger Sinn, eherner Sinn; heißblütig, erregbar, mutvoll, wagemutig, unwirsch, lakonisch, eisern, ehern.

Bezeichnungen: Heißsporn, Feuerkopf, Hitzkopf, Stier, Stiernacken, Draufgänger, Schaffer, Macher, Brausekopf, Zornigel, Chef, Talmensch, Befehlshaber, Bestimmer, Tyrann, Macker, Macho.

Redewendungen: Er läßt einen Blitz einschlagen, läßt ein Donnerwetter hageln, entfesselt den Sturm, zeigt Feuereifer, schafft mit Hochdruck, sieht rot, explodiert, speit Feuer und Flamme, entbrennt vor Zorn, kocht vor Wut, das Blut kocht, das Auge sprüht Feuer, er ist kurz angebunden.

Typische Vertreter: Napoleon Bonaparte, Ludwig van Beethoven, Johann Gottlieb Fichte, Friedrich Nietzsche.

Zuordnungen: Feuer, Tätigkeit, Mittag, Sommer.

Die folgenden kurzen lyrischen Beiträge benennen zum einen die besonderen Qualitäten des cholerischen Temperaments, Mut und Tatkraft, zum andern beschwören sie die Macht des Feuers, das seit Prometheus mit der Cholerik in Verbindung gebracht wird.

Feiger Gedanken
Bängliches Schwanken,
Weibisches Zagen,
Ängstliches Klagen
Wendet kein Elend,
Macht dich nicht frei.

Allen Gewalten
Zum Trutz sich erhalten;
Nimmer sich beugen,
Kräftig sich zeigen,
Rufet die Arme
Der Götter herbei.

Johann Wolfgang Goethe[39]

Zündet das Feuer an!
Feuer ist oben an.
Höchstes, er hats getan,
Der es geraubt.
Wer es entzündete,
Sich es verbündete,
Schmiedete, ründete
Kronen dem Haupt.

Johann Wolfgang Goethe[40]

Ecce Homo

Ja! Ich weiß, woher ich stamme!
Ungesättigt gleich der Flamme
glühe und verzehr ich mich.
Licht wird alles, was ich fasse,
Kohle alles, was ich lasse:
Flamme bin ich sicherlich!

Friedrich Nietzsche

Im Gedicht Nietzsches wird auch etwas von der starken Ich-Kraft deutlich, die in der Cholerik wirkt. Das wird in den folgenden Charakterisierungen weiter vorherrschen; später werden aber auch die Gefährdungen dieses Temperaments geschildert.

Aus einem Zeugnis für die erste Klasse:

««Schnee, Hagel und Gewitter sind mein Lieblingswetter!› gab M. uns zu verstehen und stand dabei breitbeinig und entschlossen vor uns, und auch der untersetzte Wuchs verriet den Choleriker. Dabei zeigte M. im Zusammenleben der ersten Klasse eigentlich nur die Stärken des cholerischen Temperaments: Tatkraft, Konzentration, auch Führung und Selbstvertrauen. Da mochte gewiß auch der Ernst ihrer Natur mitspielen; es brauchte gelegentlich längerer Bemühung, um M. zu einem herzhaften Lachen zu bringen – möge das öfter und öfter gelingen!»

Die cholerischen Züge des Kindes, das hier in dem Zeugnis charakterisiert wurde, minderten sich nach und nach, bis in der dritten Klasse der Ernst des melancholischen Temperaments hervortrat; nach dem neunten Lebensjahr ergab sich eine gewisse Harmonisierung. Geblieben sind ihm allerdings ein unglaublicher Arbeitseifer und ein tiefes Vertrauen zu den Lehrern. Der Wuchs blieb ebenfalls cholerisch geprägt, und es fehlte dem Kind eine wirkliche Lockerheit und Leichte.

Der besondere Wuchs des Cholerikers wird auch in den folgenden Beiträgen deutlich. Zunächst ein Textbeispiel von Hermann Lenz:

«Der Musiker Mathias Mandelsloh

Wer noch im vorigen Jahr dort weiterging, konnte einem Mann begegnen, der mit kurzen Fingern in sein struppiges, fuchsrot und grau meliertes Haar fuhr, im Gehen schnaubte, baßdröhnend sang und mit sich selber sprach. Er kam eingezogenen Genicks daher, aus aufgerissenen Augen glotzend, den Mund verschlossen, daß sich die Lippen überm Kinn wulstig vorwölbten. Ein Pferdegespann nahm hier einmal mit hochgeworfenen Schwänzen vor ihm Reißaus. Dieser Mann war Mandelsloh. [...]

Und Mandelsloh ballte die Faust, zornrot, als wolle er mit dem Kopf die Mauer sprengen oder herunterspringen. [...] Zuweilen warf er Pinsel und Rasierapparat fort, durchwühlte seinen Tisch nach einem Bleistift und kritzelte krause Notenschrift auf den Fensterladen.»⁴¹*

In dieser Schilderung ist etwas von der starken Ur-Natur des cholerischen Temperaments zu spüren und damit auch etwas von seiner Gefährdung: Zornmütigkeit und Unbeherrschtheit. Eine elementare Cholerik lebte auch in dem Schauspieler Ernst Schröder, auf den Rolf Michaelis einen Nachruf verfaßt hat. Hier wirkt der Eindruck des cholerischen Temperaments und seiner Ichhaftigkeit bis in die Sprache des Journalisten, dessen Stil sich übrigens nach dieser einleitenden Charakterisierung deutlich ändert:

«Kommt auf die Bühne – und ist da. Ein untersetzter Mann. Rundlich. Kugelkopf. Herrische Gesten. Eckige Bewegungen. Gerecktes Kinn. Sperber-Blick aus abgewandtem Kopf. Feldherr nicht im Paradeschritt. Angreifer nicht mit gereckter Brust, sondern, nach Ausspähen des Feindes und dessen Schwächen, von der Seite. Lauernder Blick. Dann Überrumpelung.

Vor jedem Wort hat dieser Kerl die Bühne erobert. Kein Hüne, kein Falstaff-Faß. Ein ziemlich normaler Schauspieler. Doch Feuerkopf. Er zieht die Blicke auf sich, auch wenn zehn, zwanzig Gleich-Kostümierte mit ihm auf der Szene sind. Wie schafft er das? Ein Wunder, nie begriffen.

Ja, wenn er spricht! Trompeten-Ton. Unvergeßlich. Knallende Endsilben.

Schneidende Konsonanten. Und die Vokale: aus voller Brust geröhrt, verzückt gesungen, mit geschlossenen Augen geflüstert. Immer verständlich, im Liebes-Lispeln, Todes-Seufzen.»[42]

Eine weitere charakteristische Schilderung eines cholerischen Temperaments findet sich in Goethes Beschreibung der Gestalt und Physiognomie des Brutus:

«Welche Kraft ergreift dich mit diesem Anblicke! Schau die unerschütterliche Gestalt! Diesen ausgebildeten Mann, und diesen zusammen geknoteten Drang. Sieh das ewige Ruhen und Bleiben auf sich selbst. Welche Gewalt und welche Lieblichkeit! Nur der mächtigste und reinste Geist hat diese Bildung ausgewürkt. Eherner Sinn ist hinter der steilen Stirn befestigt, er packt sich zusammen, und arbeitet vorwärts in ihren Höckern, jeder, wie die Buckeln auf Fingals Schild von heischendem Schlacht- und Tatengeiste schwanger. Nur Erinnerung von Verhältnissen großer Taten ruht in den Augenknochen [...]. – Und die Augen! dahin blickend. Als des Edlen, der vergebens die Welt außer sich sucht, deren Bild in ihm wohnt, zürnend und teilnehmend. [...] Mann verschlossener Tat! langsam reifender, aus tausend Eindrücken zusammen auf Einen Punkt gewürkter, auf Einen Punkt gedrängter Tat! In dieser Stirne ist nichts Gedächtnis, nichts Urteil, es ist ewig gegenwärtiges, ewig würkendes, nie ruhendes Leben, Drang und Weben! [...] Er kann keinen Herrn haben, kann nicht Herr sein. Er hat nie seine Lust an Knechten gehabt. Unter Gesellen mußt er leben, unter Gleichen und Freien. In einer Welt voll Freiheit edler Geschöpfe würd er in seiner Fülle sein. Und daß das nun nicht so ist, schlägt im Herzen, drängt zur Stirne, schließt den Mund, bohrt im Blicke! Schaut hier den gordischen Knoten, den der Herr der Welt nicht lösen konnte.»[43]

In diesem Idealbild von Goethes Brutus (nach Lavater) finden wir einige Züge des Cholerikers in edelster Form: die unerschütterliche Gestalt, das Ruhen und Bleiben in sich selbst, der eherne Sinn, der entschlossene Blick und so weiter.

Manche dieser Züge erkennen wir auch bei zwei überragenden Persönlichkeiten, die beide immer wieder als typische Choleriker charakterisiert wurden: Fichte und Beethoven.

Johann Gottlieb Fichte, wie ihn ein Zeitgenosse erlebte:

Abb. 6: Brutus

«Er spricht nicht eben schön, aber alle seine Worte haben Gewicht und Schwere. Seine Grundsätze sind streng und wenig durch Humanität gemildert. Wird er herausgefordert, so ist er schrecklich. Sein Geist ist ein unruhiger Geist; er dürstet nach Gelegenheit, viel in der Welt zu handeln. Sein öffentlicher Vortrag rauscht daher wie ein Gewitter, das sich seines Feuers in einzelnen Schlägen entladet. Er erhebt die Seele, er will nicht gute, sondern große Menschen machen. Sein Auge ist strafend und sein Gang ist trotzig. Er will durch seine Philosophie den Geist des Zeitalters leiten; seine Phantasie ist nicht blühend, aber energisch und mächtig, seine Bilder sind nicht reizend, aber sie sind kühn und groß. Er dringt in die innersten Tiefen seines Gegenstandes ein und schaltet im Reiche der Begriffe mit einer Unbefangenheit umher, welche verrät, daß er in diesem unsichtbaren Lande nicht bloß wohnt, sondern herrscht.»[44]

Rudolf Steiner sagt über ihn:

«Johann Gottlieb Fichte ist ja eine der wenigen Persönlichkeiten in der Weltgeschichte, vielleicht in seiner Art überhaupt einzig in gewisser Beziehung, eine Persönlichkeit, die die stärksten Begriffsabstraktionen zu gleicher Zeit mit Enthusiasmus und Energie des Willens verband, so daß man gerade in ihm eine sehr interessante Erscheinung vor sich hat: Der kurze, gedrungene Fichte, im Wachstum etwas zurückgeblieben durch die Entbehrungen der Jugend, der, wenn man ihm auf der Straße nachschaute, mit einem ungeheuer fest auftretenden Schritte ging, alles Wille, Wille, der sich auslebt in der Darstellung der abstraktesten Begriffe, aber mit diesen abstraktesten Begriffen doch wiederum so etwas erreicht wie jene ‹Reden an die deutsche Nation›, die er gehalten hat, mit denen er unzählige auf wunderbare Weise begeistert hat.»[45]

Nun die Charakterisierung Beethovens von J. A. Stumpff:

«Seine Person war unter mittlerer Größe, von starkem Knochenbau; so wie Napoleon, gestaucht, von kurzem Nacken und breiten Schultern, auf welchen ein großer runder Kopf mit starkem Haarwuchs verwirrt emporstrebte. Sein großes, tiefliegendes Stechauge, das zu blitzen schien und in der Seele des vor ihm stehenden Individuums sich Eingang zu versichern wußte, welches aus seinen Worten nachher deutlich zu vernehmen war.»[46]

Eine andere Schilderung:

«Ich [Ries] war der erste, der [Beethoven] die Nachricht brachte, Bonaparte habe sich zum Kaiser erklärt, worauf er in Wut geriet und ausrief: ‹Ist der auch nicht anders wie ein gewöhnlicher Mensch! Nun wird er auch alle Menschenrechte mit Füßen treten, nur seinem Ehrgeize frönen; er wird sich nun höher wie alle andern stellen, ein Tyrann werden!› Beethoven ging an den Tisch, faßte das Titelblatt oben an, riß es ganz durch und warf es auf die Erde. Die erste Seite wurde neu geschrieben, und nun erst erhielt die Symphonie den Titel *Sinfonia eroica*.»[47]

Johann Gottlieb Fichte wird häufig als Beispiel eines ausgeprägten Cholerikers angeführt; der obige Beleg des Hörers ist eindeutig. Man nehme nur die Reihe der Adjektive (ohne die Negationen): streng, schrecklich, unruhig, strafend, trotzig, energisch, mächtig, kühn, groß. Rudolf Steiner äußert sich über ihn auch im Zusammenhang mit den Temperamenten und betont – darin ist Fichte Napoleon vergleichbar – den gestauten Wuchs und den willenshaften Gang Fichtes. Im Blick auf den Philosophen hebt er unter anderem dessen starkes Ich-Bewußtsein hervor. Auch bei Beethoven zeigt sich der gestaute Wuchs einerseits, die Ich-Kraft andererseits des Cholerikers. Und in der Auseinandersetzung Beethovens mit

Abb. 7: Ludwig van Beethoven (Gemälde von F. G. Waldmüller)

Napoleon – er hatte nach dessen Krönung die Widmung seiner dritten Sinfonie zerrissen – sieht man wie in einem Brennglas etwas vom Wesen des cholerischen Temperaments: Griff nach der Macht und Widerstand gegen den Machthaber.

Ein herrliches Bild von der cholerischen Kampfesglut und Kampfeswut gibt die keltische Sage von Cuchulinn:

«Man hob den Knaben alsbald aus dem Wagen und tauchte ihn in drei Fässer mit kaltem Wasser, um seine Kampfglut zu kühlen. Das erste Faß sprengte Cuchulinn, daß die Reifen platzten und die Bretter auseinander fielen. In dem zweiten Faß kochte das Wasser über von seiner Hitze, und erst das dritte Faß hielt aus. Da legte sich die Wut des Knaben.»[48]

Wir wollen unsere phänomenologische Betrachtung der vier Temperamente auch hier mit einem sprechenden Märchenmotiv abschließen: aus dem Märchen vom «Rumpelstilzchen». Die Kraft des Cholerikers wird Rumpelstilzchen zum Verhängnis: Es zerreißt sich vor Wut, nachdem sein Name, seine Identität – und damit seine Macht – bekannt geworden ist.

«Den dritten Tag kam der Bote wieder zurück und erzählte ‹neue Namen habe ich keinen einzigen finden können, aber wie ich an einen hohen Berg um die Waldecke kam, wo Fuchs und Has sich gute Nacht sagen, so sah ich da ein kleines Haus, und vor dem Haus brannte ein Feuer, und um das Feuer sprang ein gar zu lächerliches Männchen, hüpfte auf einem Bein und schrie

‹heute back ich, morgen brau ich,
übermorgen hol ich der Königin ihr Kind;
ach, wie gut ist, daß niemand weiß,
daß ich Rumpelstilzchen heiß!›

Da könnt ihr denken, wie die Königin froh war, als sie den Namen hörte, und als bald hernach das Männlein hereintrat und fragte ‹nun, Frau Königin, wie heiß ich?› fragte sie erst ‹heißest du Kunz?› – ‹Nein.› – ‹Heißest du Heinz?› – ‹Nein.› – ‹Heißt du etwa Rumpelstilzchen?› – ‹Das hat dir der Teufel gesagt, das hat dir der Teufel gesagt›, schrie das Männlein und stieß mit dem rechten Fuß vor Zorn so tief in die Erde, daß es bis an den Leib hineinfuhr, dann packte es in seiner Wut den linken Fuß mit beiden Händen und riß sich selbst mitten entzwei.»[49]

Die vier Temperamente im Vergleich

Die folgenden zusammenfassenden Darstellungen aller vier Temperamente sind nach ihrer Entstehung grundverschieden und stellen dennoch in ihrer Gemeinsamkeit viele charakteristische Züge des jeweiligen Temperaments heraus. Der Dramatiker Nestroy gestaltet die Temperamente in ihrer Eindeutigkeit, der Journalist Martin Hohnecker gibt ein pointiertes Bild aus dem Autofahrer-Alltag, und der Waldorflehrer Helmut Eller charakterisiert die vier Temperamente in einem Unterrichtsaugenblick.

Nestroys «Haus der Temperamente»

Nestroys Stück *Das Haus der Temperamente* wird gelegentlich von achten Klassen der Waldorfschulen als Klassenspiel aufgeführt. Es zeigt konsequent alle vier Temperamente in verschiedenen Repräsentanten und Situationen, die stets alle auf der viergeteilten Bühne anwesend sind. Das Wohnzimmer oben links (rot) gehört dem Choleriker Herrn von Braus, rechts daneben (gelb) ist der Phlegmatiker Herr von Fad zu Hause, unten links wohnt in Grau der Melancholiker Herr von Trüb, rechts ist das Wohnzimmer (himmelblau) des Sanguinikers Herr von Froh.

In der zweiten Szene des ersten Aktes erwarten die vier Väter ihre heimkehrenden Söhne und sinnieren über Töchter, Schwiegersöhne und die Ehe:

TRÜB *(im Schlafrock, mit verschränkten Armen aus der Seitentüre tretend):* Heute also soll ich ihn wiedersehn, meinen Sohn, den Erstgebornen der so früh verblichenen Gattin! *(Stellt sich, tief seufzend, vor das auf der Staffelei befindliche Bild.)*

FROH *(kommt, fast tanzend, aus der Seitentüre, ebenfalls im Schlafrock):* Mein Bub kommt z'ruck, das ist a Passion. Ein Mordskerl muß er worden sein in die drei Jahr', wenn er seinem Vater nachg'rat't. *(Stellt sich vor den Spiegel und richtet sich die Halsbinde wohlgefällig zurecht.)*

FAD *(im Schlafrock und mit langer Pfeife aus der Seitentüre tretend):* Also heut' kommt er, der Edmund! Wenn er nicht kommt, is's mir auch recht. Wenn sich die Kinder nicht nach Haus sehnen, is es ein Zeichen, daß's ihnen gut geht. *(Setzt sich in den Lehnstuhl und schmaucht.)*

BRAUS *(im Schlafrock, mit Ungestüm aus der Seite tretend):* Wo er nur so lange bleibt, der Teufelskerl! Um acht Uhr hätt' er schon hier sein können, das Donnerwetter soll so einem Sohn in die Rippen fahren, den das kindliche Herz nicht mit gebührender Eilfertigkeit in die väterlichen Arme treibt! *(Nimmt eine auf dem Tisch befindliche Zeitung und geht, selbe hastig durchblätternd, unruhig auf und ab.)*

FROH Einen Rivalen wird er haben an mir, einen tüchtigen, wenn er sich an eine anmacht. Übrigens, das hat Zeit bei ihm. Meine Tochter muß unter die Hauben, ein Mädl kann nie zeitlich genug heiraten; ein junger Springinsfeld hingegen wie mein Sohn, dem kommt's Hauskreuz immer noch z'früh'. *(Zieht an einer auf dem Tische liegenden Violine eine abgesprungene Saite auf.)*

FAD Wenn nur der Bräutigam meiner Tochter schon da wär', wär' mir lieber, mir g'fallt 's Madl nimmer in der Ledigkeit. *(Schmaucht ruhig fort.)*

BRAUS Die Galle läuft mir über, so oft ich die Angekommenen lese. Alles kommt an, nur mein verdammter Jugendfreund aus Straßburg nicht. Ein saumseliger Bräutigam verdient, daß man ihm Raketen in die Ohren stecke, die ihm hineinfahren bis ins kalte Herz und seinen morschen Gefühlszunder in Feuer und Flammen setzen.

TRÜB Bald wird meine Tochter der Ehe Band umschließen. Mögen die Rosen, die es ihr bringt, länger blühen, als sie dieser blühten *(auf das Bild zeigend),* die, selbst noch eine blühende Rose, hinwelken mußte in Grabesnacht! *(Setzt sich an die Staffelei und malt an dem Bilde seiner verstorbenen Frau.)*[50]

Das gewählte Beispiel aus dem ersten Akt ließe sich beliebig austauschen; das ist auch eine Schwäche des Stückes, denn die Kontraste nutzen sich ab. Der bühnenerfahrene Nestroy bringt natürlich viel Personal in mannigfaltigen Handlungssträngen auf die Bühne, so daß die Temperamente wie aus dem Leben gegriffen erscheinen. Der Melancholiker Trüb gibt sich traurig-pathetisch und ergeht sich in Erinnerungen, die selbst den freudigsten Augenblick trübe färben. Der Sanguiniker Froh zeigt sich lebhaft und eitel und auf Abenteuer-Freiheit bedacht. Fad, der Phlegmatiker, nimmt's wie's kommt und ist froh, wenn ihm andere die Sorgen abnehmen. Braus als Choleriker ist ungestüm und fühlt, wie ihm über dem Warten die Galle überläuft.

Am Steuer

Eine treffende Glosse über die verschiedenen Autofahrer-Temperamente hat der Journalist Martin Hohnecker geschrieben:

«Da ist der Sanguiniker: Immer heiter, immer auf 180. Allzeit linksaußen sausend, genießt er gelbe Blinker, rote Schilder, weiße Striche, verachtet die blöden Schleicher rechts von ihm und fährt an allen vorbei, selbst wenn die Piste längst zweispurig ist. Hier ein Schlenker, dort ein Wedler, kurz gebremst, Gaspedal durch. Das Leben ist kurz und der Mittelstreifen auch zum Fahren da.

Im Gegensatz zum Phlegmatiker, der sich schon [früh] in den Truckerpulk [...] eingeordnet hat und ungerührt im Dieselmief erstickt, zieht der Melancholiker gleich beim ersten Warnschild brav auf die Mittelspur, entschuldigt sich winkend beim Hintermann, daß er ihm so nahe vor, beim Vordermann, daß er ihm so nahe hinter die jeweilige Stoßstange gefahren ist, und sinniert während der nächsten Stunde darüber, warum es vor allem BMW-Fahrer, Belgier und Mitarbeiter des Deutschen Paketdienstes sein müssen, die den brav wartenden Zeitgenossen frech den Blechpopo zeigen. Die Welt ist schlecht, besonders bei Ditzingen [dem Ort des Staus].

63

Der Choleriker schlägt sie alle. Beim ersten Warnblinklicht kurvt er abrupt, das Risiko von Blechschäden nicht achtend, von der Außenspur nach innen und zeigt Vorder- wie Hintermann gleichzeitig den Vogel. Dann droht er, leicht nach links driftend und Lastwagen abdrängend, den linken Vorbeifahrern mit der Faust, wird schließlich vom Zorn übermannt, rast wieder auf die dritte Spur hinaus, bremst dort quietschend auf 30 ab, zeigt den laut hupenden Nachrückern beleidigende Zeichen [...]. Hupen, Aufblenden, Brüllen, Fuchteln, Nervenzusammenbrüche, Anzeigen wegen Verkehrsbehinderung, Nötigung, Überholen im Überholverbot, Beleidigung.»[51]

Jeder Autofahrer kennt so die anderen, zumindest die Auffälligen unter ihnen. Er selbst macht natürlich immer alles richtig ... Vielleicht mag diese Skizze dazu anregen, auch einmal andere alltägliche Situationen unter dem Blickwinkel der Temperamente zu betrachten: beim Einkauf das Suchen und Wählen, das Schlangestehen, im Restaurant den Umgang mit dem Kellner, wenn etwas nicht in Ordnung geht, in der Nachbarschaft die Reaktion auf den Hund, den Rasenmäher, das Kinderspiel, am Arbeitsplatz die Probleme der Zusammenarbeit ...

Vier Kinder melden sich zu Wort

Der Waldorflehrer Helmut Eller charakterisiert vier seiner Fünftkläßler, denen im Erdkundeunterricht nach einer Schilderung des Vortages eine Frage gestellt wurde:

«Dem Choleriker schießt die Antwort in den Sinn. Er weiß es! Den Finger hoch! Direkt auf das Gesicht des Lehrers! Der muß ihn doch bemerken! Den Arm strecken! Noch mehr! Er zuckt sogar! Noch deutlicher kann man sich doch nicht melden! Doch! Aufspringen – vor Begeisterung! ‹Gut, daß er mich entdeckt hat!›

Dem Phlegmatiker ergeht es nicht so. Die Frage hat ihn nicht stark berührt – ja, er fühlt auch heute gar kein Bedürfnis, sich zu melden – nichts drängt ihn im Innern dazu – fühlt er sich doch immer so wohl hier – da können Fragen sogar störend sein. Merkwürdig, daß andere sich so gern melden. – (Bittet man ihn aber, doch zu sprechen, so kann man oft darüber

64

erstaunt sein, was alles erinnert wird, wenn die Erzählung ihn genügend beeindruckt hat, und wie ihm dann die Worte ruhig entströmen.)

Wie anders reagiert der Sanguiniker: Natürlich ist die Frage interessant! Das ist doch jede Frage! Es ist nur so schade, daß man nicht alle beantworten kann! Jetzt hat er die ‹richtige› Antwort, und: schwups ist der Finger oben, der Arm wedelt, die Augen leuchten, das Gesicht strahlt. Aber man kann ihn doch nicht so lange warten lassen! Freudengeräusche werden hörbar, steigern sich und wirken sogar ansteckend auf die Umgebung. Aber der Lehrer könnte ihn ja im Wald der hochgestreckten Finger übersehen ... also: ihm schnell die kurze Antwort zurufen! ‹Der wird sich freuen, daß ich die Antwort wußte! – Nein!? Sie war falsch? Das macht nichts!› Also, weiter überlegen, und schon ist der Finger wieder oben – noch freudiger!

Der Melancholiker hat die Frage recht ernst genommen ... durchsinnt sie ... wägt die Antwort sorgfältig ... ob das auch richtig ist, was er sagen würde? – Ja doch, so könnte er es ausdrücken. Er wollte sich ja heute wenigstens einmal melden. Der Arm hebt sich: erst etwas zögernd, dann richtig – mit etwas Selbstüberwindung. Ob der Lehrer auch bemerkt, daß er sich jetzt meldet? ... ‹Und wenn meine Antwort falsch ist ... dann blamiere ich mich so ... und das wäre furchtbar, und hoffentlich lacht dann keiner ... ob ich doch den Arm wieder herunternehme? ... Nein, ... ich habe es mir für heute vorgenommen.› Der Zeigefinger hat sich noch zwischendurch einmal gekrümmt ... nun wird wieder gestreckt.»[52]

Der Pädagoge fühlt sich bei dieser Schilderung sofort angesprochen und erinnert sich vieler vergleichbarer Augenblicke: Wer spricht das Gedicht, gemeinsam gelernt, als erster allein? Wer rechnet an der Tafel vor? Wer gibt auf seiner Blockflöte die (musikalische) Antwort – und wie? Wer versucht vor allen anderen Kindern das neue Geschicklichkeitsspiel? Wir werden noch sehen, wie gut es ist, solche kleinen Augenblicke zu beobachten und sie sich lebhaft innerlich vorzustellen.

Hinweise für eine phänomenologische Betrachtung der Temperamente

Es gibt mannigfaltige Zugänge zum Temperament eines Menschen –
und *ein* grundlegendes Hindernis bei aller Beobachtung: das eigene
Temperament. Das ist ein Teilaspekt eines allgemeineren Gesetzes,
das Goethe so formulierte: «Es ist doch immer die Individualität
eines jeden, die ihn hindert, die Individualität der andern in ihrem
ganzen Umfang gewahr zu werden.»[53] Wie sehr man selbst befangen
ist, verrät jeder Austausch mit anderen Menschen über das Temperament eines Dritten: Da gibt es im großen wie im kleinen genug Widersprüche, die sich an der eigenen Temperamentslage entzünden.
Man bedenke nur einmal, wie unterschiedlich ein Sanguiniker und
ein Phlegmatiker auf das cholerische Temperament eines Dritten reagieren oder wie gegensätzlich Choleriker und Phlegmatiker auf ein
bestimmtes Temperament antworten. Vollends irritiert kann man
über die Beurteilung des eigenen Temperaments sein. Beispielsweise
ist ein Kollege baß erstaunt darüber, allgemein als Choleriker zu gelten, wo er sich doch viel eher als Sanguiniker fühlt! Gewiß, auch er
kann herzhaft lachen, auch er hat vielfältige Interessen, auch mag er
meinen, noch nicht in allem konsequent und beharrlich genug zu
sein. Aber für das Lehrerkollegium zeigen sich betont cholerische
Züge: Entscheidungsbereitschaft, Handlungswille, Problembewußtsein, Gedankenklarheit, Ichkraft, Führungsqualitäten und anderes
mehr.

Wer sich auf die Temperamente tatsächlich einläßt, wird viel
Selbstkritik und Selbstverleugnung aufbringen müssen, und es gilt
Einfühlungsvermögen auf den verschiedensten Gebieten zu entwickkeln. Manches erhellt sich aus den folgenden Darstellungen, anderes
muß im Leben erfahren werden. Goethe hat in seinem Aufsatz
«Shakespeare und kein Ende» ganz allgemein gesagt: «Das Höchste,

wozu der Mensch gelangen kann, ist das Bewußtsein eigner Gesinnungen und Gedanken, das Erkennen seiner selbst, welches ihm die Einleitung gibt, auch fremde Gemütsarten innig zu erkennen.»[54] Für das menschliche Temperament gilt die Grundregel: Nur wer alle vier Temperamentsrichtungen in sich beleben gelernt hat, wird allen vier Temperamenten letztendlich gerecht. Die Tiefe eines Temperaments kann aber nur der erleben und beurteilen, der es wirklich in sich trägt – das verstellt ihm aber gleichzeitig den umfassenden Blick für das andere Temperament.

Die mannigfaltigen Zugänge zum Erkennen des Temperaments lassen sich zwar schematisch ordnen, wichtig bleibt jedoch, eine Temperamentslage lebendig zu erfassen und alle Phänomene miteinander zu verbinden. Da stehen auf der einen Seite die erhellenden Erfahrungen in überraschenden Begegnungen und auf der anderen die vielen kleinen Beobachtungen, die sich zum Bild runden. Hier gibt es die Seelenstimmungen, die seelischen Gesten, dort die körperliche Konstitution, die leiblichen Gebärden. Wir haben es mit Formen des Wahrnehmens, des Eindrucks, der Erregbarkeit einerseits und der Handlung, des Ausdrucks, der Reaktion andererseits zu tun.

Blicken wir zunächst auf die körperliche Seite, die Konstitution, die Physiognomie, die Bewegung und so weiter. Hier lassen sich durchaus objektive Maßstäbe anlegen: Größe, Länge, Proportionen, Gewicht und ähnliches sind meßbar. Aber schon die Haltung eines Menschen, sein Gang, sein Mienenspiel, seine Gebärden, sein Blick, gar die Sprache – sie fordern eine qualitative Beurteilung. Auf der seelischen Seite, was also mehr im Blickfeld der Psychologie liegt, verstärkt sich dieses Charakteristikum, und nur sehr bedingt gibt es meßbare Faktoren. Der Reichtum der Temperamentserscheinungen verlangt eine reiche Beobachtungsgabe. Jegliche Einschränkung und Begrenzung innerhalb der phänomenologischen Betrachtung verhindert das wahre Bild. Das ist mit ein Grund, warum so viele moderne Psychologen am Erfassen des Temperaments scheitern.

Im folgenden soll der Blick auf einige charakteristische Phänomene gelenkt werden. Erst viele Beobachtungen zusammen werden das zutreffende Temperamentsbild ergeben, deshalb sollte man sich nicht vorschnell auf wenige Eindrücke verlassen.

Leib, Haltung, Bewegung

Der schlanke Mensch, falls harmonisch in seinen Bewegungen, auf- recht, aber nicht steif in seiner Haltung, wird oft ein Sanguiniker sein. Das verrät der rasche, leichte, federnde Gang ebenso wie das freudige Flanieren, noch mehr aber das Tänzerische in der ganzen Bewegung. Auch die Gebärden werden lebendig und anmutig sein, oft recht lebhaft, aber ganz ohne Heftigkeit. Beim Kind zeigt sich die Neigung zum Hüpfen und Springen, das Lösen von der Erdenschwere im Luftsprung; «Luftikus» sagt man gerne zum ausgesprochenen San- guiniker, womit auch schon etwas Seelisches gemeint sein kann. Die Gestalt ist selten übermäßig groß, eher zählen die Kleineren zu den Sanguinikern. Meist finden wir harmonische Proportionen, wohlge- staltete Glieder, blühenden Teint, trockene Haut. Nie wird ein sol- cher Mensch lange in derselben Stellung verharren, das Stillsitzen behagt ihm so wenig wie das Strammstehen. Die Hand wird freund- lich, oft herzlich gereicht, ihr Druck ist spürbar, bleibt aber ange- nehm.

Der typische Melancholiker wird sich ganz anders zeigen: statt Beweglichkeit herrscht Ruhe. Die Gestalt ist zumeist schlank, häufig sogar groß, und gegenüber dem Sanguiniker tritt die Durchformung des Körpers, insbesondere in den Gesichtszügen und in den Händen, stärker hervor. Die Haltung tendiert zur Beugung: Vielleicht kaum merklich, hängen die Schultern; auch der Kopf neigt sich seitlich oder senkt sich nach vorn, möglicherweise nur ein wenig. Je ausgeprägter die Melancholik, desto mehr wird dies in Erscheinung treten. Be- obachtet man den Melancholiker länger, so wird man gewahr, daß er es schwer hat, daß er eine Last zu tragen hat. Außer an der «gedrückten» Haltung merkt man es an den Schritten, sie haben oft etwas Lastendes, Schleppendes, sie sind erdenschwer – oder sie werden vorsichtig und zögernd gesetzt. So sind auch die Gebärden: langsam und müde, ab- winkend und abwehrend, zumindest aber zurückhaltend, zögernd, höflich an sich haltend. Der Händedruck verrät Distanz, er wird in der Regel wenig Druck haben und rasch beendet sein. Die Haut zeigt Trockenheit und Blässe, früh zieht sich das Leben zurück und hinter- läßt papierne, lederartige, gefältelte, altgewordene Haut.

Mit Kraft tritt der Choleriker auf, energisch berührt die Ferse den Boden (während der Sanguiniker eher die Fußspitze bevorzugt).

Jeder Schritt verrät Entschlossenheit, genauso der Blick. Viele Choleriker sind von kleinerem Wuchs, gleichsam wie gestaut und gestaucht (vgl. dazu die Ausführungen Rudolf Steiners auf S. 58). Oft sitzt der Kopf auf gedrungenem Nacken, fast sogar zwischen den Schultern. Während der Rumpf stark ausgebildet sein kann, bis hin zum Massigen, bleiben besonders die Gliedmaßen bis in die Hände und Füße kurz und kräftig; wir haben es dann mit einem sogenannte Sitzriesen zu tun. Alle Gebärden verraten Kraft, sie sind oft sehr impulsiv, gelegentlich von militärischer Kürze und Präzision. Der Händedruck ist immer energisch fest, manchmal regelrecht schmerzhaft. Die Haut ist gut durchblutet; im Zorn schwellen dem Choleriker die Adern, und er läuft am Kopf rot an. Dafür kennt der Volksmund mancherlei Worte: Heißsporn, Hitzkopf, Stier. Die «kalte» Wut eines mehr melancholisch gestimmten Menschen läßt den Choleriker dagegen eher erblassen, er wird «bleich vor Zorn.»

Dominiert die Leibesfülle, dann haben wir es am ehesten mit einem Phlegmatiker zu tun. Seine Haltung ist grundsätzlich ruhig, eher schlaff und lässig, sein Gang schleppend und schlurfend, ja wie schwimmend, aber weder müde noch vorsichtig wie der des Melancholikers. Schlaff wird auch der Händedruck sein, weich und füllig die Hand. Die Gebärden bleiben zurückhaltend, und es sind eher kleine Gesten der Hände als große Bewegungen der Arme. Die Haut ist meist blaß, das Fleisch schwammig und umhüllt von Fettpolstern. Als einziges Temperament wird das phlegmatische auch in der Umgangssprache direkt genannt: Von einem typischen Phlegmatiker sagt man, er habe «Phlegma».

Eine Übung zum Erkennen der Temperamente kann nun darin bestehen, den Übergang, die Verbindung von einem Temperament zu einem anderen zu suchen, sich zum Beispiel vorzustellen, wie in der Mischung «phlegmatisch-sanguinisch» der zuletzt etwas negativ geschilderte Phlegmatiker sich belebt, wie er beweglicher und lebhafter wird, wie sich sein Inkarnat zeigt und die Backen sich röten, wie die Leibesfülle plötzlich sympathischer erscheint.

Beobachten läßt sich ähnliches bei vielen Menschen, bei denen zwei Temperamente vorherrschen und wechselweise hervortreten. Beispielsweise zeigt sich der sanguinisch bestimmte Choleriker in einer Gesellschaft ganz anders als bei einer angespannten, schwierigen Tätigkeit: einmal locker, offen, freundlich, souverän, geistreich, das andere Mal verkrampft, verbissen, abwehrend, dem Zorn ausgeliefert, fluchend.

Aufschlußreich, auch für die Erkenntnis des eigenen Temperaments, sind die Versuche, den Schritt, die Gebärde, die Haltung bestimmter Temperamente zu «spielen»: Wer ist fähig zur luftigleichten Beweglichkeit des Sanguinikers? Wer behält die Ruhe des Phlegmatikers? Wer fühlt die Erdenschwere des Melancholikers? Wer findet zur cholerischen Tat?

Kopf und Antlitz

Die Erfahrung lehrt, daß gerade die Haltung, die Bewegung und der Gang eines Menschen sehr viel über sein Temperament aussagen können. Bei der Physiognomie des menschlichen Hauptes ist das schon schwieriger festzustellen, es sei denn, man achtet zusätzlich auf das Mienenspiel, den Mund, die Augen.

Die hohe Stirn, die «Denkerstirn», deutet häufig auf das melancholische Temperament, vor allem, wenn das Gesicht länglich geschnitten ist. Sie kann, insbesondere im unteren Teil, stark geformt sein und auffällige Sorgen- und Denkerfalten tragen; nach oben wölbt sich die Stirn dann freier. Die breite Stirn weist mehr auf Cholerik, wobei beim männlichen Choleriker häufig die Stirnglatze den Eindruck unterstreicht; eine breite Stirn kann aber auch dem Phlegmatiker eigen sein.

Ein rundliches Antlitz gehört in der Regel mehr zum sanguinischen und zum phlegmatischen Typus, ein breites, eckiges mehr zum cholerischen, das längliche, feine zum melancholischen. Charakteristisch ist häufig die Kinnpartie, die insbesondere beim Choleriker energisch hervortritt. Beim Phlegmatiker verbirgt sich das knöcherne Kinn ganz hinter einem «Doppelkinn», gar hinter einem dreifachen; es mag aber auch ein «fliehendes» Kinn sein.

Wenn man auf die Augen und ihren Blick achtet, wird das Antlitz gleich viel sprechender. Das Auge des Phlegmatikers, selten dunkel, liegt im Extrem klein zwischen Fettpolstern und dicken Lidern. Es blickt im allgemeinen freundlich, doch ohne großen Glanz, und bleibt auch bei größerem Interesse ruhig. Im Beobachten kann es auch kühl blicken, in krankhafter Phlegmatik matt und stumpf. Das Auge des Sanguinikers, häufig hell und blau, glänzt und funkelt dagegen: Die seelische Beweglichkeit tritt uns im lebhaften Blick entgegen. Dieser Blick schaut offen und interessiert, oft rasch wechselnd, nach allen Seiten. Bei aller Flüchtigkeit werden die einzelnen «Augenblicke» präzis aufgenommen. Der Blick des Cholerikers, meist feurig und dunkel, selten kühl und hell, hält den Blick des Gegenübers fest, denn im Blick des Cholerikers herrscht die Ichkraft. In Erregung und Zorn schließt er zuweilen die Augen bis zu einem Spalt, aus denen der scharfe Blick droht. Ist dagegen der Blick nach innen gewandt, dazu häufig das Auge dunkel, dann könnte es sich gut um einen melancholischen Menschen handeln. Seinem Blick fehlt der Glanz; der dringt erst spät aus dem Auge, wenn Vertrauen geschaffen ist, wenn die tieferen Seelenschichten antworten, wenn der idealistische Impuls zur Geltung kommt. Der Melancholiker schließt auch am ehesten die Augen, um sich zu sammeln und zu besinnen, und häufig bleibt das Auge, bei heruntergezogenem Lid, halbgeschlossen.

Wer sich in der Beobachtung der Augen üben will, sollte es zuerst bei Menschen von eindeutigem Temperament tun und deren Blick in den verschiedensten Situationen studieren. Man kann dann versuchen, diese Blicke nachzufühlen, nachzuahmen, und man wird erleben, wie die eigene innere Befindlichkeit sich dadurch ändert. Der andere Weg wäre der des Schauspielers, der sich in eine Rolle hineinfühlt: Er versucht von innen heraus auch den Blick dem Temperament gemäß zu «gestalten».

Der Mund in all seiner Beweglichkeit kann ebenfalls viel vom Temperament verraten: Welche Form und Größe hat der Mund? Wie ist die Durchblutung der Lippen? Wie sind insbesondere die Mundwinkel gestaltet, wie die Falten im Bereich des Mundes? Wie ist die Form der Lippen im Schweigen, und wie bewegen sie sich im Reden? Der schmallippige Mund gehört mehr zum cholerischen und zum melancholischen Temperament, die vollen Lippen zum sanguinischen und zum phlegmatischen Temperament. Der Melancholiker läßt, entsprechend seiner Seelenstimmung, den Mund leicht hängen, insbesondere die Unterlippe und erst recht die Mundwinkel. Der schmerzhafte Zug kann durch eine schmale Oberlippe und die nach unten ziehenden Falten und gar noch durch eine leichte Schiefe verstärkt werden. Der wenig gerötete Mund bleibt lange verschlossen, und oft ist der Seufzer die erste Regung und nicht das Wort. – Der redefreudige Sanguiniker zeigt gerade in der Mundpartie das Gegenbild: gut durchblutete Lippen, manchmal leicht offen stehend, so im Staunen und in der Freude, beweglich im Lächeln und Sprechen, eher klein als groß, zum Beispiel herzförmig oder wie bei einem Kirschenmund; und beim Sanguiniker sieht man auch einmal die Zungenspitze. Falten sind hier eher Lachfalten, und nur ausnahmsweise zeigen die Mundwinkel für kurze Zeit abwärts. – Dem Phlegmatiker fehlt die Lebendigkeit der Mundpartie, doch kann sie sinnlich ausgeprägt sein: Der Geschmackssinn mit den tastenden Lippen und mit der schmeckenden Zunge ist stark entwickelt. Der ruhig fließenden Rede entspricht die trägere Bewegung der Lippen, und beim oft wenig beredten, ja schweigsamen Phlegmatiker ruhen die Lippen still aufeinander. – Der Choleriker dagegen preßt die schmalen Lippen entschlossen zusammen, oder er zieht sie, auf die Zähne beißend, ein. Seine Rede ist im Extrem nur noch ein Herausstoßen, ein Befehl, ein Kommando. Erst im entspannten Zustand lockert sich auch der Mund, und dann kann der Choleriker, der sonst schneidende Reden führt, auch unterhaltend plaudern.

Vom Temperament geprägt ist auch das Sprechen selbst. So neigt der Melancholiker zum leisen, verhaltenen Sprechen, bedenkend, abwägend, besorgt, im Tonfall oft etwas gleichmäßig, aber in wohlgefügten Sätzen. Der Choleriker faßt sich kurz, spricht laut und vernehmlich, ungeniert und selbstbewußt. Abwechslungsreich ist die Rede des Sanguinikers, oft sprudelnd, manchmal auch viel zu geschwinde; er läßt sich allerdings am leichtesten ablenken und zu Abschweifungen verführen. Der Phlegmatiker kann durchaus ein Erzähler sein, wenn er nicht mundfaul ist, denn dann sagt er wenig und das Wenige oft noch undeutlich. Genaueres dazu ist auf S. 147ff. ausgeführt.

Abschließend sei die Aufmerksamkeit noch auf die Haltung des Kopfes gelenkt; die Fragen möge sich der Leser selbst beantworten. Bei welchem Temperament ruht der rundliche, oft große Kopf recht unbeweglich auf dem fülligen Leib, gelegentlich im aufmerksamen Schauen und Lauschen ein wenig (zu)geneigt? Wer trägt den Kopf gerne frei und stolz, etwas nach hinten gereckt, oder aber angriffslustig gesenkt, die Stirn bietend? Auf welches Temperament deutet der sinnend geneigte Kopf, das schmerzlich gesenkte Haupt, oft gar in die Hand gestützt? Wessen Kopf ist frei beweglich und wendet sich sinnenfreudig nach allen Eindrücken, schaut gar als ein «Guck-in-die-Luft»?

Der Leser möge sich mit diesen Anregungen begnügen; sie wären im einzelnen genauer zu prüfen und zu erweitern und durch andere Beobachtungen zu ergänzen: die Gestalt der Hand und ihrer Finger, die Form der Nase in ihrem Verhältnis zum ganzen Antlitz, der Schultergürtel in bezug auf Hals und Kopf einerseits, Formung und Aufrechte des Oberkörpers andererseits, Augenfarben, dazu Lid und Braue, Haarfarbe und Haarwuchs und manches andere.

In der Physiognomie treten natürlich nicht nur Temperaments-komponenten zutage; da liest man auch Gewohnheiten, Schicksals-schläge, Erkrankungen, Charakterzüge, man bemerkt Lebensalter und Beruf, Zugehörigkeit zum Volk und zu einer bestimmten Land-schaft. Und es ist durchaus angebracht, der reinen «Physiognomik» mit Vorsicht zu begegnen und sie nicht zum ausschließlichen Maß-stab zu machen. Schwäche und Stärke, Irrtum und Wahrheit liegen nahe beieinander, und der Ausruf in einem Stück Nestroys zeigt das beispielhaft: «Dem sieht man den Spitzbub'n doch an! O Natur, du bist ein großes Stempelamt!»[55]

Ein unerschöpfliches Gebiet für die Beobachtung der Temperamente sind die Reaktionen der Menschen in den verschiedensten Situatio-nen; hier wären auch gezielte Untersuchungen im Sinne einer expe-rimentellen Temperamentspsychologie möglich. Schon in der Einlei-tung sind einige kleine Beispiele gegeben worden, unter anderem das Gedicht, das die «Konfrontation» der vier Temperamente mit einem Stein schildert. Oft wird in solchen Augenblicken das Temperament schlagartig deutlich. Es versteht sich von selbst, daß beim Verhalten in einer bestimmten Situation auch andere Elemente hereinspielen: Erfahrung und Kenntnis, Begabung und Können und so weiter. Aber besonders im Überraschungsmoment tritt solch Elementares, wie es das Temperament nun einmal ist, deutlich in Erscheinung.

An dieser Stelle soll nicht weiter von einzelnen Beobachtungen berichtet werden. Man versuche statt dessen selbst einmal, sich ver-schiedene Situationen auszumalen. Beispielsweise: Vier Menschen, ein Choleriker, ein Phlegmatiker, ein Sanguiniker und ein Melancholiker, wollen den Zug noch erreichen, es ist denkbar knapp. Wie werden sie sich verhalten? Oder: Es gilt, einem Verletzten zu helfen – was wird jeder von ihnen Besonderes tun? Man will sich über Ziel und Weg einigen – wie werden die vier argumentieren? Ein bedeutendes Kunstwerk, eine große Erfindung wird diskutiert, alle vier haben ihre eigene Ansicht. Oder: Die Tür fällt ins Schloß – der Schlüssel steckt innen. Was tun? – Auf Skiern ist eine steile Abfahrt zu bewältigen. – Eine Wanderung bei Sturm und Regen zieht sich endlos dahin.

Genug der Aufgaben: Der Leser kann sich in die verschiedenen Temperamente hineinversetzen, und der Pädagoge findet hier Ideen für das freie und für das schriftliche Erzählen.

II.
Menschenkundliche Aspekte der Temperamente

oder

Für den Melancholiker bleiben immer Fragen

Einleitung:
Rudolf Steiner und die
menschlichen Temperamente

«Nur aus der Geisteswissenschaft
ist das Geheimnis der menschlichen
Temperamente zu holen.»[56]
Rudolf Steiner

Rudolf Steiner hat in seinen Vorträgen den Weg gezeigt, wie mit Hilfe der Anthroposophie, der «Weisheit vom Menschen», das Geheimnis der menschlichen Temperamente enthüllt werden kann. So fußen die verschiedenen menschenkundlichen Aspekte, die im folgenden Teil dargestellt werden, auch ganz auf den Erkenntnissen Rudolf Steiners. Beim Leser setzt das zumindest Bereitschaft voraus, diese Geisteswissenschaft als Arbeitsgrundlage anzunehmen. Erst dann können sich ihm auch ihre Erkenntnisse und Ergebnisse erschließen – was beileibe noch nicht bedeutet, daß sich daran nicht auch eine Kritik anschließen könnte. Die nachfolgende Darstellung versucht, auf diesem Weg einige Schritte für den Leser vorzubereiten und mit ihm zu gehen; sie kann aber das Studium der Anthroposophie so wenig ersetzen wie die Auseinandersetzung mit den Vorträgen Rudolf Steiners über die Temperamente und die Fülle seiner Anmerkungen bei den verschiedensten Gelegenheiten. Als Orientierungshilfe sind im Anhang, chronologisch angeordnet, die wichtigsten Steinerschen Äußerungen zu dem Thema wiedergegeben, die dem Interessierten weiterhelfen können. Ausführlicher sind im dritten Teil des Buches einige pädagogische Handhabungen exemplarisch dargestellt.

Eine Art Kompendium ist das Buch von Detlef Sixel, *Rudolf Steiner über die Temperamente,*[57] das nahezu alle maßgebenden Äußerungen Rudolf Steiners zitiert bzw. referiert, allerdings vielfältige Kenntnis der Anthroposophie zum rechten Verständnis voraussetzt.

Am 8. Februar 1892 wird Rudolf Steiner in Weimar, wo er an der großen Sophien-Ausgabe der Werke Goethes mitwirkt und an seiner *Philosophie der Freiheit* arbeitet, in einer geselligen Runde einer der beliebten psychologisierenden Fragebögen vorgelegt, deren alte und neue Antworten noch immer überraschen können. Auf die letzte Frage «Dein Temperament?» antwortet Rudolf Steiner: «Wandelbarkeit». Lange vor seinen Ausführungen über das «Geheimnis der menschlichen Temperamente» und lange vor den fruchtbaren Hinweisen, die er für den richtigen pädagogischen Umgang mit ihnen gegeben hat, faßt Rudolf Steiner das Rätsel «Temperament» und seine Lösung im Gang von Schicksal und Wiedergeburt in einem einzigen Begriff.[58]

In einer Rezension über J. B. Meyers kleine Schrift *Temperamente und Temperamentbehandlung* äußert sich Rudolf Steiner 1891 im *Literarischen Merkur* zum erstenmal schriftlich zu den menschlichen Temperamenten.[59] Nichts ließ damals erkennen, daß durch ihn einmal die seit der Antike bekannte Anschauung der vier Temperamente grundlegend erneuert und wesentlich erweitert werden sollte.

Erst zu Beginn unseres Jahrhunderts spricht Rudolf Steiner in Vorträgen der Jahre 1906 und 1907, möglicherweise auch schon 1904 in Berlin, entscheidende eigene Erkenntnisse über Temperament und Schicksal aus. In fünf Vorträgen aus den Jahren 1908 und 1909, gehalten in Nürnberg, München, Karlsruhe, Berlin und Bonn, stellt er dann umfassend das Geheimnis der menschlichen Temperamente dar. Die drei mittleren von ihnen hat Conrad Englert-Faye zusammengestellt.[60] Die darin vorgetragenen Gedanken bleiben in den folgenden Jahren bestimmend, doch erfahren sie in mannigfacher Weise Ergänzungen. Hervorzuheben sind insbesondere die Beiträge aus dem Vortragszyklus von 1913 in Den Haag[61] und die Hinweise zur Weltanschauung der griechischen Denker in *Die Rätsel der Philosophie* von 1914.[62]

Mit der Gründung der Freien Waldorfschule in Stuttgart 1919 erhält Rudolf Steiners Temperamentenlehre eine weitere Dimension, die der Pädagogik. Gleichermaßen wichtig erscheint das Temperament des Schülers wie dasjenige des Lehrers, und exemplarisch zeigt Rudolf Steiner in vielen Vorträgen vor Pädagogen die methodische und didaktische Bedeutung der Temperamentenlehre. Am ausführlichsten spricht er im vorbereitenden Kurs für die Lehrer der neuen Waldorfschule 1919 und, das Lehrertemperament betreffend, 1924 in den letzten öffentlichen Vorträgen in Deutschland.[63]

Zwei große Bereiche umfaßt diese anthroposophische Temperamentenlehre, ohne daß sie stets scharf getrennt wären. Der eine ist der Bereich der Menschenkunde mit ihren physiologischen und psychologischen Hinweisen, die aber in größere Zusammenhänge eingebettet sind. Der andere ist der Bereich der Pädagogik mit ihren methodisch-didaktischen Ratschlägen und der Ermunterung, damit künstlerisch umzugehen. So sagt Rudolf Steiner in seinem ersten Lehrerkurs: «Alle diese angeführten Dinge müssen Gegenstand einer neuartigen Psychologie werden.»[64] Andererseits fordert er: «Also als eine Art Unterrichtsgewohnheit müßten wir diese Behandlung der verschiedenen Temperamentsanlagen berücksichtigen.»[65] Und: «Man muß als Lehrer sämtliche vier Temperamente in harmonischem Zusammenwirken in sich tragen.»[66]

Über die Temperamente hat sich Rudolf Steiner fast ausschließlich in Vorträgen geäußert, ausführlich allerdings nur wenige Male, ein verschwindend kleiner Bruchteil im Werk von annähernd sechstausend Vorträgen. Erfaßt sind diese Darstellungen in über fünfzig der auf rund 350 Bänden angelegten Rudolf Steiner Gesamtausgabe. Die Vorträge über «Das Geheimnis der menschlichen Temperamente» aus den Jahren 1908 und 1909 sind bislang nur in der schweizerischen Zeitschrift *Die Menschenschule* ganz abgedruckt, innerhalb der Gesamtausgabe ist der Vortrag vom 4. März 1909 in Berlin in dem Band *Wo und wie findet man den Geist?*[67] wiedergegeben. Immerhin gibt es bereits in mehreren Auflagen die oben genannte Schrift *Das Geheimnis der menschlichen Temperamente*, ein von Conrad Englert-Faye aus Vorträgen von 1909 im Wortlaut zusammengearbeiteter Text.[68]

Die nun folgende Darstellung der Steinerschen Temperamentenlehre ist nach inhaltlichen Gesichtspunkten gegliedert und greift auf die verschiedensten Quellen zurück. Die pädagogischen Gesichtspunkte, wie sie insbesondere in der Waldorfschule berücksichtigt werden, sind im folgenden Teil gesondert zusammengefaßt.

Für die nachstehenden Ausführungen werden Nachweise nur bei Zitaten gegeben, nicht aber für alle Begriffe in den Einführungen in die Menschenkunde Rudolf Steiners und für den Versuch, deren Grundbegriffe referierend und zusammenfassend darzustellen. Es seien deshalb hier zwei wesentliche Grundschriften genannt: die *Theosophie* und *Die Geheimwissenschaft im Umriß.*[69]

Zu bedenken bleibt bei allen Zitaten, daß besonders aus der frühen Zeit der Vortragstätigkeit Rudolf Steiners – sämtliche Vorträge sind frei, ohne Manuskript, gehalten – verläßliche Aufzeichnungen, gar genaue Nachschriften der Zuhörer oft fehlen. Für die spätere Zeit, als Stenographen beauftragt waren, muß man wissen, daß Rudolf Steiner diese Nachschriften nur ganz selten überprüft hat.

Selbstverständlich müssen für ein ernsthaftes, vertieftes Studium die Zitate wieder in den größeren Zusammenhang der jeweiligen Vorträge gestellt werden, selbst wenn ihre Aussagen auch in der Kürze des Zitats ganz und gar berechtigt bleiben. Und auch die jeweilige Zuhörerschaft muß einbezogen werden: Voraussetzungen zum Verständnis, Duktus der Vorträge, Wahl der Beispiele usw. veränderten sich entscheidend, je nachdem, ob Rudolf Steiner zu Mitgliedern der Anthroposophischen Gesellschaft und zu Lehrern der Waldorfschule sprach, ob er vor den Arbeitern des Goetheanum-Baues stand oder einen öffentlichen Vortrag hielt. Ein noch größeres Problem liegt aber darin, daß das Thema «Die menschlichen Temperamente» die ganze anthroposophische Menschenkunde, wie sie Rudolf Steiner in seiner Geisteswissenschaft, der Anthroposophie, entwickelt hat, zu seiner Grundlage braucht; das kann aber hier nur knapp und äußerst vereinfacht, eben nur hinführend, dargestellt werden.

Unter den vielen Einführungen in die anthroposophische Menschenkunde sei hier besonders die umfassende Darstellung von Stefan Leber, *Die Menschenkunde der Waldorfpädagogik,* hervorgehoben.[70]

Zur anthroposophischen Menschenkunde

Die Anthroposophie ist im Grunde nichts anderes als die umfassende Antwort auf die Frage «Was ist der Mensch?» Rudolf Steiner wurde sein Leben lang nicht müde, die menschliche Wesenheit von den verschiedensten Standpunkten aus immer wieder aufs neue zu betrachten, sie unter den Gesichtspunkten seiner modernen Geisteswissenschaft zu studieren und die Ergebnisse mitzuteilen, insbesondere solchen Menschen, die ihn danach befragten.

Es scheint notwendig, bevor nun die Blickrichtung auf die Temperamente eingeengt wird, wenigstens in schlaglichtartiger Kürze einige Aspekte aus der Fülle der Steinerschen Standpunkte zu nennen; dadurch wird auch deutlich, daß in der Folge immer nur bestimmte Aspekte der geisteswissenschaftlichen Menschenkunde herausgegriffen werden. Später werden die hier genannten Zusammenhänge durchaus von Belang sein.

Zu wesentlichen Erkenntnissen führt so beispielsweise der Begriff des «dreigliedrigen Menschen». Im gesamten *physischen Leib* des Menschen findet sich diese Dreigliederung in Kopf, Rumpf und Gliedmaßen, in denen jeweils bestimmte Gestaltmerkmale zum Ausdruck kommen. In einzelnen Körperpartien spiegelt sich dann diese Dreigliederung mit ihren unterschiedlichen Gestaltmerkmalen wider; so ist zum Beispiel das Antlitz des Menschen wiederum gegliedert in die Stirn (Kopfpol), die Augen-Nasen-Partie (Rumpfbereich) sowie die Kiefer-Kinn-Partie (Gliedmaßenpol). Innerhalb der *Lebensprozesse* lassen sich als Funktionsbereiche das Nerven-Sinnes-System (schwerpunktmäßig im Kopfbereich wirksam), das rhythmische System mit Atem und Kreislauf (im Rumpfbereich) und das Stoffwechsel-Gliedmaßen-System (hauptsächlich im Bereich der Verdauung und der Gliedmaßen wirksam) unterscheiden. Blicken wir dagegen auf die *Seelenfähigkeit* des Menschen, so erkennen wir unschwer die Dreiheit von Denken, Fühlen und Wollen oder von Wachen, Träumen und Schlafen. Auch sie hängt in vielfältiger und gesetzmäßiger Weise mit den Dreigliederungen des physischen Körpers und der Lebensprozesse zusammen.

Ein völlig anderer Aspekt der anthroposophischen Menschenkunde ist der der «Entwicklung» bzw. der «Metamorphose», der die Zeitgestalt des Menschen in den Vordergrund rückt; beginnend mit der Embryologie, werden die Entwicklungsstufen von der Geburt bis zum Tod ins Auge gefaßt. Hier zeigt sich die Menschenkunde Rudolf Steiners als umfassende Entwicklungspsychologie mit einer Fülle von Fakten, die für die Pädagogik wie für die Lebenspraxis entscheidend sind. Es sei insbesondere hingewiesen auf die Sieben-Jahres-Rhythmen mit ihren ersten Höhepunkten der «Schulreife» (Geburt des Ätherleibes um das siebte Jahr) und der «Erdenreife» (Geburt des Astralleibes um das vierzehnte Jahr). Selbstverständlich sind diese Zeitangaben nur annähernd, heutzutage liegen die Entwicklungseinschnitte oft deutlich früher; und die folgenden Wendepunkte der Jahrsiebte bleiben im Leben des Erwachsenen häufig verborgen.

Große Zusammenhänge ergeben sich für die Menschheitsentwicklung in der Verbindung mit der Erdevolution, dargestellt zum Beispiel im Verhältnis von «Mikrokosmos» und «Makrokosmos». Und ein anderer übergeordneter Blick geht über die Begrenzung des irdischen Lebens ins vorgeburtliche Leben, die Präexistenz, und ins nachtodliche Leben, die Postexistenz, hinaus. Die menschliche Wesenheit, die Entelechie, läßt sich dann unter dem Gesetz von «Wiederverkörperung und Schicksal, Reinkarnation und Karma» betrachten. Hier führt Rudolf Steiner die Menschenkunde aus dem durch die Sinne Erfahrbaren weit ins «Übersinnliche», neue Dimensionen eröffnend für die Frage: Was ist der Mensch?

Der viergliedrige Mensch

Eine grundlegende Darstellung des Menschenwesens, gerade auch im Zusammenhang mit den Temperamenten, gibt Rudolf Steiner in der Lehre von den Wesensgliedern des Menschen in Verbindung mit den Naturreichen. Sie werden seit alters genannt und tauchen auch in den zeitgenössischen Anthropologien immer wieder auf. So unterschied man in der Antike zwischen dem toten Fleisch des Leichnams (sarx), dem lebendigen Leib (soma), der Seele (psyche) und dem Geist (nous).

Schon Aristoteles beschrieb die Einordnung des Menschenwesens in die Naturreiche Mineral, Pflanze, Tier und Mensch, und im 19. Jahrhundert schreibt Ignaz Troxler (vgl. S. 336ff.): «Im Menschen kehren alle Naturreiche wieder. *Körper* ist die Erdennatur, *Leib* die Pflanzen-, *Seele* die Tiernatur, *Geist* der Mensch.»[71] Unter philosophischen Aspekten entwickelte im 20. Jahrhundert Nicolai Hartmann eine «Schichtenlehre», ausgeführt in seiner *Ontologie* und in einer Göttinger Vorlesung 1949 so zusammengefaßt: «So ist der Mensch materielles, organisches, seelisches und geistiges Wesen, besteht aus vier Schichten.»[72]

Ordnet man die bereits genannten Begriffe gemeinsam mit weiteren, in diesem Zusammenhang stehenden, dann lassen sich die vier Schichten oder Reiche wie folgt umgreifen:

1. Physis, Erde, fester Organismus, anorganische Welt, Materie, Mineral, Leichnam, sarx
2. Leben, Wasser, flüssiger Organismus, organische Welt, Pflanzenreich, soma
3. Seele, Luft, luftförmiger Organismus, Tierreich, Gefühlsebene, psyche
4. Geist, Feuer, Wärmeorganismus, Mensch, Bewußtsein, nous.

Rudolf Steiner verwendet für die Benennung dieser Schichten zum Teil tradierte Begriffe, zum Teil prägt er neue. Was damit im einzelnen gemeint ist, kann hier nur in Kürze dargestellt werden, ist aber für das Verständnis der Temperamente unerläßlich.

Der *physische Leib* ist die irdische Substanz des Menschen, Materie, die im knöchernen Skelett zum Mineral wird. Jene Organe, die in ihrer Mineralisierung weniger weit fortschreiten, zerfallen nach dem Tod und verwesen. So kann man auch sagen: Der Leichnam (der ohne das Vorhandensein der anderen Glieder des Menschenwesens nicht bestehen bleiben kann), den physischen Raum nach Maß und Zahl erfüllend, ist der physische Leib des Menschen. Die Geburt des Menschen aus dem Mutterleib ist vor allem die Geburt dieses physischen Leibes.

Im Zusammenhang mit den Temperamenten definiert Rudolf Steiner 1909: «Die physische Gesetzmäßigkeit, dasjenige, was der Mensch gemeinschaftlich hat mit der ganzen umliegenden, äußeren Natur, die Summe von chemischen und physischen Gesetzen, das bezeichnen wir in der Geisteswissenschaft als den physischen Leib.»[73]

Zwischen Geburt und Tod ist dieser physische Leib von Leben erfüllt, beständig wachsend und sich erneuernd in den Rhythmen der Zeit. Deshalb ist er auch nur bedingt mit dem Mineral zu vergleichen. Was lebt nun in den biologischen Prozessen? Was hält die Substanzen des physischen Leibes zusammen, was bildet die heranwachsende Gestalt und verläßt sie wieder in den Absterbe- und Todesprozessen? Das ist der *Lebensleib* (oder *Ätherleib, Zeitleib* oder *Bildekräfteleib*, im Zusammenhang mit den Temperamenten auch *Drüsenleib* genannt); in einer ersten Stufe tritt er uns in der Pflanze entgegen. Hat der Ätherleib des Menschen beim Säugling und Kindergartenkind seine gewaltige Wachstumsarbeit geleistet, dann stehen seine Kräfte zum Teil zum Lernen und für die Bildung des Gedächtnisses zur Verfügung. Die Schulreife im sechsten, siebten Lebensjahr tritt ein mit dieser Geburt des Ätherleibes, für die der Beginn des Zahnwechsels ein äußeres Zeichen ist.

Auch in der Darstellung der Temperamentenlehre 1909 betont Rudolf Steiner die übersinnliche Natur dieses Leibes, «aber er ist vorhanden, wirklich wahrnehmbar vorhanden für das, was Goethe die Augen des Geistes nennt».[74] Und er beschreibt diesen Leib als «Aufbauer», als «Bildner des physischen Leibes. Dieser Äther- oder

Lebensleib, der ist in der ganzen Zeit zwischen Geburt und Tod ein fortwährender Kämpfer gegen den Zerfall des physischen Leibes.»[75]

So wie der Ätherleib im physischen Leib zur Wirkung gelangt, so unterliegt er selbst bei Mensch und Tier der Wirksamkeit eines weiteren Wesensgliedes. Man kann deshalb den menschlichen Ätherleib nur bedingt mit dem der Pflanze vergleichen.

Das nächste Wesensglied, das wir erstmals beim Tier finden, ist der *Empfindungsleib* (oder *Seelenleib* oder *Astralleib*, im Zusammenhang mit den Temperamenten auch *Nervenleib* genannt). Hier liegt die Welt der Triebe, Begierden, Leidenschaften, der Sympathie und der Antipathie, kurz der Gefühle. In sie ist auch die Verstandesseele «verstrickt». Allerdings unterscheidet sich der menschliche Astralleib deutlich von dem des Tieres, denn in ihm wirkt wiederum ein nächsthöheres Wesensglied. 1909 betont Rudolf Steiner deshalb: «Gerade dieser Leib von Trieben und Begierden ist [...] nicht eine Wirkung des physischen Leibes, sondern die Ursache dieses Leibes [...].»[76]

Das *Ich,* die *Ich-Organisation,* das *Ich als Seelenkern* ist es, was allein den Menschen auszeichnet. Von hier aus, aus der Bewußtseinsseele, eröffnet sich der Bereich des Geistigen: «Das vierte Glied aber, das Ich hat [der Mensch] für sich allein; dadurch ragt er über die andern sichtbaren Geschöpfe hinaus.»[77]

Diese vier Glieder der menschlichen Wesenheit werden in der anthroposophischen Menschenkunde auch dargestellt als das Ich mit seinen (drei) «Hüllen». Im folgenden werden – bedingt durch die Zitate – vorwiegend die Begriffe physischer Leib, Ätherleib oder Lebensleib, Astralleib oder Seelenleib und Ich oder Ich-Organisation verwendet.

Mit diesen vier Wesensgliedern, die den Naturreichen Stein, Pflanze, Tier und Mensch zugeordnet sind, ist das menschliche Wesen noch nicht in seiner Ganzheit erfaßt. Rudolf Steiner beschreibt mehrfach die sogenannten höheren Wesensglieder des Menschen und deren übersinnliche Erkenntnismöglichkeit. Da später von ihnen im Zusammenhang mit dem Schicksal des Menschen die Rede ist, sollen sie hier wenigstens genannt werden: In der *Theosophie* spricht Rudolf Steiner vom «Geistselbst als verwandeltem Astralleib», vom «Lebensgeist als verwandeltem Lebensleib» und vom «Geistesmenschen als verwandeltem physischem Leib».

Der Lebensleib und
das menschliche Temperament

Unter den menschlichen Wesensgliedern hat der Lebensleib für die Temperamente eine besondere Bedeutung, weshalb er hier ausführlicher dargestellt werden soll. Seine verschiedenen Namen – Lebensleib, Bildekräfteleib, Ätherleib, Zeitleib – kennzeichnen ihn insbesondere als Träger des Lebens. Der Begriff «Lebensleib» verbindet die erfahrbare, wahrnehmbare Hauptfunktion «Leben» mit dem Begriff «Leib», obwohl der Lebensleib den Sinnen nicht zugänglich ist. Unsichtbar für das Sinnesorgan Auge, überhaupt allen gewöhnlichen Sinnen verschlossen, ist der Lebensleib dem Hellsichtigen doch als «farbiger Leib» wahrnehmbar. Der Begriff «Bildekräfteleib», von Rudolf Steiner geprägt, präzisiert den Begriff des Lebendigen und nennt als wesentliche Eigenschaft dieser Hülle jene Kräfte, die bilden, gestalten, bauen, die dem physischen Leib in den Wachstumsprozessen die Form geben. Paracelsus (1493/94 – 1541) verwendete dafür den Begriff «Archeus» (von griech. arché = Ursprung): «Der Archeus ist jene Kraft, welche die Dinge hervorruft (produxit), er ist der Gliederer und Zusammenfasser aller Dinge.»

Die okkulte Tradition nennt diese Kraft Ätherkraft und spricht vom Ätherleib, meint damit aber weder den «Äther» der Chemie noch den «Äther» der alten Physik und auch nicht den «blauen Äther» der Dichter. Ein wesentlicher Aspekt des Ätherischen ist die vierfache Qualität der ätherischen Kräfte, wovon im Exkurs über die vier Elemente der Antike (vgl. S. 295ff.) ausführlicher die Rede sein wird. Ist der ätherische Bereich den irdischen Sinnen auch unzugänglich, so läßt sich doch eine Fülle von Erscheinungen beobachten, die das Ergebnis dieses unsichtbaren Wirkens sind, allen voran die Wachstumsprozesse der Pflanze.

Im Blick auf die Menschennatur hat Rudolf Steiner erstmals im

86

Fragment *Anthroposophie* auf wesentliche Stufen dieser Prozesse hingewiesen.[78] Er nennt sieben Grundfunktionen des Ätherleibs im Zusammenhang mit der umgebenden Stoffes- und Kräftewelt. Den spezielleren Ausdrücken Rudolf Steiners, die sich aus der Sache ergaben, sind die allgemeineren Christof Lindenaus[79] gegenübergestellt:

Atmung	Aufnahme
Wärmung	Angleichung
Ernährung	Verdauung
Absonderung	Absonderung
Erhaltungsprozeß	Erhaltung
Wachstumsprozeß	Wachstum
Hervorbringung	Hervorbringung

Der Weg von außen nach innen und wieder von innen nach außen ist so klar erkennbar wie der Ablauf im Zeitlichen; nicht umsonst wird der Ätherleib auch als «Zeitleib» bezeichnet – ganz im Gegensatz zum physischen Leib, der den physischen, dreidimensionalen Raum erfüllt. Überhaupt sind die ätherischen Prozesse regelrechte Zeit-Maße und Zeit-Marken: Werden und Vergehen, Wachsen und Welken, Geburt und Tod, Entwicklungsstufen, Wachstumsrhythmen. Beständig belebt und erneuert sich der lebendige Organismus in den verschiedenartigsten Rhythmen von pulsierendem Kreislauf und sich wiederholenden Atemzügen als kleineren Einheiten, Leber- und Nierentätigkeit und anderen Rhythmen in ihren Maxima und Minima als größeren (Tages-)Einheiten, bis hin zu den Rhythmen des Jahreskreises oder des Lebenslaufes. So ist die Zeit im Ätherischen stets anwesend, Eigenschaft des Ätherischen. Ja, der Ätherleib des Menschen bewahrt die Zeit als Erinnerung: Das Gedächtnis als Hüter verflossener Zeit ist Teil des Ätherleibes.

Aber die Bedeutung der Zeit für den Ätherleib des Menschen reicht noch viel tiefer. Unter dem Gesetz von Reinkarnation und Karma verwandelt sich auch der Ätherleib. Ereignisse, die ursprünglich als Erinnerung festgehalten wurden, werden im Physiologischen manifest. Stärke oder Schwäche des Ätherleibs, Gesundheit oder Krankheit hängen auch mit Schicksalen früherer Inkarnationen zusammen. Im jeweiligen Erdenleben zwischen Geburt und Tod wirkt vergangene Zeit – und zukünftige wird schicksalhaft vorbereitet. In der großen Lebensrückschau in den drei Tagen nach dem Tode keimen die ersten Impulse für eine nächste Inkarnation.

Der Ätherleib wirkt als Lebendiges im physischen Leib. Dieser Zusammenhang ist so intensiv, daß es oft schwer fällt, sich eine Trennung auch nur vorzustellen: Wo ist der Lebensprozeß im Skelett wirklich zu Ende gekommen? Wann ist die welke Pflanze nur noch Mineralisches? Man kann verstehen, daß der Begriff Leib zumeist den lebendigen Leib in seiner Einheit aus physischem Leib und Ätherleib meint.

Auf der anderen Seite unterliegt der Ätherleib dem Einfluß des nächsthöheren Wesensgliedes, dem Astralleib oder Seelenleib. Über den Ätherleib wirkt Seelisches bis ins Physische – und umgekehrt. So wie ein Teil des Ätherleibs eng mit dem physischen Leib verwoben ist, ist ein anderer Teil Glied der seelischen Natur des Menschen. Man kann sagen: Der Ätherleib des Menschen ist das Bindeglied zwischen Leib und Seele. Hier liegt die Lösung des «Weltknotens», wie Schopenhauer das «Leib-Seele-Problem» nennt, und deshalb hat Rudolf Steiner immer wieder auf die Bedeutung des Ätherischen hingewiesen: «Was die Gegenwart von uns fordert, ist nicht zu begreifen durch das Instrument des physischen Leibes: Das muß begriffen werden durch das Instrument das ätherischen Leibes, desjenigen Leibes, der als ein Bildekräfteleib dem physischen Leibe zugrunde liegt.»[80]

Gerade auch in Ausführungen zu den Temperamenten gibt Rudolf Steiner oft eine ganze – nicht immer gleiche – Reihe von Begriffen, die er mit dem Ätherleib verbindet: Gewissen, Gedächtnis, Charakter, Gewohnheiten, Neigungen, Temperament. Davon wird im Abschnitt «Temperament und Charakter» (vgl. S. 126ff.) noch einmal zu sprechen sein. Hier soll der Blick auf allgemeine Konstitution einerseits und einmalige Individualität andererseits gerichtet werden. Stefan Leber weist, in anderem Zusammenhang, darauf hin, daß «Gedächtnis und Gewissen stark individuell [sind], umschließen sie doch persönliche Erfahrungen und Begegnungen, subjektive Erlebnisse».[81] Den Gegenpol bilden das Temperament, aber auch tief «eingefleischte» Gewohnheiten und im Leib gebundene Neigungen. Die Mitte bildet der «Lebensertrag» aus Lernen und Erfahrung, aus Arbeit und Auseinandersetzung; hier wirkt der Charakter. Leber gibt deshalb folgendes Schema:

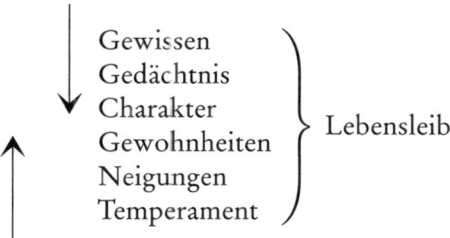

individuell persönlichkeitsorientiert

Gewissen
Gedächtnis
Charakter   } Lebensleib
Gewohnheiten
Neigungen
Temperament

leib- oder konstitutionsbedingt

Immer wieder betont Rudolf Steiner, daß das menschliche Temperament im Lebensleib beheimatet ist. Man kann sich gut vorstellen, daß seine Wirkensmacht in spezifischer Weise die «Bildekräfte» beeinflußt und bis in den physischen Leib hinein Form bildet. So gehört zum typischen Bild des Cholerikers der untersetzte Wuchs, zu dem des Phlegmatikers die Fülle, zu dem des Sanguinikers die Leichte, und der Melancholiker zeichnet sich besonders durch das Vorherrschen des physisch-knöchernen Leibes aus. Der Steinersche Ausdruck «Drüsenleib» – er gibt allerdings auch Anlaß zu Mißverständnissen – charakterisiert bereits die materialisierte Organbildung aus dem Ätherleib heraus, und tatsächlich läßt sich das Zusammenwirken der Temperamente in den größeren und kleineren Drüsen und inneren Organen verfolgen. Da ist zum Beispiel der Gallenfluß des erregten Cholerikes und die «Hitze» seines Blutes, da findet man die lymphatischen Flüssigkeiten besonders ausgebreitet beim Phlegmatiker; das Auf und Nieder des Sanguinikers, die Stimmungslage «himmelhoch jauchzend, zu Tode betrübt», läßt sich in seiner Erregung und Erschlaffung durch Hormone und Medikamente genauso beeinflussen wie die Schwermut des Melancholikers. Und mit dem Begriff «Nervenleib» – wenngleich ebenfalls mißverständlich – berühren wir auf der anderen Seite die Manifestationen des Seelischen: die Feinfühligkeit des Melancholikers für sich selbst, aber auch für den anderen, die Offenheit und Beweglichkeit im Seelischen beim Sanguiniker, die Ruhe, das Gleichmaß, die Objektivität beim Phlegmatiker, den Tatendrang des Cholerikers. In den Beiträgen zur Physiologie (S. 98ff.) werden einige dieser Aspekte noch genauer untersucht und ausführlicher dargestellt.

89

Den Lebensleib, den Ätherleib versuchten die Alten in ihrer Säftelehre zu erfassen, und in den vier Kardinalsäften, die sie beschrieben, schimmert tatsächlich etwas vom Geheimnis des Ätherischen auf. Rudolf Steiner folgt dieser antiken Tradition aber nicht. Er will seine Zuhörer und seine Leser zu einem neuen, unbefangenen, aber genauen Blick auf diese Bildekräftewelt ermutigen und befähigen, und er geht häufig von der Beobachtung der Wachstumsprozesse aus, wie sie uns insbesondere im Pflanzenreich in so unmittelbarer Gestik vor Augen treten. Wieder und wieder, in den verschiedensten Zusammenhängen, hat Rudolf Steiner ausgesprochen, wie wichtig gegenwärtig das Bemühen um eine Erkenntnis des Ätherischen ist. Erst aus dem Verständnis des Ätherleibes heraus ist zuletzt auch die schicksalsmäßige Bedeutung des menschlichen Temperaments zu verstehen. Rudolf Steiners weitere Entdeckung, über die Beziehung zwischen Temperament und Ätherleib hinaus, war aber die Erkenntnis vom Zusammenhang der Temperamente mit den menschlichen Wesensgliedern und damit die Bestätigung ihrer Vierheit. Das hat Rudolf Steiner wiederholt formuliert, so zum Beispiel recht früh am 14. März 1906 in Stuttgart: Die Temperamente «drücken sich im Ätherleib als vier verschiedene Arten aus und sind im Astralleib als vier verschiedene Grundfärbungen zu erkennen».[82]

Der Zusammenhang zwischen den Temperamenten und den menschlichen Wesensgliedern

Mehrfach geht Rudolf Steiner bei seinen Ausführungen über die menschlichen Temperamente darauf ein, daß sich der Vererbungsstrom im Menschen mit einem einmaligen Individuellen verbindet: Der Mensch «erscheint [...] uns in eine Allgemeinheit hineingestellt und auf der anderen Seite wieder als eine selbständige Wesenheit».[83] Für den Vererbungsstrom weist er unter anderem auf Goethes Verse hin:

> Vom Vater hab ich die Statur,
> Des Lebens ernstes Führen,
> Vom Mütterchen die Frohnatur,
> Die Lust zum Fabulieren.

Vor den Lehrern der zukünftigen Waldorfschule ordnet er diese vier Zeilen den Wesensgliedern des Menschen zu: physischer Leib und Ich (als Väterliches), Ätherleib und Astralleib (als Mütterliches).[84]

Auf der anderen Seite steht aber der individuelle «Wesenskern des Menschen», und statt der «Steigerung der Art, eine[r] Entwickelung der Gattung» wie beim Tier, haben wir «eine Entwickelung der Individualität. [...] Es wird eine Zeit kommen, wo man den Wesenskern des Menschen zurückführen wird auf ein vorheriges Dasein.»[85] Hier schließt die andere große Entdeckung Rudolf Steiners an: der Zusammenhang der Temperamente mit dem Gesetz von Schicksal und Wiedergeburt, Karma und Reinkarnation. Es sei an dieser Stelle deutlich ausgesprochen, daß gerade auch das Temperament zum Ureigensten, Schicksalhaften des Menschen als Individualität gehört.

Wesentlicher Gesichtspunkt im Blick auf den viergliedrigen Menschen, gerade im Zusammenhang mit den Temperamenten, ist das Zusammenwirken der vier menschlichen Wesensglieder: «Und alle diese vier Glieder der menschlichen Natur: das Ich, der Astralleib, der Ätherleib und der physische Leib, sie wirken in der mannigfaltigsten Weise durcheinander. Das eine Glied beeinflußt immer das andere. Durch diese Wechselwirkung […], durch dieses Ineinanderschießen […] treten in der menschlichen Natur die Temperamente auf. Sie müssen daher sein etwas von der Individualität des Menschen Abhängiges, von dem, was sich eingliedert in die allgemeine Vererbungslinie.»[86] In diesem individuellen Zusammenspiel liegt für Rudolf Steiner das Geheimnis der Temperamente verborgen. Sie verbinden nämlich die vererbten Merkmale der Ahnenreihe mit dem, was der Mensch aus seinen vorhergehenden Inkarnationen als Ureigenes mitbringt: «Das Temperament gleicht das Ewige mit dem Vergänglichen aus.»[87]

Der grundsätzliche Bezug der Temperamente zu den Wesensgliedern ist allgemeingültig, die jeweilige charakteristische Ausprägung dagegen stets individuell. So wie der Mensch alle vier Wesensglieder in sich trägt, so trägt er auch in sich die vier Temperamente. Überwiegt aber eines (oder mehrere), so entsteht eine typische Färbung. Die Definition für das Temperament des Erwachsenen soll hier so gegeben werden, wie Rudolf Steiner sie im «Lehrerkurs 1919» für das kindliche Temperament formuliert[88] (die unterschiedliche Zuordnung der Wesensglieder zum kindlichen und zum erwachsenen Temperament wird auf Seite 111ff. gesondert erörtert):

- Waltet das Ich vor, dann tritt uns das cholerische Temperament entgegen.
- Waltet der Astralleib vor, dann tritt uns das sanguinische Temperament entgegen.
- Waltet der Ätherleib vor, dann tritt uns das phlegmatische Temperament entgegen.
- Waltet der physische Leib vor, dann tritt uns das melancholische Temperament entgegen.

In den ersten Vorträgen über «Das Geheimnis der menschlichen Temperamente» gibt Rudolf Steiner folgende Zusammenfassung (in Klammern das Ergebnis der anschließenden Ausführungen): «Wenn das Ich des Menschen durch seine Schicksale so stark geworden ist, daß seine Kräfte vorzüglich herrschend sind in der vierfachen Menschennatur und die andern Glieder beherrscht, dann entsteht das cholerische Temperament [Blutsystem]. Wenn er dem Einflusse der

Kräfte des astralischen Leibes besonders unterliegt, dann sprechen wir dem Menschen ein sanguinisches Temperament zu [Nervensystem]. Wirkt mit einem Überschuß der Äther- oder Lebensleib auf die andern Glieder ein und drückt seine Natur besonders dem Menschen auf, so entsteht das phlegmatische Temperament [Drüsensystem]. Und wenn der physische Leib mit seinen Gesetzen besonders vorherrschend ist in der menschlichen Natur, [...] so handelt es sich um ein melancholisches Temperament [physischer Leib]. Gerade wie sich Ewiges und Vergängliches miteinander mischen, so tritt das Verhältnis der Glieder zueinander ein.»[89]

Da der Ätherleib den physischen Leib mitgestaltet, wirkt das Temperament bis in den physischen Leib. Auf der anderen Seite hängt der Ätherleib auch mit den Seelenprozessen im Astralleib zusammen, so daß sich auch hier das Temperament ausprägt. Das weiter «entfernte» Ich ist davon weniger betroffen; das ist wichtig im Blick auf das cholerische Temperament: Erst dort ist eigentlich vom cholerischen Temperament die Rede, wo das Überwiegen des Ich in den Seelen- und Lebensprozessen hervortritt. Das Ich-Bewußtsein als solches ist frei von Temperament, erst in bestimmten Regungen leiblich-seelischer Natur erscheint es uns als Temperament. Rudolf Steiner weist selbst darauf hin, daß gerade das Ich in einer besonderen Verwandtschaft mit dem physischen Leib steht – eine Erklärung dafür, daß man gerade unter den Melancholikern, die ja stark mit ihrer Physis verbunden sind, viele Menschen mit ausgeprägtem Ich-Bewußtsein findet. Andererseits entwickle sich das cholerische Temperament «vom Mütterlichen ins Väterliche, denn es geht über vom Überwiegen des Astralischen zum Überwiegen des Ich».[90]

In seiner *Theosophie* präzisiert Rudolf Steiner diesen Sachverhalt insofern, als er zum einen den «Seelenleib» und die «Empfindungsseele» als «Einheit im irdischen Menschen» im «Astralleib» darstellt und zum anderen die «Bewußtseinsseele» und das höhere «Geistselbst» im «Ich als Seelenkern» zusammenfaßt. Durch sein Ich hat der Mensch Anteil an beiden Welten: «Leib und Seele geben sich dem ‹Ich› hin, um ihm zu dienen; das ‹Ich› aber gibt sich dem Geiste hin, daß er es erfülle. Das ‹Ich› lebt in Leib und Seele, der Geist aber lebt im ‹Ich›. Und was vom Geiste im Ich ist, das ist ewig.»[91]

Erregbarkeit und Stärke der Temperamente

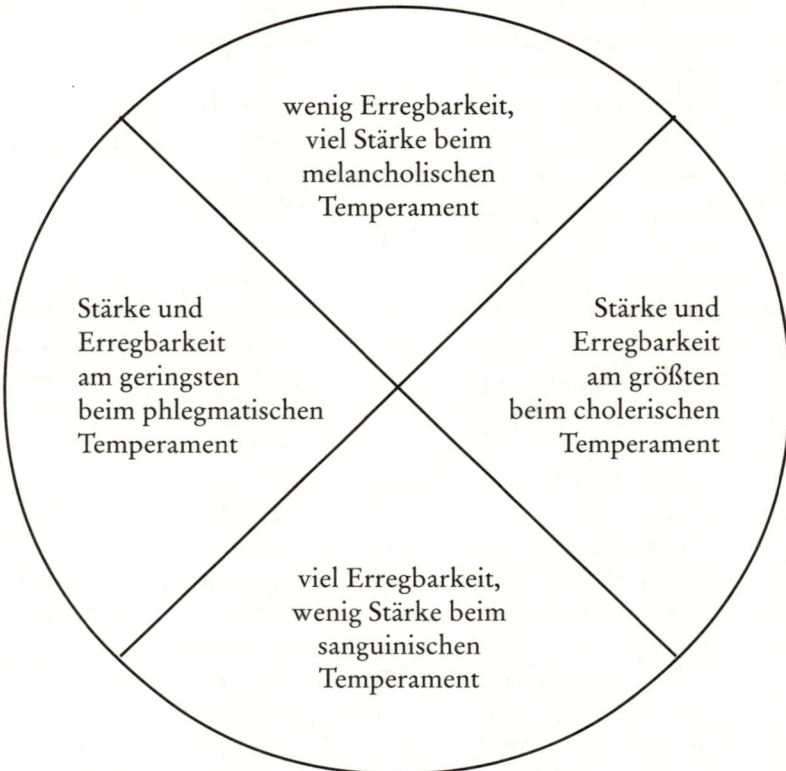

wenig Erregbarkeit,
viel Stärke beim
melancholischen
Temperament

Stärke und
Erregbarkeit
am geringsten
beim phlegmatischen
Temperament

Stärke und
Erregbarkeit
am größten
beim cholerischen
Temperament

viel Erregbarkeit,
wenig Stärke beim
sanguinischen
Temperament

Eine «Art Schema» nannte Rudolf Steiner diese Zusammenstellung in seiner ersten Seminarbesprechung am 21.8.1919 und erklärte dazu nur kurz: «Sie können unterscheiden, wenn der Mensch sich äußert, nach seinem ganzen Seelenhabitus, ob er etwas stark oder schwach ins Auge faßt; ob er etwas stark empfindet, das etwas Äußerliches ist, oder stark empfindet seine inneren Zustände. Dann haben wir zu unterscheiden das Wechseln. Entweder man bleibt stark dabei und wechselt wenig, oder man bleibt weniger stark dabei und wechselt sehr viel. Dadurch unterscheiden sich die Temperamente.»[92]

An dieser Stelle verweist er auch auf die Polarität zwischen Phlegmatik und Cholerik einerseits, Melancholik und Sanguinik andererseits: «Die nebeneinanderliegenden Temperamente gehen ineinander über, die verschwimmen.»[9] (Die hierauf folgende Einteilung einer Schulklasse nach Gruppen ist auf S. 261 dargestellt.)

Rudolf Steiner wollte mit dem «Schema» dem Lehrer eine Arbeitshilfe geben; sie hat sich in der Praxis bewährt. Die Begriffe «Erregbarkeit» und «Stärke» sind indessen nicht genauer definiert, ja, sie assoziieren leicht weitere Begriffe im Umfeld. So denkt man etwa bei Erregbarkeit auch an die Sinneserregung, bei Stärke an die Willensstärke. Prüft man aber alle diese Überlegungen an Beobachtung und Erfahrung, so zeigt sich immer deutlicher die Treffsicherheit dieses Begriffspaares. Selbstverständlich finden sich in anderen Temperamentslehren entsprechende Begriffspaare. So unterscheidet Kant nach einer ersten Einteilung in «Temperamente des Gefühls und der Tätigkeit» noch nach «Erregbarkeit der Lebenskraft (intensio) oder Abspannung (remissio)». Friedrich August Carus differenziert «psychologisch» nach «Erregbarkeit und Rückwirkung», «physiologisch» nach «Reizbarkeit und Empfindlichkeit». Auch in der modernen Psychologie finden sich weitere Beispiele (vgl. S. 342ff.). Es wäre eine reizvolle und lohnende Aufgabe, einmal alle diese Begriffspaare zusammenzustellen und in ihrer Aussage abzuwägen.

Nun ist nach Rudolf Steiners Definition das Temperament eine Eigenschaft des Ätherleibes mit jeweils charakteristischen Verbindungen zu den vier Wesensgliedern. Läßt sich auch hier das Begriffspaar «Erregbarkeit von außen» und Stärke der inneren Zustände» fassen?

Das zeigt sich unter zwei Gesichtspunkten: Zum einen wird in den erwähnten sieben Lebensvorgängen (Aufnahme, Angleichung, Verdauung, Absonderung, Erhaltung, Wachstum, Hervorbringung) deutlich ein Weg von außen nach innen und wiederum von innen nach außen sichtbar. Diese ätherischen Prozesse lassen sich indirekt an den verschiedensten Manifestationen im organischen und physiologischen Bereich des Menschen ablesen. Darauf wollen wir im nächsten Kapitel eingehen. Zum anderen ergeben sich vier spezifische Wirkungen der Temperamente innerhalb der vier Wesensglieder, die im Blick auf das Temperament des Erwachsenen hier kurz dargestellt werden sollen.

Eine Beziehung zu den Temperamentseigenschaften ist in der Tat begrifflich wie inhaltlich gegeben.

95

Das *melancholische Temperament* rührt aus der Vorherrschaft des physischen Leibes, es zeigt wenig Erregbarkeit bei viel Stärke. Im physischen Leib, wie in der mineralischen Welt überhaupt, sind Lebensprozesse zu Ende gekommen, feste Formen haben sich gebildet, die Beweglichkeit ist erstarrt. Erstarrtes läßt sich aber nur schwer erregen. Stärke charakterisiert die physische Welt in ihren Dimensionen von Zahl, Maß und Gewicht. Als ein Bild dafür mag die antike Anschauung des Erdelements dienen: Stoffesdichte, Stoffesgewicht werden nur langsam durchdrungen, bleiben aber nachhaltig stark. Dem entspricht der starke, beharrende innere Zustand des melancholischen Temperaments, das nur schwer zu erregen ist.

Das *phlegmatische Temperament*, ganz beheimatet im Ätherleib, ist durch wenig Erregbarkeit und wenig Stärke charakterisiert. Läßt sich dies aus dem Wesen des Ätherischen belegen? Die Lebens- und Wachstumsprozesse verlaufen im allgemeinen in ruhigem, rhythmisch geordnetem Gleichmaß, von äußerem Geschehen teilweise wenig abhängig, äußeres Geschehen auch nur teilweise beeinflussend. Dieses Gleichmaß zeigt sich offensichtlich im phlegmatischen Temperament, das in seiner Ruhe die geringsten Bewegungen von Erregbarkeit und Stärke zeigt. Dies bestätigt das antike Element Wasser: Nur langsam mischen sich die Fluten, allmählich beginnt die Bewegung der Wellen – und läuft nur allmählich wieder aus. Man denke nur einmal an das Meeresklima oder rufe sich in Erinnerung, wie man die Aktivitäten des Schwimmens und Tauchens empfindet.

Das *sanguinische Temperament* lebt verstärkt im Astralleib und zeichnet sich durch viel Erregbarkeit bei wenig Stärke aus. Hier, im seelischen Bereich des Menschen, ist die Erregbarkeit offenbar, sind es doch die Erregungen der Gefühle und Leidenschaften, der Sympathie und der Antipathie, die unaufhörlich erzeugt werden; dies schließt bleibende Stärke eines inneren Zustandes eigentlich aus. So entspricht auch die Kraft des Sturmes jener der Erregung, wenn man als Vergleich das Luftelement der Alten heranzieht. Wie leicht umhüllt und erfüllt die Luft den Erdkreis, spürbar erst in der erregten Bewegung, die sich rasch wieder legt und verfliegt.

Das *cholerische Temperament*, im Ich des Menschen wirkend, zeigt die größte Erregbarkeit und Stärke zugleich. Hier dachte der Grieche an Wärme, Feuer, von Prometheus dem Menschen gegeben: rasch entfachte, verzehrende Gewalt, zugleich wärmend und erhellend.

Ein Blick auf ein ausgeprägtes Ich, auch mit seinen Egoismen, läßt dies verstehen: Gerade im Ich lebt ja die führende Kraft der Persönlichkeit, sie verbindet sich mit Erregbarkeit und Stärke des Temperaments gleichermaßen.

Mit Absicht sind diese Bemerkungen kurz gefaßt; hier darf nichts gepreßt werden, nur Tendenzen sind aufzuzeigen. Wiederum ist daran zu denken, daß es das reine Temperament im Grunde nicht gibt, sondern daß allenfalls eine der Temperamentsrichtungen stark vorherrscht.

Physiologische Grundlagen

Rudolf Steiners Darstellung der menschlichen Wesensglieder – des Ich mit seinen drei Hüllen des Seelenleibs, des Bildekräfteleibs und des physischen Leibs – wirft sofort die Frage auf: Wo und wie sind diese «Leiber» organisiert? Wie hängen sie mit den biologischen Prozessen zusammen?

Klaus Dumke beschreibt unter bestimmten Gesichtspunkten diesen Zusammenhang und notiert folgende Stichworte, die er anschließend näher erläutert:[94]

Säftekreislauf: Wasserleib – Stoffwechsel – Eiweiß

«Der Ätherleib greift in [das] flüssige Element ein. Er organisiert das Wasser des gesamten Organismus.» Stoffwechsel ist hier insbesondere Aufnahme und Verwandlung der Nahrung, daraus resultieren Wachstum und Erhaltung. Das Eiweiß bindet das Wasser «als lebende Substanz» und «ist dadurch selbst elementarer Träger ätherischen Lebens».

Atmung: Luftleib – Rhythmus – Fette

«In den […] Strom des [ätherischen] Aufbaus greift nun allerorts, wenn auch mit unterschiedlicher Intensität, der Astralleib ein. Er bedient sich dabei der durch die Atmung in den Organismus eindringenden Luft.» Durch die Atembewegung erhält der Leib eine rhythmische Grundstruktur, deren Geste des Ein- und Ausatmens Rudolf Steiner in den verschiedensten Zusammenhängen immer wieder hervorhebt. In Verbindung mit dem stärker oder schwächer pulsierenden Blutkreislauf wird die «träge» Bewegung des ätherischen Strömens impulsiert. «Wie der Einbau des Eiweißes in die Domäne des Ätherleibes, so gehört der Stoffwechsel der Fette in den des Astralleibes.»

Gleichgewicht: Wärmeleib – Identität – Kohlehydrate

«Die volle biologische Verfügbarkeit für den Menschen erhält die Nahrungssubstanz des humoralen Aufbaus durch das Eingreifen der Ich-Organisation. Während Wasser und Luft als Elemente des Äther- und Astralleibes von außen aufgenommen werden müssen, wird die Wärme als Medium der Ich-Organisation im Inneren des Organismus gebildet.» Blut und Herz sind Träger des menschlichen Ich, darüber ist später mehr auszuführen; fast direkt «greifbar» ist der Zusammenhang der Wärmeprozesse mit den Kohlehydraten.

Physischer Leib: [Erdenleib – Raum – Mineral]

«Die physische Organisation hat die Aufgabe, Leben räumlich einzugrenzen. Insofern ist die Zelle als solche Ausdruck des physischen Prinzips.» Klaus Dumke lenkt den Blick auch auf die ungewohnte Sehweise vom Geistigen her: «Für die Existenz im irdischen Bereich des physisch-sinnlichen Daseins benötigt der Mensch [...] einen physischen Leib als dasjenige Organisationsglied, dem die räumliche Ordnung des Organismus übersinnlich zu Grunde liegt.»

Ausgehend von Rudolf Steiners Zuordnung der vier Grundtemperamente zu den vier menschlichen Wesensgliedern, findet man in der Physiologie des Menschen rasch vier entsprechende Organisationsformen, die als physische Grundlage der Seelenstimmungen der Temperamente gelten müssen. Den Begriffen Lothar Vogels folgend,[95] ergeben sich diese Beziehungen:

Phlegmatik	–	das belebende Lymphsystem
Cholerik	–	das ernährende Venenblutsystem
Sanguinik	–	das atmende Arterienblutsystem
Melancholik	–	das gestaltende Nerven-Knochen-System

Dem prüfenden Sinn wird sofort deutlich, daß sich diese Systeme berühren und durchdringen und daß der Blick nicht fixiert bleiben darf, sondern weitersuchen muß. So ist die Lymphe zwar als Urbild des Phlegmas durchaus «Organ» des phlegmatischen Temperaments, vor allem in ihrer nährenden Funktion, aber zum phlegmatischen Typus gehört überdies vieles, was auch sonst mit Ernährung und mit

Verdauung zu tun hat. Hier wiederum trifft man im Zentralorgan Leber auch auf das cholerische Temperament, wenngleich vorwiegend an andere Organfunktionen gebunden. Betrachtet man die rhythmische Organisation mit Puls und Atem, so kommt man zur physiologischen Grundlage des sanguinischen Temperaments, obgleich die Zentralorgane der rhythmischen Organisation, Blut und Herz, Sitz der Ich-Wesenheit des Menschen und damit des cholerischen Temperaments sind. Die Lunge wiederum hat, wie übrigens auch die Niere, mit dem sanguinischen Temperament zu tun, im Atemvorgang nämlich, aber als Organ hat sie eine innige Beziehung zur Physis, also zum melancholischen Temperament, das sich überwiegend im Nerven-Knochen-System beheimatet findet.

Die Temperamente als Bindeglied zwischen Leib und Seele haben mehr als nur eine Verankerung ineinander, und es wäre Aufgabe der Humanbiologie und der Medizin, einmal gründlich im einzelnen und zugleich zusammenfassend das Verhältnis der Temperamente zur Physiologie des Menschen darzustellen, wozu es, vor allem auf pathologischem Feld, genug Material gibt. Es liegt nahe, daß gerade auch im hormonalen System, im Wirken der verschiedenartigen Drüsen, die Spuren des Temperamentenwirkens zu finden sind – man denke nur an die Auswirkungen einer Über- oder Unterfunktion der Schilddrüse oder an die Wirkung der Aufputschmittel einerseits, der Beruhigungsmittel andererseits. Auf der Grundlage der anthroposophisch orientierten Medizin soll hier nun einiges dargestellt werden, was das Zusammenwirken der Wesensglieder, der Elemente und der Temperamente mit den menschlichen Organen betrifft. Rudolf Steiner nannte in diesem Zusammenhang (in einem Vortrag vor Medizinern) im besonderen auch die vier Organe Herz, Lunge, Leber und Niere, in denen diese Wirksamkeiten zur Geltung kommen.[96] Ausführlich informieren unter anderem die Darstellungen von Walter Holtzapfel, Friedrich Husemann / Otto Wolff, Heinz-Hartmut Vogel und Lothar Vogel zu diesem Thema.[97]

Das belebende Lymphsystem
und das phlegmatische Temperament.
Die Leber

«Lympha» heißt im Griechischen soviel wie klares Wasser, «lem-phos» bedeutet schleimig, schlammig, ist also dem Wort «phlegma» (gleich Schleim) sehr nahe. Blickt man auf die lymphatischen Flüssig-keiten in ihrem Strömen und Kreisen, in ihrem Durchdringen des Organismus und in seinem Ernähren, dann schaut man gleichsam das «Wasser des Lebens». Diese «Wasserwelt» ist durchaus differenziert, zu ihr gehören das Protoplasma der Zelle, die ernährende Lymphe (speziell als Muttermilch), das Fruchtwasser des Mutterleibs, die Flüssigkeiten in den Sinnesorganen Auge und Ohr, das Gehirnwas-ser, der sogenannte Liquor.

Solch lebendiges Wirken zählte für die Griechen mit zum Begriff «Element Wasser» (vgl. S. 298f.). Rudolf Steiner bezeichnet die be-sondere Wirksamkeit des Elements Wasser – dem Begriff des Äthe-rischen folgend – mit Klangäther, auch mit chemischem Äther (nicht die betäubende Flüssigkeit der Chemie!) oder Zahlenäther. Hier kann nur auf wenige Eigenarten dieser ätherischen Wirksamkeiten hingewiesen werden: Sie kommen in Strömungsformen und Wellen-bildungen zum Ausdruck, in harmonikalen Beziehungen, die sich unter anderem in den Zahlenverhältnissen der musikalischen Inter-valle äußern – deshalb die oben genannten Bezeichnungen.

All diese Besonderheiten des ernährenden Lymphsystems gehören untrennbar zum phlegmatischen Temperament, doch ohne es bereits auszufüllen. Eines spielt ins andere, sich einander wechselweise bedin-gend. Mit der ernährenden Lymphe – Inbegriff davon ist die Mutter-milch – ist der eine Pol des phlegmatischen Temperaments charakte-risiert: Wachstum und Lebensfülle. Hierher gehört auch die heilende Wirkung der Lymphe: «Allgegenwärtiger Balsam allheilender Na-tur», charakterisiert Goethe sie.[98] Der andere Pol hängt mit dem Li-quor und der Sinnesorganlymphe zusammen und zeichnet sich durch Klarheit, Beobachtungsgabe, Überschau und Denkkraft aus.

Falsch wäre es nun, bei der Zuordnung der Temperamente zu den menschlichen Organen ausschließlich direkt den Elementen zu folgen, zum Beispiel die Luft nur mit der Lunge oder das Wasser speziell mit der Niere in Verbindung zu bringen. Beim «Phlegma», das dem «Wasser» entspricht, weist die Lymphe als ernährendes und heilendes Flüssigkeitssystem – wie beschrieben – schon auf andere Zusammenhänge. Ein zentrales Organ im Wasserhaushalt ist besonders die Leber mit ihrer Vielfalt der Funktionen und mit ihrer buchstäblichen Lebens- und Regenerationskraft. So gesehen ist die Leber ein wahrer Repräsentant der «Ätherkräfte», auch wenn das phlegmatische Temperament hier nur teilweise manifest wird.

Die Leber zeigt beispielhaft Stoffaufnahme und Stoffverwandlung, Substanzkontrolle und Substanzbildung; man denke nur an die Glykogenbildung, an die Eiweißumwandlungen, an die Entgiftungsprozesse. Nach Rudolf Steiner muß man, von der Eiweißbildung ausgehend, «den Stickstoff mit dem Lebersystem identifizieren».[99]

Die Leber selbst als Organ ist weich und schwammig, «verschwommen» konturiert und von fünf Flüssigkeiten durchzogen; neben dem «roten» und dem «blauen» (d.h. dem sauerstoffreichen und dem sauerstoffarmen) Blut und der Lymphe sind dies noch das nährstoffreiche Pfortaderblut und die Galle. Anders als bei der Niere dominiert hier das sauerstoffarme Pfortaderblut, und auch die gebildete Lymphe ist sauerstoffarm – und kühl. Bleibt das Seelische des Menschen gerade in diesen Prozessen zu sehr gebunden, entwickelt sich immer deutlicher das phlegmatische Temperament. Auch der Durst, durchaus charakteristisch für den Phlegmatiker, hängt mit der Leber, die als «Flüssigkeitsorgan» den Flüssigkeitshaushalt des Körpers regelt, zusammen.

Die intensiven Aufbauprozesse durch die Leber laufen in der Nacht ab: Von Mitternacht bis gegen zwei Uhr, drei Uhr morgens, wenn der Mensch schläft und das Ich und der Astralleib am wenigsten mit physischem und ätherischem Leib verbunden sind, erreicht die Ätherwirksamkeit ihren Höhepunkt. Nun zeigt die Leber aber auch noch ganz andere hervorstechende Merkmale: Sie ist Zentralorgan des Fettstoffwechsels und der Wärmeprozesse (für die intensiven Aufbauvorgänge, die in der Leber stattfinden, wird zusätzliche Wärme benötigt). Hier tritt uns das cholerische, hitzige Temperament entgegen, in den Galle-Prozessen wie in der Leber- und Blutwärme gleichermaßen. Die Leber ist das Grundorgan der Tat, die physische Grundlage der Willensnatur. Damit tritt sie in Verbindung mit dem Ich des Menschen.

Rudolf Steiner formuliert das im *Heilpädagogischen Kurs* so: «Die Leber [...] ist im eminentesten Sinne dasjenige Organ, das dem Menschen die Courage gibt, eine ausgedachte Tat in eine wirklich ausgeführte umzusetzen.»[100] Und er verweist im folgenden darauf, daß die Leber hier die entscheidende Mittlerrolle zwischen dem Gedanken zur Tat und dem Tun des Gliedmaßensystems spielt, denn sie «vermittelt immer das Umsetzen der vorgenommenen Ideen in die durch die Gliedmaßen durchgeführten Handlungen».[101] Daraus läßt sich wohl auch folgern, daß vor allem ein stark wirkendes Ich zur (cholerischen) Tat kommt, ein schwächer in der Leber wirkendes Ich eher die Leberprozesse ruhig als «Ätherprozesse» ablaufen läßt, also phlegmatisch erscheint.

Wir kennen Redewendungen wie «sich gelb und grün (grün und blau) ärgern» oder «dem läuft die Galle über»; dagegen ganz anders, eher die hypochondrische Reizbarkeit betreffend: «Dem ist eine Laus über die Leber gelaufen»; befreit von Druck, Angst oder Hemmung können wir «frei von der Leber weg» erzählen. Friedrich Husemann zitiert aus babylonischen Schrifttafeln die anschauliche Formulierung: «Möge deine Leber sich glätten!»[102] Die Temperamentserscheinungen innerhalb der Leber-Gallen-Organisation faßt er so zusammen, daß bei der «sanguinischen und melancholischen Stimmungslage [...] in erster Linie der Zuckerstoffwechsel [...] zu berücksichtigen ist, [...] beim cholerischen und phlegmatischen Temperament die Wärme im Vordergrund» steht.[103]

Rudolf Steiner bemerkt außerdem, daß die Leber «mit der äußeren Meteorologie im weitesten Sinne zusammenhängt», daß «das Leberbefinden immer abhängig [ist] von der Wasserbeschaffenheit des Ortes». Wichtig sei das richtige Schmecken, «am Geschmack selber als solchem etwas finden», nicht mehr, aber auch nicht weniger.[104] Der Geschmackssinn ist ja von allen Sinnen am stärksten mit dem Flüssigen verbunden, und er ist in der Regel beim Phlegmatiker auch gut ausgeprägt. Der übermäßige Genuß, eine der Gefährdungen des phlegmatischen Temperaments, führt letztlich zu einer «Leberentartung». Bleibt die Frage nach der «Erregbarkeit» auch für das (gesunde) Organ: Der Bereich, der das Phlegmatische betrifft, arbeitet völlig unbewußt und in ganz regelmäßigen Rhythmen, ist wenig erregbar. Anders sieht es mit der Galle aus, die durchaus gereizt werden kann, genauso, wie man einen Menschen «bis aufs Blut reizen» kann; aber das ist eben die cholerische Seite der Leber.

Zusammenfassend kann man sagen, daß die Leber das Zentralorgan des Ätherischen ist. Die Temperamente haben alle auch mit ihr zu tun, wenngleich in ganz unterschiedlicher Weise und in verschiedenem Maß. Das sanguinische Temperament hängt wohl am wenigsten mit der Leber zusammen, und doch kann es, zum Beispiel über die zuckerarme Diät, von dort beeinflußt werden. Das Gegenbild gibt die Melancholik, die durch die zuckerreiche Diät etwas von der Leibbindung durch die Leberprozesse befreit werden kann (vgl. S. 124f.). Die Wärmeprozesse des Blutes und die Bildung der gelben Galle hängen eng mit dem cholerischen Temperament zusammen, die «kühlere» Lymphbildung sowie die Flüssigkeitsbildung und -organisation an sich stark mit der Phlegmatik.

Das ernährende Venenblutsystem und das cholerische Temperament. Das Herz

Cholerik leitet sich zwar vom griechischen Wort für Galle, cholé, ab, doch wäre es verfehlt, allein bei diesem Organ nach der physiologischen Wurzel des cholerischen Temperaments zu suchen. Das Überfließen der Galle charakterisiert nur einen (negativen) Teilaspekt dieses Temperaments, die Zornmütigkeit. Besser für den Choleriker ist es, seine Kraft in rechten Taten auszulassen, sonst muß er mit Nestroy sagen: «So a Gall' hab' i g'habt – und mir ist die Gall' nur gsund, wann ich's auslass!»[105] Die Schaffenskräfte des tätigen Cholerikers hängen viel stärker mit den ernährenden und wärmenden Qualitäten des Blutes zusammen, so wie es Pfortader und Leber zeigen. Überwältigen diese Qualitäten allerdings durch ihre Blutfülle, dann trübt sich das Bewußtsein des Menschen, seine Ich-Kraft erliegt den kleinen und großen Gefahren des einseitigen Temperaments. Die wahre Kontrollinstanz muß das Herz als Zentrum der Blutzirkulation sein. Ist nicht «Herzenswärme» ein Zeichen wahrer Menschlichkeit, ganz im Gegensatz zur «Kaltherzigkeit»? Und wie deutlich unterscheidet sich das von der «Weich-» bzw. «Hartherzigkeit»! Gerne senden wir «herzliche» Grüße, und wir verachten die «Herzlosigkeit», bei der einem das «Herz bluten», gar «zerreißen» kann, bis es zuletzt vor Kummer «bricht». Gerade in den alten Märchen finden wir solch eindringliche, «zu Herzen gehende» Wendungen, deren Bedeutung wir durchaus «beherzigen» sollten. Ist die Gefahr gebannt, das Leid überwunden, dann ist unser «Herz erleichtert», und wir sind «frohen Herzens».

Das Herz und das eisenhaltige Blut sind die wesentlichen Organe des menschlichen Ich (auch wenn entscheidende Bewußtseinsakte natürlich die Hirn- und Nervenorganisation brauchen), hier ist das Feuerelement beheimatet, aber geläutert durch die «Stimme des Herzens», nicht mehr hitzig und wild wie in den cholerischen Leber-Galle-Prozessen. Aus wallender Hitze wird liebevolle Wärme, unbeherrschte Wut ist gebändigt zu (heiligem) Zorn. Einen besonderen Hinweis auf die Wärmeprozesse gibt Rudolf Steiner in Verbindung mit dem Eiweiß: «Wir müssen identifizieren [...] den Wasserstoff mit dem Herzsystem.»[106]

Richten wir den Blick zunächst auf das Blut. Was läßt uns erröten, was erblassen? Seelenregungen sind es, die hier das Blut bewegen: Wir werden «rot vor Scham», oder das Gesicht «läuft rot an» vor Wut; wir «erbleichen vor Schreck» oder sind «blaß vor Angst». Rudolf Steiner äußert sich noch entschiedener: «Das, was die bewegende Kraft des Blutes ist, sind die Gefühle der Seele. Die Seele treibt das Blut, und das Herz bewegt sich, weil es vom Blute getrieben wird. Also genau das Umgekehrte ist wahr von dem, was die materialistische Wissenschaft sagt.»[107] Das Herz ist gewissermaßen ein Organ des Blutes – und doch auch ein Eigenes.

Daß das Herz zur physischen Organisation des Ich gehört, zeigen unter anderem die verschiedenartigen Komplikationen bei den modernen Herztransplantationen, die bis zu krankhaften Persönlichkeitsveränderungen führen können. Schon im Heranwachsen des Kindes weisen besondere Phasen der Herz- und Kreislaufentwicklung auf das schrittweise Eingreifen des Ich hin; auffällig sind zum Beispiel die rasche Steigerung des Schlagvolumens um das neunte Lebensjahr oder die Gefährdungen während der Pubertät. Das alles überrascht nicht, wenn man das Herz auch als Sinnesorgan, ja als

Erkenntnisorgan betrachtet, zunächst für den eigenen Blutkreislauf im Empfinden und Wahrnehmen des eigenen Säftehaushalts.

Um das Herz anzuregen, fordert Rudolf Steiner vom Menschen «Eigenbewegung, die recht sehr durchseelt wird», wie bei einem guten Handwerker, einem Bauern oder bei der Eurythmie, die «eben die durchseelte Eigenbewegung im wesentlichen reguliert und sie sogar gesetzmäßig reguliert».[108] Das entspricht vollkommen der sinnerfüllten Aktivität des cholerischen Temperaments. Passive Bewegung, zum Beispiel beim Autofahren, schädigt das Herz: «Dieses passive Hingeben des Menschen an die Bewegung ist dasjenige, was die Prozesse, die sich im Herzen stauen, gewissermaßen deformiert.»[109] Jeder Kardiologe wird dies bestätigen, aber nicht unbedingt Rudolf Steiners Begründung folgen: «Da sehen Sie die Verwandtschaft der Herztätigkeit mit dem Impuls der Wärme in der Welt, mit welcher der Mensch zusammenhängt. [...] Das Maß für die Gesundheit des menschlichen Herzens [ist das] Maß von genügender Wärmebildung im Lebensprozeß durch seine eigene Tätigkeit.»[110]

Einen interessanten Aspekt spricht Heinz-Hartmut Vogel an: die Verschiedenartigkeit der beiden Herzhälften.[111] Das «linke» Herz hängt durch das arterielle, sauerstoffreiche Blut, das aus der Lunge zuströmt, mehr mit der Niere zusammen – beide geben Wärme ab –, das «rechte» Herz hat dagegen durch das venöse, sauerstoffarme Blut einen innigeren Wärme-Zusammenhang mit der Leber. Die differenzierten Kontraktions- und Wärmezustände verbinden sich mit den Seelenprozessen. Hervorzuheben wäre zum Beispiel der «Streß» im Überwiegen der arteriellen Prozesse, zum andern die «Blutfülle» (Plethora) des venösen Stroms. Heinz-Hartmut Vogel charakterisiert die gesunden Herzprozesse und ihre Rhythmen im Zusammenhang mit dem «Gleichmut» und sieht die Polarität des cholerischen Temperaments in der Tagestendenz «Übermut» und in der Nachttendenz «Schwermut».

Das atmende Arterienblutsystem
und das sanguinische Temperament.
Die Niere

Die Luft ist das Element des sanguinischen Temperaments, und zwar nicht nur beim Atmen – «die Luft einziehen, sich ihrer entladen», wie Goethe sagt –, sondern erst recht im weiteren Verlauf ihres Weges im menschlichen Körper. Das an Sauerstoff reiche, frische rote Blut eilt nach kurzem Weg von der Lunge zum Herzen zu den Organen. Das erklärt durchaus der Begriff Sanguinik, der sich ja von Blut ableitet. Gemeint ist damit aber nicht die ernährende Blutfülle, gemeint ist das arterielle Blut in seiner leichten, pulsierenden Bewegung, das bis in den letzten Winkel des Organismus vordringt und ihn belebt. So wie die aufnahmebereiten Sinne des echten Sanguinikers nie müde werden, draußen immer Neues aufzunehmen, so trägt dieses frische Blut «Botschaft» aus der Außenwelt ins Innere des Organismus, der seinerseits mit dem venösen Blut Innerstes abgibt. Und erst am Ende dieses Prozesses steht wieder der eigentliche Atem.

Verfolgt man den Weg der Luft, genauer des Sauerstoffs, im menschlichen Organismus, so wird man gewahr, wie stark gerade die Nieren vom arteriellen, sauerstoffreichen Blut durchflossen werden: täglich von 1.000 bis 1.500 Litern Blut! Und gewaltig ist ihre Ausscheidungsarbeit, wenn aus etwa 170 Litern Primärharn zuletzt 1 bis 1,5 Liter Harn und damit vor allem Stickstoff, der Hauptbestandteil der Luft, ausgeschieden werden. Dabei verbraucht die Niere selbst relativ viel Sauerstoff. Kein Wunder, daß der Nierenkranke frische (und trockene) Luft verlangt. Die Verwandtschaft zum Luftigen zeigt sich außerdem darin, daß das «rote» Blut nur die auszuscheidenden Stoffe abgibt, nichts aufnimmt, also «rot» bleibt. Auch in der embryonalen Entstehung des Nierensystems ist die Beziehung zum Luftelement evident, entsteht es doch in räumlicher Nähe des Ohren-Rachen-Raums (und in ähnlicher anatomischer Grundstruktur). Diese «Vorniere» steigt dann im Leib abwärts bis zum Kreuzbein («Urniere») und wieder aufwärts zum endgültigen Standort («Nachniere»); und gelegentlich bewegt sie sich als «Wanderniere» noch weiter. Dieses Auf und Ab erinnert an das Auf und Ab unserer Seelenstimmung, und der «astrale» Duktus, den Walter Holtzapfel genauer beschreibt,[112] läßt sich auch in der feineren Struktur der Niere, etwa im Auf und Ab der gewundenen und geraden Nierenkanälchen, verfolgen. Zu diesem Auf und Ab gehören auch die Steigerung und die Senkung des Blutdrucks durch die Prozesse innerhalb der Niere. Blickt man aufs Ganze, so zeigt sich das Nieren-Blasen-System, das große Ausscheidungssystem, als Organ der «Austrocknung» – und die Luft ist es vornehmlich, die austrocknet (wovon schon die Alten redeten). Rudolf Steiner betont im Zusammenhang mit der Eiweißbildung die Bedeutung des Sauerstoffs für das Nieren-Harn-System.[113] Diese Verbindung zum Luftigen kann auch zur Verfeinerung des Geruchssinns führen; man denke hier noch einmal an den engen Zusammenhang der Leber mit dem ausgeprägten Geschmackssinn.

Friedrich Husemann beschreibt «organische und psychische Sympathie- und Antipathieprozesse» und vergleicht die Nierentätigkeit mit der Ein- und Ausatmung der Lunge. In weitem Umfang hängt unser Seelenleben, genauer seine Emotionen, mit der Nierentätigkeit zusammen: «In den häufigeren Phasen der leichten Erregbarkeit kommt das sanguinische Temperament, das Grundtemperament des Nierenmenschen, zum Ausdruck, das seinerseits mit dem Wesen des auf die Niere sich stützenden Luftorganismus zusammenhängt.»[114]

Der Volksmund formuliert das so: «Das geht einem an die Nieren», und er nennt eine echte Seelen- und Gewissensprüfung eine «Prüfung auf Herz und Nieren». Walter Holtzapfel schreibt, die Niere gebe «den Schwung des Temperaments»,[115] was er nicht auf ein einzelnes Temperament begrenzt haben will – doch ist das Urbild des «temperamentvollen» Menschen seit jeher der Sanguiniker. Holtzapfel beschreibt auch bestimmte Atemerkrankungen im Zusammenhang mit der Niere, denn «die Regulation des Luftorganismus und der Atmung ist letzten Endes eine Funktion des Nierensystems».[116] So kann das lebendig «Atmende» des gesunden Seelenlebens in Verbindung mit gesunder Leiblichkeit gestört sein, und der asthmatische Krampf läßt die Ausatmung stocken, bzw. die Einatmung ist zu gering, und der Mensch bleibt im seelischen Erleben dumpf. Ist der seelische Schock groß, dann «bleibt einem die Luft weg»; auch dies hängt mit der Niere zusammen. Diätetisch wichtig für die Niere (und Blase) ist, so Rudolf Steiner, «Innenbewegungen richtig zu vollziehen», insbesondere beim Essen «das richtige Maß von Ruhe und Bewegung» einzuhalten[117] – auch dies ein hygienischer Hinweis zur rechten Beweglichkeit des sanguinischen Temperaments.

Das gestaltende Nerven-Knochen-System und das melancholische Temperament. Die Lunge

Wenn man Nerv und Knochen in Beziehung zum melancholischen Temperament setzt, sind damit die beiden Pole dieses Temperaments angesprochen.[118] Der Knochen ist das Mineralischste des Menschenleibes, gewissermaßen seine Erde, der Nerv ist physischer Ort der Sinneswahrnehmung und des Gedankens. Sowohl in der knöchernen Gestalt als auch im Gedanken sind Werdeprozesse zu Ende gekommen, sie sind Gestalt geworden. Gerade die Durchgestaltung des physischen Leibes, vor allem im Antlitz und in den Gliedmaßen, ist beim Melancholiker am weitesten gediehen, bis er zuletzt bis unter die Haut die Ausformung der knöchernen Gestalt zeigt: Im Tode erstarrt die Gestalt. Der Künstler im Melancholiker folgt diesen Formprozessen bis in die künstlerisch vollendete Form. Solange er im Schaffensvorgang bleibt, beleben ihn die Ätherkräfte, sie verlassen ihn aber im Augenblick der Ausformung. Ähnliches gilt für das Denken, in dem der Melancholiker letztlich Befreiung von den Fesseln des physischen Leibes sucht. Gelingt ihm der Höhenflug des Adlers nicht, dann wird er oft in Resignation, gar in Nihilismus erstarren.

Nun bliebe für die Lunge als viertes der großen inneren Organe die Zuordnung zum Element Erde – ein überraschender Gesichtspunkt. Rudolf Steiner sagt gar: «Die Lunge ist wesentlich abhängig von der Bodenbeschaffenheit des Ortes [...]. Ich meine mit dieser Abhängigkeit den inneren Bau der Lunge.»[119] Die Lunge ist in ganz besonderer Weise raumfüllend und zudem von «außen» bewegt – auch dies zeigt die Nähe zur Physis. Darauf weist ebenso der Zusammenhang der Lunge mit dem Kohlenstoff in der Eiweißbildung hin, wie es Rudolf Steiner vor Ärzten dargestellt hat.[120]

Auffällig bei der Lunge ist die starke Knorpelbildung, die sie zum härtesten der inneren Organe macht, aber auch ihre Neigung zur Verfestigung, Verdichtung. Es ist hier nicht der Raum, dies mit den einzelnen Krankheitsbildern zu belegen, doch sei an die Lungenkrankheit Thomas Bernhards erinnert (vgl. S. 194ff.) und an den auffälligen Zusammenhang von Lungenerkrankungen und Hunger. Nicht umsonst sagt Rudolf Steiner, daß «gerade die Lunge sehr abhängig von der körperlichen Arbeit [ist], und sie wird ganz gewiß geschädigt, wenn der Mensch bis zur Übermüdung körperliche Arbeit verrichten muß».[121]

Wahrhaft erstaunlich ist die außerordentliche Durchformung des Organs: ein wundervoller «Atembaum», der in den Leib gesenkt ist, mit Stamm, Geäst, Gezweig der Luftröhre (mit dem Kehlkopf) und der Bronchien mit ihrer immer feiner werdenden Verzweigung und mit den 300 Millionen Lungenbläschen als Blattwerk, das sich über 100 m² ausbreitet! Wer dächte da nicht an Odins Gesang aus der *Edda:* «Ich weiß, daß ich hing am windigen Baume» – ein Wahrbild der Sprachentstehung! So wie das Skelett einen physischen Raum bildet, so auch die Lunge in umgekehrter Weise, doch erfüllt sich dieser Raum erst mit dem ersten Atemzug, und mit dem letzten Ausatmen beginnt er zusammenzufallen. Überraschend ist die niedrige Temperatur der Lunge von $35,5°$ C. Auf der einen Seite webt die kühle Luft, auf der anderen Seite wogt das warme Blut, hauchdünn ist die Grenzscheide – und durchlässig für den Gasaustausch. Überwältigt das Blut die Lunge, indem es die Blutgefäße – die nur vier Tausendstel Millimeter dünn sind – durchbricht, dann kommt es zum lebensbedrohenden Blutsturz.

Walter Holtzapfel wählt als Motiv für dieses Organ: «Die Lunge gibt die Festigkeit des Gedankens.»[122] Wieder haben wir die beiden Pole «Knochen» – allerdings erst als knorpelige Substanz – und «Nerv», diesmal im Zusammenhang mit dem gesprochenen Wort.

Temperamentsverschiebung
vom Kind zum Erwachsenen

Das Kind entwickelt sich – oft in markanten Schritten – leiblich, seelisch und geistig; man spricht von Schulreife und von Geschlechtsreife, von Entwicklungsschüben, Streckungsphasen, Zahnwechsel, man unterscheidet Milchkind, Kleinkind, Kindergartenkind, Schulkind und Jugendalter. Auch wenn bei den genannten Begriffen jeweils leibliche, seelische oder geistige Aspekte dominieren, so merkt man doch sofort, wie diese Faktoren ineinanderspielen. Wie eng muß dieses Zusammenspiel der leiblichen und seelischen Eigenschaften erst bei den Temperamenten sein!

Wie gestaltet sich dieses Verhältnis aber im einzelnen, wenn betont körperliche Entwicklungen eintreten, wenn deutlich seelische Veränderungen stattfinden? Muß es nicht eine entscheidende Neuordnung geben, wenn sich die beiden «Geburten» des Schulalters vollziehen: die Geburt des Ätherleibs, beginnend mit dem Zahnwechsel, und die Geburt des Astralleibes, beginnend mit der Erdenreife? Muß sich jetzt nicht die Verbindung der Temperamente mit den Wesensgliedern ändern, zumal das Ich noch immer nicht ganz im Menschen erwacht ist?

Rudolf Steiner sprach anfangs nur vom Temperament des Erwachsenen und ordnete die einzelnen Temperamente nach der besonderen Wirkungsweise im Gefüge der vier menschlichen Wesensglieder folgendermaßen:

physischer Leib	–	Melancholik
Ätherleib	–	Phlegmatik
Astralleib	–	Sanguinik
Ich-Organisation	–	Cholerik

Im Schulalter, in dem sich die Temperamente ganz besonders ausprägen, was wohl auch mit dem Freiwerden ätherischer Kräfte zu tun hat, ist dagegen die Wirksamkeit des Astralleibes und gar die des Ich noch ganz anders. Sie nahen erst heran und fühlen vor; das vollzieht sich in ganz bestimmten Akzentuierungen.

In der ersten Seminarbesprechung am 21. August 1919 stellt Rudolf Steiner diese Bezüge für das Kind tatsächlich ganz anders dar, betont jedoch: «Diese Dinge gliedern sich beim späteren Menschen etwas anders. Daher werden Sie bei einem Vortrag, den ich gehalten habe in bezug auf die Temperamente, eine kleine Veränderung finden. In diesem Vortrage sind die Temperamente in Beziehung zu den vier Gliedern des erwachsenen Menschen besprochen worden.»[123] Weiter ist über diese Verschiebung nichts ausgeführt!

Wie ordnet nun Rudolf Steiner Temperamente und Wesensglieder beim Kind einander zu? «Waltet das Ich besonders vor, […] dann tritt uns das Kind entgegen mit einem melancholischem Temperament. […] Waltet der Astralleib vor, dann tritt uns das cholerische Temperament entgegen. Waltet der Ätherleib vor, dann tritt uns das sanguinische Temperament entgegen. Waltet der physische Leib vor, dann tritt uns das phlegmatische Temperament entgegen.»[124]

Im Überblick erhalten wir also folgende Zusammenschau:

Temperament des Kindes	Wesensglied	Temperament des Erwachsenen
Phlegmatik	physischer Leib	Melancholik
Sanguinik	Ätherleib	Phlegmatik
Cholerik	Astralleib	Sanguinik
Melancholik	Ich-Organisation	Cholerik

Wie erklärt sich nun diese Veränderung um eine Stufe? Soviel ist eindeutig: Wesentliche Erscheinungen im Temperament des Kindes und des Erwachsenen ähneln sich, sind gar gleich, sie haben aber offensichtlich ein anderes Widerlager in den Wesensgliedern, was wiederum mit der Entwicklung des Menschen zusammenhängt.

Vergleicht man den physischen Leib des Kindes mit dem des Erwachsenen, so erkennt man im ersteren Wachstumsprozesse, Bildbarkeit, Wandlung, im letzteren Ausprägung, Festigung, Erstarrung. Der physische Leib des Kindes ist noch völlig durchdrungen von

Lebensprozessen, ätherischen Vorgängen, er befindet sich nahe am Pol des Lebens, der des Erwachsenen, gar des Greises, ist materiell verfestigt, in Form erstarrt, dem Todespol nahe. Dies zeigt sich beispielsweise beim Knochenbruch – wie schnell heilt er beim Kind, wie langsam beim altem Menschen!

Entsprechendes gilt, so Wolfgang Schad, für den Zusammenhang des kindlichen Lebensleibes mit dem Astralleib: «Jede seelische Veränderung wirkt beim Kinde sofort in das Lebensgefüge der Organe. Deren Krankheit und Gesundheit wird vom seelischen Befinden sogleich beeinflußt. Jede seelische Störung führt zu Appetitlosigkeit, Schlafstörung etc., und nur eine harmonische seelische Umgebung gibt dem kindlichen Lebensleib die Möglichkeit, den eigenen Organismus richtig gedeihen und wachsen zu lassen.»[125] Hier sehen wir in besonders deutlicher Form das leiblich-seelische Zusammenwirken, wie es zum Beispiel die Psychosomatik untersucht und darstellt.

Und auch der Blick auf die Cholerik des Kindes und die des Erwachsenen macht Unterschiede deutlich. So ist das kindliche cholerische Temperament in starkem Maße Ausfluß des Seelischen; daher wirkt das dem Zorn ausgelieferte Kind so hilflos. Das cholerische Temperament des Erwachsenen kann dagegen stark von Persönlichkeit geprägt sein, ein Tatendrang, vom Ich geführt und kontrolliert. Dieser Unterschied darf nicht verwundern, ist doch das Ich erst ahnungsweise im Kind präsent.

Man darf zusammenfassend sagen, daß beim Kind das Zusammenspiel der menschlichen Wesensglieder noch viel inniger ist, daß jeweils Höhere noch naturgemäß in das Niedere belebend, beseelend eingreift. «Der physische Leib wirkt noch viel lebendiger, der Lebensleib empfindungsoffener, der Empfindungsleib wie ein Quasi-Ich», schreibt Wolfgang Schad.[126]

So gesehen erklärt sich der Unterschied zwischen kindlichem und erwachsenem Temperament aus der Entwicklung der Wesensglieder, die ihre eindeutige Wirksamkeit bzw. Zuordnung erst beim Erwachsenen, das heißt mit der Geburt des Ich, finden. Zutreffender wäre also die folgende Übersicht:

Temperament	Wesensglied des Erwachsenen	Wesensglied beim Kind
Phlegmatik	Ätherleib	von Ätherkräften durchzogener physischer Leib
Sanguinik	Astralleib	von Seelenkräften durchdrungener Ätherleib
Cholerik	Ich-Organisation	Astralleib als «Quasi-Ich»
Melancholik	physischer Leib	?

Es bleibt das Rätsel des melancholischen Temperaments: Als Wesensglied fehlt noch die Ich-Organisation, jene zentrale Kraft, die den erwachsenen Menschen zum vollen Menschen macht. Sie ist dem Kind noch fern, auch wenn sie in bestimmten Schritten bereits näherrückt: wenn das Kind zum ersten Mal «ich» von sich sagt, wenn Trotzphasen die Entwicklung vorantreiben, wenn Schicksalsschläge das Kind treffen.

Eigentlich müßte man in Konsequenz der bisherigen Erkenntnis erwarten, daß für die kindliche Melancholik die (noch nicht wirklich geborene) Ich-Organisation auftritt, aber geführt von dem nächsten der drei höheren Wesensglieder, wie sie die Anthroposophie kennt und das sie als Geistselbst (Manas) bezeichnet. Tatsächlich aber sagt Rudolf Steiner: «Waltet das Ich besonders vor, das heißt, ist das Ich schon beim Kinde sehr stark entwickelt, dann tritt uns das Kind entgegen mit einem melancholischen Temperament.»[127] Von einer Wirksamkeit eines höheren Wesensgliedes ist nicht die Rede, so, als habe das menschliche Temperament innerhalb der ersten vier Wesensglieder seine Begrenzung. Andererseits fällt auf, daß bei den drei anderen Temperamenten, Phlegmatik, Sanguinik und Cholerik, ganz eindeutig die Führung des nächsthöheren Wesensgliedes waltet, ganz in der Art des heilpädagogischen Grundprinzips, das Rudolf Steiner beim Kranken angewandt wissen will: «Das ist dieses, daß wirksam ist in der Welt auf irgendein Glied der menschlichen Wesenheit, wo es auch immer herkommt, das nächsthöhere Glied, und daß es nur dadurch wirksam zur Entwickelung kommt.»[128]

Für die karmischen Wirkungen des Temperaments in der Folge wiederholter Erdenleben nennt Rudolf Steiner entsprechende

Gesetzmäßigkeiten. Auch hier finden wir eine Zuordnung, die um eine Stufe verschoben ist und so skizziert sein darf:

Wirkungen in diesem Leben	Auswirkung in der nächsten Inkarnation
Verständnis, Erfahrung, Kenntnis	Astralleib
Lust und Leid	Ätherleib
bleibende Anlagen, Charakter, Temperament	physischer Leib
physischer Leib	äußeres Schicksal

Diesen Schicksalsgedanken faßt Rudolf Steiner einmal so zusammen: «So wird das, was der Astralleib tut, zum Schicksal des Ätherleibes; der Ätherleib wird zum Schicksal des physischen Leibes, und was der physische Leib tut, das kommt als Wirkung von außen in der nächsten Verkörperung als eine physische Wirklichkeit zurück.»[129]

Damit löst sich, so Schad, das Rätsel der kindlichen Temperamente: «Rudolf Steiner schilderte die Temperamente des Kindes so, daß sie dem jeweils höheren Wesensglied des ausgebildeten Erdenmenschen entsprachen. Diese Wesensgliederverschiebung erweist sich als die Auswirkung der Wiederverkörperung. [...] Wir dürfen das kindliche Temperament nur dann an unserem Erwachsenentemperament messen, wenn wir mit der Mitgift des vorherigen Erdenlebens im Kinde rechnen.»[130]

Noch bleibt eine Frage bei der kindlichen Melancholik: Wo liegen im Kind die Berührungspunkte des Temperaments mit dem Ich, das noch so wenig inkarniert ist? Rudolf Steiner verweist hier auf die karmische Wirkung: Die Taten des Ich kommen in einer nächsten Inkarnation als Wirkungen von außen zurück, erscheinen als physische Wirklichkeit. Diese «physische Wirklichkeit» ist also jeweils auch ein Stück selbstgeprägte, mitgeprägte Umwelt, Außenwelt für die wiedergeborene Individualität. Und in ihr lebt das Ich der heranwachsenden Persönlichkeit. «In der Kindheit ist das Ich noch nicht im Leibe behaust, sondern im Umkreis eines werdenden Leibes anwesend. Die physische Umwelt ist ihm noch eine Art erweiterter physischer Leiblichkeit.»[131] So charakterisiert Wolfgang Schad dieses

Verhältnis und prägt für die Ich-Organisation in seiner abschließenden Übersicht das Begriffspaar «Ich im Leibe – Ich in der Welt»:

Erwachsener	Wesensglieder	Kind
Cholerik	Ich im Leibe, Ich in der Welt	Melancholik
Sanguinik	Astralleib	Cholerik
Phlegmatik	Ätherleib	Sanguinik
Melancholik	physischer Leib	Phlegmatik

In der fünften Seminarbesprechung wird Rudolf Steiner nach dieser Verschiebung gefragt. Er ordnet in seiner Antwort die vier Zeilen des oben zitierten Goethe-Gedichts den vier menschlichen Wesensgliedern zu und verweist auf «eine bestimmte Verwandtschaft zwischen Ich und physischem Leib, und eine Verwandtschaft zwischen Ätherleib und Astralleib. Im Laufe des Lebens kann daher eines in das andere übergehen. Es geht also zum Beispiel über beim melancholischen Temperament das Vorherrschen des Ich in das Vorherrschen des physischen Leibes. Und beim Choleriker überspringt es sogar die Vererbung und geht über vom Mütterlichen ins Väterliche, denn es geht über vom Überwiegen des Astralischen zum Überwiegen des Ich.»[132]

Wie erwähnt, finden sich bei Rudolf Steiner, von diesem kleinen Hinweis abgesehen, keine weiteren Äußerungen zu der Verschiebung im Zusammenhang mit den Wesensgliedern, ja, manche Darstellung klingt so, als wäre da kaum ein Unterschied. Man darf annehmen, daß mit der Erdenreife in der Pubertät sich Wesentliches im persönlichen Temperament gefestigt hat, doch folgt die Ich-Geburt im eigentlichen Sinne erst um das 21. Lebensjahr. Dann erst kann das cholerische (Erwachsenen-)Temperament sich ganz erfüllen, dann beginnt möglicherweise aber auch schon eine ichhafte Selbsterziehung, während weiterhin äußere Wirkungen das Temperament beeinflussen. Der Anfang dieses Umwandlungs- und Verschiebungsprozesses liegt in der Zeit nach der Schulreife mit ihrer «Geburt» des Ätherleibes, und vieles weist darauf hin, daß der Entwicklungsschritt im neunten, zehnten Lebensjahr hier ein erstes Zeichen setzt. Auf die Bedeutung dieses Schrittes für die Entwicklung des Temperaments wird in dem Kapitel «Die Lebensalter im Spiegel der Temperamente» eingegangen.

Die Mischung der Temperamente

In den bisherigen Betrachtungen klang bereits an, daß bei einem Menschen in der Regel eine Mischung der Temperamente vorliegt; auch in manchen Beispielen wurde dies deutlich. In der Tat finden wir meist ein Zusammenspiel von zwei oder drei Temperamenten, und der Grad der Mischung, ihre Intensität, ihre Farbigkeit sind unbegrenzt und eigentlich so zahlreich wie die Persönlichkeiten, denen sie zugehören. Auffällig ist für den Beobachter auch bald, daß die typischen Temperamentsreaktionen ganz unterschiedlich ausfallen können, aber dennoch eine gewisse Verwandtschaft zeigen. Daß es darüber hinaus Temperamentswandlungen gibt, wurde ebenfalls bereits deutlich: In den verschiedenen Lebensaltern verlagern sich die Gewichtungen; Lebensumstände und Schicksalsereignisse prägen das Temperament. Wegen der Fülle der Temperamentsmischungen soll hier auf Beispiele verzichtet werden.

«Es gibt kein reines Temperament. Jedes Temperament ist gemischt – und nur verdorben, oder verwöhnt. Ein reines Temperament wäre eine permanente Kranckheit.»[133] Lapidar bemerkt dies Novalis. Aus dem Zusammenwirken der vier menschlichen Wesensglieder ergibt sich die natürliche Mischung der vier Temperamente. Rudolf Steiner weist schon in seinen ersten Vorträgen über die menschlichen Temperamente auf das gemischte Temperament hin, so am 28. August 1906: «Gewöhnlich hat der Mensch eine Mischung von allen vier Temperamenten; man kann aber immer mehr oder weniger einen Grundton finden.»[134] Und in der Zusammenfassung von Englert-Faye lesen wir: «Im Grunde ist es ja wahr, daß uns jeder Mensch mit seinem eigenen Temperament entgegentritt, aber wir können doch gewisse Gruppen von Temperamenten unterscheiden. [...] Die Temperamente sind bei den einzelnen Menschen in mannigfaltigster Weise gemischt, so daß wir nur davon sprechen können, daß dieses oder jenes Temperament in diesen oder jenen Zügen eines Menschen vorherrscht.»[135]

Den seelischen Aspekt des Temperaments betont Rudolf Steiner 1913 in Den Haag: «Im Grunde genommen hat jeder Mensch alle vier Temperamente in seiner Seele. Ein Melancholiker ist in gewissen Dingen auch wieder phlegmatisch, in anderen sanguinisch, wieder in anderen cholerisch; es schlägt nur sozusagen vor dem phlegmatischen und sanguinischen und cholerischen Temperament das melancholische besonders vor.»[136]

Man hat häufig versucht, auch die Temperamentsmischungen genauer zu fassen. Darauf verzichtet die vorliegende Arbeit im großen und ganzen, denn es gibt tatsächlich unübersehbar viele Mischungen. Stets wird es darauf ankommen, jede davon einzeln neu und lebendig zu erfassen, ohne sie in ein System pressen zu wollen. Deshalb soll in diesem Abschnitt nur zusammenfassend auf einige wichtige Erscheinungen hingewiesen werden.

Im allgemeinen schließen sich starke Temperamentsgegensätze aus: Der echte Choleriker wird nie wirklich phlegmatisch sein, der ausgeprägte Sanguiniker nie anhaltend melancholisch. Was wir zum Beispiel beim Choleriker als «Ruhe» erleben können, ist die Ruhe vor dem Sturm oder die Erschöpfung nach vollbrachter Tat oder auch die ichhafte Besonnenheit vor der Entscheidung; es ist aber nie die behagliche Ruhe des Phlegmatikers, seine Friedfertigkeit um jeden Preis, sein In-sich-Ruhen. Was beim Sanguiniker als «Melancholie» erscheinen kann, ist immer nur der Pendelschlag der Stimmung «zu Tode betrübt», dem wieder ein «Himmelhochjauchzend» folgt. Der Sanguiniker mag enttäuscht, gar verzweifelt sein, aber das wird nie die bedrohliche Form der Melancholie als Depression annehmen. Die Mischung gegensätzlicher Temperamente kann dort auftreten, wo beide weniger ausgeprägt sind, und dann wird man auch immer nur schwächere Akzentuierungen wahrnehmen können.

Anders sieht es mit den «benachbarten» Temperamenten aus, also wo die Cholerik von Melancholik einerseits, von Sanguinik andererseits berührt wird, die Melancholik mit Cholerik und Phlegmatik gepaart ist, das phlegmatische Temperament mit Sanguinik und Melancholik und die Sanguinik schließlich mit Phlegmatik und Cholerik. Oft wird es so sein, daß hier ein Temperament überwiegt und die anderen abgeschwächt, wie Nebentöne, anklingen. Am interessantesten sind für die Beobachtung der Temperamente wohl solche Mischungen, wo sich zwei Temperamente deutlich ausgeprägt zeigen, also zum Beispiel das cholerisch-sanguinische Temperament oder das phlegmatisch-melancholische Naturell. Zwei davon sollen etwas genauer beleuchtet werden: die Mischungen Phlegmatik-Sanguinik und Melancholik-Cholerik.

Zu den angenehmsten Zeitgenossen zählen gewiß jene des phlegmatisch-sanguinischen Temperaments. Sie geben dem sozialen Zusammenleben die Offenheit und Freundlichkeit des Sanguinischen und die Beständigkeit und Friedfertigkeit des Phlegmatischen. Im günstigen Fall steigern sich die beiden Temperamente in ihren guten Seiten und ergeben ein Bild von Harmonie und Glück. In der Konstitution belebt das sanguinische Temperament die Ruhe des phlegmatischen, das seinerseits das Wechselhafte des sanguinischen mildert. Tatsächlich wird man in der leiblichen Konstitution oft die Mischung dieser Temperamente erkennen; fehlt sie, dann wird das eine mehr im Leiblichen, das andere mehr im Seelischen dominieren. Was man von dieser Kombination nicht erwarten kann, sind feuriger Tatendrang oder erdenschwerer Lebensernst.

Ganz anders tritt uns der melancholisch-cholerisch gestimmte Mensch entgegen. Körperlich mag auch hier, neben möglichen Zwischenformen, das eine oder das andere Temperament vorherrschen, doch wird man in der Regel etwas von der cholerischen Erregbarkeit einerseits und von der Innerlichkeit des Melancholikers andererseits wahrnehmen. Im Seelischen insbesondere bringt diese Temperamentsmischung mancherlei Probleme, weil Nachdenklichkeit und Fragehaltung des Melancholikers mit dem Tätigkeitsdrang des Cholerikers in Spannung gerät. Besonders schwierig wird es, wenn sich ein Gerechtigkeitsfanatismus oder ein Vollkommenheitszwang aus der Melancholik speist und die Cholerik zu Tat oder Trotz drängt und, mehr noch, wenn sich aus melancholischen Selbstzweifeln heraus das cholerische Temperament gegen das Ich selbst richtet.

Bleibt man in der Systematik der Anordnung, dann entstehen aus den Übergängen der vier Temperamente ineinander zwölf Haupt- und Mischformen, denn die gegensätzlichen schließen sich ja mehr oder weniger aus. Von daher ergeben sich Fragen nach der Beziehung der Temperamente zum Tierkreis, zu den zwölf Sinnen der Steinerschen Sinneslehre, gar zu den zwölf Weltanschauungen, wie sie Rudolf Steiner charakterisiert.[137]

Wenn man über derartige Zusammenhänge nachsinnt und Phänomene einzuordnen versucht, ist Vorsicht geboten, denn gar zu leicht erliegt man der Versuchung, alles in größte Zusammenhänge schlüssig einfügen zu wollen. Mit Bedacht sind deshalb solche Erörterungen in diesem Buch ausgeklammert; es hält sich an den entscheidenden Zusammenhang der Temperamente mit den menschlichen Wesensgliedern.

Kleine und große Gefahren
des Temperaments

Eigentlich müßte die Überschrift dieses Kapitels präziser gefaßt
sein: Gefahren des einseitigen, übersteigerten, ausartenden Temperaments sind gemeint, ganz im Sinne der bereits zitierten Äußerung
von Novalis: «Es giebt kein reines Temperament. Jedes Temperament ist gemischt – und nur verdorben, oder verwöhnt. Ein reines
Temperament wäre eine permanente Kranckheit.»[138] Auf diese
Krankheitstendenzen weist Rudolf Steiner verschiedentlich hin, so
schon in den frühen Vorträgen von 1908/1909: «In jedem Temperament liegt eben eine kleine und eine große Gefahr der Ausartung.»[139] Als kleine Gefahr nennt er hier die (unbeherrschte) Zornmütigkeit des Cholerikers, die Flatterhaftigkeit des Sanguinikers,
die Interesselosigkeit (gegenüber der äußeren Welt) des Phlegmatikers, den Trübsinn des Melancholikers. Wenn man die Liste der
gebräuchlichen Bezeichnungen und Attribute zu den Temperamenten durchgeht (vgl. S. 20, 30, 45 und 53), dann kann man gut sehen,
wie der Weg aus Positivem in Negatives führt und wie doppeldeutig
manche Benennungen sind.

Welch eine Spanne liegt für das sanguinische Temperament zwischen dem «leichten Sinn» und dem «Leichtsinn», gar dem «boden-
losen Leichtsinn» oder der «Leichtfertigkeit»! Man sieht die Gefahr
schon vor sich, beobachtet man den unbekümmerten «Bruder Leichtfuß», den unaufmerksamen «Hans-guck-in-die-Luft», den flatterhaften «Springinsfeld». Und was verrät doch an Gefährdung ein Wort wie
«Enthusiast» oder «Phantast», «Wirrkopf» oder gar «Windbeutel»!

Man bedenke für den Melancholiker einmal die Reihungen «ern-
ster Sinn, schwerer Sinn, trüber Sinn, düsterer Sinn» oder «Denker,
Spintisierer, Grübler, Pessimist, Nihilist». Welche Vorzüge mag ein
«Pedant» haben, und wo artet die Pedanterie aus? Und welche Ge-

fährdung liegt darin, wenn aus Empfindsamkeit Empfindlichkeit und diese zur Hypochondrie wird?

Für den Choleriker ist eine der Gefährdungen die Zornmütigkeit: Er entbrennt vor Zorn, heiliger Zorn ergreift ihn, er kocht vor Wut, speit Feuer und Flamme, er explodiert, er tobt besinnungslos. Und der Choleriker als Mensch der Tat: ist er ein «Schaffer», ein «Draufgänger», ein «Stier», ein «Bestimmer», ein «Herrscher», ein «Tyrann»?

Und schließlich das phlegmatische Temperament, dessen «Ruhe» zur «Bequemlichkeit», ja zur «Faulheit» werden kann, dessen «kühler Sinn» zu «dumpfem Sinn» «abstumpfen» kann. Und ein Wort wie «Schlafmütze» charakterisiert nicht nur einen Menschen, der viel schläft, sondern auch eine Schwäche des Seelischen, ja des Geistigen.

Die großen Gefahren sieht Rudolf Steiner beim Choleriker in der Narrheit (aus dem Ich heraus) und in der Tobsucht, im Irrsinn (der Narrheit) des Sanguinikers, in der Idiotie, im Stumpfsinn, im Schwachsinn des Phlegmatikers, im Wahnsinn des Melancholikers.[140] Zur Behandlung dieser psychiatrischen Krankheitsbilder ist der Arzt erforderlich, die kleinen Gefahren aber müssen vom Erzieher erkannt und therapiert werden. Dafür sind in diesem Buch manche Anregungen gegeben, ohne daß deshalb auf das Problem immer Bezug genommen sein muß. Hier sei noch einmal an Rudolf Steiners grundlegende Ratschläge in eben diesen Vorträgen erinnert: «Der Sanguiniker soll entwickeln können Liebe und Anhänglichkeit zu einer Persönlichkeit. Der Choleriker soll entwickeln können Schätzung und Achtung für die Leistungen der Persönlichkeit. Der Melancholiker soll entwickeln können ein mitfühlendes Herz für das andere Schicksal. Dem Phlegmatiker soll vor Augen geführt werden ein Vorteil für die Interessen anderer.»[141]

Mehr darüber ist im Kapitel «Temperament und Charakter» zu lesen.

Die Bedeutung der Ernährung

Die Äußerungen Rudolf Steiners über den Zusammenhang von Temperament und Ernährung zeigen, daß man dem Temperament und seiner Einseitigkeit auch durch eine entsprechende Ernährung gerecht werden kann. Es ist klar, daß schon der Zusammenhang mit den vier Elementen und mit bestimmten Organen eine breite Grundlage für eine solche Betrachtung abgibt. Ein anderer Zugang wäre die unbefangene Beobachtung der Eßgewohnheiten bei Kindern und Erwachsenen. Auch wenn dies nur ein pädagogisches Randgebiet ist, so darf es in seiner Bedeutung nicht unterschätzt werden. Sieht man einmal davon ab, daß es in der Ernährung mancherlei Gewohnheit und Tradition gibt oder mögliche Krankheitsprozesse sich zeigen, ist es gewiß aufschlußreich, was ein Mensch gerne ißt und trinkt – und wieviel. Und wie steht es mit dem Beißen und Kauen, wie mit der Eßlust und -unlust? Welches Kind widmet sich hingegeben dem Essen, so wie von Natur aus jeder gesunde Säugling, und wer stochert unmutig im Teller? Wer liebt Brei und Süßes, wer hartes Brot, wer bevorzugt Salziges und Saures?

In einem frühen Vortrag, vermutlich 1904 in Berlin, spricht Rudolf Steiner über Ernährung und innere Entwicklung und sagt unmißverständlich: «Wohl werden bei der Bearbeitung der Temperamente geistige Übungen die Hauptsache sein, doch wird es auch hier nicht unwesentlich sein, wie der Mensch sich ernährt.» So sollte der Melancholiker «Nahrung genießen, die ganz nahe der Sonne wächst, Nahrung, die weit weg von der Erde gedeiht, die an der vollen Sonnenkraft gereift ist; und das wäre die Obstnahrung». Der Phlegmatiker «sollte Nahrung zu sich nehmen, die nicht unter der Erde wächst. [...] Ein Sanguiniker muß sogar durch die Nahrung an das Physische gefesselt werden, sonst könnte ihn seine Leichtbeweglichkeit zu weit führen.» Und der Choleriker muß «vor erhitzenden, erregenden Speisen sich hüten».[142]

Rudolf Steiner geht in den pädagogischen Vorträgen einige Male auf den Zucker (und die Leber) und seinen Bezug zum Sanguiniker und Melancholiker ein: Ersterer solle ihn eher meiden, dem letzteren möge man ihn unter Umständen gezielt geben. So sagt er in Ilkley beispielsweise, beim Sanguiniker müsse man «darauf sehen, daß seinen Speisen der Zucker möglichst entzogen wird», dagegen müsse man beim Melancholiker «mehr Süße den Speisen zusetzen».[143] Oder er rät für das stark melancholische Kind den Lehrern: «Man regelt nun im Zusammenwirken mit den Eltern die Diät in bezug auf den Zuckerzusatz zu den Speisen.»[144]

Der Zucker hat die moderne Ernährungswissenschaft wegen seines enorm angestiegenen Verbrauchs viel beschäftigt. Der Leser kennt den Streit um Fruchtzucker und Traubenzucker, um Rohrzucker und Rübenzucker und die Gefahren des raffinierten Zuckers. Er kennt auch die Mahnungen der Zahnärzte und Orthopäden und die Warnungen vor einer regelrechten «Zuckersucht» – und er kennt die Werbung der Zuckerproduzenten. Wer sich selbst beobachtet, spürt zumeist die angenehme Wirkung der Süßigkeiten bei Kummer und Sorgen (und die unangenehme des Kummerspecks). Das hat mit den Leberprozessen direkt zu tun: Viel Zucker in den Speisen dämpft, verkürzt gesagt, die Tätigkeit der Leber, wenig regt ihre Tätigkeit an, denn die Leber bildet ja als einziges Organ selbst Zucker aus den aufgenommenen Nährstoffen. Deshalb weist Rudolf Steiner auf die Zuckerdiät für den Melancholiker hin, denn «das bekämpft von der Körperseite her das melancholische Temperament. Es ist eine äußere Stütze, aber diese äußere Stütze muß man kennen.»[145] Umgekehrt könne es beim sanguinischen Kind «wieder gut sein, gerade die Leber anzuregen, und das geschieht, wenn man ihm den Zucker entzieht».[146] Das bedeutet, wieder verkürzt ausgedrückt, daß der Melancholiker dadurch ein wenig von der Körperlichkeit, die er schmerzhaft erleidet, befreit wird, der Sanguiniker dagegen, der so lebhaft frei von seiner Körperlichkeit sein kann, ein wenig mehr an sie gebunden und etwas zur Ruhe gebracht wird. Das Zuckerproblem berührt hier direkt die Temperamentsanlage, doch müßte der Bogen eigentlich noch weiter gespannt werden, hängt doch die Willenstätigkeit ebenfalls mit den Leberprozessen zusammen, und auch das «Ich»-Befin-

den korrespondiert mit dem Zucker des Blutes und seiner Wärme-
wirkung. Wieder erweist sich die Leber mit ihren verschiedenartigen
Wirkensweisen und ihren verschiedenartigen Säften als das Zentralorgan des Ätherischen und damit auch als Zentralorgan des Temperaments.

An einzelnen Ratschlägen hören wir von Rudolf Steiner, den
Phlegmatiker solle man nicht überfüttern und ihm nicht zuviel Eier
geben, dem Sanguiniker nicht allzuviel Fleisch. Melancholische Kinder sollen «eine gut gemischte Nahrung bekommen, aber nicht allzuviel Wurzelzeug und Kohl». Ihre Nahrung sei «sehr individuell, da
muß man beobachten. Bei sanguinischen und phlegmatischen Kindern kann man schon generalisieren.»[147]

Aus der Flut von Werken zu Ernährungsfragen seien zwei genannt,
die ausführlicher auf den Zusammenhang zwischen Ernährung und
Temperament eingehen: Udo Renzenbrink, *Ernährung unserer Kinder*, Stuttgart 1998, und Petra Kühne, *Ernährungssprechstunde*,
Stuttgart 1993. Der *Ernährungsrundbrief* des Arbeitskreises für Er-
nährungsforschung in Bad Liebenzell hat mehrfach Beiträge zu diesem Thema gebracht.

Temperament und Charakter

Was unterscheidet Temperament und Charakter, und wo berühren sie sich? So lautet eine wichtige Frage in der Auseinandersetzung um die menschlichen Temperamente. In der Annäherung an eine Antwort muß von den bisherigen Erkenntnissen über die Temperamente ausgegangen werden: Die menschlichen Temperamente sind im Ätherleib verwurzelt, geben der Seele bestimmte Färbungen und hängen in spezifischer Weise mit den vier Gliedern der Menschenwesenheit zusammen. Rudolf Steiner hat wiederholt unter dem Begriff Temperament summarisch anderes aufgeführt, zum Beispiel Gewohnheiten, Neigungen, Charakter, Gewissen; daß sie in Beziehung zueinander stehen, hängt mit ihrer Verbindung mit dem Ätherleib zusammen. Stefan Leber untergliedert in seinem grundlegenden Werk *Die Menschenkunde der Waldorfpädagogik* das große Kapitel «Der menschliche Lebensleib» mehrfach und beschreibt darin unter anderem Neigungen, Gewohnheiten und Gedächtnis, Wahrnehmung – Vorstellungsbildung – Gedächtnis, Gewissen, Charakter, Temperamente.[148] Wir wollen uns hier auf die Zweiheit von Temperament und Charakter beschränken und gleich vorweg bemerken, daß es dazu in der Geschichte der Psychologie und ihrer Schulen recht unterschiedliche Definitionen, Differenzierungen und Übereinstimmungen gab; doch soll darauf nicht weiter eingegangen werden. Wichtig ist nur zu wissen, daß Charakter hier nicht in einer ganz allgemeinen Weise verstanden wird, sondern mehr auf das Persönliche, Individuelle zielt: Lebensführung, Lebenshaltung, Lebensgrundsätze, Lebensziele einer Individualität.

Charakter leitet sich ab vom griechischen «charattein», das bedeutet «einprägen, einritzen, eingraben». Ist damit das gemeint, was der Mensch in seine Inkarnation schon als Signatur mitbringt, oder sind

jene Eingrabungen, Spuren und Züge gemeint, die das Leben ein-
prägt? Was meint Goethe in seinem Gedicht «Urworte. Orphisch»
mit dem Vers «geprägte Form, die lebend sich entwickelt»? Was ist
damit gemeint, wenn im *Torquato Tasso* Leonore äußert: «Es bildet
ein Talent sich in der Stille, sich ein Charakter in dem Strom der
Welt»?[149] Ganz offensichtlich meint der Dichter beides. In vielen Äußerungen in Gesprächen betont er die Bildung des Charakters durch
das Leben: Arbeit, Erfahrung, Schicksal formen den Menschen, geben ihm seinen individuellen Charakter. Auf seiner *Italienischen Reise* notiert Goethe am 2. Oktober 1787 gar: «Das Leben eines Menschen ist sein Charakter»,[150] und in *Wilhelm Meisters Lehrjahre* heißt
es im Fünften Kapitel des Siebten Buches: «Die Geschichte des Menschen ist sein Charakter.»[151] Auch Rudolf Steiner meinte beides: «Es
prägt sich [...] das menschliche Ich mit dem, was es aus einem vorhergehenden Leben her gewohnt ist, in einem neuen Leben aus. Deshalb
erscheint uns der Charakter zwar als etwas Bestimmtes, als etwas
Angeborenes, aber doch wiederum als etwas, was sich nach und nach
im Leben erst herausentwickelt.»[152]

Wir wollen versuchen, anhand von Beispielen die Problematik zu
erhellen und – wenigstens ansatzweise – zu klären.

Wie steht es um die Treue eines ausgesprochenen Sanguinikers, mag
gefragt werden. Muß er denn nicht «von Natur aus» treulos sein in seiner leichten Erregbarkeit von außen, in seiner geringen inneren Stärke?
Wir kennen tatsächlich das Wechselhafte, Flatterhafte, Unstete eines
solchen Menschen, wir sehen, wenn auch nicht gerade Treulosigkeit, so
doch Unzuverlässigkeit und Wankelmut an ihm. Der genauere Blick
differenziert und bemerkt im Physisch-Ätherischen zum Beispiel die
Leichtigkeit des Ganges, die Beweglichkeit des Atems, die Feingliedrigkeit, bemerkt im Seelischen Offenheit, Interesse, Einfühlungsvermögen, Erregbarkeit. Gerade diese seelischen Qualitäten gilt es näher
zu prüfen: Sind es nicht ganz besonders die Qualitäten der Empfindungsseele und der Verstandes- und Gemütsseele? So gesehen scheinen
sich Temperament und Charakter tatsächlich innig zu berühren!

Nun gilt es, den Charakterzug der Treue oder den der Treulosigkeit
schärfer zu fassen. Wir denken an Freundestreue, an treulosen Verrat,
Treue über den Tod hinaus, Treuebruch, an die Ermahnung «Üb immer Treu und Redlichkeit!», an Nibelungentreue, an das Zitat aus
Schillers «Bürgschaft»: «Und die Treue, sie ist kein leerer Wahn!», an

Treue und Vertrauen, veruntreuen, Treueschwur … Befinden wir uns damit noch in den genannten Seelenbereichen? Sind wir nicht längst eingetreten in die Region der Bewußtseinsseele, in das Kraftfeld der Ich-Natur des Menschen? Es scheint, als seien die Charakterzüge doch eher Eigenschaften der Seele, auch – und gerade – des höheren Seelenvermögens, und weniger solche des Lebensleibs, des Ätherleibs.

Angemerkt sei der Zeitaspekt: «Treue ist immer die Festlegung des Menschen für die Zukunft, und zwar so, daß er die in der Vergangenheit eingegangene Bindung über die Zeiten hinweg und selbst unter veränderten Bedingungen durchhält.»[153] Diese erste von vier Bestimmungen des Philosophen Otto Friedrich Bollnow berührt natürlich intensiv den «Zeitleib» des Menschen, den Ätherleib. Von «Natur aus» lebt der Sanguiniker tatsächlich in der Gegenwart, dem Augenblick hingegeben, und gerade die Verpflichtung aus der Vergangenheit für die Zukunft ist ihm eher lästig, Zukunft liebt er als das Neue, das Überraschende. Man versteht auch unter diesem Zeitaspekt gut die Haltung des «treuen» Melancholikers, der in der Vergangenheit lebt, die Tradition hütet, der eigentlich die Zukunft verneint. Ihm ist die Treue sozusagen «in seiner Natur» gegeben. Solche Aspekte werden über den hohen Idealen und hehren Zielen – und dazu gehört die «Treue» – zu leicht vergessen.

Ob uns die Betrachtung des «mutigen» Cholerikers zu ähnlichen Ergebnissen bringt? Das Wort «Mut» weist uns auf das Gemüt, und die Vielfalt der Begriffe, die mit Mut zusammenhängen, spiegelt die Vielfalt der Seelenregungen: frohgemut, wohlgemut, sanftmütig, freimütig, Unmut, Übermut, Langmut, Anmut, Wehmut, Wagemut … Mut im Sinne von Wagemut, Kampfesmut, gar Todesmut nimmt hier einen exponierten Platz ein, bedarf es dazu doch besonderer Kraft, besonderen Einsatzes, besonderer Überwindung. Wir erkennen sofort die Willenskomponente einerseits, die Ichhaftigkeit andererseits. Sie werden noch deutlicher im Blick auf die vier mittelalterlichen, auf Platon fußenden Kardinaltugenden der Weisheit (prudentia), Gerechtigkeit (iustitia), Tapferkeit (fortitudo) und Besonnenheit (temperentia). Hier steht die Tapferkeit, nahe dem Mut, wie wir ihn meinen, im Zusammenklang mit anderen Tugenden, die sie gleichsam in der richtigen Bahn halten. Ähnlich hat bereits Aristoteles die Tapferkeit bestimmt: «kairos» – handeln zur rechten Zeit, am rechten Ort, im rechten Maß.

Wieder befinden wir uns im Bereich der Bewußtseinsseele, in der

Zone der Ich-Natur des Menschen, ja in der Einflußsphäre der höheren menschlichen Wesensglieder. Mut und Tapferkeit sind Charakterzüge von besonderer Kraft – und weit entfernt vom Temperament als Eigenschaft des Ätherleibs. Dennoch bleibt eine wichtige Übereinstimmung: Gerade das cholerische Temperament ist jenes, das in feiner Weise die Ich-Natur des Menschen berührt. Studieren wir nun andererseits den Choleriker und seinen spezifischen Mut, dann fehlen oft gerade Weisheit, Gerechtigkeit, Besonnenheit im rechten Maß. Rasch fließen Mut und Wut ineinander. Die Führungskraft des Ich geht im Übermaß der Cholerik verloren, statt dessen überwiegen die Blutkräfte. Je elementarer die Cholerik veranlagt ist, desto mehr kommen wir hinein in die Seelenregion der Gemütsseele, der Empfindungsseele, ja in die Region der Lebenskräfte – und gerade hier ist das eigentliche Temperament beheimatet. Wiederum erkennen wir die Berührung und den Unterschied zwischen Temperament und Charakter.

Aus den Beispielen ist deutlich geworden, daß das Temperament vom Ätherleib aus das Leibliche und das Seelische des Menschen berührt, beeinflußt, gar prägt. Der Charakter hingegen ist mehr im Seelischen zu Hause und wird deshalb stark vom nächsthöheren Wesensglied, dem Ich, beeinflußt und geprägt. Diese Prägung «gräbt» sich bis ins Leiblich-Physiognomische ein; das besagt das griechische Wort «charattein». Die Grenzziehung zwischen Temperament und Charakter ist schwierig, weil die einzelnen Wesensglieder auf lebendigste Weise ineinandergreifen und sich beeinflussen, vor allem aber, weil in der Zeitgestalt des Menschen, in seiner Biographie, die ja ursächlich mit dem Ätherleib als Zeitleib zusammenhängt, Temperament und Charakter sich entwickeln und verändern. Mit ihrer persönlichen Temperamentsanlage ist die Individualität angetreten, und alles Erleben und Tun, aber auch die Selbsterziehung verstärken oder verwandeln das Temperament, wobei die Lebensstufen selbst nach allgemeingültigen Gesetzen die Temperamentsfärbungen verändern. Der Charakter dagegen entwickelt und entfaltet sich erst im Leben zu deutlichen Zügen, auch wenn manches sich schon früh abzeichnet. Taten und Leiden sind es, die den Charakter bilden; er prägt sich erst im Laufe des Lebens voll aus. Die spezifische Art dieses Charakters, der sich so gestaltet, hängt aber wiederum mit den innersten Intentionen der Individualität zusammen, die sie aus einem vorherigen Leben in diese Inkarnation mitgebracht hat. Vielleicht darf man sogar mit aller Vorsicht sagen: Es ist der Charakter, der mithilft, das Temperament zu zügeln und zu verwandeln. So kann man auch Troxlers Aphorismus verstehen: «Charakter ist das geistige Temperament, das der Mensch sich selbst gibt, das Temperament der Freiheit. Es besteht in der Stärke und Beharrlichkeit des Wollens der ganzen Seele. Ihm liegt das Gesetz der Einheit und Stetigkeit zugrunde.»[154]

Der Zusammenhang von Temperament und Charakter wird auf Seite 271ff. noch einmal berührt, wenn die Verbindung der vier Temperamente zu den vier sogenannten Tugenden des Lehrers aufgezeigt wird. Rudolf Steiner, der diese Lehrertugenden dargestellt hat, schließt den ersten Lehrerkurs am 6. September 1919 mit einem Hinweis auf vier Dinge, die er den Lehrern «ans Herz legen möchte»: «Der Lehrer sei ein Mensch der Initiative im großen und im kleinen Ganzen. [...] Der Lehrer soll ein Mensch sein, der Interesse hat für alles weltliche und menschliche Sein. [...] Der Lehrer soll ein Mensch sein, der in seinem Inneren nie einen Kompromiß schließt mit dem Unwahren. [...] Der Lehrer darf nicht verdorren und versauern. Unverdorrte frische Seelenstimmung!»[155]

Auch hier spürt und erkennt man deutlich die Bewegung zwischen Seelischem, ja Ätherischem und Geistigem. Natürlich kann man diese vier Tugenden – Initiativkraft, Interesse für Mensch und Welt, Wahrhaftigkeit und Seelenfrische – ganz vom Geistigen her ins Auge fassen, man kann sie in Verbindung bringen mit der Bewußtseinsseele des Menschen, ja mit seinem höheren Selbst. Aber man erkennt unschwer, daß hier auch Seelenqualitäten und Konstitutionsmerkmale wirken: Initiative beispielsweise gehört nun einmal zur Natur des Cholerikers; dafür sollte er dankbar sein und sich um so mehr um die anderen Tugenden bemühen. Oder der Sanguiniker blickt immer offen in die Welt, wendet sich dem Mitmenschen zu, und die Seelenfrische lebt in ihm. Wie aber steht es mit seiner Wahrheitsliebe?

Durch das Temperament hat der Mensch gemäß seines früheren Schicksals bestimmte Kräfte, aber auch bestimmte Gefährdungen mitgebracht; damit muß er in der richtigen Weise umgehen. Eine Maxime kann für ihn heißen: Tugenden, die mir durch mein Temperament nahe sind, will ich mit Dankbarkeit leicht üben; mit den Seelen- und Geisteskräften, die mir dadurch noch bleiben, will ich mich um andere Tugenden bemühen.

Die Lebensalter im Spiegel
der Temperamente

Daß die Temperamente den Lebensaltern zugeordnet werden, hat Tradition seit der Antike. Man spricht bis heute vom phlegmatischen Säugling, von kindlicher Sanguinik, von der Cholerik der Trotzphasen; man denkt an das Feuer, aber auch die Schwermut des Jugendalters und an den Ernst des Lebens; und das Alter wird zumeist mit Melancholik und, mehr noch, mit Phlegmatik in Verbindung gebracht. Innerhalb der Pole von Geburt und Tod entwickelt und verwandelt sich auch das Temperament im Allgemein-Menschlichen, und nur sehr selten bleibt ein individuelles Temperament davon wenig berührt. Denn in diesen Zusammenhängen walten die Gesetze des Ätherleibes, und in sie sind die Strukturen der Temperamente eingewoben.

Mit einer ungeheuren Vehemenz bilden die Lebenskräfte zunächst die menschliche Gestalt. Wachstum ist das Gesetz der Kindheits- und Jugendjahre. In einer Überfülle dominieren die Bildekräfte vor und nach der Geburt, und es ist durchaus zutreffend, dieses erste Wachstum mit dem der Pflanze zu vergleichen, zumal die seelischen Regungen des kleinen Kindes noch ganz zart sind und immer innig mit dem Leiblichen verbunden bleiben. Ganz eindeutig ist der Säugling, das Milchkind, dem phlegmatischen Temperament nahe. Die ernährende Lymphe «Muttermilch» ist zunächst für ihn von größter Bedeutung, während sich die «Sinnesorgan-Lymphe» mit ihrer Klarheit bei ihm erst vorbereitet. Eine doppelte Verbindung besteht noch zu dem Wäßrigen: Im Mutterleib ist der Embryo eingetaucht in das Fruchtwasser und umhüllt von schützenden Häuten. Daß dort der Gehörsinn so früh erwacht, ist ein deutlicher Hinweis auf die Ätherkräfte des Wasser-Elements, die Rudolf Steiner unter anderem auch Klangäther nennt (vgl. dazu S. 299). Nach der Geburt braucht das Neugeborene weiterhin die Hüllen der Wärme, der Stille, des Gleichmaßes; die Wasserhülle ist jetzt zwar verlassen, aber ihre Qualitäten müssen weiterwirken. Wohl hat das Luftelement in einem dramatischen Akt, dem ersten Atemzug, eingegriffen, aber seine Bedeutung wächst nur langsam.

Mit der zunehmenden Wachheit des Kindes, mit der Entfaltung seiner Beweglichkeit – Höhepunkt dieses Prozesses ist das erste Gehen – belebt sich alles mehr und mehr, bis schließlich im Kindergartenalter und in den ersten Schuljahren die Sanguinik das Bild bestimmt. Wer das Leben in einer ersten Schulklasse kennt oder die Kinder in der Pause beobachtet, wird daran nicht zweifeln. Ihre Bewegungen hängen viel inniger mit dem Luftelement zusammen, als man zunächst ahnt. Wie leicht und rasch geht der Atem! Erst vom zehnten Lebensjahr an pendelt sich das Puls-Atem-Verhältnis auf 4:1 ein, aber noch vor der Erdenreife erreicht das Kind seine Atemreife. Im Unterricht der Waldorfschule wird dieser physiologische Prozeß so unterstützt, daß man zum Beispiel mit dem Stabreim im vierten Schuljahr die Willenskräfte im Blut übt und pflegt und danach im fünften und sechsten Schuljahr mit dem Hexameter (auf jeden dritten Versfuß folgt in der Regel als viertes Glied eine Pause!) diese Harmonie von Herzschlag und Atemzug fördert. Der Sanguiniker als der Künstler erscheint in besonders schöner Weise in der fünften, sechsten Klasse, wenn sich in den Geschichtsepochen der griechischen Kultur und im Erzählstoff der «Klassischen Sagen des (griechischen) Altertums» die Schüler in fast vollkommener Harmonie zeigen, die sich alsbald in der Pubertät verliert.

Wenn man die menschlichen Wesensglieder und die Entwicklung dieser «Hüllen» der Ich-Natur genauer betrachtet, dann nähert man sich dem Geheimnis der «Temperamentsverschiebung», die bereits eingehender dargestellt wurde. Bewährt hat sich in der pädagogischen Praxis die bereits genannte Perspektive: Der physische Leib ist noch ganz durchdrungen von den Bildekräften des Ätherleibes, deshalb ist beim Kind das phlegmatische Temperament im physischen Leib zu Hause. Sein sanguinisches Temperament lebt im Ätherleib, weil die Seelenregungen noch ganz innig mit diesem verbunden sind, eine Einheit bilden; erst mit der Pubertät werden diese Seelenregungen wirklich frei. Das Ich, noch gar nicht wirklich geboren, äußert sich in diesen Seelenregungen in stark leib- und lebensgebundenen

Reaktionen; das cholerische Kindertemperament wurzelt im Astralleib. Das Ich schließlich, noch in der Außenwelt zugegen, verbindet
sich beim Kind mit dem melancholischen Temperament.

Die Umwandlung zum Erwachsenentemperament geht allmählich
vonstatten; eine erste Stufe ist mit dem neunten, zehnten Lebensjahr
erreicht, wenn das Kind eine deutlich realistischere Beziehung zur
Welt gewonnen hat. Das ist die Zeit, in der auch tiefste, existentielle
Fragen auftauchen, so die nach der eigenen Identität: «Wer bin ich?
Und was habe ich mit denen (gemeint sind in erster Linie die Eltern
und Erzieher) zu schaffen?» Rudolf Steiner hat sich im Zusammenhang mit den Temperamenten nur einmal darüber geäußert, und
zwar am 7. August 1921 in einem Vortrag in Dornach. Im Zusammenhang von Bildekräften und Seelenkräften, von Ätherleib und
Astralleib, speziell von «Blutzirkulationsrhythmus und Atemrhyth-
mus», beschreibt Rudolf Steiner deren verstärktes Eingreifen in den
Organismus: «Astralischer Leib und Ätherleib führen ihre haupt-
sächlichste Attacke aus zwischen dem neunten und zehnten Lebensjahre.» Und er empfiehlt dem Erzieher, diese Entwicklungsstufe
sorgfältig zu beobachten, das, «was sich etwa zwischen dem neunten
und zehnten Lebensjahre abspielt. Da sieht man bei jedem Kinde
etwas ganz Besonderes. Es kommen gewisse Temperamentseigenschaften zu einer gewissen Metamorphose.»[156] Anschließend charakterisiert Rudolf Steiner den Schritt des Kindes zu einer realistische-
ren Weltauffassung und spricht kurz über den Naturkundeunter-
richt, der jetzt möglich ist. Auch der zweite Teil des Vortrags gibt
indirekt einen Hinweis auf die Metamorphose der Temperamente,
wenn Rudolf Steiner davon spricht, daß sich jetzt auch der Schlaf des
Kindes verändere, sich im Schlaf die Kindesseele mehr vom Leib löse
als zuvor und damit der Tod eine andere Bedeutung erhalte. Das
individuelle Schicksal, immer auch mit dem menschlichen Temperament verbunden, wird deutlicher.

Einige Beispiele mögen diesen Entwicklungsschritt illustrieren:

Ein lebhafter Bub, durchaus sanguinisch und mit einer starken
Cholerik, wird deutlich ruhiger und melancholisch; ihn bewegt die
Frage nach dem frühen Tod seines Vaters, der Jahre zurückliegt, und
weshalb er selbst jetzt, ganz unberechtigt, Schuldgefühle entwickelt.
Ein phlegmatischer Junge, früher heiter und durchaus fleißig im Un-
terricht, wird zusehends behäbig und faul, das Lebhafte äußert sich

nur mehr im Schwatzen mit den Nachbarn. Ein melancholisches Mädchen, das ganz im Musizieren, Dichten, Malen und im Spiel aufgeht, entschließt sich plötzlich, all die vielen schönen Dinge, die es so fleißig gesammelt hat, zu verschenken – angesichts des Leides in der Welt will es sich bescheiden. Ein Mädchen, das ursprünglich zart und verhalten war, hat nach und nach die Kraft gezeigt, die man in ihm vermuten konnte; jetzt steht es mutig und frei vor der Klasse.

Man sieht, es ändern sich von nun an die Gewichte in der Temperamentsmischung, aber oft finden wir auch nur eine Verlagerung innerhalb des gewohnten Temperaments in bestimmten Leibes- oder Seelenfärbungen.

Wenn man das Jugendalter der Cholerik zugerechnet hat, so trifft auch dies nur schwerpunktmäßig zu. Der Fall in die Schwere der Glieder während der Pubertät und die Wandlungsprozesse dieser Erdenreife rufen auf der anderen Seite stark melancholische Stimmungen und Empfindungen wach. Gerade die Auseinandersetzung mit dem Gewicht und der Last des Leibes, vornehmlich der Gliedmaßen, ist das eigentliche Problem des melancholischen Erwachsenen-Temperaments, dem der Jugendliche hier intensiv begegnet. Nicht umsonst befassen sich die Schüler im Physikunterricht der Waldorfschule dann ausführlich mit Mechanik und im Biologieunterricht mit dem menschlichen Skelett. Das immer stärker herannahende Ich sendet aber auch seine deutlichen Botschaften, nicht zuletzt in Äußerungen des cholerischen Temperaments.

Hier mag, mit aller Behutsamkeit, noch auf ein anderes Phänomen aufmerksam gemacht werden. Es sind ja nicht nur die Wärmeprozesse der Leber und des Blutes, die in der Cholerik wirken, es ist auch das Feuer des Geistes, das Seelenfeuer, das impulsiert. Gerade im Jugendalter tritt dies zutage, wenn der Genius den Jugendlichen führt, um ihn dann mit dem Erwachsenenalter zu verlassen. Der junge Mensch wird noch einmal erfüllt von seinem höheren Ich; gewisse Entschlüsse, aus früheren Leben und aus Geisterkenntnis im Leben zwischen Tod und neuer Geburt gefaßt, treten mit Deutlichkeit ins Leben. Dieses Feuer des Geistes und der Begeisterung wirkt in edelster Weise «ich-kräftig» im cholerischen Zug des Jugendtemperaments. Den Choleriker selbst führt es zum Entwurf großer Taten, die er vorbereitet, gar vollbringt oder die er vielleicht im Laufe des Lebens Schritt für Schritt verwirklicht – Taten, die hohen und edlen

Zielen gelten. Dem Phlegmatiker gibt es die Weltoffenheit und den Antrieb zu schauen und zu forschen, vielleicht sich der Wissenschaft zuzuwenden, zumindest aber in der Welt tätig zu sein. Der Sanguiniker wird von Oberflächlichkeit befreit und vermag seine Kräfte zu konzentrieren; sein künstlerisches Empfinden wird zum Tun inspiriert. Der Melancholiker schließlich gewinnt aus dem Seelenfeuer, aus dem Geistfeuer den Mut, sein Leben idealistischen Impulsen zu weihen und den Egoismus hinter sich zu lassen. Ob dies nun für das weitere Leben gilt und zu Taten führt, hängt auch mit dem individuellen Temperament zusammen und entscheidet letztlich mit über das Schicksal des Menschen. Wenn der Genius den Menschen verläßt, so tritt an seine Stelle das persönliche Ich, das aufgerufen ist, der Stimme des höheren Ich im Menschen Gehör zu schenken; Temperament und Schicksal schließen sich zusammen.

Der «Ernst des Lebens» prägt, zusammen mit den Lebenserfahrungen und den Schicksalsfügungen von außen, das Temperament des Erwachsenen, und aus inneren Impulsen wirkt die Führung des Ich. Das heißt nicht, daß die anderen Temperamente verschwinden, aber sie werden in ihrer Eigenart berührt. Bleibt der Erwachsene zum Beispiel in der Sanguinik des Kindesalters, so wird er kindlich und kindisch. Den gesunden Phlegmatiker formt der Lebensernst zum tätigen Menschen, den Choleriker zum bewußt handelnden. Und die große Tragik des entarteten melancholischen Temperaments, die eigentliche Krankheit Melancholie, liegt in der Unfähigkeit zur Tat.

Daß auch das Alter melancholische Züge hat, liegt an den Form- und Todesprozessen im Leib. Mancherlei Gebrechen bereiten Schmerz und Sorge, der Leib hindert die Seele am Flug. Dennoch ist das Zeichen des Alters viel eher Ruhe und Gelassenheit – eine phlegmatische Qualität, darin waren sich die meisten Denker und Forscher einig. Der Lebenspol der Phlegmatik, verkörpert in den Wachstumsprozessen und in der heilenden und nährenden Lymphe, hat ausgedient und wird schwächer und schwächer. Aber der andere Pol, der mit der ruhigen Sachlichkeit und der Klarheit der Sinnesorganlymphe einhergeht, hat sich in Weisheit gewandelt. Weisheit ist der Adel des phlegmatischen Alters. So kann man Morgensterns eigentümlichen Aphorismus verstehen: «Weisheit ist eine Sache des Temperaments, darum kann man Weisheit nicht lehren, nur erzeugen.»[157] Hier soll auch auf Rudolf Steiners Äußerung über Thales (S. 291)

Abb. 8: Albrecht Dürer, Die vier Apostel

hingewiesen werden, «daß das phlegmatische Temperament, wenn es mit Energie des Vorstellens zusammen auftritt, durch seine Gelassenheit, Affektfreiheit, Leidenschaftslosigkeit den Menschen zum Weisen macht».[158]

Auch die Jahres- und Tageszeiten, hier exoterisch betrachtet, finden ihr «Temperament»: Frühling und Morgen – Sanguinik; Sommer und Mittag – Cholerik; Herbst und Abend – Phlegmatik; Winter und Nacht – Melancholik (und dazu kämen so manche Übergänge, so manche Mischung!). Zu solchen Zuordnungen haben die Alten viele Überlegungen angestellt. Entsprechende Zusammenhänge sollen hier nur noch an zwei Beispielen aus der Malerei verfolgt werden.

Albrecht Dürers Tafelbilder «Die vier Apostel» (1526, München, Alte Pinakothek; Abb. 8) zeigen eindeutig vier Heilige im Antlitz der vier Temperamente. So äußerte sich Rudolf Steiner lapidar: «Das besonders Hervorragende an diesen Bildern ist ja die scharfe Charakterisierung, nach Temperamenten und Charakter, der Verschiedenheit der vier Apostel.»[159] Der unbefangene Betrachter erkennt unschwer links einen jünglingshaften Mann, besonnen und edel, mit blühendem Teint, dahinter einen gebeugten Greis mit müdem und bleichem Gesicht, daneben einen eher zornig blickenden Mann mittleren Alters, der die Zähne bleckt, und rechts außen einen älteren ernsten Mann mit kantigen Zügen. Offensichtlich hat der Maler sich bemüht, die vier großen Glaubenszeugen recht unterschiedlich zu gestalten und die individuellen Züge des Antlitzes mit dem besonderen Teint, dem Blick, dem Mund, der Haar- und Barttracht, der Haltung des Kopfes usw. noch durch die Farben der Gewänder und durch bestimmte Attribute zu erweitern. Folgt man der in der Renaissance noch üblichen Tradition, zum Beispiel in den sogenannten Komplexbüchern, dann gilt folgendes Farbschema für die Gesichtsfarbe: rötlich (rubeique coloris) für das Jünglingsalter (Frühling), gelblich (croceique coloris und citrinitas coloris) für das jüngere Mannesalter (Sommer), dunkel (luteique coloris, facies nigra) für das ältere Mannesalter (Herbst) und hell (pinguis facies, color albus) für das Greisenalter (Winter). Zusammen mit den Attributen des Schlüssels für Petrus und des Schwerts für Paulus ergibt sich die Reihenfolge (von links): Johannes der Evangelist als Sanguiniker, der Apostel Petrus als Phlegmatiker, der Evangelist Markus als Choleriker und Paulus, der Apostel der Heiden, als Melancholiker. Die kaum bezweifelte Zu-

Abb. 9a-d: C. D. Friedrich, «Frühling», «Sommer»,«Herbst» und «Winter».

ordnung zu den menschlichen Temperamenten bestätigt Johann Neudörffer, der in Dürers Werkstatt die Namen aufgemalt hat und 1547 berichtet, daß man in Dürers Gestalten «eigentlich einen Sanguinicum, Cholericum, Phlegmaticum [die letzteren in anderer Reihenfolge!] et Melancholicum erkennen mag».[160] Daß im Kapitel «Die Temperamente in den vier Evangelien» (S. 278ff.) aus einem anderen Zusammenhang heraus eine andere Zuordnung (nämlich Johannes und das melancholische Temperament) gegeben wird, tut der obigen Anordnung keinen Abbruch; zu wenig ist über die historische Gestalt und gar ihr tatsächliches Aussehen bekannt. Es gibt aber einen Anstoß, über solche Zusammenhänge weiter nachzudenken.

Als Beispiel für den Zusammenhang der Jahreszeiten mit den vier Lebensaltern – und damit auch mehr oder weniger die vier Temperamente andeutend – sei auf vier (von insgesamt sieben) lavierte Sepia-Zeichnungen über Graphit von Caspar David Friedrich, dem Exponenten der romantischen Landschaftsmalerei, hingewiesen (entstanden um 1826, Hamburger Kunsthalle): «Frühling» – mit den beiden Kleinkindern, die sich in anmutiger Bewegung dem hellen Licht zuwenden, umgeben von der Leichte und Zartheit der ersten Blätter und Blüten der reinen, unberührten Natur (Sanguinik; Abb. 9a); «Sommer» – mit dem jungen Liebespaar in der Fülle und Wärme der Landschaft, die die ersten Spuren menschlicher Arbeit aufweist (Cholerik; Abb. 9b); «Herbst» – mit dem heimkehrenden (oder fortwandernden?) Paar mittleren Alters, von einem Denkmal aus die Stadt am Fuße der Berge grüßend (Phlegmatik; Abb. 9c); «Winter» – mit dem Greisenpaar, das sein eigenes Grab aushebt, in Erinnerung versunken, umgeben von den Ruinen einer Kirche, einem abgestorbenen Baum, überwachsenen Gräbern und der weiten Einsamkeit des Meers (Melancholik; Abb. 9d).

Um 1830 malte Caspar David Friedrich ein Bild der «Lebensstufen» (im Besitz des Museums der bildenden Künste Leipzig), das eine Figurengruppe am Meeresufer zeigt: spielende Kinder, eine junge Frau, ein Mann in den besten Jahren, ein Alter mit Stock. Die Romantiker – man denke auch an Philipp Otto Runge – liebten solche Kompositionen, in denen sich das Bild der Natur mit dem Bild des Menschen und mit mancherlei symbolischen und allegorischen Zutaten verband.

Das temperamentgefärbte Zeiterleben

In die Vergangenheit blicken der fragende, rätselnde Melancholiker wie der forschende Phlegmatiker, in die Zukunft reicht die Tat des Cholerikers, und ihr gilt auch die Sorge des Melancholikers. Die Gegenwart genießt der Sanguiniker so gut wie der Phlegmatiker, und in ihr wirkt der Choleriker. Diesen Zusammenhängen möchte die folgende Betrachtung ein wenig nachgehen. Sie stützt sich auf die Erfahrung, daß die ausgeprägten Temperamente ein recht unterschiedliches Verhältnis zur Zeit haben: einmal in ihrem Empfinden des Zeitablaufes, sozusagen des Tempos, dann im Bewerten der Qualitäten Vergangenheit, Gegenwart, Zukunft, schließlich im Erleben der eigenen Lebenszeit. (Man vergleiche dazu auch die Ausführungen über die Gattungen der Dichtung auf Seite 173ff.)

Der Phlegmatiker, ganz ruhend im Ätherleib und dessen Naturrhythmen hingegeben, empfindet die Zeit als Zeitenstrom in einem unablässigen Kontinuum. So ruhig, wie die Gegenwart aus dem Vergangenen hervortritt, setzt sie sich in ein Zukünftiges fort. Der Augenblick ist für den Phlegmatiker andauernd, und er vermag ihn unaufhörlich zu genießen. Fausts Wunsch nach dem Verweilen des schönen Augenblicks erfüllt sich für den Phlegmatiker, wenn auch in bescheidenerem Maße (so zumindest im Blick der anderen Temperamente). Grammatikalisch ist dieses Erleben der Gegenwart mit dem Partizip Präsens charakterisiert: schauend, genießend, wandernd, seiend … Dem in der Vergangenheit Gewordenen wendet der Phlegmatiker seine Aufmerksamkeit ruhig und gelassen zu: «Geschehen ist geschehen.» Geschichte, sei sie Geschick, Schuld oder schlichtes Geschehen, wird objektiv betrachtet und aufgeschrieben. Die Projektionen für die Zukunft orientieren sich an der Erkenntnis der Vergangenheit und an der Erfahrung des Gegenwärtigen und bleiben deshalb im Bereich des Menschenmöglichen. Der Phlegmatiker ist in der Regel Realist, und seine Utopie ist allenfalls eine Realutopie. Das schließt aber den Wunschtraum des «Schlaraffenlandes» so wenig aus wie die philosophische Suche nach der Welt des Geistes. Als Epiker versucht der Phlegmatiker die Vielzahl der Ereignisse in den großen Dimensionen der Zeit zu gestalten und eben diese Dauer im Zeitenfluß spürbar werden zu lassen. Einige Beiträge in diesem Buch belegen diese Ausführungen, so unter anderem die Darstellungen zu Conrad Ferdinand Meyer und Gottfried Keller, Thomas Bernhard und Peter Handke (S. 180ff.); es überrascht auch nicht, daß letzterer ein «Gedicht an die Dauer» geschrieben hat: «[…] wäre, gäbe es einen Gott, / das Gefühl der Dauer lang dessen Kind gewesen.» Und: «Wer nie die Dauer erfuhr, / hat nicht gelebt.»[161] Dem Phlegmatiker, falls er nicht gerade mundfaul ist, liegt das Geschichtenerzählen, und er ist eigentlich der geborene Geschichtsschreiber; das mag man bei Goethe und Schiller (vgl. S. 327) noch einmal nachlesen.

Es versteht sich von selbst, daß das Lebenstempo des Phlegmatikers der ruhige Schritt ist, ein Gehen, Andante, auch ein fortdauerndes Wandern, das sich gelegentlich beschleunigt zu einem gemäßigten Marsch, gelegentlich verlangsamt zu einem beschaulichen Spazieren. Dazu gehören die längeren Pausen der Erholung, des Genießens, des Schauens und Lauschens, des Sinnens und Denkens. Der Phlegmatiker vermeidet jegliche Hast und Hektik und ist deshalb in der Regel überpünktlich. Das gibt ihm nämlich, im weitesten Sinne, die Möglichkeit, in die Zeitabläufe und -prozesse, die anstehen, richtig und von Anfang an einzusteigen; und natürlich bleibt der Phlegmatiker bis zum Abschluß der Vorgänge dabei. Er liebt auch die «himmlischen Längen», die beispielsweise Robert Schumann in Schuberts großer C-Dur-Sinfonie im Vergleich mit den Romanen Jean Pauls erkannte. Erst der faul und bequem gewordene Typus wird so ganz nachlässig, säumt und versäumt – da ist dann das phlegmatische Temperament zu einseitig und wird zuletzt zur Krankheit. Bezogen auf das Zeitempfinden erwächst die öde Langeweile.

Die eigene Lebenszeit empfindet der Phlegmatiker als ein ausgebreitetes, ruhiges Gewässer, auf dem das Lebensschiff zum sicheren Port steuert. Im Sturm duckt man sich und zieht abwartend den Kopf ein; es werden wieder bessere Zeiten kommen. Ansonsten richtet man sich eben ein, so gut es geht, und es wird gehen. So wie sich das Kind einst ganz in seinem Spiel verlor, so kann auch der erwachsene Phlegmatiker sich einer Sache ganz zuwenden. Dann steht die Zeit still, und im nachhinein ist man über den Fortgang der Uhr allenfalls erstaunt. Man kann sagen, der Phlegmatiker entwickelt ein Empfinden für die Dauer, ja für die Ewigkeit.

Der Choleriker dagegen will Dauer bewirken – wenn er nicht alsbald selbst durch eine neue Tat das Geschaffene verändert, gar aufhebt. Er steht ganz in der Gegenwart, insofern seine Tat aus dem gegenwärtigen Augenblick in die Zukunft zielt. Dabei gibt der Rückblick auf Vergangenes, wenn er überhaupt stattfindet, vor allem den Impuls für Zukünftiges. Zukunft ist die Zeit des Cholerikers: In sie wirkt er, auf sie hofft er, ihr gilt die geistige Projektion. Über die besondere Art, wie der Choleriker im Zeitenstrom steht, möge man weiter unten bei Rudolf Steiner nachlesen (S. 146).

Das Tempo des Cholerikers ist ein entschlossenes Voranschreiten. «Vorwärts!» heißt die Parole, musikalisch (und militärisch) ist das Tempo ein Attacca! Die Bewegung selbst ist rasch, ihr Charakter kräftig, musikalisch also ein Marsch oder ein Allegro energico. Tempowechsel sind möglich, aber, wann immer es geht, beschleunigend; erst die Vollendung der Tat bringt die (kurze) Pause. Der Zeitenstrom fließt nicht gleichförmig, gar gemächlich, er drängt vorwärts ohne Rast und Ruh. Das Drama als Gattung ist Sache des Cholerikers, ansonsten genügen Stichworte, Behauptungen, Befehle. Während der Phlegmatiker sich ganz in die Zeit einfügt, will sich der Choleriker zum Herrn der Zeit machen. Er setzt Anfang und Ende durch sein Tun, prägt so der Zeit seinen Stempel auf. Seine Tragödie beginnt, wenn ihm die Zeit davoneilt oder sie ihn überrollt. Ist nicht das plötzliche Ende dem Choleriker gemäß, so wie sein plötzliches Beginnen? Der Fluß des Blutes, zu heftig impulsiert, stockt, der Schlag des Herzens, zu willenshaft erzwungen, setzt aus.

Wie der Phlegmatiker lebt auch der Sanguiniker besonders innig in der Gegenwart, doch ist sie für ihn nicht bleibender Zustand, sondern ein ständiger Wechsel, ein stetes Erneuern. Während der Phlegmatiker in der Zeit bleibt, tritt der Sanguiniker immer wieder aus ihr heraus und erlebt dann die Zeit in ihrem Einteilen: Wie gerne wollte er dem schönen Augenblick Dauer verleihen! Die Zeit erlebt er im Wechsel des unablässigen Umschlags von noch Zukünftigem in schon Seiendes, von Gegenwärtigem in schon Gewesenes. Kurzweil ist ein trefflicher Ausdruck für das Zeitempfinden des Sanguinikers, Zeitvertreib für seine Tätigkeit, wenn sie oberflächlich bleibt.

Das Tempo des Sanguinikers ist geschwinde, aber leicht in seinem Charakter, musikalisch gesehen ein Allegretto und schneller; alles eilt vorüber. Da stellen sich leicht Unruhe und Unrast ein, zumindest aber Schwankungen des Tempos, Varianten und Variationen. Die Pausen sind oft nur Zäsur, ein kleines Atemholen. Das eigene Leben eilt abwechslungsreich dahin, und es würde ganz verfliegen, würde nicht der Augenblick so innig und anteilnehmend empfunden. So zerstückelt sich die Zeit in Augenblicke, die sich aneinanderreihen. In Augenblicken erfühlt der Sanguiniker die Zeit, in ihnen erfüllt sie sich. Lyrik, sei es im Erfühlen der Gegenwart, sei es im Nachblick des Verflogenen, ist Stärke des Sanguinikers: Die kleine Form bewahrt den Augenblick.

Bleibt noch der Melancholiker, den die Vergangenheit nicht losläßt, die Zukunft mit Sorge erfüllt, die Gegenwart in die Pflicht nimmt. Die in Ereignisse und Erinnerungen geronnene Zeit lastet auf ihm, oft genug mit Schuldgefühlen verbunden, zumindest aber mit der Frage «Warum?». So ist das Sein in der Gegenwart schon vorbelastet, und alle zukünftige Tat vermag nicht zu befreien, sondern sie bewirkt nur neues Verhängnis. Es ist die tragische Empfindung: «zu spät». Pessimismus mag die Folge sein, auch Fatalismus; aber es kann auch ein ernstes und wahrhaftiges Verhältnis zur Zeit entstehen. Dann wird der Mensch den drei Zeiten gerecht, und er vermag die Abläufe richtig einzuordnen; Zukunftsperspektiven werden wieder möglich.

Das Lebenstempo des Melancholikers ist langsam, denn alles will umfassend bedacht und gründlich getan sein; musikalisch ein Adagio, Largo mit Pausen und Fermaten der Besinnung, des Innewerdens. Um so schmerzhafter erwacht die Erkenntnis, wie rasch die Zeit verfliegt. Da bleibt für den Genuß des Augenblicks keine Zeit, ja, der Melancholiker findet sich, eh er sich versieht, bereits wieder in der Vergangenheit.

Warum sind die Temperamente so sehr mit der Zeit verbunden? Aus der Menschenkunde Rudolf Steiners wissen wir um die Bedeutung des Ätherleibs als Zeitleib. Der Ätherorganismus bewirkt Wachstum in der Zeit, organisiert rhythmische Zeitprozesse, bildet das Gedächtnis: Wachstum ist Entwicklung zur Zukunft hin, die mannigfachen Rhythmen der Lebensprozesse sind All-Gegenwart, das Gedächtnis bewahrt die Vergangenheit. Nun ist das Temperament zwar im Ätherleib beheimatet, aber seine besondere Prägung erfährt es durch die Vorherrschaft bestimmter Wesensglieder. Der Melancholiker ist stark mit dem physischen Leib verbunden, das heißt mit dem Gewordenen, mit dem in Materie und Form Geronnenen; das ist nichts als Vergangenheit. Der Phlegmatiker findet sein Temperament im Ätherleib, das heißt, er lebt in der Zeit, fühlt in den Zeitrhythmen, bildet Gedächtnis. Der Sanguiniker ist stark mit dem Seelischen des Astralleibes verbunden, so kommt Unruhe in die Zeitprozesse: einmal tätig voran, dann erinnernd zurück, dann wieder dem Augenblick hingegeben. Der Choleriker, aus dem zeitlosen, ewigen Ich der Persönlichkeit wirkend, will die Zeit überwinden; das versucht die zukunftsgerichtete Tat.

Nun liegt es nahe, die drei Zeiten Vergangenheit, Gegenwart und Zukunft (im Mythos der Germanen verbunden mit den drei Nornen Urd, Werdandi und Skuld) auch in Beziehung zu den drei Seelenqualitäten Denken, Fühlen und Wollen zu sehen: Der Wille verbindet sich elementar mit der Zukunft, das Fühlen ist vor allem Gegenwart, das Denken, über der Zeit stehend, vermag sich auch rückwärts zu wenden. In der *Allgemeinen Menschenkunde als Grundlage der Pädagogik* spricht Rudolf Steiner ausführlich über diese Seelenglieder und auch darüber, wie die Vorstellung mit der Spiegelung des vorgeburtlichen Lebens, also der Vergangenheit, zu tun hat, der Wille aber Keim des nachtodlichen Lebens, also der Zukunft, wird; dazwischen entfaltet sich die Welt des Gefühls in der Gegenwart.[162] Diese Gedankengänge gälte es genauer zu bedenken.

Beachtenswert ist auch Rudolf Steiners Äußerung in der Lehrerkonferenz am 6. Februar 1923 über den Zusammenhang des phlegmatischen und des sanguinischen Temperaments mit dem Nerven-Sinnes-Systems, des melancholischen und des cholerischen Temperaments mit dem Stoffwechsel-Gliedmaßen-System.[163] Sinneseindruck und Nerventätigkeit sind reine Gegenwart, Augenblick im wörtlichsten Sinne. Sieht man die Sinne des Phlegmatikers in ihrer Offenheit und dazu die geringe Erregung, sozusagen das ruhige Blut, dann hat man den einen Aspekt der Gegenwart, den der Dauer. Jenen des Wechsels gibt uns der Sanguiniker in seiner leichten Erregbarkeit und seinem raschen Puls. Vielleicht darf man sagen, der Phlegmatiker sei mehr Sinn, der Sanguiniker mehr Nerv. Weniger deutlich mag die Zuordnung beim Melancholiker und beim Choleriker sein. Der Stoffwechsel bildet neben allen gegenwärtigen und kurzfristigen Reaktionen immerhin auch bleibende Substanz bis hin zu allen Mineralbildungen; und selbst da, wo in den Lebensprozessen Stofflichkeit ausgetauscht wird, bleibt Form langdauernd erhalten. Dies ist durchaus der Vergangenheitsaspekt des melancholischen Temperaments, das in bestimmten Krankheitsprozessen wie Gicht und Arthrose, aber auch in den Geschwulstbildungen diese Stoffbildung in verhängnisvoller Weise zeigt. Bei den Gliedmaßen sind die Knochenbildung an sich und ein verstärktes Längenwachstum bedeutsam, verbunden mit einer oft überraschenden Feingliedrigkeit und Durchformung der Gestalt. Für den Choleriker sind die Gliedmaßen die Grundlage zur Tätigkeit, zum ausgeführten Willen, und das meint Rudolf Steiner vor allem, gerade im Zusammenhang mit den Stoffwechselprozessen, etwa in der Muskulatur, in der Leber und so weiter. Diese Tätigkeit ist Wirkung in die Zukunft.

Über Temperament und Zeit äußert sich Rudolf Steiner in Den Haag ausführlicher: «Beim Melancholiker liegt in der Tat das zugrunde, daß er stets ein von ihm in der Zeit Erlebtes, ein Vergangenes in sich mitträgt. Wer einzugehen vermag auf den Ätherleib des Melancholikers, der findet, daß dieser Ätherleib noch immer in sich nachschwingen hat das, was er miterlebt hat in den vergangenen Zeiten. [...] Bei dem Phlegmatiker und Sanguiniker haben wir eine Art Mitschwimmen mit der Zeit; nur daß beim Phlegmatiker gleichsam ein vollständiges, gleichmäßiges Mitschwimmen mit dem Strom der Zeit vorhanden ist, während der Sanguiniker wechselt zwischen sozusagen innerem schnellerem Erleben und langsamerem Erleben gegenüber dem äußerlich verfließenden Strom der Zeit. Der Choleriker dagegen stemmt sich – und das ist das Eigentümliche – gegen die Zeit, die heranrückt, die gleichsam aus der Zukunft uns zufließt.»[164]

Wer sich vertiefend in weitere Aspekte des Phänomens «Zeit» einarbeiten will, findet in dem Sammelband *Was ist Zeit?* reiche Anregungen.[165]

Wie äußern sich die Temperamente
im Sprechen?

Zum Abschluß dieses Teiles sei noch ein Blick auf die verschiedenen Arten des Sprechens im Zusammenhang mit den Temperamenten geworfen. Wie äußert sich ein Choleriker, wie ein Sanguiniker?

Der Choleriker packt den Stier bei den Hörnern, ohne Umschweife kommt er zur Sache, mit kräftiger Stimme, plastisch und rhythmisch geformt, gegebenenfalls deutlich prononciert und scharf, werden kurz und klar Fakten, Gründe, Konsequenzen genannt und Taten angekündigt (sofern die nicht schon vorschnell getan sind und nachbesprochen werden müssen). Sein Motto heißt: «Tritt fest auf, tu's Maul auf, hör bald auf!» Stets ist der Choleriker zur Entscheidung bereit; sie zu verzögern macht ihn unmutig, ja krank. Er neigt dazu, alles schnell zu erledigen, Diskussionen abzukürzen (oder gar abzuwürgen), notfalls auch mit Versprechungen oder Drohungen zu arbeiten. Gegenstimmen, andere Meinungen, Einwände werden schnell weggefegt, als Stimmung oder Weichheit, ja Feigheit abgetan. Der Choleriker in seiner Führerqualität will klare Kompetenzen und eindeutige Konsequenzen, denn das sind gute Voraussetzungen für das Handeln. Setzt er sich nicht durch, kommt es häufig zu Streit, dann wird die Stimme laut und schneidend, sie kann sich sogar überschlagen (was dem schreienden Lehrer im Unterricht viel Verlust bringt: im einsetzenden Gelächter nimmt man ihn nicht mehr ernst).

Der Phlegmatiker spricht dagegen ruhig und gerne ausführlich. Sein Reden ist dann angenehm, wenn es in der Bewegung variiert, im Tonfall moduliert. Es kann aber in der Monotonie bald langweilen, vor allem, wenn auch noch Nebensachen ganz umständlich zur Sprache gebracht werden. Der Phlegmatiker kann recht beharrlich bleiben; wenn er sich eine Sache zu eigen gemacht hat, dann hat er auch die Kraft, daranzubleiben bzw. immer wieder damit anzufangen. Er entscheidet manches durch Zuwarten, auch im Gespräch – dann entscheiden andere Institutionen oder auch nur der Lauf der Zeit: zu spät! Müssen aber durch die Persönlichkeiten Entscheidungen gefällt werden, hat er den langen Atem oder, böse gesagt, das bessere Sitzfleisch; das nennt man: Entscheidungen aussitzen. Wohltuend beim Phlegmatiker ist häufig seine Sachlichkeit, die sich oft mit einem guten Überblick verbindet. Sein letztes Wort ist, ganz im Gegensatz zum Choleriker, nie verletzend, es ist eher verbindend, klärend oder auflockernd durch eine humorvolle Wendung.

Das fällt dem Melancholiker schwer, denn die Verpflichtung gegenüber den Zielen einerseits, der Wahrhaftigkeit andererseits lastet auf ihm, und er atmet schwer unter dem Druck der Sorgen. Bleibt der Melancholiker sachlich, es kommt ihm ja in der Regel auf den Inhalt der Worte an, dann gewinnt das Gespräch durch ihn immer an Tiefe und Gehalt, und sein idealistisches Feuer kann den Zuhörer mitreißen und begeistern; da nimmt man auch Längen und komplizierte Satzgebilde und die besondere Intonation in Kauf. Wenn der Melancholiker aber wissend und besserwissend, leidend, gar klagend und anklagend daherkommt und wenn die eh schon leise und meist gleichförmige Sprache auch noch einen enttäuschten oder vorwurfsvollen Unterton bekommt («man muß immer alles allein machen», «das hätten Sie doch wissen müssen», «auf niemand kann man sich verlassen»), dann wird die Rede bald unerträglich, und man leidet entweder mit dem Melancholiker oder an ihm, ohne daß man dem wirklich entfliehen könnte; denn wenn man im Gespräch versuchen wollte, auch einmal zu Wort zu kommen, dann kann man erstaunt bemerken, mit welcher Kunstfertigkeit viele Melancholiker im Reden (wie im Schreiben) ihre Sätze zu wahren Ungetümen ausbilden, aber nicht etwa im Dahinströmen, sondern im Ineinander-Verschachteln, im immer neuen Aufstellen von Klauseln und Einfügungen, von Nebenbemerkungen und Bedingungen, ja gar im Steigern und Betonen und Bedeuten, so daß wahrlich kein Satzende mit einem ruhenden Punkt den Gesprächspartnern Gelegenheit bietet, auch einmal etwas sagen zu können, und wenn es dann wirklich einmal glückt, dann kann man damit rechnen, daß der Melancholiker grollt oder schmollt und beim Wiederaufnehmen der Rede tadelt, er sei noch gar nicht fertig gewesen: «Vielleicht ist es doch erlaubt, den Gedankengang zu Ende zu bringen, denn ...»

Der Sanguiniker spricht im günstigen Fall lebhaft und lebendig, mit Gefühl und Zuwendung, die Sache vielfältig beleuchtend, wenn es sein muß mit Innerlichkeit oder mit Feuer, mit Herzlichkeit oder mit Charme, und dann hört man eine kürzere oder auch längere Weile mit großer Sympathie zu. Aber der große Gedanke, die zündende Idee wird sich nicht immer einstellen, und man wünscht sich irgendwann einmal ein Verweilen oder ein Vertiefen oder ein gründlicheres Bedenken – gut, wenn der Sanguiniker dann zu Ende kommt und, vielleicht, letzteres ermöglicht. Leider verfällt auch er zu leicht seinen Schwächen: zu schnell, zu sprunghaft, zu ungenau, zu aufgeregt spricht er, und auch der wohlwollende Zuhörer ermattet.

III.
Die menschlichen Temperamente
in der Pädagogik

oder

Der Choleriker handelt

Einleitung:
Das Temperament in Erziehung und Unterricht

«Man braucht nur das Wort
Temperament auszusprechen,
um zu sehen, daß der Rätsel
so viele sind als Menschen.»[166]
Rudolf Steiner

Bei einer Betrachtung der Temperamente muß man sich immer auch die Einmaligkeit der Individualität und die Einmaligkeit ihres Temperaments vor Augen halten. Das gilt auch für die folgenden Ausführungen zur pädagogischen Praxis. Selbst die trefflichste und künstlerisch lebendigste Art im Umgang mit den Temperamenten erreicht immer nur in Teilen das Temperament des Kindes, des Jugendlichen und kann auch immer nur Teile des Unterrichts tragen. Daß dabei allerdings auf pädagogischem Feld viel erreicht werden kann – mehr, als bisher meist üblich –, hat der Autor beim eigenen und bei fremdem Bemühen oft genug erfahren. Als methodisches Mittel wird eine Berücksichtigung des Temperaments bei weitem nicht so eingesetzt, wie es wünschenswert und notwendig wäre. Das trifft vor allem auch auf jene Bereiche zu, die für ganze Gruppen von Kindern, ja für alle wirksam sind: Gebiete des Ätherleibes nämlich in ihrem Zusammenhang mit den vier menschlichen Wesensgliedern. Die voranstehenden Ausführungen zur Menschenkunde haben deutlich gemacht, wie viel auf diesem Gebiet bewirkt werden kann und muß. Und selbstverständlich gilt dies auch für den Umgang mit dem Erwachsenen; dabei muß jedoch berücksichtigt werden, daß die eigentliche Erziehung des Temperaments nur im Kindesalter Sache des Erziehers sein kann, später ist sie Aufgabe der Selbsterziehung – oder sie wird von außen durch das Schicksal bewirkt.

Wenn im folgenden aus der Unterrichtspraxis der Waldorfschulen berichtet wird, so geschieht das nur exemplarisch und ausschließlich unter dem Gesichtspunkt der menschlichen Temperamente; es sind also andere, oft gewichtigere Aspekte nicht behandelt, allenfalls erwähnt. Neben einigen ausführlicheren Beispielen findet der Leser viele Anregungen und Hinweise, doch sollen mit den eigenen Darstellungen wie mit denen der Kollegen keine Rezepte, sondern immer nur Impulse gegeben werden. Ausdrücklich muß betont werden, daß hier kein Raum blieb, Grundsätzliches zum Stoff und zur Methodik der einzelnen Fächer und Gebiete darzustellen. Schließlich möge der Leser bedenken, daß alle diese schriftlichen Ausführungen nur einen geringen Teil dessen wiedergeben können, was in der pädagogischen Arbeit sich abspielt und weiterwirkt.

Natürlich wiederholen sich im Kanon der klassischen Waldorfschulfächer manche Impulse, so der Hinweis auf die Arbeit aus den vier Elementen heraus (siehe S. 267ff.), aber vielleicht findet der eine oder andere Fachlehrer und Spezialist Anregung, auch auf seinem Gebiet den Temperamenten mehr Beachtung zu schenken. In diesem Zusammenhang sind auch die entsprechenden Hinweise Rudolf Steiners angegeben. Dankbar wird die Gelegenheit wahrgenommen, auf einige Werke zur Waldorfpädagogik hinzuweisen, die entweder die Temperamente ausführlicher berücksichtigen oder aber den weiten Horizont eines Fachgebiets erhellen und Hintergrund für die methodische Arbeit mit den Temperamenten abgeben.

Sprache und Temperamente

Die Sprache ist das wichtigste «Unterrichtsmittel» des Lehrers, das eigentliche pädagogische Medium, gerade in unserer durch Medien verseuchten Welt. Sie ist der bedeutende Vermittler zwischen den Menschen. Auch der Sprachunterricht, der gesamte Umgang mit der Sprache, erhält in der Waldorfpädagogik eine besondere Bedeutung und nimmt im Unterricht einen wichtigen Platz ein. Daher wenden wir uns in den pädagogischen Überlegungen auch zuerst dem weiten Bereich der Sprache und ihrem Zusammenhang mit den Temperamenten zu. Die folgenden Beispiele und Überlegungen beziehen sich auf verschiedene Aspekte dieser Arbeit mit der Sprache: die Einführung der Buchstaben unter dem Gesichtspunkt der Temperamente, ein temperamentgemäßes Erzählen des Lehrers, die Berücksichtigung der Temperamente bei einem szenischen Spiel in der zweiten Klasse, Grammatik- und Stilfragen sowie die entwicklungsfördernde Wirkung von Zeugnissprüchen mit ihrer besonderen Bedeutung von Rhythmen und Lauten.

Die Einführung der Buchstaben im ersten Schuljahr

So sehr der Lehrer auch bemüht ist, stets allen vier Temperaments-richtungen gleichermaßen gerecht zu werden, also insgesamt auf die «rechte Mischung» zu achten, so sehr wird er auch danach trachten, daß sich immer wieder ein Temperament so ganz entfalten kann. Bei der Reihe der Laute und Buchstaben, die es im Laufe des ersten Schuljahres einzuführen gilt,[167] wird er vielleicht das «K» ganz stark dem cholerischen Temperament gemäß gestalten.

Im Bild des «Königs» (oder des Königssohnes), als Wandtafelbild und in einer Geschichte vorgestellt, werden einige «cholerische» Züge betont: Kraft und kühner Mut, starker Arm und fester Schritt, das blitzende Auge, das Schwert als Waffe gegen den Drachen, das feurige Rot des Mantels und so weiter. Selbstverständlich müssen Bild und Sprache dem cholerischen Duktus entsprechen, und der Lehrer muß in seiner Darstellung zügig vom Entschluß des Helden zu dessen Tat kommen. Tat für die Kinder selbst kann dann das Sprechen und das Sich-Bewegen sein, danach das Malen und das Schreiben. So wird der knappe Stabreim «Kühner König, komm zum Kampf!» bald von allen gesprochen und mit kraftvollen Schritten und Gebärden begleitet. Im Malen des Bildes und später beim Schreiben des schließlich gefundenen Buchstabens «Ka», der den Laut «K» bezeichnet, bleibt sichtbar, was beim Sprechen und Sich-Bewegen rasch vorüberzog: Die Kinder bleiben mehr oder weniger ihrem eigentlichen Temperament verhaftet, sie folgen den «cholerischen» Vorgaben des Lehrers nur bedingt; es sind eben die Choleriker, die sich jetzt ganz ausleben dürfen und erleben können.

Wie und warum aus dem Bild und dem Wort «König» der Laut «K» und der Buchstabe «Ka» herausgelöst wird, kann hier nicht weiter erörtert werden. Wichtig in unserem Zusammenhang ist, daß alles Sprechen (kraftvoll und markant) und alles Schreiben (gerade, mit Druck, rot), überhaupt alle Tätigkeit, «cholerisch» bleibt. Der findige Lehrer wird nun den Kindern manche Nuß zu «knacken» geben, um den Laut und Buchstaben «K» zu befestigen. Losgelöst von der Geschichte des Königssohns, die eine ganze Reihe von Buchstaben während der Schreibepoche verbindet, verwendet man vielleicht eine Sprechübung wie «Komm, kurzer, kräftiger Kerl!» (Rudolf Steiner). Den notwendigen Temperamentsausgleich für das Klassenganze wird der Lehrer in diesen Unterrichtstagen dadurch herstellen, daß er im sogenannten rhythmischen Teil und im abschließenden Erzählteil des Hauptunterrichts bewußt andere Temperamentsakzente setzt.

Entwickelt man das «R» aus dem Bild des «Rades», dann gelingt der Kunstgriff, für den Sanguiniker das Rad wortwörtlich von einem Eindruck zum anderen rollen zu lassen. Dem Sanguiniker ist es auch gemäß, den Luftlaut «R» auf vielfache Weise im Sprechen zu gestalten – kurz und lang, hoch und tief, laut und leise, an- und abschwellend, freundlich und bedrohlich – und vor allem das Zungen-R in allen Spielarten zu erproben, aber ohne dabei die Schüler in der Intensität des Sprechens zu überfordern. Später kann unter anderem die Sprechübung «Rate mir mehrere Rätsel nur richtig» (Rudolf Steiner) einbezogen werden, wenn zum Beispiel im zweiten Schuljahr die kleinen Druckbuchstaben eingeführt werden (und schön wären dann tatsächlich Lösungsworte mit R); im vierten Schuljahr mag im Zusammenhang mit dem Stabreim, der in Verbindung mit der nordischen Mythologie diese Klassenstufe prägt, an Friedrich Rückerts Gedicht «Roland, der Ries'» geübt werden. Das «R» kann allerdings erst mit der Geburt des Astralleibs in der Zeit der Erdenreife im Sprechen konsequent geübt werden, fordert es doch als Luftlaut viel Atem und eine betonte Ein- und Ausatmung, was wiederum eines Rückhalts im Seelischen bedarf.

Dem Phlegmatiker gibt man unter Umständen das «M» als Laut zu schmecken und läßt vielleicht, der Anregung Rudolf Steiners folgend,[168] den Buchstaben aus der Form des Mundes «ablesen». Gerne wird der Phlegmatiker schreibend und sprechend (lautierend) im «M» verweilen: «Meister Müller, mahle mir mein Mehl, meine Mutter muß mir morgen Milchmus machen» (Rudolf Steiner).

Nun läßt sich allerdings nicht jeder Laut beliebig nach allen vier Temperamentsrichtungen gestalten: Ein richtiges «K» ist eben nicht «phlegmatisch», ein «L» nie wirklich «cholerisch». Aber es ist oft möglich, in differenzierenden Ansätzen zu spielen: Ein fragendes «Nun?» klingt anders als ein entschiedenes «Nein!», im Wort «Natter» läßt sich das «N» (und auch die Seele des Kindes) anders bewegen als im Wort «Zorn». Selbst ein so deutlicher Explosivlaut wie das «P» kann stärker oder schwächer angesetzt werden (so daß ein anderes Empfinden im Kind lebendig wird), je nachdem, ob ich die «Pauke» schlage oder die Samen der «Pusteblume» fortblase. Im Umfeld der Laute bleiben darüber hinaus genügend Möglichkeiten zur Temperamentsdifferenzierung: im Sinn der Worte, im Zusammenhang mit anderen Lauten, den Rhythmen der Sätze, dem Charakter einer Geschichte, der Art des Sprechens und so weiter.

Obwohl die Vokale ganz anders eingeführt werden, nämlich aus Seelenstimmungen heraus, bieten auch sie eine Vielfalt an Temperamentsfarben, die sich geschickt handhaben lassen, auch wenn sie ganz stark mit dem jeweiligen Wortsinn zusammenhängen: «Tag» und «Nacht», «lachen», «raten» und «mahnen» rühren an verschiedene Saiten, verschieden wirken «Furcht» und «Dunkel», «Ruhe» und «Blume», «Duft» und «Luft», «Blut» und «Mut».

Diese Hinweise mögen genügen, nun muß sich die Phantasie des Lehrers entfalten. Wer setzt die Grenzen? Die Gesetze der Temperamente, das kindliche Gemüt, der Sinn der Worte, der Wahrheitsgehalt der Bilder, die Ökonomie des Unterrichts.

Eine große Hilfe kann der Sprachgestalter (Sprecherzieher) einer Waldorfschule sein. Er arbeitet in der Regel persönlich mit den Lehrern und mit bestimmten Schülern, er hilft mit bei den Rezitationen der Klassen, und er gestaltet die Klassenspiele. Er wird den offenbaren Zusammenhang zwischen Temperament und Lautbildung verdeutlichen können: Was bedeuten Ansatz im Gaumenbereich, Beweglichkeit der Zunge, Formung der Lippen, Sprechen an den Zähnen? Wie steht es mit dem Kurz oder Lang der Laute, wie mit dem Blasenden, Strömenden, Zischenden, Hauchenden, Explodierenden? Er wird dem Klassenlehrer auch weiterhelfen, in der Rezitation und in der Deklamation den richtigen Ansatz und den richtigen Atemstrom zu finden. Vielleicht arbeitet der Sprachgestalter mit dem Erstklaßlehrer einmal an Übungen zu den vier Elementen: Erde (mit den entsprechenden Stoßlauten d und t, b und p, g und k, m und n), Wasser (entsprechender Laut: Wellen- oder Gleitlaut l), Luft (entsprechender Laut: Luft- oder Zitterlaut r), Feuer (entsprechende Laute: Blaselaute h, ch, j, sch, s, f, w)?[169]

Oder man arbeite an der folgenden Übung Rudolf Steiners, deren vierfache Qualität auch für die Temperamente jedem bewußt wird, der sie laut spricht, dabei den Eigengesetzen der Laute folgt und sie entsprechend zu betonen und zu rhythmisieren sucht. Man könnte damit zum Beispiel im dritten, vierten Schuljahr arbeiten, wobei man mit den Kindern nicht über die Temperamente, sondern über Tätigkeiten spricht!

Abrakadabra

Rabadakabra

Bradakaraba

Kadarabraba

Die mögliche Zuordnung zu den Temperamenten sei hier nicht verraten. Wer dennoch Hilfe braucht, der kann nach dem geheimnisvollen ersten Anruf den Rat von Max Gümbel-Seiling annehmen:

«Rabadakabra – Man versetze sich beim Lautieren in ein rennendes Roß oder ein rasch rollendes Rad. Bradakaraba – Brada, das russische Wort für den das Gesicht umrahmenden Bart, bestimmt geradezu eine gewisse friedsame Stimmung. Kadarabraba – Wer unmittelbar im Anhören die bösartige Stimmung der mit dem kristallharten K anlautenden Zeile erlebt, kann sie sich auch zum anschaulichen Vorgang erbilden. Man stelle sich einen bösen Magier vor.»[170]

Temperamentgemäßes Erzählen

Rudolf Steiner spricht im Zusammenhang mit den Temperamenten auch über das Erzählen und gewisse Stilmerkmale. In den Seminarbesprechungen gibt er mehrfach Erzählaufgaben mit verschiedenen Themenstellungen, wobei der Schwerpunkt in der dritten Seminarbesprechung auf den Temperamenten liegt.[171]

Nach Beispielen der Teilnehmer – Märchen, die man für die entgegengesetzten Temperamente Sanguinik und Melancholik erzählen kann – rät Rudolf Steiner unter anderem: «Der Unterschied muß auch in der Artikulation liegen.» Eindringliche Details beeindrucken den Melancholiker, Zwischenpausen zwingen den Sanguiniker zu erneuter Aufmerksamkeit. Man möge, nachdem zum Beispiel die melancholische Fassung vorgetragen wurde, «sie sich nacherzählen [...] lassen von einem sanguinischen Kind und umgekehrt». Sanguinische Kinder sollte man im Blick halten, für die melancholischen eine «behagliche, gemütliche Stimmung» erzeugen. Man könne, so der Hinweis Rudolf Steiners, die Kinder eine der Fassungen sich merken lassen und sie am nächsten oder übernächsten Tag erzählen lassen. Bei allen war die erste Fassung die bessere. Rudolf Steiner rät, eine solche Ausarbeitung mit in die Nacht zu nehmen und danach zu Ende zu bringen.

Die anderen Temperamente kommen danach bei Erzählungen zur Tierkunde zur Geltung (vgl. dazu unten, S. 232ff.). Hier weist Rudolf Steiner auf die Bedeutung des Kontaktes zu den Schülern hin, er rät, das Interesse der Phlegmatiker zu wecken und für den Choleriker die mutige Tat zu schildern. Die gestellten Aufgaben zu den Märchen werden dann in der vierten Seminarbesprechung vorgetragen. Rudolf Steiner empfiehlt «Nebenhilfen des Erzählens», so die Pause, in der die Phantasie des Phlegmatikers weiterarbeitet: «Diese Neugierde an wichtigen Stellen anregen, damit sie ein wenig schon weiterdenken und selber sich ausmalen: ‹Die Königstochter, – die war – sehr schön, – aber – weniger – gut!› Dieses Ausnützen ist gerade für phlegmatische Kinder am wirksamsten. [...] Das Überraschungsmoment ausnützen, das Neugiermoment.»[172]

Für den Lehrer ist es wichtig, sich in das temperamentgemäße Erzählen erst einzuüben, dann einzuleben – und das nicht nur in den unteren Klassen. Was in der Lehrerausbildung gründlich geübt werden kann und muß, das sollte auch später weitergetrieben werden, ökonomisch eingeplant bei der Fülle der Vorbereitung, die ganz besonders auf dem Anfänger lastet. Man könnte sich vornehmen, bei der täglichen «Geschichte» sich zunächst auf ein Temperament (im Wechsel) zu konzentrieren. Eine Zeitlang könnten Gegensätze beachtet werden, dann wiederum Wert auf das Nacherzählen gelegt werden. Ein anderes Mal übe ich mich in der wörtlichen Rede, dann beobachte ich für eine Zeit die Wirkung meines Erzählens auf bestimmte Kinder. Anregend ist es, bei Kollegen zu hospitieren und sich auch selbst beim Erzählen von Zuhörern beraten zu lassen. Wenn man so konsequent in kleinen Schritten arbeitet, kann man deutliche Fortschritte erzielen. Für das Rechnen nehme ich mir zum Beispiel vor, das eine Mal so wenig wie möglich zu sprechen, ein anderes Mal die Rechnung in eine lebendige Geschichte einzuarbeiten. Ich übe mich im Unterrichtsgespräch: Wie stelle ich Fragen? Wie arbeite ich nur mit Impulsen und Hinweisen? Wie lasse ich wiederholen, wie zusammenfassen, wie weiterführen? Und in all den kleinen Einheiten des ganz bewußten Sprechens, das schließlich den ganzen Unterricht durchziehen muß, übe ich immer wieder an den Temperamenten. Gute Anregungen gibt Erika Dühnfort in ihrem grundlegenden Werk *Der Sprachbau als Kunstwerk*,[173] wo ein ganzes Kapitel der Thematik «Merkmale von Temperamenten in Stil und Satzbau» gewidmet ist.

Wie ein temperamentgemäßes Erzählen konkret gestaltet werden kann, das soll mit dem folgenden Beispiel kurz veranschaulicht werden. Weitere Beispiele zur Tierkunde und zur Gestalt des Kolumbus finden sich auf den Seiten 232ff. und 240ff.

Aus dem Erzählstoff der Fabeln.
Ansprache an eine zweite Klasse

In einer Feier zu Beginn des neuen Schuljahrs begrüßt jeder Lehrer seine Klasse in einer kurzen Ansprache, die etwas Charakteristisches zur Altersstufe oder zum neuen Stoff darstellt.

Das vorliegende Motiv – die Tiere wählen ihren König – ist dem Erzählstoff «Fabeln (und Legenden)» entnommen.[174] Der Schluß der Geschichte wird am nächsten Tag erzählt, dabei kann man der Fassung der Brüder Grimm folgen[175] oder diese kürzen bzw. vereinfachen. Im Reigen der Ansprachen für alle Altersstufen mußte die Geschichte natürlich knapp gefaßt bleiben. Beim bloßen Stillesen möge man sich das differenzierende mündliche Erzählen recht intensiv vorstellen, noch besser im Lautlesen selbst erproben: laut oder leise, hart oder weich, rasch oder langsam, dies alles auch in den Übergängen, dabei steigernd oder abschwächend, dazu die Pausen, Betonung des Konsonantischen oder des Vokalischen, Sprechen an den Zähnen, an den Lippen und so weiter.

Im ersten Satz wird das Thema angeschlagen; mit dem Beginn «einmal» soll an die Märchen des ersten Schuljahrs angeknüpft werden. Der Auftakt läßt alle vier Temperamente anklingen:

«Einmal kam unter den Tieren der Wunsch auf, einen König zu haben, und sie versammelten sich zur Wahl. Da flatterte es lustig in den Lüften, das Erdreich bebte unter den Tritten, geheimnisvoll wogte es im Gras, und ruhig zogen die Fische durchs kühle Wasser.»

Cholerische Passage mit Stier und Löwe:

«Zuerst sprang der wilde Stier in den Kreis. Staub wirbelte unter den Hufen. Die Erde dröhnte. Trotzig stemmte er sich gegen den Grund, senkte den mächtigen Nacken, zeigte die spitzen Hörner. ‹Ich bin der Stärkste! Ich bin König!› stieß er laut aus und blickte drohend umher. Da reckte sich der Löwe hoch auf, schüttelte die Mähne, schlug mit dem Schweif und erhob seine gewaltige Stimme. Zitternd duckten sich die Tiere, und der Stier zog sich grollend zurück.»

Melancholische Passage mit Eule und Schlange:

«Die alte Eule wiegte den Kopf, öffnete und schloß die großen Augen: ‹Das ist eine schwere Frage – sollte nicht der Weiseste unter uns König sein?› Alle versanken in Nachdenken, und in die Stille hinein zischelte die Schlange: ‹Ich weiß um alles, ich bin es schon – seht ihr denn nicht mein Krönlein?›»

Phlegmatische Passage mit dem Wal:
«Aber sie wurde überhaupt nicht mehr beachtet, denn mächtiger und mächtiger wogte jetzt das Meer, und mit der höchsten Welle ließ sich der Wal emportragen und rief: ‹Ich bin der Größte unter allen und friedliebend – ich bin euer Herrscher!› Und er stieß seinen Atemstrahl hoch in die Luft und schwamm majestätisch davon.»

Sanguinische Passage mit den kleinen Tieren und mit den Vögeln:
«Doch nun wurden die kleinen Tiere lebendig. Da tanzten die Mäuse, da sprang das Eichhörnchen, da huschte das Wiesel. Die Mücken surrten, die Käfer brummten, die Schmetterlinge gaukelten bunt durch die Luft. Und erst die Vögel! War das ein Zwitschern und Pfeifen, ein Schnattern und Frohlocken! Schon rief es einer dem anderen zu: ‹Wer am höchsten fliegt, ist König! Wer am höchsten fliegt, ist König!› Es begann ein emsiges Flügelschlagen, auf und ab flatterten die Gefiederten, daß bald die anderen Tiere nicht mehr zu sehen waren. Der Hahn gab das Zeichen, und beim dritten Hahnenschrei flogen sie auf und verdunkelten als riesige Wolke den Himmel. Aufgeregt rannten der Vogel Strauß und die Laufhühner hin und her und schauten ihnen nach: Wer wird wohl am höchsten steigen? Ob es der mächtige Adler sein wird?
Davon – und von vielen anderen Tieren – sollt ihr in der zweiten Klasse hören.»

Eine charakteristische Episode sei angefügt: Die Lehrerin hatte den Aufmarsch zur Königswahl in seiner Fülle beschrieben und – den Brüdern Grimm folgend – auch vom Kiebitz erzählt, der «zog sich zurück in einsame und unbesuchte Sümpfe und zeigte sich nicht wieder unter seinesgleichen». Später durften die Kinder zur Geschichte ein Bild nach freier Wahl gestalten. Die kleine Karin, die der Lehrerin schon geraume Zeit Sorgen machte, malte, völlig anders als alle übrigen Kinder, dieses Bild: Auf einer Insel, ganz von Wasser umringt, versteckt sich zwischen hohem Schilf ein kleiner Kiebitz. – Welch ein Sinnbild der Melancholik! Das war Karins dominierendes Kind-

Leitstemperament, gesteigert noch durch die familiäre Situation – der geliebte Vater war seit den letzten Kriegstagen vermißt – und gekennzeichnet durch tiefes Mitgefühl für die Armen, Kranken, durch Unrecht Benachteiligten.

Das Christophorus-Spiel von Caroline von Heydebrand im zweiten Schuljahr

Unter den vielen Spielen der Unter- und Mittelstufe, über deren grundlegende Bedeutung hier aus Platzgründen nichts ausgesagt werden kann, hat das Christophorus-Spiel von Caroline von Heydebrand, Klassenlehrerin im ersten Waldorfschulkollegium, eine besondere Stellung, wird es doch seit seinem Entstehen immer wieder mit größtem pädagogisch-künstlerischem Erfolg gespielt.[176] Es hat in seiner Anlage und Szenenfolge, in seiner Sprache, in seinen eurythmischen Elementen und natürlich in seinen Rollen für einzelne Kinder wie für Gruppen exemplarische Bedeutung gewonnen. Gerade im Zusammenhang mit dem kindlichen Temperament und mit den klassischen Elementen ist es ein schönes Beispiel für die Arbeit in den unteren Klassen. Davon soll, den Erfahrungen in der Zusammenarbeit mit der Sprachgestalterin Irene Glatz folgend, in Auszügen berichtet werden.

Cholerik

Die Kinder sammeln ihre Kraft in den Beinen – und stampfen einmal auf, erst rechts, dann links; es folgen Arme und Hände, deren Anspannung sich wieder lösen darf: «Wie fühl ich meiner Glieder Kraft! / Hoch wächst mein Leib wie Baumes-Schaft!»

Der Riese Offerus ist ein Urbild cholerischer Kraft; er sucht den stärksten Herrn. Beim König und beim Teufel springt und triumphiert er voll Wagemut: «Hei, wie will ich kämpfen und kriegen! / Hei, auf zur Schlacht! Hei, auf zum Siegen!»

Diese wilde Kraft gewinnt Aufgabe und Führung durch den Engel, der Offerus «ins Herz» ruft: «Offerus, suche den stärksten Herrn, /

Offerus, folge dem hellsten Stern, / Offerus, wirke das höchste Gut / in Ehrfurcht und in Dienemut!»

Im Gespräch mit dem Einsiedler ist auch die Rede von den leiblich-seelischen Grundlagen der Kraft, Essen und Schlafen, und zuletzt erfährt Offerus, der durch Jahre «mit Armes Kraft» die Wanderer über den Strom («Ist er auch wild?») bringt, wie ihn das Kind nieder-zwingt: Er wird zum Christträger, zum Christophorus.

Auch in kleineren Rollen lebt die Cholerik: Da ist der Schmied, allein oder mit seinen Gesellen, und läßt den schweren Hammer beidhändig niedersausen: «Ich hämmre den Amboß und schmiede das Eisen!» Wütend fährt der schwarze Ritter, der Teufel, mit seiner Schar daher: «Hu, hu, wir reiten mit Gebraus / auf schwarzem Roß wie Windessaus. / Trippe di trapp, trippe di trapp, / trippe di trappe, bum, bum.» – Welch eine Gelegenheit, die Glieder zu ergreifen, die Sprache herauszusetzen! Das Element Feuer erscheint im Blitz und in der niederzuckenden Armbewegung, seine Cholerik mit Stampfen und Trappeln auch noch im Gewitterdonner: «Zickzack zucken die Blitze. Der Donner rollt.»

Dem erfahrenen Lehrer wie dem phantasiebegabten Leser wird es nicht schwerfallen, sich die Arbeit an Haltung, Schritt, Bewegung, einfachster Gebärde und insbesondere an der Sprache vorzustellen, und er wird auch die Nuancen bemerken, das Wilde, das Ungezügel-te einerseits, die Kraft der Glieder, die Beherrschung andererseits, so zum Beispiel auch in der Herrschergeste des Königs: «Mein sind die Lande weit und breit. / Ich herrsch' in Macht und Herrlichkeit.» Ganz entscheidend in der pädagogischen Zielsetzung ist der Diene-Mut, der im Choleriker wachgerufen wird: «Wirken will ich das höchste Gut, / wie mir's mein Engel weisen tut.» Das Wahrbild des Christophorus gibt ein höchstes Lebensziel: «Ach, möchten wir alle Christträger werden!»

Melancholik

Wie in allen Legenden lebt auch in der des Heiligen Christophorus Melancholisches im Lebensernst, in der Frömmigkeit, in der Demut, in der Hingabe. Als Motto wiederholen sich die Worte des Engels in der Bejahung durch Offerus und in der Bejahung durch den Chor: «Wir wollen suchen den stärksten Herrn» – ein Lied, das mit einem zentralen Motiv der gesunden Melancholik schließt: «Wir wollen dienen!» Der Engel – auch mehrere Kinder können sich die Rolle teilen – und der Einsiedler bringen die Melancholik besonders zur Geltung, letzterer auch in seinen «Geboten»: «Fasten sollst du … niemals ruhn … beten …» Als besonderer Kunstgriff erweist sich am Anfang des Spiels die immer neue Frage des Offerus mit der verneinenden Antwort: «Wer ist Herrscher der Welt? – Ich weiß es nicht.» Auch das Chorlied, das den wandernden Offerus begleitet, endet mit einem Frageseufzer: «Ach, wann find' ich meinen Herrn?»

In urtümlicher Weise erscheint die Melancholik im Lied des Spielmanns, der von Adam und Eva und vom «Sündenfall» berichtet: Erkenntnissuche und Bindung an den vergänglichen Leib als Grundstrukturen des melancholischen Temperaments. Im Spiel steht auch «ein Kreuz am Kreuzweg», es verbindet die Melancholik in eindringlicher Weise mit dem Element Erde: «Ich stehe in der Einsamkeit / und trag' den Christ in seinem Leid!»

Phlegmatik

Ein Grundmotiv für das phlegmatische Temperament ist die Wiederholung. Richtig angewandt, ist sie fortgesetzte Übung, Bedingung aller künstlerischen Arbeit. So wiederholen sich bestimmte Worte wie die des Engels und des Offerus, es wiederholen sich bestimmte Gesprächsformen in Frage und Antwort, es wiederholt sich das Lied, das den wandernden Christophorus begleitet: «Wandern, wandern, Schritt vor Schritt; / Wolken, Winde wandern mit, / wandern Sonne, Mond und Stern', / ach, wann find ich meinen Herrn?»

Wie gut verbindet sich hier das Motiv des Wanderns und des ruhigen Schauens mit dem Wasserlaut «W» – alles Labsal für den Phlegmatiker. Solches Labsal gibt auch gegen Schluß des Spiels das Element Wasser selbst, wo zum chorischen Sprechen einige Kinder über fließend raschem Gang der Füße mit den Armen große, ruhige Wellen formen: «Wind und Wasser, Welle und Woge / wallen und weben im Weltenall.» Auch dem Bäcker mag man die behagliche Ruhe des Phlegmatikers geben: «Ich knete den Teig und backe das Brot.» Beständigkeit und Treue des phlegmatischen Temperaments erscheinen in reinster Form in den Gestalten des «Kreuzes» und des «Einsiedlers».

Dem eigentlichen Kindheitstemperament Sanguinik wird das Spiel in vielerlei Weise gerecht. Unter den Elementen entspricht es der Luft, und so wirbeln und drehen sich die Winde: «Der Sausewind stürmt, der Sausewind singt, der Sausewind säuselt.» Aber auch der niederrauschende Regen – von oben herab spielen die Finger wie Tropfen – kann sanguinisch gestaltet werden: «Der Regen rauscht.»

Natürlich kommt die Lust an der Bewegung auch beim Offerus und bei den Teufeln zur Geltung, wie überhaupt das ganze fromme Spiel durch die Kinder sanguinische Freude und Leichtigkeit bekommen kann. An einzelnen Rollen kommen der Sämann und das Hirtenmädchen in Frage, wobei einmal im Schreiten über die Erde ein phlegmatischer Duktus bleibt: «Die Vöglein singen, / die Körnlein springen, / ich säe die Saat», das andere Mal in der liebkosenden Gebärde etwas mehr Innig-Melancholisches: «Mein Schaf und meine Kuh, / mein Hündlein dazu, / so ziehn wir ins Feld!»

War für den Phlegmatiker das wiederholende Verweilen eine Labsal, so ist es für den Sanguiniker der Wechsel, und dafür ist auch gesorgt: Es reihen sich kurze Szenen aneinander, Bild an Bild, und so entsteht in Personen, Kostümen, Bewegungen, Sprechweisen ein bunter Reigen, eine sanguinisch bestimmte Folge von wechselnden Eindrücken.

Es versteht sich von selbst, daß nun im Erüben und Gestalten des Spiels diese Temperamentsnuancen ganz verschieden eingesetzt, mit ganz unterschiedlichem Nachdruck verwendet werden können. Nehmen wir als Beispiel die Elemente. Eine träge Klasse kann äußerlich und innerlich mit dem Wind, mit Blitz und Donner bewegt werden; das braucht seine Zeit und kann mehrfach wiederholt werden. In ihrem «Element» ist eine solche Klasse dann freilich beim «W», das muß nicht groß geübt werden. Umgekehrtes gilt für die lebhaften Kinder; diese werden bald den Tanz des Windes, wenn er sich zum Beispiel stumm drehen soll, mit Heulen und Pfeifen begleiten (da gilt es vorzubeugen!). Der «Donner» erhält eben nur zwei Stampfer, und das Trappen der Füße (oder anfangs das Trommeln der Hände auf dem Tisch) verklingt mit dem Wort «rollt». Diese Kinder sollten eine ganze Weile in «Wasser, Welle, Woge» verweilen dürfen.

Mit der richtigen Handhabung solcher Übungen kann der erfahrene Lehrer gut mit großen Klassen zurechtkommen; er kann «das Feuer entfachen», und er kann es wieder «besänftigen». Er gibt jedem Kind, wenn auch nicht immer einzeln, so doch in der Gruppe, die Möglichkeit, sein Temperament (bzw. seine Temperamente) auszuleben, und er bringt es im Üben dazu, auch die anderen Temperamente wachzurufen. Richtig gemacht, wird damit ein gesundes Aus- und Einatmen im kleinen wie im großen bewirkt.

Die Wirkung der Zeugnissprüche durch Rhythmus, Bild und Laut

Es darf im Zusammenhang mit der Arbeit an der Sprache auch an die Zeugnissprüche erinnert werden, die der Klassenlehrer für jedes Kind am Ende des Schuljahres mit dem Zeugnis gibt. Letztmals geschieht das mit Ende der siebten Klasse für die achte; in der Oberstufe wird diese Arbeit nicht mehr fortgesetzt. Dem Kind wird mit seinem Spruch eine individuelle Hilfe gegeben, deren Qualität ganz in der Verantwortung des Pädagogen liegt. Zu Hause soll der Schüler den Spruch zu einer bestimmten Stunde des Tages sprechen, in der Klasse wird an seiner sprachlichen Gestaltung geübt, und jeder Schüler trägt seinen Spruch an einem bestimmten Wochentag oder eine Zeitlang täglich vor der Klasse vor.

Hier ist nicht der Ort, um über die moralischen und sprachlichen Bedingungen zu sprechen; es sei wiederum einzig der Aspekt der Temperamente beachtet. Wer sich mehr damit auseinandersetzen will, findet Material bei vielen Klassenlehrern, oft in Sammlungen weitergereicht. Besonders aufschlußreich ist das weit verbreitete Buch von Heinz Müller, der von Rudolf Steiner noch selbst beraten wurde, *Von der heilenden Kraft des Wortes und der Rhythmen*. [177] Aus diesem empfehlenswerten Werk sind alle folgenden Beispiele gewählt.

Verständlich, daß Rudolf Steiner rät, beim *Rhythmus* dem Temperament entgegenzukommen, im Verlauf des Spruches aber diesen Rhythmus zu verändern. Der Phlegmatiker darf also geruhsam und gleichförmig beginnen, um dann von einem Wechsel aufgeweckt und bewegt zu werden:

Tief im Bergesgrund versteckt $-\cup-\cup-\cup-$
Stille Wasser ruhn,
Bis ein Sehnen sie erweckt,
Weckt zu mut'gem Tun.

Strömend drängt's durch enge Klüfte, $-\cup-\cup-\cup-\cup$
Ahnend schon des Waldes Düfte.
Lichtvoll schimmert Tageshelle.
Da entspringt die Silberquelle.

Jubelnd begrüßt sie der Waldvöglein Schar, $-\cup\cup-\cup\cup-\cup\cup-$
Wie sie sich hinschenkt erquickend und klar.

Der Trochäus ($-\cup$) in der ersten Strophe endet verkürzt mit der betonten Silbe und gibt dadurch einer Pause Raum, in der zweiten schwingt er mit der unbetonten Silbe aus und verkürzt diese Pause, so daß die Bewegung lebhafter wird. In der dritten Strophe schließlich dominiert, mit Absicht etwas unregelmäßig in der Betonung, der Daktylus ($-\cup\cup$). Diese rhythmische Bewegung entspricht ganz und gar dem Inhalt mit der Folge seiner Bilder, die man mit dem nächsten Beispiel vergleichen möge.

Umgekehrt ist jetzt der Vorgang für den Sanguiniker, der aus höchst lebhaft tätiger Bewegung zu gleichmäßiger Tätigkeit gebracht wird:

Wie das muntere Bächlein im rauschenden
                    Springen $\cup\cup-\cup\cup-\cup\cup-\cup\cup-\cup$
Von Felsen und Klippen sich stürzt,
Will es tosend und schäumend den Weg sich
                    erzwingen,
Den Weg, der die Lust ihm verkürzt;
Denn nun fließt es im Tal der Mühle zu, $\cup\cup-\cup\cup-\cup-\cup-$
Das mächt'ge Rad es dreht.
So schafft's voll Kraft und Müh und Ruh
Sein Werk von früh bis spät. $\cup-\cup-\cup-$

Der lebhafte Anapäst ($\cup\cup-$) des Anfangs wird vom ruhigeren Jambus ($\cup-$) abgelöst, wobei der Wechsel von längerer und kürzerer Zeile beibehalten wird.

Wer in Sprache, Musik, Eurythmie und Tanz mit verschiedenen

Rhythmen umgeht, kennt den Unterschied zwischen Hebungen (betont) und Senkungen (unbetont), zwischen fallenden (anfangs betonten) und steigenden (anfangs unbetonten) Rhythmen und weiß, daß es neben den bekannten (und oben genannten) vier Versmaßen noch viele weitere gibt, die sich zudem in verschiedenen Vers- und Strophenformen zusammenschließen. Ganz allgemein wird man dem Phlegmatiker gerne den ruhigen Grundschritt des Trochäus (– ∪) geben, dem Sanguiniker eher den lebhafteren und leicht anhebenden Anapäst (∪∪–). Der Choleriker liebt Kürze und Schärfe, zum Beispiel im Jambus (∪–), der Melancholiker braucht mehr Ruhe zu Beginn, da könnte man an den Daktylus (–∪∪) denken. Das ist so aber zu schematisch, und Heinz Müller bringt mit Recht noch andere Rhythmen ins Spiel.

Beim Choleriker machte er gute Erfahrungen mit dem Creticus (–∪∪–), wo zwischen zwei Hebungen zwei Senkungen stehen. Im folgenden Beispiel schließt der Spruch wieder mit einem Rhythmuswechsel, der betont und beruhigt:

Wach sei mein Haupt,	– ∪ ∪ –
Liebend mein Herz,	– ∪ ∪ –
Helfend die Hand! –	– ∪ ∪ –
Was ich dann tu,	– ∪ ∪ –
Recht wird es sein,	– ∪ ∪ –
Schön, fromm und gut.	– – ∪ –

Gerne, so Heinz Müller, lieben die Choleriker auch die doppelte Betonung zu Beginn im Spondäus (– –):

Urkraft rumort,
Sturmtosend bang;
Weltuntergang
Droht finstrem Ort.
Doch was vernichtend wirken kann,
Im Dienst der Liebe sich's erweist
Als Kraft, die helfend dienen kann
Zu Schutz und Schild dem edlen Geist.

Der Melancholiker braucht Harmonie, da empfiehlt sich zum Beispiel der Amphibrachys, «beidseitig kurz» (∪ – ∪):

Als Gott zu dem Chore der Engel sprach   ∪−∪∪−∪∪−∪−
«Nun führet die Wesen der Welt
Und formet sie weiter vieltausendfach,
Daß alles mir wohlgefällt!»
Da kamen zum Menschen die Schaffenden hin
Und sprachen: «Du Bildnis des Herrn,
Erfülle auch du mit dem schaffenden Sinn
Die Erde, den himmlischen Stern!»

Der Leser hat bemerkt, daß der Rhythmus nur einen Teil der Wirkung ausmacht; er wirkt insbesondere im rhythmischen System von Atem und Puls und beeinflußt von dort das Fühlen genauso wie die Willenstätigkeit. Mindestens genauso stark beeinflußt das *Bild*, das für ein Kind gewählt wird und das mehr das Erkennen und das Fühlen anspricht. Hier läßt sich für das Temperament leicht an die vier Elemente anschließen, an bestimmte (Berufs-)Tätigkeiten, an charakteristische Epochen wie Acker- und Hausbau, Tier- und Pflanzenkunde; allein der Erzählstoff der verschiedenen Klassen enthält einen Schatz von temperamentgemäßen Bildern und Motiven. Wir beschränken uns auf ein Beispiel für ein cholerisches Kind, wo das Bild des wilden Pferdes im Creticus gestaltet ist:

Sieh, wie das Pferd   Pack es am Zaum,
Trotzig sich bäumt,   Führ es zum Feld!
Wie es im Zorn   Spann vor den Pflug
Wütet und schäumt!   Kraftvoll das Tier!
Hast du den Mut,   Wie seinem Herrn
Bist du ein Held?   Folget es dir.

Angemerkt sei hier noch, daß besonders der Stabreim den Willen stärkt, weil er den Blutorganismus anregt und in der Akzentuierung zielgerichtet wirkt. Er führt die Klasse in Aktivität und diszipliniert. Der Stabreim kann gut vom neunten bis zum zwölften Lebensjahr verwendet werden; Schwerpunkt ist das vierte Schuljahr. So gibt Heinz Müller zum Beispiel folgenden Spruch:

Zagend zart
Kommt der Keim,
Hilft ihm hold der Himmelsschein.
Wie er dann wächst,
Ragend sich streckt,
Steht er in Stürmen
Kühn, kraftvoll und keck.

Selbst die einzelnen *Laute*, Vokale und Konsonanten, haben eine Wirkung, auch auf das Temperament. Man denke nur an dunklere Laute wie u, o und a und an hellere wie e und i, die man einerseits mehr dem Blutspol, andererseits mehr dem Nervenpol zuordnen kann. Heinz Müller gibt ein schönes Beispiel für einen Phlegmatiker: «Ein äußerst schwerfälliger, fast etwas ans Pathologische grenzende Phlegmatiker hatte eine volle, satte Sprache, die absolut die Blutlaute *a, o, u* ... bevorzugte. Da er meistens trotz eines ziemlich weiten Schulweges noch wie verschlafen zum Unterricht kam, artikulierte er so wenig, daß man Mühe hatte, zu verstehen, wenn er etwas sagte. Seine Sprache etwas aufzuhellen, ja sie zu durchlichten und durch R und L beweglicher und flüssiger zu machen, schien dringend notwendig. Aus solchen Überlegungen formte ich den folgenden Spruch:

Nacht und Dunkel dämmernd schwand. –
Purpur, Gold und lautre Rosen
Hat die Sonne vorgesandt,
Lichten Morgen sanft zu kosen. –
Jubelnd der Vögel Gezwitscher ertönt,
Als sie hervortritt und alles verschönt,
Spendet sie Leben und wecket die Triebe,
Stark sich zu regen in Pflicht und in Liebe.»[178]

Über die Konsonanten war schon einiges bei der Einführung der Buchstaben ausgeführt. Heinz Müller bringt unter anderem Beispiele für das bergende, behütende b, die feurigen und wärmenden Blaselaute h, ch, j, sch, s, f, w, die Stoßlaute b und p, d und t, g und k, m und n. Es folgt ein Beispiel mit den aktivierenden, den Willen bewegenden Gaumenlauten:

In meinem Willen steckt ein Schmied,
Der meines Lebens Glied um Glied
Zu Glück und Segen will erbaun.
Ich kann auf seine Kraft vertraun,
Denn güt'ge Schicksalmächte haben
Dem Menschen Kraft verliehn und Gaben.

Dadurch, daß diese Zeugnissprüche vor der ganzen Klasse gesprochen werden, wirken sie auch auf die ganze Klassengemeinschaft. Diese Wirkung verstärkt sich, weil alle Kinder dabei gerne den anderen zuhören und meist bald sämtliche Sprüche auswendig können. Durch die Arbeit an der Rezitation oder Deklamation der Sprüche oder durch Betrachtungen zu ihrem Inhalt wirkt der Lehrer immer wieder auch auf die Temperamente ein. Gerade weil sich durch die Wiederholung Wirkungen verstärken können, ist es besonders wichtig, die sprachliche Form und den Wahrheitsgehalt der Bilder kritisch zu prüfen.

Beobachtungen zu Grammatik und Stil

In allen Sprachen kommen gewisse Temperamentseigentümlichkeiten zur Wirkung; darüber hat sich auch Rudolf Steiner verschiedentlich geäußert. Lenkt man die Aufmerksamkeit auf den Stil, etwa im Satzbau, so gibt es auch da charakteristische Betonungen. Ein ähnliches Phänomen ergeben die Zeiten des Verbs wie auch die vier Fälle des Substantivs. Hat nicht der Nominativ etwas vom Ich-Charakter des cholerischen Temperaments? Wendet sich nicht der Dativ einem anderen zu, so wie der hilfsbereite Melancholiker gibt im «Gebe-Fall»? Durch die vierten Fälle, die Akkusativobjekte, ergeben sich eine große Beweglichkeit und eine gewisse Vielfalt, dem Sanguiniker gemäß. Klar im Zeitenstrom der Generationen (wie er z.B. in den skandinavischen Nachnamen zum Ausdruck kommt, etwa in Holgersson, Christensen usw.) bzw. in den Zusammenhängen spricht sachlich der Genitiv als phlegmatisch gestimmter Kasus.

Der Lehrer sollte daraus keinen Merksatz machen, weder für sich noch für seine Schüler; es genügt, wenn er dann und wann solcher Eigentümlichkeit innewird. Auch die Wortarten selbst haben innerhalb der Temperamente ihr Feld. Trotz aller Ausnahmen: Das Verb als «Tu-Wort» hat die Aktivität der Cholerik, das Substantiv als «Hauptwort» neigt in seiner Begrifflichkeit eher zur Melancholik, das Adjektiv als «Eigenschaftswort» richtet sich besonders an die Sanguinik.

Suchen wir in der Dichtung nach den menschlichen Temperamenten, so finden wir eine reiche Fülle an Beispielen, von denen einige wenige im phänomenologischen Teil des Buches zu lesen sind. Mehr als die dargestellten Persönlichkeiten und Lebensumstände soll uns hier aber die Art der Darstellung selbst beschäftigen, also Form und Stil im Zusammenhang mit den Temperamenten. Dabei wollen wir uns zunächst auf die Gattungen der Dichtkunst beschränken, in erster Linie also auf Lyrik, Epik und Dramatik.

Cholerisches Temperament

Wo und wie äußert sich das cholerische Temperament? Wie setzen sich ichbewußte Persönlichkeiten auseinander? In welcher Form gestaltet sich das Ringen um ichhafte Ideen? Letztendlich ist es die Dramatik, die dem cholerischen Temperament entspricht. Ist es in einer Erzählung die dramatische Passage, in einer Abhandlung die dramatische Zuspitzung, so ist es als Gattung die Dramatik, das Drama selbst. Mag auch eine Tragödie durchzogen sein von Melancholik, eine Komödie erfüllt von Sanguinik, eine Historie gar in phlegmatischer Breite erscheinen, die Art der dramatischen Formgebung entspricht dem cholerischen Temperament.

Es ließe sich eine regelrechte «Dramaturgie aus dem cholerischen Temperament» entwickeln, wo in spezifischer Weise die Stärkegrade der Cholerik einerseits, die Mischungsverhältnisse mit den übrigen Temperamenten andererseits zur Geltung kämen und sich gewiß zeigen würde, daß der Grad der Dramatik einhergeht mit der Ausprägung des cholerischen Temperaments in der Form des Dramatischen. Motto könnte ein Fragment von Novalis sein: «Das Theater ist die tätige Reflexion des Menschen über sich selbst.»[179]
Ein Maximum wäre durch Hebbel bezeichnet: «Im Drama ist mir

zumut, als ob ich mit bloßen Füßen über ein glühendes Eisen ginge; um Gottes Willen nur kein Aufenthalt; was nicht im Fluge mitgeht, gehört nicht zur Sache.»[180]

Der eigentliche Sprech- und Schreibstil des Cholerikers ist dabei klar, knapp, betont, befehlend, lakonisch (kurz), pointiert, konstatierend, kommentierend; es dominiert der (kurze) Hauptsatz, Befehlssätze sind charakteristisch, die direkte Rede wird gebraucht; dem Verb als Träger der Aktivität kommt eine wichtige Rolle zu; Gegenwart und Zukunft sind die bevorzugten Zeiten; auffällig sind Superlative, Gegensätze, Akzentuierungen am Satzanfang, starke und farbige Wendungen, Spannungen, Gefühlsbetonungen, Pathos.

Des weiteren wäre der Sprachklang der cholerischen Rede zu untersuchen: Häufen sich da vielleicht die harten Laute, die Schärfungen, die Zischlaute, die Feuerlaute? Wird unbewußt der kurze, gar betonte Vokal dem gedehnten vorgezogen? Ist die Rede überdurchschnittlich laut?

Eine ausgezeichnete Darstellung vom «cholerischen Stil» Schillers selbst in seinen historischen Schriften gibt Erika Dühnfort.[181] Die genannte «Dramaturgie aus dem cholerischen Temperament» hätte sich einerseits mit dem Aufbau des Dramas zu befassen, andererseits aber auch mit der Wortwahl und dem Satzbau nach Inhalt und Klang, Farbe, Dynamik und Rhythmik.

Phlegmatisches Temperament

Fragen wir uns, ob auch der Epik ein Temperament zuzuordnen wäre! Hier denken wir an den «Erzählstrom» Homers in seiner *Ilias* und *Odyssee*, an den des *Gilgameschepos*, der nordisch-germanischen Helden- und Götterepen der *Edda* und der *Sagas* – und entsprechend – an die Erzählungen des Alten Indien. Wir kennen die «epische Breite» des *Nibelungenliedes* und des *Parzival*, um nur zwei der mittelalterlichen Epen zu nennen. Wir finden diese Breite auch in vielen Romanen, sei es bei Cervantes, Goethe oder Stifter, bei Thomas Mann, Proust oder Joyce, und wir finden sie selbst noch in Novellen und Erzählungen. Und auch noch die kleineren Formen – oft zu Zyklen gebunden – haben ihren «Erzählfluß» bis hin zu den einzelnen Märchen, Sagen, Legenden, den Geschichten und Kurzgeschichten.

Die Metaphern, mit denen ein solches Erzählen charakterisiert wird, weisen deutlich auf das phlegmatische Temperament hin. Hier bestimmt das Element des Wassers die Bildhaftigkeit der Vergleiche: der epische «Strom», der Erzähl-«Fluß», das Erzählen «plätschert so dahin». Der Fluß der Zeit, der Erzählzeit, wird mit dem Fließen des Wassers verbunden. Die rechte Erzählhaltung ist die des Phlegmatikers: ruhig und entspannt, begabt mit dem sprichwörtlichen «langen Atem», der Sache und den Personen zugewandt, objektiv berichtend und beschreibend. Aus dieser Grundhaltung erwachsen nun alle Nuancierungen, einmal ins Lyrische, dann ins Dramatische reichend, einmal mehr belehrend, dann wieder eher gefühlvoll, einmal drängend, dann wieder verweilend. Unter den unzähligen Beispielen sei nur an *Die Elenden* («Les Misérables») von Victor Hugo in ihrem Reichtum erinnert. Einzelne Aspekte werden im folgenden bei Keller und Meyer, bei Handke und Bernhard genannt werden. Und im bereits erwähnten Brief Hebbels lesen wir: «Im Epos [dagegen] möchte und muß man alles mitnehmen, das Ding, wie den Schatten, den es wirft, und bei alledem die Begeisterung, der Drang und das Feuer, immer dieselben!»[182] Man spürt Hebbel, der «die Kontraste der Gattungen nie so durch-empfunden» hatte wie zur Zeit dieses Briefes, eben doch den Dramatiker an.

Der «phlegmatische Stil» zeigt ruhige Bewegung in gegliedertem Erzählfluß; Satzglieder, Bilder reihen sich ohne starke Akzentuierung aneinander. Erika Dühnfort wählt als Beispiel einen Brief von Adalbert Stifter.[183] Sie verweist auf die Fülle der Prädikate und der Beschreibungen, auf die Wiederholungen und Parallelisierungen im Bau der Satzgefüge, die Gliederungen durch ein bedingendes «wenn», das aber nicht fordernd wirkt, und sie faßt ihre kurze Charakterisierung so zusammen: «Wer seine Sprache in solcher Weise formt, der kann in Ruhe verweilen, den ficht Ungeduld nicht an. Ist er dazu noch begabt mit Genialität, so kann er Meister der Natur- und Seelenbeobachtung werden und beschreiben – wie Stifter.»[184]

Sprachen wir bei den Hinweisen zur Dramatik von einer möglichen «Dramaturgie des cholerischen Temperaments», so sei hier ein anderer Versuch angeregt, der das eigene Empfinden und Wahrnehmen sensibilisieren und beleben kann. Man verfolge einmal den Lauf eines Gewässers von der Quelle, vielleicht im Gebirge, bis zur Mündung ins Meer (und lasse sich dabei durchaus anregen von Goethes

Gedicht «Mahomets Gesang»). Man imaginiere recht innig alle Beschaffenheiten des Wassers und alle Umstände seines Laufes in geo-
graphischer und geologischer Deutlichkeit, dazu Wind und Wetter,
Pflanze und Tier und alles Menschenwerk. Man schaue die Wirbel
und Strudel, die kleinen Stromschnellen, die großen Kaskaden, den
eiligen Lauf und die mäandernde Strömung, die Helle und die Trübe,
das Stocken und Ruhen, den Schlamm und den Sumpf, den immer
größer werdenden Fluß, den gewaltigen Strom.

Und nun suche man den gehörigen «Platz» für die großen und
kleinen Formen der Epik, sei es nun Heldenlied oder Entwicklungs-
roman, Schwank oder Anekdote, sei es eine Kurzgeschichte von Bor-
chert oder eine Erzählung von Keller. Wohlgemerkt: Gefragt ist nach
der Art der innewohnenden Phlegmatik im Duktus des Erzählens
und der Erzählung in ihrem Zusammenhang mit dem Bild des Wassers als dem «Element» des Ätherisch-Phlegmatischen.

Sanguinisches Temperament

Die Lyrik ist zunächst ganz ohne Zweifel reinste Seelenbewegung im
Ein- und Ausatmen, im Hin- und Wiederschwingen, im Wechsel des
Sympathischen mit dem Antipathischen, sie ist Äußerung aller Gefühle von Freude und Leid, Liebe und Schmerz, Angst, Trauer und
Hoffnung. Man lese nur einmal die gliedernden Überschriften in den
gängigen Lyrik-Anthologien: Hier sind die großen und kleinen Gefühle alle versammelt. Ihren Niederschlag findet die Seelenbewegung
des Astralleibes im Klang und im Rhythmus des Liedes; die Lyra ist
die Leier Apolls, Musik ist die Heimat der Lyrik.

Auch wenn alle Gefühlsregungen und alle Temperamentsnuancen
die Welt des Gedichts erfüllen, die eigentliche Grundhaltung des Auf-
nehmens und Wiedergebens, des Erlebens und Gestaltens ist die des
sanguinischen Temperaments. Man lese und spreche einfach Gedichte
von Walther von der Vogelweide und Goethe, von Eichendorff und
Heine, von Trakl und Rilke, von Loerke und Celan, um innerhalb der
allergrößten Vielfalt etwas vom Sanguinischen in der Lyrik zu spüren,
selbst dort, wo die Dichter tiefe Melancholiker waren.

Friedrich Hebbel schreibt in dem oben zitierten Brief: «Im Lyrischen, denn auch neue Gedichte habe ich gemacht und solche, deren

ich mich sowenig noch fähig gehalten, wie den Herbst eines Veilchens, bohrt man sich ins Kleinste ein, wie Schmetterling und Biene; nur dieser Duft, nur dieser Klang ist auf der Welt vorhanden.»[185] Man verspürt in Hebbels Worten etwas von dem ganz und gar Persönlichen, das sich in der Lyrik ausspricht, etwas von der subjektiven Empfindung, die jeder haben kann und die dort zum Gedicht werden kann, wo das besondere Verhältnis zur Sprache lebt, das den Dichter kennzeichnet. Gerade das persönliche Erleben im Seelischen aber ist Kennzeichen des sanguinischen Temperaments.

Was aber ist «sanguinischer Stil»? Er muß etwas vom Beweglichen des Sanguinikers haben – bis hin zu dessen Sprunghaftigkeit. Er muß etwas vom Auf und Ab der Gefühlsregungen widerspiegeln und den Leser selbst in diese Bewegung hineinziehen. Er muß in Wort und Bild immer neu überraschen und darf Ungewohntes nicht scheuen. Bei Erika Dühnfort finden sich sprechende Beispiele aus den Briefen der Bettina von Arnim (1785–1859) an ihren Bruder Clemens Brentano, einem Briefwechsel der jugendlichen Geschwister aus den Jahren 1800 bis 1802.[186] Aus jedem ihrer Briefe spricht das sanguinische Temperament des «Kobolds» Bettina; ausgewählt sei ein Abschnitt, in dem die Fünfzehn-, Sechzehnjährige recht «temperamentvoll» über ihr eigenes «Temperament» schreibt:

«Du willst mir Lust machen, den gewöhnlichen Acker meines Lebens umzupflügen, jede harte Scholle zu zereggen; nein, Clemens, wenn Du die weißen Wände meines Studierkabinetts, das heißt meines Kopfes, ansähest und nichts drin fändest als Spinnweb, wie wolltest Du Zins von dieser Armut fordern! – Ich kann doch nicht auf jede Seite schreiben, daß die Leute mir ganz närrisch vorkommen, und sonst begegnet mir nichts jeden Tag, und ist mir von Jugend auf nichts begegnet als der große Gedanke, widerhallend von Stufe zu Stufe meines Ingeniums: Alles, was begonnen wird in der Welt, sei närrisch. Dabei komme ich mir eben auch nicht anders vor, eben weil kein Bestand in mir ist, weil ich von so manchem ein profundes Gefühl habe und dennoch ein Spielball der Zerstreuung bin, die ganz gehaltlos ist, das fühl ich, das quält mich, davon möcht ich gesunden und weiß nicht wie. [...]

Wo aber die Sündenregister wie eine elende Hühnerleiter an die Himmelspforte angelehrt sind, da mag ich keinen Versuch machen, mich zu bilden, mich zu bessern, soll ich da von Stufe zu Stufe hüpfen wie ein Hühnchen, damit es auf die Stange zu sitzen komme neben den Hahn? – Nein! Auf mein Seel, in einem Flug. Über die Sünden-register hinaus wie die Verheißungen der Himmlischen. Sind die Seli-gen selig geworden, so lasse sie mit ihresgleichen, schmeichle nicht wie ein Schmarotzer um sie herum, daß Du auch gern wöllest vom Himmelsbrot essen.»[187]

Melancholisches Temperament

Vielleicht erhellt sich manches, was zuvor zur Melancholik innerhalb des «sanguinischen Stils» gesagt wurde, wenn nun abschließend nach dem «melancholischen Stil» und nach der temperamentgemäßen Gattung gefragt wird. Das melancholische Temperament findet sich natürlich als Inhalt und als Stimmung in allen drei genannten Gattun-gen Dramatik, Epik und Lyrik, oft durchaus dominierend, wie wir gesehen haben, und dennoch ist die Grundstruktur der drei Gattun-gen stärker den drei anderen Temperamenten verbunden. Hat das melancholische Temperament überhaupt eine eigene «Form»? Wo äußert sich das Fragen und Sinnieren, das Nachdenken und Besin-nen, das Betrachten und Studieren, das Festhalten und Ordnen, das Wissen und Belehren?

Erika Dühnfort wählt für den «melancholischen Stil» ein Beispiel aus Herders *Ideen zur Philosophie der Geschichte der Menschheit*, und es sei erlaubt, gerade diesen Titel zum Hilfspunkt der Betrach-tung zu nehmen. Das melancholische Temperament ist der «Idee», dem Gedanken verpflichtet, die «philosophische» Abhandlung ist durchaus repräsentativ, der Blick auf die «Geschichte der Mensch-heit» entspricht dem Drang nach allgemeiner Gültigkeit und ab-schließender Gestaltung.

Die Didaktik im umfassendsten poetologischen Sinn ist dem me-lancholischen Temperament gemäß: das Sprichwort, die Sentenz, das Motto, Sinnsprüche, Rätsel, Epigramme, Fabel, Gleichnis und Para-bel, Satire und Parodie, das Lehrgedicht und das Lehrstück, das Lehrbuch, das Fachbuch, das Sachbuch, das Lesebuch und die Text-sammlung, die Biographie und die Autobiographie, die Briefsamm-lung, die wissenschaftliche Abhandlung, der Essay, die philosophi-sche Schrift, das Gesetzeswerk, die religiöse Schrift und so weiter.

Und in allen diesen Formen finden sich natürlich wieder Berührungspunkte mit den anderen Gattungen und mit den anderen Temperamenten.

Der eigentliche «melancholische Stil» folgt den Gedankengängen mit all ihren Erkenntnissen, Belehrungen, Fragen, Umwegen, Einschüben, und entsprechend können die Satzgebilde werden; mit Schaudern denkt manch einer an philosophische Texte, die studiert und verstanden sein wollen. Daß es unter den Philosophen allerdings auch begnadete Stilisten gibt, zeigt sich etwa bei Schiller und Schopenhauer. Auf der anderen Seite kann das Ergebnis auch in eine schlichte Formel, in einen Merksatz, in eine Lehre gerinnen. In der Regel zeigt der melancholische Stil aber «Freude an kunstvollen Figuren», so Erika Dühnfort,[188] denn da verbinden sich die Denklust, der Wissensdurst, das Belehren-Wollen mit dem Schönheitssinn des Melancholikers.

Auf besondere Beispiele sei verzichtet, finden sich doch in diesem Buch über die menschlichen Temperamente genug Ausführungen in melancholischem Stil von verschiedensten Autoren von der Antike bis zur Gegenwart.

Beiträge zum Deutschunterricht der Oberstufe – eine Betrachtung von vier Dichterbiographien

Beim Jugendlichen und noch beim Erwachsenen, wenngleich weniger elementar als beim Kind, geht es auch darum, sich mit Hilfe des eigenen Temperaments mit dem zu verbinden, was einem temperamentmäßig entgegentritt. Der Oberstufenlehrer und selbst der Hochschullehrer sollte mit den Temperamentswirkungen bewußt, ja künstlerisch umgehen können. In der Oberstufe darf offen über das Temperament gesprochen werden, und der Heranwachsende kann immer mehr lernen, seine temperamentgemäßen Eigenheiten wahrzunehmen und bewußt einzusetzen. Im Verständnis des anderen Temperaments wachsen zugleich Toleranz und eigene innere Beweglichkeit.

Die folgenden Darstellungen gelten zunächst zwei ausgeprägt phlegmatischen Dichtern des deutschen Realismus, dann zwei eher melancholischen Dichtern der deutschsprachigen Moderne. Wiederum soll nur angeregt werden, auch das Temperament in den Blick auf die Dichtung einzubeziehen, fruchtbar für den, der sich, bei genügender Kenntnis der menschlichen Temperamente, Offenheit, Unbefangenheit für den konkreten Fall bewahrt. Selbstverständlich mischen sich auch im individuellen Temperament dieser vier Persönlichkeiten alle vier menschlichen Temperamente, doch gibt in deren Leben – und Werk – immer wieder eines deutlicher den Ton an.

Abb. 10: C. F. Meyer

Conrad Ferdinand Meyer

In der bekannten Radierung von Karl Stauffer-Bern aus dem Jahre 1887 blickt uns der 62jährige Conrad Ferdinand Meyer als freundlicher «Alters-Phlegmatiker» an: Im fülligen, runden Antlitz dominiert ruhiges Behagen, ein stillvergnügtes Lächeln wirft Augenfältchen, aus dem Schatten der Hutkrempe strahlt fast kindlich der Blick des alternden Dichters. Nicht von ungefähr fällt das volle Licht auf die Mundpartie mit dem kleinen, sinnlichen Mund unter dem Schnauzbart, darüber liegt breit die Nasenspitze mit ihren Flügeln im Hellen, darunter das fleischige Kinn mit Doppelkinn über dem kurzen, dicken Hals.

Schauend, lauschend, schweigend nimmt die Seele die Eindrücke der Welt auf, um sie langsam, aber gründlich zu verarbeiten, zu «verdauen»; später gestalten sich daraus poetische Bilder im Strom des Erzählens. Conrad Ferdinand Meyer gehört zu den überragenden Erzählern des 19. Jahrhunderts. Neben seinem historischen Roman *Jürg Jenatsch* und dem Versepos *Huttens letzte Tage* stehen insbesondere einige

Novellen von meisterlicher Vollendung. Wie darin die Zeit des Erzählens sich mit der erzählten Zeit vermählt, also doppelsinnig Geschichte in der Geschichte sich ereignet, ist zugleich individuelles Genie wie Schicksal Conrad Ferdinand Meyers. Näheres darüber kann man in den karmischen Studien Rudolf Steiners nachlesen.[189]

Daß der Epiker aus dem phlegmatischen Temperament den großen Atem des Erzählens holt, ist nur eine Seite, die andere ist die Fähigkeit des Phlegmatikers zur Objektivität, sei es in der Gelassenheit des Beobachters, in der Beständigkeit des Experimentators oder in der Uneigennützigkeit des Chronisten. Ein kleines Gedicht mag mit seiner zweiten Strophe die Tendenz in Conrad Ferdinand Meyers Werk belegen:[190]

Jetzt rede du

Du warest mir ein täglich Wanderziel,
Viellieber Wald, in dumpfen Jugendtagen,
Ich hatte dir geträumtes Glück so viel
Anzuvertraun, so wahren Schmerz zu klagen.

Und wieder such' ich dich, du dunkler Hort,
Und deines Wipfelmeers gewaltig Rauschen –
Jetzt rede du! Ich lasse dir das Wort!
Verstummt ist Klag und Jubel. Ich will lauschen.

Wir erkennen neben der Alters-Phlegmatik auch die Jugend-Melancholik des Dichters, die in der ersten Strophe so schlicht wie deutlich ausgesprochen ist. Eine (von mehreren bezeichnenden) Begebenheiten aus der Kindheit berichtet der Biograph Adolf Frey vom Sechsjährigen, der sagt: «Du, Mama, ich muß viel bei mir selber denken: wer bin ich auch eigentlich? Und was ist auch die Welt? Aber ich finde keine Antwort.»[191]

Die Melancholik ließe sich im Werk C. F. Meyers vielfach belegen (und erst recht in seinem Leben!), und sie bleibt die treibende Kraft bei den rückwärts gewandten historischen Studien und im Ringen um die Form; als Beispiel des starken Formwillens studiere man etwa die verschiedenen Fassungen des Gedichts «Der römische Brunnen». Hierher gehört auch der Hinweis der Germanistin Elisabeth Weißert zur letzten vom Dichter getroffenen Auswahl von 250 Gedichten:

«Nur vier Gedichte [machen] von den Freiheiten Gebrauch, die ihnen die deutsche Metrik und das deutsche Gefühl für Rhythmus erlauben. Drückt sich darin ein starker Formwille aus oder eine Schwäche, die das Korsett eines strengen Schemas braucht, um sich nicht zu verlieren? Stefan George zumindest hat es für Stärke gehalten [...].»[192] – Womit wiederum eine Temperamentskomponente als Frage auftaucht.

Schönheitssinn ist natürlich nicht nur dem Melancholiker eigen, er liegt in anderer Qualität auch im phlegmatischen Temperament. Kurt Brotbeck sagt im Blick auf Conrad Ferdinand Meyer zu Recht: «Dem Phlegmatiker genügt es nicht, die bloße ‹Moral› von der ‹Geschichte› abzuziehen, den nackten Gedanken, die ‹reine› Idee zu abstrahieren und darzustellen, sondern er will vielmehr das Geistige bis in die sinnlich-reale Manifestation hinunterführen.»[193]

Anders ausgedrückt: Der Phlegmatiker schafft mit seiner vorherrschenden Ätherkraft Wachstum, er gestaltet Wachstumsformen; nicht von ungefähr findet man unter den Malern recht viele Phlegmatiker. Conrad Ferdinand Meyer, so zitiert seine Schwester Betsy, sagte selbst: «Jeder Gedanke muß seinen schönen Leib haben. Nur keine grauen Theorien. In der Poesie muß alles in Schönheit eingetaucht sein.»[194]

Wie an dem «schönen Leib» gearbeitet wird, offenbart wiederum das Temperament, wobei gerade bei Conrad Ferdinand Meyer nicht immer leicht zu entscheiden ist, was vorherrscht: die Phlegmatik mit ihren schöpferischen Prozessen oder die Melancholik mit ihrer Formtendenz. Vielleicht ließe sich für das künstlerische Schaffen mit seiner Auseinandersetzung zwischen Stoff und Form, Materie und Gestalt auch Erhellendes durch einen vertieften Temperamentsbegriff aussagen; die Gedankenrichtung sei wenigstens angedeutet:

Schiller entwickelt in seinen Briefen *Über die ästhetische Erziehung des Menschen»* unter anderem die beiden Begriffe «Stofftrieb» und «Formtrieb».[195] Diese Triebe wirken als Dualitäten, ja als Polaritäten im Menschen, einmal im Sinnlichen, einmal im Geistigen. Im «Spieltrieb» können sich die beiden gegensätzlichen Triebe vereinen, und nach Schiller ist der Mensch «nur da ganz Mensch, wo er spielt».[196] Gemeint ist damit aber die Verbindung von Stoff und Form in Schönheit: «Der Mensch soll mit der Schönheit nur spielen, und er soll nur mit der Schönheit spielen.»[197] Im Entwickeln dieser Gedanken formuliert Schiller: «Der Gegenstand des sinnlichen Triebes [...] heißt Leben [...]. Der Gegenstand des Formtriebes, in einem allgemeinen Begriff ausgedrückt, heißt Gestalt [...]. Der Gegenstand des Spieltriebes [...] wird also lebende Gestalt heißen können.»[198] Daraus entsteht das Schöne, entsteht die Kunst.

Und nun wäre es eine weitere Aufgabe der Temperamenten-Forschung, dem genauer nachzugehen, zum Beispiel mit den folgenden Fragestellungen: Wie zeigt sich beim Phlegmatiker im einzelnen der Stofftrieb, das heißt die ausgesprochene Wirkenskraft des Ätherleibes in seinem Zusammenhang mit dem physischen Leib gegenüber der Formtendenz von Astralleib und Ich? Und wie ist es, sozusagen umgekehrt, beim Melancholiker? Wie wirkt beim sanguinischen Temperament die Betonung des Astralischen in seinem Zusammenhang mit dem rhythmischen System als verbindender «Spieltrieb»? Was bedeutet die Cholerik als ich-betonter Gestalt- und Formimpuls gegenüber dem «Stoff-» und dem «Spieltrieb?» Es ergeben sich daraus Hinweise für die Pädagogik wie für die Kunst.

Kehren wir zu Conrad Ferdinand Meyer zurück! Natürlich läßt sich bei ihm auch die Cholerik genügend belegen, man denke nur an dramatische Balladen wie «Die Füße im Feuer» oder eine Gestalt wie Jürg Jenatsch, «von dessen braunem, bärtigem Haupte ein Feuerschein wilder Kraft ausging [...]. Die Gewalt eines unbändigen Willens [...] war geweckt, war entfesselt worden durch die Gefahren eines stürmischen öffentlichen Lebens.»[199] Sanguinik wird man bei diesem Dichter allerdings weniger finden, und wenn, dann stets eingebunden in strenge Form.

Unter dem Blickpunkt der Temperamente lassen sich gewiß nur bedingt Persönlichkeit und Werk eines Dichters fassen, und doch ergeben sich markante Anhaltspunkte. Bei Conrad Ferdinand Meyer wird diese Betrachtungsweise durch seine psychische Erkrankung erschwert.

In seiner Darstellung von Conrad Ferdinand Meyers Schicksal sagt Rudolf Steiner: «Krankhafte Zustände treten bei Conrad Ferdinand Meyer auf, bis hart an die Grenze des Geistesgestörtseins kommend. Es sind Zustände, die nur in einer etwas extremeren Form das zustande bringen, was eigentlich im Entstehungsgrunde, im Status nascendi immer bei ihm vorhanden ist: heraus will das eigentliche Geistig-Seelische und hält nur mit leisem Band das Physisch-Ätherische. Und in diesen Zuständen, wo das Geistig-Seelische mit leisem Bande das Physisch-Ätherische hält, entstehen bei Conrad Ferdinand Meyer die schönsten seiner Leistungen, sowohl die schönsten seiner größeren Dichtungen wie auch die schönsten seiner kleineren Gedichte [...]. Es war ein ganz eigentümliches Gefüge zwischen den vier Gliedern der Menschennatur bei diesem Conrad Ferdinand Meyer vorhanden.»[200]

Wie sehr Conrad Ferdinand Meyer von der Idee von Schicksal und Wiedergeburt, die ja auch für das menschliche Temperament entscheidend ist, ergriffen war, zeigt ein Brief vom 7. August 1889 an Friedrich von Wyss: «Durchgemacht in den letzten Jahren habe ich mehr als ich je eingestehen werde. Was mich hielt, war eigentlich ein Seelenwanderungsgedanke, ich sagte mir, du hast offenbar in einem früheren Dasein irgend etwas Frevles unternommen. Da sprach das Schicksal: Dafür soll mir der Kerl auf die Erde und ein Meyer werden. Beides muß nun redlich durchgelitten werden, um wieder in eine bessere Lage zu gelangen.»[201]

Man mag einige der angedeuteten Linien weiter verfolgen, und man wird, gerade im Zusammenhang mit dem menschlichen Temperament in all seinen Dimensionen, verstehen können, warum Rudolf Steiner den zitierten Vortrag am 12. April 1924 mit den Worten schließt: «Menschenseelen sind wahrhaft viel zu reich, als daß man ihren Inhalt aus einem einzigen Erdenleben heraus erkennen könnte.»[202]

Gottfried Keller

Conrad Ferdinand Meyers Landsmann Gottfried Keller sitzt ebenfalls als «Alters-Phlegmatiker» 1887 Karl Stauffer-Bern für eine Radierung Modell (siehe Abb. 11): Breitbeinig, etwas in sich versunken «hockt» der Dichter auf seinem Stuhl, mehr im Leib und in den Gliedmaßen als im durchaus mächtigen Haupt den Phlegmatiker verratend. Bezeichnend, daß er selber von sich schreibt: «Ich bin kein Löwe, sondern ein kleiner dicker Kerl, der abends um 9 Uhr ins Wirtshaus und um Mitternacht zu Bette geht als alter Junggeselle.»[203]

Und bezeichnend auch, was Carl Ludwig Schleich, Arzt und

Freund Strindbergs, in seinen Lebenserinnerungen *Besonnte Vergangenheit* aus seinen Züricher Studienjahren über Keller erzählt, den er beim Kneipen kennengelernt hatte, ohne ihn als Dichter zu erkennen. Als er ihn einige Zeit später – der Vater hatte ihn inzwischen über die Identität seiner Bekanntschaft aufgeklärt, und «ich las nun staunend Zug um Zug alle die herrlichen Dinge» – am Wirtshaustisch voll Verehrung ansprach, polterte Keller los: «Wennst noch an oinzig's Wurt von Dichten soagst, da hau i di an Schellen. Wir chommet hier nütt zusamme, um von Literatur zu schwätze, sonder um zu suffe! Also halt din Gosche!»[204]

Gewiß, es gab auch Unruhe in Kellers Leben, revolutionäre Seelenstimmung, auch melancholische Anwandlungen, doch blieb das phlegmatische Temperament bestimmend Zwei Beispiele aus Leben und Werk seien als Hinweis gegeben: «Von den 71 Jahren Kellers fallen zehn auf München, Heidelberg und Berlin und ihrer sechzig auf Zürich. Keine Ferne konnte ihn locken als liebe alte WienerFreunde und München. Der größte Schweizerdichter hat den Genfersee nie gesehen, ist nie unter Schellengeklingel über den Gotthard in unseren südlichen Garten gefahren, hat Höheres nicht erklommen, als einmal im Leben die Rigi und von 24 Kantonen die meisten nur auf der Landkarte gesehen.»[205]

Und wie beschreibt Gottfried Keller selbst im Rückblick die engere Heimat? Im *Grünen Heinrich* liest man: «Die Fenster unserer Wohnstube gingen auf eine Mnge kleiner Höfe hinaus, wie sie oft von einem Häuserviertel umschlossen werden und ein verborgenes, behagliches Gesumme enthalten, welches man auf der Straße nicht ahnt. Den Tag über betrachtete ich stundenlang das innere häusliche Leben in diesen Höfen; die grünen Gärtchen in denselben schienen mir kleine Paradiese zu sein, wenn die Nachmittagssonne sie beleuchtete und die weiße Wäsche darin sanft flatterte, und wunderfremd und doch bekannt kamen mir die Leute vor, welche ich fern gesehen hatte, wenn sie plötzlich einmal in unserer Stube standen und mit der Mutter plauderten. Unser eigenes Höfchen enthielt zwischen hohen Mauern ein ganz kleines Stückchen Rasen mit zwei Vogelbeerbäumchen; ein nimmermüdes Brünnchen ergoß sich in ein ganz grün gewordenes Sandsteinbecken, und der enge Winkel ist kühl und fast schauerlich, ausgenommen im Sommer, wo die Sonne täglich einige Stunden lang darin ruht. Alsdann schimmert das ver-

Abb. 11: Gottfried Keller

borgene Grün durch den dunkeln Hausflur so kokett auf die Gasse, wenn die Haustür aufgeht, daß den Vorübergehenden immer eine Art Gartenheimweh befällt.»²⁰⁶

Wieviel Phlegmatik spricht allein schon aus der Beschreibung dieser «Idylle», deutlich in den Charakterisierungen wie «verborgenes, behagliches Gesumme» oder «sanft flatterte», «grün», «stundenlang», «Brünnchen» oder «kühl». Ein Leben lang schaut und lauscht und sinnt Gottfried Keller, um dann in einem «Abendlied» 1879, also sechzigjährig, die «Augen, meine lieben Fensterlein» zu besingen, dieses hochgerühmte lyrische Gedicht, das so wundervoll dem phlegmatischen Temperament entspricht: «Trinkt, o Augen, was die Wimper hält, / Von dem goldnen Überfluß der Welt!»²⁰⁷ Wer denkt da nicht an Goethes Türmer Lynkeus aus dem *Faust* (2. Teil, 5. Akt, Palast), der in seinem Lied ein Wahrbild des Phlegmatikers gibt:

Zum Sehen geboren,
Zum Schauen bestellt,
Dem Turme geschworen,
Gefällt mir die Welt.
Ich blick in die Ferne,
Ich seh in der Näh,
Den Mond und die Sterne,
Den Wald und das Reh.
So seh ich in allen
Die ewige Zier,
Und wie mirs gefallen,
Gefall ich auch mir.
Ihr glücklichen Augen,
Was je ihr gesehen,
Es sei, wie es wolle,
Es war doch so schön!

Peter Handke

Peter Handke, am 6. Dezember 1942 in Griffen/Kärnten geboren, zählt zu den bedeutendsten österreichischen Dichtern der Gegenwart. Für unseren kurzen Hinweis sollen verschiedenartige Beispiele aus dem umfangreichen Werk dienen. Lassen wir zunächst eine Reihe von Titeln – nur wenige Ausnahmen zeigen eine entgegengesetzte Tendenz – auf uns wirken: *Abschied des Träumers vom neunten Land – Die Abwesenheit – Die Angst des Tormanns beim Elfmeter – Der kurze Brief zum langen Abschied – Ich bin ein Bewohner des Elfenbeinturms – Die Stunde der wahren Empfindung – Falsche Bewegung – Das Spiel vom Fragen – Das Gewicht der Welt – Der Hausierer – Hilferufe – Die Innenwelt der Außenwelt der Innenwelt – Mein Jahr in der Niemandsbucht – Kaspar – Langsam im Schatten – Langsame Heimkehr – Die Lehre der Sainte-Victoire – Versuch über den geglückten Tag – Versuch über die Jukebox – Versuch über die Müdigkeit – Publikumsbeschimpfung – Der Ritt über den Bodensee – Der Chinese des Schmerzes – Der gewöhnliche Schrecken – Die Stunde da wir nichts voneinander wußten – Wunschloses Unglück.*
Liegt nicht ein Hauch von Melancholik über allem? Da ist wenig Cholerisches, viel eher musikalisch leichte Bewegung, sanft und etwas phlegmatisch. Beim Lesen in Handkes Werk erlebt man tatsächlich die verschiedenartigsten Temperamentsmischungen, doch meist ruhend in melancholischem Ernst. Eine gründliche Untersuchung würde das differenzierte Bild in Beziehung zur Biographie einerseits, zum Thema der Werke usw. andererseits setzen; vor allem gälte es, den sich wandelnden Stil zu studieren.
Eine treffende Selbstbeobachtung macht Handke in seiner Erzählung *Der kurze Brief zum langen Abschied* aus dem Jahr 1972, in der er sich fragt: «Wie kommt es, daß gerade mir immer Geschichten erzählt werden? [...] Kommt denn die Art, wie ich mich verhalten und nicht verhalten will, immer erst dann heraus, wenn ich rede und widerspreche? Erkennt man sie nicht endlich daran, wie ich mich bewege, wie ich den Kopf halte, wie ich um mich schaue?»[208] Verrät sich das Temperament doch am leichtesten in den gewohnten Bewegungen, in den üblichen Blicken, Gesten, Gebärden! Und wer ist denn mehr geneigt zuzuhören als der phlegmatisch-melancholische Mensch?

Handke, der auf dieser Reise quer durch die USA in Kellers *Grünem Heinrich* liest, bekommt diesen als Spiegelbild selbst vorgehalten: «Auch der Grüne Heinrich wollte nichts deuten. [...] Er erlebte nur möglichst unbefangen und sah zu, wie das eine Erlebnis das andere auslegte, und das nächste wiederum dieses eine. [...] Auch du kommst mir vor, als ob du die Umwelt nur an dir vorbeitanzen läßt. Du läßt dir Erfahrungen vorführen, statt dich hineinzuverwickeln. Du verhältst dich, als ob die Welt eine *Bescherung* sei, eigens für dich.»[209] Lebendig steht hier der Phlegmatiker vor uns.

Wie Handke Reflexionen obiger Art dichterisch gestaltet, kann man beispielsweise in seinem letzten Schauspiel mit Text sehen, *Das Spiel vom Fragen oder die Reise zum sonoren Land*, geschrieben «für Ferdinand Raimund, Anton Tschechow, John Ford und all die anderen»; eine Widmung, die eine beachtliche melancholische Komponente enthält.[210] Der sorgende Melancholiker, ein «Spielverderber», steht, den Blick gesenkt, «das Gewicht der Welt» empfindend, dem heiteren Phlegmatiker gegenüber, der Mauerschauer als der «Lynkeus» Handkes.

Handkes Schauspiel ohne gesprochenes Wort, *Die Stunde da wir nichts voneinander wußten* (1992), wirft unter dem Aspekt des Temperaments besondere Fragen auf: Was bedeutet Wortlosigkeit angesichts einer überwältigenden Bildhaftigkeit? Wer die Temperamente kennt, spürt sofort die Nähe von Melancholik – das Wort bleibt vereinsamt als Gedanke im Mencheninneren – und Phlegmatik – das Theatergeschehen ist nichts als ein vor dem Betrachter ausgebreitetes bewegtes, farbiges Bild! Und angesichts dieser bildgewaltigen Sprachlosigkeit mangelt es dem Sanguiniker am lebendigen Luftstrom des Atems, dem Choleriker an der Ich-Kraft des gesprochenen Wortes.

Der Bedeutung der Temperamente ist sich Handke durchaus bewußt, schreibt er doch in seinem Roman *Wunschloses Unglück*: «Es war ohnedies klar, daß jeder die gleichen Sorgen hatte – man unterschied sich nur darin, daß der eine sie halt leichter nahm und der andere schwerer, es war alles eine Temperamentssache.»[211]

Zusammenfassend darf man, bei allem Respekt vor Handkes individuellem Leben und Werk, sagen: Grundzug in Peter Handkes gemischtem Temperament ist Melancholik, sie äußert sich vor allem im Fragen und Nachdenken; daraus entspringt zuletzt Erkenntnis, die formuliert wird, beispielsweise in der *Lehre der Sainte Victoire*. Die oft überraschende, liebevolle Betrachtung der kleinen und großen Dinge bezeugt mehr die objektive Schau des Phlegmatikers. Der Wechsel der Orte sowie das Aufhellen und Aufheitern der Stimmungen mögen als ein gelegentliches Spiel der Melancholik in die Sanguinik gedeutet werden. Gerade in den meist sanften Wechseln und Übergängen zeigt sich die Musikalität Peter Handkes. Seine Vorliebe für das Gehen über die Erde faßt wie in einem Bild das Spiel der Temperamente zusammen: Melancholik sucht (auch) die Verbindung mit der Physis, Phlegmatik zeigt als Stärke Beständigkeit des Tuns und die Beschaulichkeit des Beobachtens, Sanguinik genießt darin die Wechsel, Cholerik mag (weit schwächer) als immer neue Willensimpulsierung einwirken. Wer mit Handke «wandert», wird sich von seinen Lieblingsautoren begleitet fühlen, unter anderem von Goethe und Stifter; er kann auch verstehen, warum Handke auf den älteren Hermann Lenz hinwies.

Im Lebensgang Peter Handkes wie im ständig wachsenden Werk findet man naturgemäß auch Temperamentsentwicklungen und -veränderungen, die eine eingehendere Untersuchung wert wären. Man kann durchaus von einer ersten, auch cholerisch geprägten Jugendphase sprechen, die allmählich dem Lebensernst des Mannesalters Platz machte und möglicherweise zum Alter hin immer mehr phlegmatisch bestimmt sein wird. Es läßt sich ja deutlich eine stetige Vertiefung der Weltauffassung, des Weltverständnisses wahrnehmen, in der sich der tiefe Sinn der Melancholik nicht im Krankhaften der Melancholie zeigt, sondern durch die rechte Mischung mit der Phlegmatik die innere Gelassenheit für das Objektive gewinnt. Selbstverständlich wird der Künstler, im Gegensatz zum Philosophen, das objektiv Erkannte wieder individuell gestalten, doch in einer solch gesteigerten Form, daß das Objektive durch Subjektives hindurchscheint, hindurchtönt.

Diese Charakterisierung wird auch durch Peter Handkes ausführliches Werk *Mein Jahr in der Niemandsbucht* (1994) bestätigt, in dem sich, neben vielen anderen ähnlichen Reflexionen, die folgende findet: «Und meine Tätigkeit sollte in der Hauptsache diejenige sein, welche, wie ich inzwischen erkannt hatte, mir am ehesten entsprach: Die des Zuschauens. War ich denn nicht schon immer ein guter Zuschauer gewesen? Dessen Art von Mitgehen hatte doch oft die Ereignisse nicht bloß beeinflußt, sondern gar erst geschaffen? Sooft ich ja als ein Held oder Handelnder oder Eingreifer auftrat, hatte ich mich blamiert, wenn nicht vor den anderen, so vor mir selber. Sobald ich dagegen zum Zuschauer wurde, war mir zunächst einmal, ich käme zu mir, und dann, meine Weise des Zuschauens sei fast die einzig mir mögliche Tat. Und es bleibt meine Erkenntnis, daß die Spieler düster werden ohne Zuschauer und zurückkehren in den Krieg. Ja, all die düsteren Könner: Da will ich lieber, so wie ich auch angefangen habe, ein heller Zuschauer sein.»[212]

Thomas Bernhard

Thomas Bernhard, der wohl berühmteste Nachkriegsautor Österreichs, am 9. Februar 1931 in Heerlen/Niederlande geboren, starb nach langer schwerer Krankheit am 12. Februar 1989 in Gmunden/Oberösterreich. Seine Melancholik ist von der Handkes grundverschieden, und sie hat, weit mehr als bei jenem, Leben und Werk beherrscht. Der Vergleich soll nichts über die literarischen Qualitäten aussagen, sondern nur auf die Tatsache hinweisen, wie individuell auch hier die Temperamentsmischung ist und wie sie bis in die Gestaltung des Sprachkunstwerks durchschlägt.

Beginnen wir wiederum mit einer Auswahl von Titeln, wobei der Kenner bestätigen wird, daß auch hier die Ausnahmen, zum Beispiel Titel wie *Ein Fest für Boris* oder *Ja* selten sind: *Auslöschung – Beton – Die Billigesser – Auf der Erde und in der Hölle – Frost – Holzfällen – Der Ignorant und der Wahnsinnige – Die Irren. Die Häftlinge – Die Kälte – Das Kalkwerk – Korrektur – Immanuel Kant – Nie und mit nichts fertigwerden – Ungenach – Der Untergeher – Verstörung – Der Wahrheit und dem Tod auf der Spur – Weinen über trostlose Tage – Der Weltverbesserer.*

Das trifft Schlag auf Schlag! Was drückt sich hier so heftig aus? Ist es Aggression, Gericht, Nihilismus, Kritik, Untergang, «Weltende»? Unübersehbar ist die starke Cholerik, die der Melancholik sich beimischt.

Hören wir Thomas Bernhard selbst in «Drei Tage», einem Selbstgespräch von 1970 aus Anlaß des Films *Der Italiener*, in dem der Schriftsteller Wesentliches über sein eigenes Temperament aussagt. Zunächst finden sich eindringliche Beschreibungen der Einsamkeit: «Zwei brauchbare Schulen natürlich: das Alleinsein, das Abgeschnittensein, das Nichtdabeisein einerseits, dann das fortgesetzte Mißtrauen andererseits, aus dem Alleinsein, Abgeschnittensein, Nichtdabeisein heraus. Und das schon als Kind [...] man ist allein. Man kann sich nur allein entwickeln, man wird immer allein sein, das Bewußtsein, daß man aus sich nicht heraus kann. Alles andere ist Täuschung, Zweifel. Es ändert sich nicht ... Verständlichmachen ist unmöglich, das gibt es nicht. Aus der Einsamkeit, aus dem Alleinsein wird ein noch verstärkteres Alleinsein, Abgeschnittensein.»[213]

Am zweiten Tag äußert sich Thomas Bernhard auch über seine schriftstellerische Arbeit; wiederum zeigt sich unverhüllt tiefste Melancholik: «Ich gelte ja als sogenannter *ernster Schriftsteller,* wie Béla Bartók als ernster Komponist, und der Ruf verbreitet sich ... Im Grunde ist es ein sehr schlechter Ruf ... Mir ist absolut *unbehaglich* dabei. Andererseits bin ich natürlich auch kein heiterer Autor, kein Geschichtenerzähler, Geschichten hasse ich im Grund. Ich bin ein *Geschichtenzerstörer, ich bin der typische Geschichtenzerstörer.* [...] Ich bin am liebsten allein.

Im Grunde ist das ein Idealzustand.

Mein Haus ist auch eigentlich ein riesiger Kerker.

Ich habe das sehr gern; möglichst kahle Wände. Es ist kahl *und* kalt. Das wirkt sich auf meine Arbeit sehr gut aus. Die Bücher, oder was ich schreib', *sind wie das,* worin ich hause.»[214]

Von den ersten Werken an (*In der Höhe,* entstanden 1959 und als letzte Arbeit vor dem Tode zum Druck gegeben) finden sich unablässig Beispiele solcher Haltung![215]

Man kann Thomas Bernhard nur gerecht werden, wenn man seine Erlebnisse in Kindheit und Jugend einbezieht; die fünf Bücher autobiographischen Inhalts (*Die Ursache, Der Keller, Der Atem, Die Kälte, Ein Kind*) sind ein erschütterndes Dokument und lassen verstehen – um nur ein Beispiel herauszugreifen –, daß Thomas Bernhard sagen muß: «Unser Unterrichtssystem ist in Jahrhunderten krank geworden, und die in dieses Unterrichtssystem hineingezwungenen jungen Menschen werden von diesem kranken Unterrichtssystem angesteckt und erkranken zu Millionen, und an Heilung ist nicht zu denken. Die Gesellschaft muß ihr Unterrichtssystem ändern, wenn sie sich ändern will, weil sie, wenn sie sich nicht ändert und einschränkt und zum Großteil abschafft, bald an ihrem sicheren Ende ist. Aber das Unterrichtssystem muß *grundlegend* geändert werden, es genügt nicht immer wieder nur da und dort etwas zu ändern, *alles* gehört an unserem Unterrichtssystem geändert, wenn wir nicht wollen, daß *die Erde nur mehr noch von unnatürlichen und von Unnatur zerstörten und vernichteten Menschen* bevölkert ist.»[216]

Unter diesem Unterrichtssystem hat Thomas Bernhard selbst schrecklich gelitten, aber die Wurzeln seiner Melancholik reichen noch tiefer, reichen zurück in die frühe Kindheit; im zuletzt geschriebenen Band der autobiographischen Schriften, *Ein Kind*, berichtet er davon: «Bei der geringsten Gelegenheit griff [die Mutter] zum Ochsenziemer. Da mich die körperliche Züchtigung letztenendes immer unbeeindruckt gelassen hat, was ihr niemals entgangen war, versuchte sie, mich mit den fürchterlichsten Sätzen in die Knie zu zwingen, sie verletzte jedesmal meine Seele zutiefst, wenn sie *Du hast mir noch gefehlt* oder *Du bist mein ganzes Unglück, Dich soll der Teufel holen! Du hast mein Leben zerstört! Du bist an allem schuld! Du bist mein Tod! Du bist ein Nichts, ich schäme mich Deiner! Du bist ein Nichtsnutz wie Dein Vater! Du bist nichts wert! Du Unfriedenstifter! Du Lügner!* sagte.»[217]

Thomas Bernhard berichtet in vielen Kindheits- und Jugenderinnerungen von der Unbeherrschtheit der Erzieher. Rudolf Steiner nennt als Folge des ungezügelten cholerischen Temperaments des Lehrers für das Kind Stoffwechselkrankheiten wie Rheuma und Gicht im Erwachsenenalter (vgl. S. 272f.). War Thomas Bernhards Todeskrankheit, von der noch die Rede sein wird, nicht auch eine Stoffwechselerkrankung?

Was im Individuellen an Temperamentsbezügen erkannt wurde, wird im Vergleich schärfer beleuchtet, und es entsteht die Frage, warum das Temperament Thomas Bernhards die tieferen Rätsel aufgibt. Inwieweit zeigte sich in ihm das Temperament verstärkt auch in seinen Krankheitstendenzen? Inwieweit war das Werk ein Selbstheilungsversuch?

Die persönliche Temperamentslage Thomas Bernhards erfuhr durch viele widrige Lebensumstände während der gesamten Entwicklungszeit vor allem negative Einflüsse. Fast einzig der Wille zum Leben stand gegen immer neue Bedrohung, und angesichts der be-

ginnenden «Lebenskrankheit» formulierte Thomas Bernhard in To-
desnähe: «Ich wollte *leben*, alles andere bedeutete nichts. Leben, und
zwar *mein Leben, wie und so lange ich es will.*»[218]

Der Lebenswille war es auch, der letztlich den Heranwachsenden
vor dem Selbstmord bewahrte, dem er sich zeitweise in regelrecht ri-
tualisierten «Selbstmordgedanken» hingab. In *Die Ursache* bekannte
Thomas Bernhard, daß «er *nie die Kraft und die Entschiedenheit und
Charakterfestigkeit für den Selbstmord* aufgebracht» habe.[219] Hier
kam dem instinktiven Lebenswillen Hilfe. War später dem Dichter das
«furchtbarste» Werk des Prosaschreibens eine Hilfe, so war es damals
die Musik. Die Selbstmordversuche «waren immer in dem entscheidenden lebensrettenden Punkte abgebrochen worden und von ihm
durch bewußteres Geigenspiel, durch ganz bewußtes Abbrechen des
Selbstmorddenkens und ganz bewußte Konzentration auf die ihn
mehr und mehr faszinierenden Möglichkeiten auf der Geige, die ihm
mit der Zeit weniger ein Musikinstrument als vielmehr ein Instrument
zur Auslösung seiner Selbstmordmeditation und Selbstmordgefügigkeit und zum plötzlichen Abbrechen dieser Selbstmordmeditation
und Selbstmordgefügigkeit gewesen war […].»[220]

Später befreit sich Thomas Bernhard ein weiteres Mal durch die
Kunst. Nach dem Tod des Großvaters, dem Tod der Mutter und
selbst mehrfach am Rande des Todes, war die «Lebenskrankheit»
seiner Lunge evident. Aber in den qualvollen Prozeduren der Behandlung und in den Erlebnissen mit Kranken und Sterbenden
wuchs die Ich-Kraft: «Ich stellte den höchsten Anspruch: ich wollte
gesund werden. Diesen Entschluß behielt ich bei mir, ich hütete ihn
als mein strengstes Geheimnis. Ich wußte, daß hier nur der Abster-
bensdrang, die Todesbereitschaft, die Todessüchtigkeit herrschten,
also mußte ich meine neu erwachte Lebensbereitschaft, meine Le-
benssehnsucht, geheim halten, ich durfte mich nicht verraten.»[221] Die
Lektüre Verlaines und Trakls, insbesondere dann der *Dämonen* von
Dostojewski, zeigten dem Neunzehnjährigen den Ausweg, den Weg
«hinaus».

Dieses «hinaus» führte ihn ins Dorf, was den Kranken verboten
war, und dort fand er wieder Zugang zur Musik: «Die Musik war
meine Bestimmung.» In einem «vollkommenen Wahnsinn» arbeitete
der schwer Lungenkranke heimlich mit der Dorforganistin: «Wir
studierten die großen Oratorien von Bach, von Händel, ich entdeck-

te den Henry Purcell, ich sang den Raphael in Haydns Schöpfung.»[222]
Gegen den Rat der Ärzte verließ der innerlich erwachsen Gewordene
das Sanatorium und kehrte nach Salzburg zurück.

Daß bei Thomas Bernhard die Melancholik als dominierendes Temperament außerordentlich stark und bis ins Krankmachende gewirkt
hat, bezeugt das Leben in nahezu jedem Augenblick, das Werk auf
nahezu jeder Seite. Den Ausgleich, der vor dem endgültigen Absturz
in die Krankheit Melancholie bewahrte, schuf sich die Ich-Natur in
ihrer Cholerik in der Arbeit, in künstlerischen Prozessen. Auch daraus erklären sich Lebensweise und literarischer Stil. Daß Thomas
Bernhard der Melancholik ausgeliefert sein mußte, beweist schließlich seine «Lebenskrankheit». Die Lunge ist ein extrem physisches
Organ, und die Erfahrung lehrt, wie sehr Melancholie mit Lungenerkrankungen einhergeht (vgl. oben, S. 110). Für die einst häufige Lungentuberkulose hat Thomas Mann in seinem *Zauberberg* die exemplarische Beschreibung gegeben. Die Aggressivität Thomas Bernhards, die Härte seiner Sprache, ihre Festigkeit im Substantivischen,
ihr typischer Satzbau mit seinem fast zwanghaften Aneinander- und
Ineinanderreihen – Anhäufung von Wortmaterial als Substanz – sind
wie ein Ausdruck seiner «Lebenskrankheit», die ihn zu einem einsamen Tod geführt hat: Beim «Morbus Boeck» (Sarkoidose) verstärkt
sich die verhärtende Stoffbildung insbesondere in der Lunge durch
Granulome, Einlagerungen knorpeliger Substanzen, die zuletzt den
Atem ersticken. In solch physischer Weise wurde ihm Melancholie
«die Krankheit zum Tode».

Musikunterricht

Als Zeitkunst, darin vergleichbar dem gesprochenen Wort, und anders als die bildenden Künste – hier erlebt nur der schaffende Künstler selbst die Zeit – hat die Musik eine besondere Affinität zum Ätherleib, mag auch ihr Quell vorrangig seelisches Erleben und geistiges Gestalten sein. Im Erklingen wird die Musik zur tönenden Zeit und schließt damit an die Zeitprozesse des Ätherleibs an. Darin liegt eine ihrer stärksten Wirkungen auf die menschlichen Temperamente.

Das Temperamenterleben
in der Musik

Die abendländische Musik, doch nicht nur sie allein, ist erfüllt vom Reichtum der Temperamente und ihrer Stimmungen. Wir erleben die sanguinische Leichtigkeit von Tänzen und Frühlingsliedern, wir tauchen ein in den phlegmatischen Strom Brucknerscher Sinfonien und Wagnerscher Opern, wir sind ergriffen von der Melancholik in den Trauermärschen Beethovens, Chopins, Mahlers, wir sind den cholerischen Attacken von Schlagzeug und Blech ausgesetzt. Solche summarischen Äußerungen gälte es zu differenzieren; dann würde man eine Fülle von Temperamentsnuancen in der Sprache der Musik erleben.

Der Fachmann kennt die erstaunliche Wirkung mancher musikalischer Neuerungen, die einst Unruhe und Aufruhr erregten, uns heutigen Musikhörern aber altvertraut und gemäßigt erklingen; das reicht vom «Teufelston» Tritonus über seelische Erregung in der Vorklassik, etwa durch das orchestrale Crescendo und Decrescendo der

«Mannheimer Schule», bis zu Strawinskys «Le Sacre du Printemps» und den «Beatles». So ist es kein Wunder, daß auch mit den Temperamenten Wirkung erzielt wurde und daß es eine Zeitlang fast Mode war, solche Nuancen zu berücksichtigen.

Hinzuweisen ist auch auf eine Vielzahl von musikalischen Bezeichnungen, die mehr oder minder eng mit den menschlichen Temperamenten zusammenhängen und von denen einige hier in entsprechender Ordnung aufgeführt werden; das jeweilige Temperament (Überschneidungen sind möglich) verrät sich selbst:

agitato	comodo	affettuoso	espressivo
attacca	lento	animato	funebre
furioso	monoton	Capriccio	grave
con fuoco	portato	giocoso	mesto
impetuoso	rallentando	Humoreske	misterioso
pesante	ritardando	mobile	morendo
risoluto	tenuto	Pastorale	Passion
con spirito		Quodlibet	religioso
stringendo		vivace	Requiem
		sentimento	

Es ist hier nicht der Ort, weiter auf die genannten Phänomene einzugehen, auch muß darauf verzichtet werden, den jeweiligen Temperaments-Stil, so wie in der Dichtkunst, auch in der Musik zu verfolgen. Und es soll auch Rudolf Steiners Warnung nicht verschwiegen werden: «Aber die vier [musikalischen] Künste sind deshalb weniger den Temperamenten zuzuteilen, weil es möglich ist, gerade durch die Vielheit des Künstlerischen auf jedes Temperament ausgleichend zu wirken.»[223] Rudolf Steiner war es allerdings wichtig, die verschiedensten Künste, zum Beispiel Tanz oder Malerei, gezielt einzusetzen. «Da möchte ich nicht verzichten auf das, was in den verschiedenen Künsten [...] wirken kann.»[224] Auch sah er die Temperamente im größeren Zusammenhang: «Es würde nicht gut sein, wenn man den Temperamenten zuviel nachgibt, während es doch notwendig ist, alles so zuzubereiten, wie es für die einzelnen richtig ist.»[225]

Im Zusammenhang mit der Musikpädagogik und dem rhythmischen Teil des Hauptunterrichts sollen anschließend wenigstens einige Grundelemente des musikalischen Tuns in diesem Sinne ausführlicher dargestellt werden.

Das Temperament im Verhältnis zu Rhythmus, Melos, Harmonie

Im ersten und zweiten Schuljahr spielen die Kinder «Pferdchen»; die ganze Klasse, kleinere Gruppen, einzelne Kinder laufen im Kreis:

> Es schleichen, es schleichen die traurigen Pferde,
> sie hängen die Köpfe bis tief an die Erde.

Den ruhigen Schritt, gesenkten Kopfes, lieben die Melancholiker, und behaglich setzen ihn die Phlegmatiker, doch eher erhobenen Hauptes.

> Es traben, es traben die hurtigen Pferde,
> sie klopfen mit klingenden Hufen die Erde.

Den leichten Trab, schön aufrecht, hoch die Köpfe, lieben die Sanguiniker. Ebenso warten sie voll Freude auf den Galopp, bei dem auch die Choleriker endlich richtig zum Zuge kommen und vernehmlich aufstampfen:

> Es springen, es springen die mutigen Pferde,
> sie werfen die Köpfe, sie stampfen die Erde![226]

Wer je mit kleineren Kindern rhythmisch gearbeitet hat, findet sofort die nötigen Variationen, die für das Üben notwendig sind: Wechsel der Tempi, laut und leise, mit Text und stumm, alle Kinder und einzelne, Begleitung der Triangel oder des Tamburins, rhythmisch gleiche Flötenmusik statt der Worte und so weiter. Erst dadurch ist Gelegenheit gegeben, individuell auf den Schüler (und sein Temperament) einzugehen: Der eine findet langsam zum Rhythmus und beharrt in ihm, der andere kann ihn vielleicht lange nicht halten; ein anderes Kind kann ihn zwar klatschen, aber die Füße gehen nicht im Takt; ein drittes liebt den raschen Wechsel, es hört genau und reagiert sofort; ein Phlegmatiker braucht «seine Zeit», ein Choleriker muß sich «austoben» dürfen.

Besondere Aufmerksamkeit brauchen der gerade und der ungerade Takt, im gebräuchlichsten Fall «Dreier» und «Vierer». Fließen Musik oder Wort ruhig, dann kommen in beiden Taktarten eher Melancholiker und Phlegmatiker zu ihrem Recht; wird der Vierertakt im Marsch akzentuiert, dann freut sich der Choleriker, während der

Sanguiniker eher den tänzerischen Dreier mit dem Wechsel der Betonung auf rechts und links bevorzugt. Natürlich spielt neben dem Tempo die Melodie an sich eine ebenso wichtige Rolle wie ein Text. Einfache Übungen im Gehen und Hüpfen, im Klatschen und Stampfen, im Spielen und Tanzen lassen sich variieren und im Schwierigkeitsgrad steigern: Wechsel der Rhythmen, Wechsel der Betonungen, Taktwechsel – man denke nur an die Tänze der Balkanvölker!

Eine einfache Übung mit Zählen, Klatschen, Stampfen liegt zum Beispiel im Schwerpunktwechsel der Vier: *eins*, zwei, drei, vier; eins, *zwei*, drei, vier; eins, zwei, *drei*, vier; eins, zwei, drei, *vier*; *eins*, zwei, drei … Und wo «treffen» sich die Drei und die Vier? Es ist eine spannende Unternehmung, den Dreierrhythmus (*eins,* zwei, drei …) gegen den Viererrhythmus (*eins,* zwei, drei, vier …) zu setzen, bis die Betonung, der Schlag oder das Stampfen beim vierten bzw. dritten Mal zusammenfallen. (Und bei den Rechenreihen zählt man «eins, zwei, *drei,* vier, fünf, *sechs* …» und parallel dazu «eins, zwei, drei, *vier,* fünf, sechs, sieben, *acht* …».) Wie unterschiedlich zeigen sich da die Temperamente: Wer lebt aus der rhythmischen Tätigkeit, wer bedenkt und zählt, wer schließt sich zögernd den anderen an, wer übernimmt energisch die Führung?

In der «Drei» und der «Vier» lassen sich musikalisch und psychologisch Welten erleben und deuten! Man denke nur an die «Walzerseligkeit» der Strauß-Dynastie, an Richard Strauß und Maurice Ravel einerseits, an die (massenpsychologische) Wirkung der Marschmusik andererseits, zum Beispiel meisterhaft beschworen von Ottorino Respighi in seiner sinfonischen Dichtung «Pini di Roma», wo im vierten «Bild» unter den Pinien der Via Appia wie in einer Vision die römischen Legionen heranmarschieren.

Gerade an die Marschmusik schließt sich die Frage nach dem «Schlag» überhaupt an, die Frage nach dem «Beat», dessen unaufhörliche, monotone Wiederholung die zeitgenössische Pop- und Rockmusik beherrscht: Wie wirken «Beat» und «Offbeat» auf Gefühl und Willen? Inwieweit werden da die Temperamente direkt angesprochen und beeinflußt?

Der Dreiertakt galt für die alte Musik als Sinnbild des mehr kosmisch orientierten Musizierens, der Vierertakt entsprach mehr dem irdischen Bereich. Dies ist nicht bloß Zahlensymbolik: Jeder Tänzer kann den Unterschied am eigenen Leib, an der eigenen Seele wahrnehmen. Auf den Marschtakt mit seiner Betonung der Eins (und der Drei) wird noch eingegangen; doch sei zu den modernen Musikrichtungen wie Breakdance, Technomusic usw. festgehalten, daß sie im Grunde nur den Vierertakt kennen, genauer ein fortwährendes Taktieren, in dem mit oft großer Raffinesse der Schlag verwischt wird, etwa durch Synkopierung, der eigentliche Effekt aber im Off-Beat liegt, in der Betonung der unwichtigen Schläge Zwei und Vier. Dadurch wirkt diese Musik so erregend – und gefährdend: Der Mensch gerät außer sich, die Seele beginnt sich zu exkarnieren. So können Massenbewegungen entstehen, die in anderer Weise die menschliche Existenz bedrohen als die der soldatischen Marschmusik.

Der Takt und der Rhythmus hängen stark mit der Willensnatur des Menschen und mit seinem Stoffwechsel-Gliedmaßen-System zusammen und natürlich auch mit dem rhythmischen System von Atem und Puls. Der Wille an sich ist dem Menschen verborgen, er «schläft» in ihm, und der Mensch wird sich in der Regel nur seiner Willensmotive und seiner Willenshandlungen bewußt. Durch Takt und Rhythmus wirkt gerade die Musik ganz stark darauf ein, läßt sozusagen den Willen von innen «aufbrechen», «ausbrechen». Diese Wirkung kann sich so sehr steigern, daß die Willensnatur nicht mehr durch das rechte Fühlen und das rechte Denken im Zaum gehalten werden kann, sondern elementar wirkt. In der Marschmusik schmiedet der Marschtritt Leiber und Seelen zusammen. Solcher Mittel bedienten sich unter anderem auch Diktatoren wie Hitler oder Stalin. Bezeichnend ist, daß dabei die Lautstärke und die Tonhöhe, genauer die Tiefe der Töne, eine große Rolle spielen.

Doch zurück zu rhythmischen Grundphänomenen. Wie wirkt zum Beispiel die Synkope (aber auch Vorhalt und Nachhalt), also die Verschiebung des gewohnten Schwerpunktes innerhalb der Taktstruktur? Der Choleriker packt sie energisch an, der Sanguiniker erlebt sie mit Lust als eine willkommene Abwechslung, für den Melancholiker ist sie eher eine Störung der Ordnung, und den Phlegmatiker wird sie aufwecken – der berühmte «kleine Schock», von dem Rudolf Steiner spricht (vgl. S. 398). Die Beispiele dafür sind Legion, ein berühmtes – mehr vom Charakter eines Vorhaltes – gibt Beethovens Lied «An die Freude», wenn das Phlegma des Massenchores es nicht abgeschliffen hat.

Auch die Pause, ein wichtiges musikalisches Thema, wird von den

Temperamenten, entsprechend dem höchst subjektiven Zeitempfinden, ganz unterschiedlich gefühlt und gehalten. Zur Verkürzung neigen Choleriker und Sanguiniker, zur Dehnung dagegen Phlegmatiker und Melancholiker: Die einen, vorwärtsdrängend und Neues erhoffend, raffen sich, die anderen, nachsinnend und ruhend, verweilen.

Selbstverständlich ist die Pause hier noch nicht differenziert genug betrachtet; so unterscheidet Christoph Peter jeweils verschiedenartige Pausen: vom Rhythmus her, von der Melodie, von der Harmonik, von der Dynamik und von der Struktur und Stimmführung aus. In seinen pädagogischen Betrachtungen fragt er: «Was bewundern wir an einem erfahrenen Lehrer so sehr? Daß er die feinen Wirkungen der Pause so gut zu nützen weiß. Wenn er nach einer lebhaften Schilderung plötzlich innehält oder leise fortfährt, wenn er vor Höhepunkten abbricht und so ihre Wirkung vertieft; immer wieder wird er dadurch Wachheit und Lebendigkeit bei den Kindern erzielen. Ein Lehrer muß die Pausen als ein Mittel des Vortrags bis zu einem gewissen Grad beherrschen. Auch bei der Wiederherstellung der Disziplin ist die Pause anwendbar. Wie sammelnd wirkt es, wenn der Lehrer es vermag, durch eine Geste den Tumult einer Klasse zum Stillstand zu bringen! Eine Pause hat da meist größeren Erfolg als heftiges Reden. Unruhe kann durch Ruhe getilgt werden.»[227]

Und wieder gilt es, diese Erfahrungen mit der Behandlung der Temperamente zu verbinden – gerade weil sie in ihren entschiedeneren Formen die Pause ganz gegensätzlich empfinden. Auch die Ausführungen Christoph Peters zur «Wiederholung in der Musik» können unter dem Gesichtspunkt der Temperamente noch einmal neu betrachtet und als Anregung aufgegriffen werden.

Auf das Tempo wurde schon hingewiesen; steigere ich die Tempi, so vermag ich eine Klasse «in Fahrt zu bringen», schnell aber auch «außer Atem». Da heißt es im richtigen Augenblick aufzuhören oder auch wieder zu verlangsamen. Prinzipiell gehört das Accelerando so zu Sanguinik und Cholerik wie das Ritardando zu Melancholik und Phlegmatik. Damit gilt es nun die ganze Klasse, besonders aber auch bestimmte Gruppen, im Singen, Musizieren, Sprechen und Rhythmisieren zu bewegen.

Ähnliches gilt für die Lautstärke, wobei die Sanguiniker noch eher als die Choleriker zwischendurch zu leisen Tönen neigen – etwas, was die Melancholiker ausgesprochen lieben; der Phlegmatiker kann da schon viel besser den großen Ton vertragen. Auch hier besteht der Kunstgriff für die Musik und für die Pädagogik darin, genügend zu differenzieren, zu wechseln, zu steigern und abzumildern. Mit dem Crescendo entfache ich den Sturm der Aktivität, mit dem Decrescendo führe ich in die Besinnung. Entscheidend ist, immer wieder, insbesondere aber zum Abschluß, in der Stille zu enden, einen inneren Nachhall zu ermöglichen. Aus der Stille zu beginnen, so wie es der Musik gemäß ist, gelingt nicht immer sofort. Beim Unterricht ist es, vor allem bei kleineren Kindern, oft besser, die Unruhe oder die Aktivität durch rhythmische Übungen oder durch ein Lied zu ordnen und dann zur Ruhe zu bringen, um aus der Stille «richtig» beginnen zu können. Das «Warten», auch das vom Lehrerwillen durchgehaltene Warten, überfordert sehr bald das sanguinische Kind, und es verlangt auch dem Choleriker viel ab.

An dieser Stelle soll auch noch kurz auf Melos und Klang geblickt werden. Die schöne Melodie bewegt naturgemäß stark den Sanguiniker in seinem Gefühlsleben, und sie befriedigt die Sehnsucht nach Vollkommenheit, die im Melancholiker lebt. Im einzelnen kommt es natürlich auf viele Tendenzen an: auf- und absteigende Linie, maßgebende Intervalle, harmonische Entwicklung, Dur und Moll, rhythmische Struktur. Beispiele brauchen nicht gegeben zu werden, es genügt, wenn man sich Melodien anhört und auf diese Weise befragt. Dann wird man auch bemerken, wie stark Akkordklänge und Klangfarben wirken. Hier neigen Phlegmatiker und Choleriker eher zu Fülle und zu klaren Strukturen, letzterer wünscht vor allem rhythmische Prägnanz, während der Melancholiker das kunstvolle Geflecht, der Sanguiniker das bewegte Ineinander verfolgt.

Von größter Bedeutung sind die beiden Tongeschlechter Dur und Moll, in die man in der Waldorfschule erst nach dem neunten Lebensjahr einführt, dann nämlich, wenn das Kind einen entscheidenden Entwicklungsschritt hin zur eigenen Persönlichkeit und zur distanzierenden Weltbetrachtung macht; darüber möge man bei Rudolf Steiner unter dem bezeichnenden Stichwort «Rubikon» nachlesen. Vielleicht darf man mit seinen Begriffen so formulieren: Die ausgeprägte innere «Stärke» des Melancholikers und des Cholerikers verbindet sich mehr mit dem Moll, Sanguiniker und Phlegmatiker mit weniger innerer «Stärke» lieben mehr das Dur.

Auch Dur und Moll müssen im künstlerischen Unterricht gezielt eingesetzt werden, das gilt für das rein Musikalische wie für die entsprechenden Empfindungen von Freude und Leid, für die Polaritäten überhaupt: Tag und Nacht, Licht und Finsternis, äußere Tätigkeit und innere Empfindung. Mit Dur wecke und aktiviere ich die Klasse, mit Moll bringe ich sie zur Ruhe; mit Dur führe ich sie in die Tätigkeit, mit Moll zu Empfindung und Besinnung. Beides braucht eine Schulklasse, und es gehört neben dem Umgang mit Tempo, Lautstärke, Rhythmus, Melodie zur musikalischen Ausbildung ebenso wie zur Methodik der Klassenführung. So gesehen, wäre für eine Zeitlang der rechte Beginn des Tages der Kanon «Vom Aufgang der Sonne» und der rechte Beschluß «Ruhet von des Tages Müh'».

Die Beziehungen der Instrumente zu den vier Temperamenten

Häufig wird das Temperament bei der Wahl eines Instruments ins Spiel gebracht, doch sollte man das nicht überbewerten, geht es dabei doch auch um ganz anderes: Musikalität in verschiedenster Dimension, zum Beispiel das genaue Hören, dazu Geschicklichkeit der Hände und Finger; es geht um Atem, Zahnstellung, Lippen und Zunge. Wichtig ist auch das Üben, sind soziale Prozesse im Zusammenspiel. Wenn im folgenden dennoch der Aspekt Temperament dominiert, so sollen die genannten Gesichtspunkte darüber nicht vergessen werden. Es sei auch daran erinnert, daß sich zwar einige Instrumente zu Beginn rascher und leichter lernen lassen, so zum Beispiel die Leier, die Blockflöte, die Gambe oder das Klavier, die Meisterschaft aber bei allen Instrumenten vergleichbare Anstrengung verlangt. Außer acht bleiben nachstehend auch besondere therapeutische Überlegungen.

In der bereits genannten zweiten Seminarbesprechung gibt ein Teilnehmer folgende Zuordnung, der Rudolf Steiner im ganzen durchaus zustimmt:[228]

Phlegmatiker:	Harmonium und Klavier – Harmonie – Chorgesang
Sanguiniker:	Blasinstrumente – Melodie – ganzes Orchester
Choleriker:	Schlagzeug und Trommel – Rhythmus – Soloinstrumente
Melancholiker:	Streichinstrumente – Kontrapunkt – Sologesang

Nun sei der Blick zuerst auf die wichtigsten Orchesterinstrumente gerichtet. Welche Verwandtschaften haben der Klang und die Spieltechnik dieser Instrumente zu den verschiedenen Temperamenten?

Bei den Holzblasinstrumenten Querflöte, Oboe, Klarinette und Fagott dominiert in der Tonhöhe, in Helligkeit, Leichtigkeit und Transparenz des Klanges und im wenig materiellen Ansatz die Querflöte als durchaus sanguinisches Instrument. Es ist aber typisch, daß auch Melancholiker vom edlen Ton der Flöte angezogen werden, deren Spielweise zudem besonders wohltätig auf Atem und Haltung wirkt. Die «Sanguinik» der Oboe wirkt dagegen mehr gepreßt, ja nasal, die der Klarinette eher übermütig und burschikos, die des Fagotts durchaus clownesk – alles Spielarten, die zum Beispiel Richard Strauß souverän einsetzt. Die Oboe hat gegenüber der Querflöte deutlich mehr Melancholik und braucht im Orchester als oft führendes Blasinstrument auch durchaus cholerische Qualitäten; der Cholerik entspräche auch der extrem spannungs- und druckvolle Blasansatz. Die Klarinette, im Ansatz zunächst einfacher, zeigt im Klang deutlich Melancholik, andererseits auch (übertriebene) Heiterkeit; damit hängt gewiß auch ihre Verwendung im Jazz zusammen. Das tiefe Fagott kennt als Baßinstrument die behagliche Ruhe der Phlegmatik ebenso wie die rhythmische Attacke des Cholerikers. Natürlich bewegen sich alle genannten Instrumente durch alle Temperamentssphären hindurch, zumal ja durch die Qualitäten der Komposition noch ganz andere Kriterien zur Geltung kommen; dennoch bleibt der oben genannte Duktus mehr oder minder vorherrschend.

Da in der Waldorfschule in der Regel alle Kinder das Spiel auf der Blockflöte erlernen, anfangs auf einer pentatonisch gestimmten Flöte mit den Quinten d – a – e, soll auch kurz auf das Blockflötenquartett, so wie es in vielen Mittelstufenklassen chorisch gespielt wird, eingegangen werden. Die Sopranblockflöte in ihrer hohen Lage, oft die Melodie führend oder sie in Variationen umspielend, entspricht am ehesten dem sanguinischen Temperament, die Altblockflöte, mit dunklerem Klang und oft dienend die Melodie begleitend, mehr dem melancholischen. Die Tenorblockflöte sieht man dem cholerischen Temperament näher, die Baßblockflöte dem phlegmatischen. Allerdings sind bei der Wahl des Instruments auch ganz andere Gesichtspunkte zu beachten, so die Größe der Hand, die gleiche Griffweise von Sopran- und Tenorblockflöte – beide in C –, die andere der Altblockflöte in F, der Baßschlüssel bei der tiefsten Flöte. Die Erfahrung zeigt, daß viele der musikalisch begabten Melancholiker neben der Sopranblockflöte das Spiel auf der Altblockflöte erlernen wollen.

Während man die Holzblasinstrumente bei allen Unterschieden im einzelnen doch insgesamt der Sanguinik zuordnen wird, sieht man die Blechblasinstrumente einerseits deutlich cholerisch, andererseits auch durchaus phlegmatisch. Dabei zeigt die höhere Trompete neben der Beziehung zur Cholerik stark Sanguinisches, die tiefere Posaune daneben eher Phlegmatisches, was sich in der Tuba vollends erfüllt. Das Horn, Vermittler zwischen «Holz» und «Blech», zeigt bei aller phlegmatischer Ruhe einerseits und einer ganz charakteristischen Beweglichkeit andererseits – man denke an die Jagdmotive –, ein erstaunliches Maß an Melancholik. Nicht umsonst liebten es die Romantiker – man höre sich daraufhin einmal Schumanns Sinfonien oder das Horntrio von Johannes Brahms an.

Die Streichinstrumente sind eher eine Domäne der Melancholiker, am wenigsten vielleicht noch die Geige mit ihrem hellen Klang, viel mehr schon die dunkler timbrierte Bratsche und erst recht das Violoncello. Die tiefen Instrumente bis hin zum Kontrabaß haben eine phlegmatische und eine cholerische Komponente – wiederum ein Hinweis darauf, daß es nicht möglich ist, ein Temperament eindeutig auf ein Instrument festzulegen. Läßt man einmal die Intonation durch die linke «Griffhand» außer acht, dann kann man an der rechten «Bogenhand» der Geiger aufschlußreiche Temperamentsstudien treiben: Der Sanguiniker streicht locker, mit verhältnismäßig wenig Bogen, aber viel Bogenwechsel, gerne tänzerisch und graziös – spiccato oder leicht geworfen; der Choleriker drückt mit festem Handgelenk, der Arm führt energisch, der Ton wird akzentuiert und laut – marcato und martellato; der Phlegmatiker bleibt weich in der Bewegung von Hand und Arm, der Strich fließt ruhig, eher zu langsam als zu schnell – portato; der Melancholiker, dem schönen Ton zugewandt, neigt zum leisen und singenden Spiel – legato, ist allerdings im ungünstigen Fall verkrampft und ohne Geschmeidigkeit.

Bei den Schlaginstrumenten dominiert die Cholerik, doch braucht der Schlagzeuger für das riesige Arsenal seines Instrumentariums auch sanguinische Beweglichkeit. Ähnlich wie bei anderen Instrumentengruppen zeigt sich auch hier eine Vielfalt der Nuancen: das virtuose Spiel auf dem Xylophon, der nachhallende Klang eines großen Gongs, der Paukenwirbel und der Paukenschlag, das Geläute der Glocken, die Vielfalt der Handtrommeln und so weiter.

Die Zupfinstrumente haben im Grunde etwas Zartes und Geheimnisvolles, am stärksten die Leier, die ja eigentlich auch nicht gezupft, sondern mit den Fingerkuppen «gestrichen» wird. Lauten und Mandolinen, Gitarren und Harfen reichen, entsprechend ihrer Bau- und Spielweise, auch in lautstarke Dimensionen, doch bieten alle diese Instrumente viele Möglichkeiten für das melancholische Temperament. Je nach Komposition und Spieltechnik, solistisch oder begleitend, kommen auch die anderen Temperamente zu ihrem Recht; aufschlußreich ist zum Beispiel der Vergleich zwischen altenglischer Lautenmusik, spanischem Gitarren-Flamenco, indischer Sitar-Musik und der modernen E-Gitarre.

In den Konferenzen der ersten Waldorfschule kam am 10. Mai 1922 auch der Klavierunterricht zur Sprache. An Bemerkungen zur Linkshändigkeit anknüpfend, bemerkte Rudolf Steiner: «Dann müßte man in dieser Beziehung auf das Temperament achten, so daß man also bei Melancholikern die rechte Hand bevorzugt. Man wird sehr leicht bei ihnen den Hang finden, mit der linken Hand zu spielen. Bei Cholerikern müßte man die linke Hand bevorzugen. Bei Phlegmatikern müßte man sehen, daß sie beide Hände in gleichmäßiger Weise haben, und bei Sanguinikern ebenso in gleichmäßiger Weise.»[229] Es taucht als Frage auf, inwieweit die Temperamente mit Rechts- und Linkshändigkeit zu tun haben.

Das Klavier bietet im Grunde jedem Temperament reiche Möglichkeiten, aber ganz besonders erlaubt es dem Melancholiker, allein zu bleiben und sich seine eigene musikalische Welt zu gestalten. Dem Autor, der als Liebhaber viel Kammermusik in den verschiedensten Besetzungen gespielt und im Konzert gehört hat und den geselligen Umgang der «Kammermusiker» kennt, ist der Eindruck seines ersten Klavierabends mit Wilhelm Kempff unvergeßlich: Wie viele Zuhörer blieben da in der Pause allein! Als ein ganz außergewöhnliches Beispiel, über das viel nachgesonnen werden kann, sei auch der legendäre kanadische Pianist Glenn Gould genannt; seine Persönlichkeit zeigt bei aller Größe und Genialität deutlich autistische Züge.

Beim melancholischen Kind achte man darauf, daß es ein sogenanntes Melodie- oder Orchesterinstrument erlernt, dann kann, bei genügender Begabung, das Klavier als weiteres Instrument dazukommen. Man muß aber wissen, daß gerade das Zusammenspiel mit anderen Instrumenten vom Pianisten in der Regel beachtliches Können verlangt.

Eurythmie und Turnen

Es ist einleuchtend, daß die von Rudolf Steiner geschaffene Bewe-
gungskunst *Eurythmie* in vielfältiger Weise mit den Temperamenten
zu tun hat. Das hängt nicht nur mit den zu gestaltenden sprachlichen
und musikalischen Kunstwerken in Laut- und Toneurythmie zusammen, auch nicht nur mit der Arbeit an den vier Elementen Erde,
Wasser, Luft und Feuer, sondern auch mit den Grundlagen der
eurythmischen Kunst selbst: Die beseelte Bewegung arbeitet an und
mit den ätherischen Kräften des Bildekräfteleibes, und dort ist auch
das Temperament des Menschen beheimatet. Darüber ist bei Rudolf
Steiner und in der Fachliteratur vieles ausgeführt.

Im Zusammenhang mit den Temperamenten einer bestimmten
Klasse äußert sich Rudolf Steiner am 12. Juni 1920 in der Lehrerkonferenz: «Phlegmatische Kinder, die kriegt man wohl nur in Bewegung, wenn man versucht, mit ihnen die schwierigen Konsonanten
zu machen; die sanguinischen Kinder mit den leichteren Konsonanten. Mit den phlegmatischen Kindern macht man R und S; bei sanguinischen Kindern die Konsonanten, die Ansätze zur Bewegung geben:
D und T.»[230]

In seinen Vorträgen *Eurythmie als sichtbarer Gesang* gibt er einen
Hinweis auf «das Hinübergehen in die ewige Dur-Stimmung des
sanguinischen Menschen [o und u] und in die ewige Moll-Stimmung
des melancholischen Menschen [a und e].»[231]

Für die Eurythmisten sei insbesondere hingewiesen auf die obigen
Ausführungen zur Phänomenologie, speziell zu Gang, Bewegung,
Haltung, auf die Darstellung der Elemente und auf die Betrachtungen zu Musik und Rhythmus und zur Dichtung. Eigentlich müßte
sich einmal ein berufener und erfahrener Eurythmist der beiden
naheliegenden Themen annehmen: die Temperamente in der pädago-

gischen Eurythmie und in der Heileurythmie sowie die Temperamente in der künstlerischen Eurythmie.

In der Konferenz am 18. Dezember 1923 weist Rudolf Steiner in einem Satz auf die Möglichkeiten hin, die das *Turnen* für ein temperamentgerechtes Unterrichten bietet: «Es wäre möglich, eine Stunde so zu gestalten im Turnen, daß man die Kinder so gruppiert, daß sie das machen, wozu ihr Temperament sie treibt.»[232]

Man baue zum Beispiel eine «Gerätelandschaft» auf und beobachte, was die Kinder eindeutigeren Temperaments bevorzugen: Wer springt gern? Wer schaukelt? Wer sucht immer wieder festen Halt? Wer kugelt sich auf der Matte? Wer fordert zu Wettkämpfen auf? Wer schart andere gesellig um sich? Wer geht von einem Gerät zum anderen? Wer bleibt an seiner Sache? Wer sondert sich ab? Wer faulenzt gar?

Ähnliches gilt für die vielgestaltigen Spiele: fliehen und haschen, verstecken und suchen, zielen, treffen und fangen, unterstützen und helfen, täuschen und schützen, allein, zu zweien, in Gruppen; Spiele mit Ruhezonen, Freiräumen, Kampffeldern, Grenzen, kurzen und langen Wegen, Geräten mannigfacher Art; freie Spiele oder streng reglementierte, mit Körperkontakt oder ohne Berührung, gleichberechtigt oder unter Anführung, Spiele mit offenem Ende oder mit Zeitbegrenzung, mit Plus- oder Strafpunkten, Treffern oder Plazierungen. Rudolf Steiner hat recht mit seiner lapidaren Bemerkung, und jeder erfahrene Turnlehrer wechselt Disziplinen, Geräte, Spiele, Methoden auch unter dem Gesichtspunkt der Temperamente.

Folgende Aufgabe sei gegeben: Es gilt, hochgehoben zum ruhig hängenden Trapez, dieses allmählich in Schwingung zu bringen und lustvoll zu «schaukeln». Wie werden das Kinder eindeutiger Temperamentsprägung bewerkstelligen? Wem wird es am besten gelingen? Die Vermutung wird in der Praxis mehr als einmal bestätigt: Der Phlegmatiker schafft es am leichtesten. Für ihn ist es «Natur», sich in Zeitprozesse, in Schwingungen einzustimmen; das ruhige Beobachten mag darüber hinaus helfen. Choleriker gehen zu ungestüm ans Werk, so daß die notwendige allmähliche Bewegung nicht klein entstehen und andauernd wachsen kann; auch die Sanguiniker sind zu unruhig und wechselhaft; den Melancholiker lähmt die Festigkeit, vielleicht auch nach kurzer Zeit die Enttäuschung über das Mißlingen.

Wie verhält es sich mit Grunddisziplinen der Leichtathletik wie Lauf, Sprung, Wurf, vielleicht unterschieden nach Sprint und Dauerlauf, nach Hoch- und Weitsprung, nach Speerwurf und Kugelstoßen? Klar, daß jede Sportart «cholerische» Tatkraft braucht, aber gibt es sanguinische Marathonläufer und melancholische Hürdenspezialisten? Auch wenn viele andere Faktoren hineinspielen, kann man doch beim Sport die Wirkung des Temperaments schön beobachten. Wie «wedelt» beispielsweise ein Sanguiniker zwischen den Slalomstangen, wie stürzt sich ein Choleriker in die Abfahrt! Wer liebt den Wassersport, wer das Mannschaftsspiel, wer den Zweikampf, wer die «Einsamkeit des Langstreckenläufers»?

Oder blicken wir nur auf eine Einzelheit, den Sprung. Was bedeuten Anlauf, Absprung, Flug und Aufsprung eines Springers? Wann tritt Spannung auf, wann Lösung, wann innige Berührung, wann befreiender Flug? In der Tat ist jeder Anlauf ganz stark mit dem Zeitfaktor verbunden, Rhythmus und Steigerung führen zum Absprung-Ziel; hier herrscht am ehesten Phlegmatik, und phlegmatische Kinder laufen gerne lang an, recht gleichmäßig, aber ohne starken Sprungimpuls. Die «Explosion» im Absprung hat cholerische Qualität, und cholerischen Kindern gelingt die volle Kraftentfaltung am ehesten, wobei sie leicht auch «übertreten». Verständlich, daß der Luftflug den Sanguinikern am meisten Genuß verschafft, darüber wird der sichere Stand, so beim Geräteturnen, vernachlässigt: die fliegende Bewegung sollte am besten gleich weitergehen. Dieser feste Stand, gerade, auf beiden Beinen, die Füße geschlossen, fordert die Formkraft, die, noch mehr als der Choleriker, der Melancholiker besitzt; er ist in der Feste und Ruhe, auf der ruhenden Feste der Erde angekommen.

Darüber berichtet sehr anschaulich Jochem Nietzold in seinem tiefgründigen Buch *Geistige Strukturen sinnvollen Turnens*.[233] Dem Kapitel «Das menschliche Maß der Mitte» stellt er ein Motto Steiners voran, das auch auf die Temperamente paßt: «Unsere Lebenskunst besteht darin, daß wir das richtige Gleichgewicht finden.»[234]

So schreibt Nietzold beispielsweise: «Nehmen wir [...] einmal das beliebte Bockspringen als Übung, so sind hier alle Temperamentsbewegungen in einer Bewegungsfolge enthalten, nämlich in den Anlaufschritten (Phlegmatik), im Absprung (Cholerik), im Schwung durch die Luft, über das Gerät (Sanguinik) und im Aufsprungtritt

(Melancholik).»²³⁵ Das führt der Autor genauer aus und verbindet diese Stufen mit den Temperamentsnuancen der vier Grundrechenarten (vgl. dazu S. 228ff.). Später beschreibt er anschaulich entsprechende Bewegungen wie Stützeln und Rollen (Schritt), Stemmen (Tritt), Schwung (Schwingen) und Kippen (Sprung). Seine Ausführungen sind auch insofern interessant, als er in den verschiedenen Sportarten und -disziplinen immer wieder Grundmuster der Bewegung aufsucht und so, ohne es stets anzumerken, vieles aus der Welt der Temperamentsbewegungen ausbreitet.

Während Jochem Nietzold die Temperamente direkt nennt, verweist Fritz Graf von Bothmer, der Begründer der gleichnamigen Gymnastik, mehrfach auf die vier Elemente, damit natürlich die Temperamente mit einschließend. So schreibt er: «In der nach der Höhe strebenden Bewegung des Sichaufrichtens flammt das Element des Feuers. Im Schwingen nach der Weite lebt das Element der Luft. Im Suchen des Widerstandes fühlt sich das Element der Erde. Im Überwinden des Widerstandes wirkt das Element des Wassers. Das ist nicht nur die räumliche, sondern auch rhythmische Sprache der Gymnastik.»²³⁶ Daran anschließend ordnet er folgendermaßen:

«Höhe – Sprung – Feuer
Weite – Schwung – Luft
Widerstand – Tritt – Erde
Überwinden des Widerstandes – Schritt – Wasser.»²³⁷

Später beschreibt er im Zusammenhang mit den vier Naturreichen Mineral, Pflanze, Tier, Mensch den Sprung und den Fall:

«das aufwärts Springende,
das in die Weite Schwingende,
das im Widerstand sich Verfestigende,
das im Widerstand sich Ausbreitende, Wirkende.»²³⁸

Im Anschluß an diese Bemerkungen zum Turnen sei auch auf die *Zirkuskünste* hingewiesen: Akrobatik, Jonglage, Clown-Spiel, Tanz, Arbeit mit Tieren und so weiter. Rudi Ballreich hat mit dem (Schüler-) Circus Calibastra an der Michael Bauer Schule in Stuttgart Vorbildliches geleistet. Er weist in seinem großen Zirkusbuch *Zirkus-Spielen* mit Recht darauf hin, daß die vier Elemente Erde, Wasser, Luft und Feuer ideale Helfer sind, um in Spiel-, Bewegungs-,

Phantasiewelten einzutauchen.[239] Einen Höhepunkt erreichte diese
Arbeit mit einem Programm, in dem die Clowns- und Akrobaten-
gruppe von «Calibastra» im Verlaufe einer Geschichte durch diese
vier Welten wanderte. Gerade auch das Clown-Spiel kann darauf
aufbauen, um unter anderem die vier Temperamente zu gestalten.
Es ist allerdings ein eigenes Gesetz um die Karikatur der Temperamente (dazu auf S. 236 und 269f.), und gerade bei der Arbeit mit
Kindern muß hier besondere Sorgfalt walten.

Malen und Zeichnen

Im folgenden können für das Malen und Zeichnen unter dem Gesichtspunkt der vier Temperamente nur wenige Hinweise auf charakteristische Merkmale gegeben werden, die die Fülle der Möglichkeiten andeuten. Aus der Sicht der Kunstgeschichte muß das Gebiet zudem noch einmal ganz anders betrachtet werden als aus der Sicht des Malens im künstlerischen Unterricht der Schule. Vorweg sei auch darauf hingewiesen, daß der Temperamenten-Farbklang Rot – Blau – Gelb – Grün für Cholerik, Melancholik, Sanguinik und Phlegmatik physikalische, physiologische und ästhetische Probleme in sich birgt, obwohl diese Zuordnung in der Regel bestätigt wird.

So könnte man bei den Farben etwa folgende Zuordnungen vornehmen:

rot: Energie, dynamisch, stark, aggressiv, zentral, scharf, Wärme
grün: ruhig, neutral, lebensfreundlich, ausgebreitet, mild
gelb: hell, warm, leicht, heiter, strahlend, offen
blau: schwer, kalt, Tiefe, meditativ, fließend, umhüllend, verinnerlichend, sphärisch.

Aus der Wirkung der Komplementärfarben heraus müßte man aber fragen, warum nicht anstelle des Grüns (einer Mischfarbe) das Orange oder das Violett (ebenfalls Mischfarben) auftauchen. Man sieht, daß auch hier das Problem der Drei und der Vier (vgl. dazu unten, S. 346ff.) in ganz anderer Weise erscheint. Offensichtlich gibt der sechsteilige Farbkreis Gelb – Orange – Rot – Violett – Blau – Grün, sofern man die drei Grundfarben und ihre jeweilige erste Mischfarbe gleich wertet, für die Zuordnung der Temperamente nicht den richtigen Hintergrund.

Einen anderen Aspekt bietet der Gegensatz von Licht und Finsternis, von Hell und Dunkel; jedermann weiß um den wunderbar belebenden Zusammenklang von Rot und Grün. Es war Goethe, der seinen Farbkreis aus der Polarität von Licht und Finsternis heraus entwickelt hat, aus den Farben gelb und blau. Für ihn entsteht das Rot als «Steigerung», das Grün dagegen als bloße Mischung der Pole gelb und blau. Hier ist man lebhaft an die Charakterisierung der Temperamente erinnert: Die Cholerik – das (gesteigerte) Rot – hat die größte Erregbarkeit und Stärke, die Phlegmatik – das (gemischte) Grün – die geringste; die Melancholik – das Blau – mit wenig Erregbarkeit und viel Stärke und die Sanguinik – das Gelb – mit viel Erregbarkeit und wenig Stärke stehen sich polar gegenüber. In der «Temperamentenrose» (1799) von Goethe und Schiller (vgl. S. 326ff.) finden wir noch eine etwas andere Anordnung innerhalb des altbekannten zwölfteiligen Farbkreises: Gelb ist auf der Seite der Sanguinik, Grün führt ins Phlegmatische, das sich mit Blau erfüllt, und die Melancholik reicht vom dunkelsten Violett über Rot bis zum Karmin, das dann schon in die Cholerik überleitet.

Gerade Goethes Charakterisierungen dieser vier Farben in seiner *Farbenlehre*[240] verbinden sich in schöner Weise mit den vier Temperamenten, die er in diesem Zusammenhang aber nicht direkt erwähnt.

Gelb: «Es ist die nächste Farbe am Licht. [...] Sie führt in ihrer höchsten Reinheit immer die Natur des Hellen mit sich und besitzt eine heitere, muntere, sanft reizende Eigenschaft. [...] So ist es der Erfahrung gemäß, daß das Gelbe einen durchaus warmen und behaglichen Eindruck mache. [...] Das Auge wird erfreut, das Herz ausgedehnt, das Gemüt erheitert; eine unmittelbare Wärme scheint uns anzuwehen.»[241]

Blau: «So wie Gelb immer ein Licht mit sich führt, so kann man sagen, daß Blau immer etwas Dunkles mit sich führe. [...] [Blau] ist als Farbe eine Energie; allein sie steht auf der negativen Seite und ist in ihrer höchsten Reinheit gleichsam ein reizendes Nichts. [...] [Wir sehen] das Blaue gern an, nicht weil es auf uns dringt, sondern weil es uns nach sich zieht. [...] Das Blaue gibt uns ein Gefühl von Kälte, so wie es uns auch an Schatten erinnert. [...] Blaues Glas zeigt die Gegenstände im traurigen Licht.»[242]

Rot: «Man denke sich ein ganz reines Rot, einen vollkommenen [...] Karmin. [...] Die Wirkung dieser Farbe ist so einzig wie ihre

Natur. Sie gibt einen Eindruck sowohl von Ernst und Würde als von Huld und Anmut. [...] Eine Umgebung von dieser Farbe ist immer ernst und prächtig.»²⁴³

Dieses Rot zeigt gewissermaßen die bewußte Ichkraft als Impuls des cholerischen Temperaments. Die Blutseite mit ihrer Naturkraft erlebt man eher im Feuerrot. So kann man gut verstehen, daß manche Waldorflehrer in den unteren Klassen beim Malen mit Wasserfarben die beiden Rot, Karmin und Zinnober, selbst mischen, um den Kindern ein mittleres Rot zu geben. Zum «Gelbrot» sagt Goethe: «Das angenehme, heitre Gefühl, das uns das Rotgelbe noch gewährt, steigert sich bis zum unerträglich Gewaltsamen im hohen Gelbroten. Die aktive Seite ist hier in ihrer höchsten Energie, und es ist kein Wunder, daß energische, gesunde, rohe Menschen sich besonders an dieser Farbe erfreuen. [...] Man darf eine vollkommen gelbrote Fläche starr ansehen, so scheint sich die Farbe wirklich ins Organ zu bohren.»²⁴⁴

Grün: «Unser Auge findet in [der grünen Farbe] eine reale Befriedigung. Wenn beide Mutterfarben sich in der Mischung genau das Gleichgewicht halten, dergestalt, daß keine vor der anderen bemerklich ist, so ruht das Auge und das Gemüt auf diesem Gemischten wie auf einem Einfachen. Man will nicht weiter und kann nicht weiter.»²⁴⁵

Rudolf Steiner, der bei der Herausgabe der Goetheschen naturwissenschaftlichen Schriften auch zum genauen Kenner von dessen Farbenlehre wurde, hat nicht nur selbst gemalt und gezeichnet, plastiziert und geschnitzt, er hat auch eine Fülle von Anregungen für bildende Künstler gegeben und dabei eine neue Farbenlehre entwickelt. Da in dieser Farbenlehre in verschiedener Weise wiederum eine Vierheit auftritt, soll wenigstens die Frage angeschnitten werden, ob sich auch hier, wie bei den vier Farben Rot, Gelb, Blau und Grün, eine Beziehung zu den Temperamenten herstellen läßt. Die wesentlichen Darstellungen zur Farbenlehre finden sich in den Vorträgen über *Das Wesen der Farben,*²⁴⁶ wo Rudolf Steiner «Bild- und Glanzwesen» der Farben charakterisiert und Grün, Pfirsichblüt, Weiß und Schwarz als «Bildfarben» von den «Glanzfarben» Gelb, Rot und Blau unterscheidet (Braun als Entsprechung zu Schwarz findet sich in einer Notiz erwähnt). Die Frage nach dem Zusammenhang mit den Temperamenten ist um so berechtigter, als Rudolf Steiner hier von Leben, Seele, Geist und Tod, aber auch von Mineral, Pflanze, Tier und Mensch spricht.

Im Zusammenhang mit den Temperamenten weist Rudolf Steiner auf die Komplementärfarbe hin. «Da wird man nicht, wenn es sich um die Farbe handelt, auf die Temperamente blicken, sondern da wird man im allgemeinen mehr darauf bedacht sein, ob das Kind ein aufgeregtes oder ein abgeregtes Kind ist.»[247] Das cholerische Kind zum Beispiel muß gegenüber dem Rot sich «anstrengen, um innerlich die [grüne] Gegenfarbe zu erleben, und wird gerade nicht äußerlich aufgeregt. Also das Gleiche, das ist gerade dasjenige, was bändigend auf ein aufgeregtes Kind wirkt.»[248] Für den Melancholiker wird entsprechendes ausgeführt. Wieder haben wir das homöopathische Simile-Prinzip angewandt; hier hängt es mit der inneren, seelischen Wirkung des Farbsehens als Farberleben zusammen.

Auf Rudolf Steiners (zum Teil unterschiedliche) Vorschläge zur Farbgestaltung von Klassenzimmern usw. sei hingewiesen: Vom Orange der ersten Klasse spannt sich der Bogen über gelbes in blaues Grün und schließlich ins Blau und Violett der oberen Klassen.

Daß auch die Farbintensität für die Temperamente eine große Rolle spielt, ist deutlich. Ganz allgemein neigt der Sanguiniker zu zarten Tönen, ihnen gibt das Luftelement die Leichtigkeit, und ausgesprochen sanguinische (und melancholische) Kinder malen oft recht «trocken» mit ihren Aquarellfarben. Damit gewinnt gleichzeitig das Zeichnerische, das Formgestaltende an Gewicht. Der Choleriker liebt die Farben in ihrer Intensität, während der Phlegmatiker sich eher im Wäßrigen auslebt und dabei Gefahr läuft, die Farbe zu verdünnen. Kontraste bevorzugen am ehesten die Choleriker und die Sanguiniker, Harmonie suchen die Melancholiker und die Phlegmatiker.

Der erfahrene Klassenlehrer der Waldorfschule kann im Anblick der allwöchentlich gemalten Wasserfarbenbilder außerordentlich viel auch zum Temperament der Kinder ablesen, und wenn er, zum Beispiel beim Vorbereiten der charakterisierenden Zeugnisse, die Mappe des einzelnen Schülers durchblättert, dazu die Zeichnungen in den Heften und die Formenzeichnungen betrachtet, dann entsteht ein sehr differenzierter und doch auch eindeutiger Eindruck vom Temperament des Kindes, soweit es sich in den bildnerischen Gestaltungen niederschlägt.

Auch während der Arbeit mit Pinsel, Wachsfarben, Buntstiften verrät das Kind im Gestalten, ganz abgesehen von der Farbwahl und der Farbintensität, viel von seinem Temperament: Wie hält es das Gerät, wie sind Druck und Zug von Pinsel und Stift? Wo beginnt die Arbeit, wie geht sie voran, wie lange dauert sie? Dominiert Farbe oder Form? Sind es großzügige Gestaltungen, oder geht das Kind ins Detail? Welche Inhalte werden bevorzugt, welche weggelassen?

Hier soll unter thematischen Gesichtspunkten nur einmal der Blick auf das Temperament selbst und, noch mehr, auf die Elemente gerichtet werden (zu letzterem vergleiche man S. 295ff.). Aus den Sachkunde-Epochen ergeben sich temperamentsbezogene Themen wie von selbst; dort finden sich auch weitere Hinweise. Das Temperament an sich ist eine Themenstellung für die oberen Klassen, denn dann kann man im Aquarellieren wie im Zeichnen, zum Beispiel mit der Kohle, das menschliche Temperament in den Mittelpunkt stellen. Als Ausgangspunkt können auch die Werkbetrachtung und die Kopie Verwendung finden, so Dürers «Melencolia I» oder Zeichnungen von Käthe Kollwitz, wenn man bei der Melancholik bleibt, oder eine figürliche Darstellung Rembrandts oder van Goghs, und von der Farbe aus mag beispielsweise Franz Marc besonders interessieren.

Vor dem achten Schuljahr sollten die Aufgaben anders gestellt werden. Der Autor hatte etwa großen Erfolg mit einer Serie figürlicher Darstellungen, die während einer Menschenkunde-Epoche im siebten Schuljahr entstanden sind: Gärtner bei der Gartenarbeit oder Hirte mit seiner Herde (grüne Grundierung), Schmiede bei der Arbeit (rote Grundierung), tanzende Kinder (gelbe Grundierung), Gestalt am Meer in der Rückenansicht (blaue Grundierung). Man kann genauso von gewissen Seelenstimmungen ausgehen und vor dem Malen ein Gespräch über die treffenden Farben führen: ein trauernder Mensch, ein fröhliches Fest, Aufbruch zum Kampf, Ruhe nach der Arbeit und ähnliches. Lohnend ist immer die Arbeit mit den vier Elementen, die während der Erd- oder Wetterkunde das Thema selbst sein können oder den Hintergrund für die Temperamentsnuance abgeben. In der sechsten Klasse malt man zum Beispiel den griechischen Tempel: im hellen Licht, unter blauem Himmel golden aus dem Grün der Haine schimmernd; auf Felsenhügel über dunklem Meer im Licht der «rosenfingrigen Eos»; in der Nacht im fahlen Lichte des Mondes über dem Wasser; umtobt von Gewitterstürmen und Blitzen.

Zwei Beispiele aus der vierten Klasse sollen für die «gegenständliche Malerei» noch folgen; sie entstanden in Anlehnung an den germanischen Sagenschatz als Erzählstoff.

Eine erste Serie galt den Sagen um Dietrich von Bern (Abb. 12 a-d). Der Zwerg Alberich schleppt im tiefgrünen Wald das Schwert Eckesachs heran (phlegmatische Stimmung): Ein phlegmatischer Junge malt in satten Farben und klaren Formen, bestimmte Bildelemente werden gleichförmig wiederholt; der Klang Rot-Grün wirkt allerdings immer höchst lebendig (Abb. 12a). König Laurins Rosengarten (sanguinische Stimmung): Ein sanguinischer Junge, im Malen wenig begabt, setzt kühn den Zwergenkönig über einer bunten Blumenwiese hoch ins Bild (Abb. 12b). Die Zwerge in ihrer Waffenschmiede (cholerische Stimmung): Ein Mädchen, nicht nur im bildhaften Gestalten begabt, malt in fein differenzierten Tönen von tiefem Rot bis zu glühendem Goldgelb; davor setzt sie die Zwerge konturiert im «Schattenriß» (Abb. 12c). Die Zwerge schürfen nach Kristallen (melancholische Stimmung): Ein phlegmatisches Mädchen malt schematisch und geduldig elf Zwergengestalten und eine Grundform kristalliner Gestalt in symmetrischer Ordnung (Abb. 12d).

Die zweite Serie griff Motive der «Gudrunsage» auf (Abb. 13a-d). In der Waldestiefe der Insel (phlegmatische Stimmung) findet Hagen die Königskinder: Im hellen Grün und Gelb, gemalt von einem sanguinischen Knaben, erkennen wir links eine oder zwei Gestalten, rechts der Mitte den Stamm eines Baumes (Abb. 13a). Gudrun wartet am Meeresstrand, in Wind und Wetter als Magd dienend (melancholische Stimmung): Ein malerisch talentiertes Mädchen malt in fein abgestuften Tönen ein trauriges Blau und Violett, aus denen die beiden Gestalten geheimnisvoll aufleuchten (Abb. 13b). Normannische Schiffe in Gewitter und Sturm (cholerische Stimmung): Ein sanguinischer Junge, zeichnerisch durchaus begabt und an Schiffen und Abenteurern interessiert, malt höchst lebendig und farbig und setzt das Rot des Segels inmitten des stürmischen Gewoges von Wellen und Wolken mutig gegen den gelben Blitz (Abb. 13c). Freudiges Wiedersehen (sanguinische Stimmung): Einem phlegmatischen Mädchen gelingt ein heiteres Bild in kontrastierendem Gelb-Blau; schön umrahmt sie das glückliche Paar mit einer Blumengirlande, deren buntes Rot sich in Baum und Gras fortsetzt (Abb. 13d).

Abb. 12 a: Zwerg Alberich schleppt das Schwert Eckesachs heran.

Abb. 12 b: König Laurins Rosengarten.

Abb. 12 c: Die Zwerge in ihrer Waffenschmiede.

Abb. 12 d: Die Zwerge schürfen nach Kristallen.

Abb. 13 a: Hagen findet die Königskinder.

Abb. 13 b: Gudrun wartet am Meeresstrand.

Abb. 13 c: Normannische Schiffe in Gewitter und Sturm.

Abb. 13 d: Freudiges Wiedersehen.

In den ersten Schuljahren, in denen man vorwiegend «abstrakt» malt, nämlich Seelenstimmungen als Farbklänge, wirken Temperament und Farbe rein zusammen, und man kann in einem regelrechten «Lehr- und Lerngang» von den Grundfarben zu den ersten Mischfarben und über ganz bestimmte Kombinationen das Farberleben und damit das Temperamentserleben mitsamt vielen Mischungen ganz durchschreiten. Die sogenannte «Farbgeschichte» gibt dabei die Nuancierung nicht nur für das Bild, sondern auch für das Erleben, genauer: für beides untrennbar zusammen; erst in der Bildbetrachtung, einem unverzichtbaren Schulungselement, wird dann mehr Bewußtsein möglich sein. Da gibt es zum Beispiel das «kecke» Rot, aber auch ein «zorniges» oder ein «gefräßiges»; ein Blau mag leicht, hell und heiter sein, ein anderes still und tief; mit dem Gelb verbindet sich Licht und Wärme, es kann aber auch ganz klein und leise geworden sein. Im Mischen, das heißt in Tanz und Spiel, im lebhaften Verbinden, entstehen dann in der Geschichte die Mischungen ersten Grades: Orange, Violett und Grün. Damit werden auch Bilder zu den Märchen und zu den Legenden verbunden. Die wilde Gier des «Wolfes von Gubbio», um nur ein Beispiel zu nennen, ist verkörpert im flammenden Orange, Zinnober und Rot, das durch die sanfte und ernste Wärme eines feierlichen Violetts gehalten und besänftigt wird: Der heilige Franziskus bändigt das Tier.

Als Literaturhinweise zum Malunterricht seien genannt: Anke-Usche Clausen und Martin Riedel, *Schöpferisches Gestalten mit Farben*;[249] Margrit Jünemann und Fritz Weitmann, *Der künstlerische Unterricht in der Waldorfschule: Malen und Zeichnen*.[250]

Formenzeichnen

Für das Formenzeichnen hat Rudolf Steiner in seinem ersten Lehrerkurs 1919 detailliertere Angaben gemacht; sie sind hier in Auszügen
wiedergegeben. Eine umfangreiche Darstellung, auch des sogenannten dynamischen Zeichnens, gibt das reich illustrierte Buch *Formenzeichnen*.[251] Für unser Thema sei ganz besonders das Kapitel «Das
Formenzeichnen unter dem Aspekt der Temperamente» von Hildegard Berthold-Andrae empfohlen.

In der dritten Seminarbesprechung gibt Rudolf Steiner anhand von
Skizzen der Teilnehmer und eigenen Figuren Hinweise auf Formenzeichnungen und ihre Umwandlung entsprechend dem Temperament.[252] So verwandelt sich zum Beispiel eine offene, sanguinisch geprägte Form (Abb. 14a) in eine geschlossene, melancholische Form
(Abb. 14b) und wird entsprechend in der Farbe variiert. Bei einer anderen farbigen Form spricht Rudolf Steiner über das «Blau-Gelbe» am
Abend vor dem Einschlafen und über das «Grün-Rote» am Morgen
beim Erwachen. «Das sanguinische Kind würden Sie erkennen an seiner Freude an diesem Farbkontrast.» Ein Teilnehmer empfiehlt, daß
der Choleriker Formen, die nach außen spitz sind, in etwas Geschlos-
senes umwandelt (Abb. 14c) und der Phlegmatiker vom Kreis ausgeht
und dann Figuren einzeichnet oder den Kreis in irgendeiner Weise zer-
schneidet (Abb. 14d). Für den Phlegmatiker rät Rudolf Steiner ergänzend, nach dem Einzeichnen einer Figur in den Kreis die Kreislinie
wegzunehmen (Abb. 14e). «Durch Zeichnen und Auslöschen ist das
phlegmatische Kind aus seinem Phlegma herauszureißen.»[253]

In der nächsten Besprechung wird diese Arbeit fortgesetzt. Das
phlegmatische Kind muß «aufmerksam gemacht» werden. Es ist gut,
wenn man «beim sanguinischen Kinde sehr viel auf die Wiederholung hält, auf variierte Wiederholung» (Abb. 14f.). Das melancholi-

sche Kind braucht «doch etwas das Nachdenken»; es kann zu einer Form die Gegenform suchen (Abb. 14g); «dadurch kommt die Phantasie in Regsamkeit».[254]

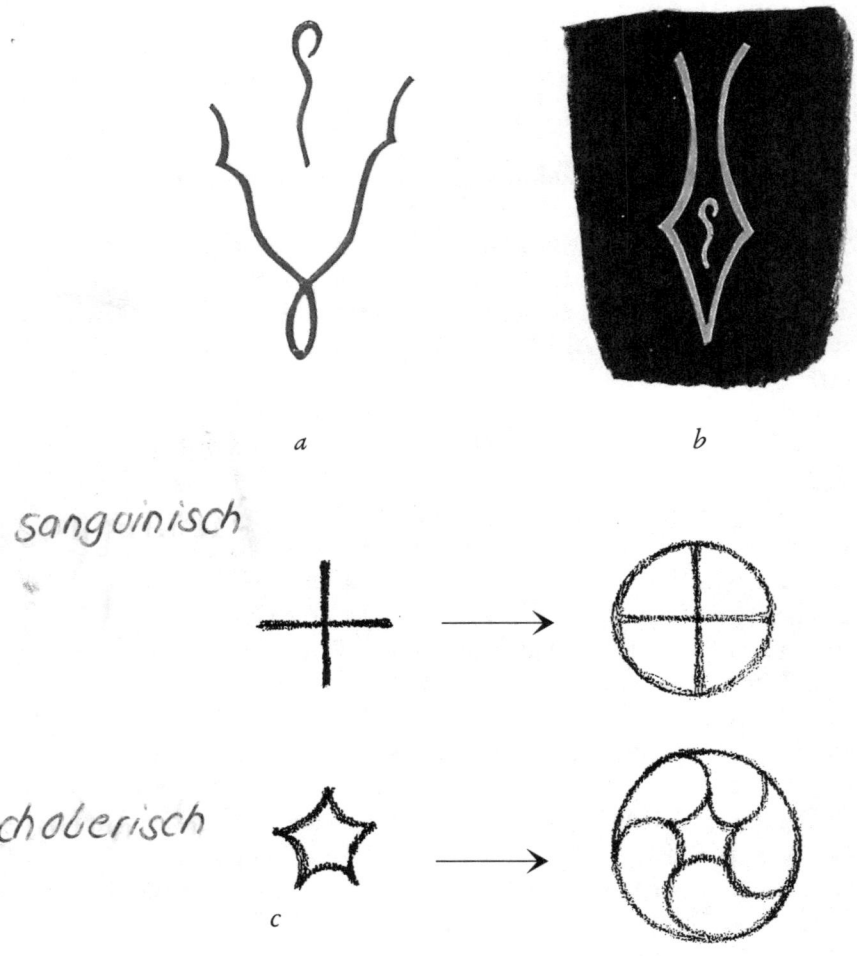

a   *b*

sanguinisch

cholerisch

c

Abb. 14 a – g: Formenzeichnungen und ihre Umwandlung entsprechend dem Temperament

phlegmatisch vom kr. ausgehen.

d

phlegmatisch
kr. auflösen

e

sanguinisch
Wiederholung

f

melanchol.
Form + Gegenf.

g

227

Rechnen und Geometrie

Auch für die *Grundrechenarten* hat Rudolf Steiner Hinweise auf die Temperamente gegeben; sie finden sich in der vierten Seminarbesprechung vom 25. August 1919.[255] Davon sei einiges zitiert, ausdrücklich sei aber darauf hingewiesen, daß er die verschiedenen «Wege» des Addierens und Subtrahierens, des Multiplizierens und Dividierens differenziert betrachtet.

Beim Addieren soll von der Summe ausgegangen werden, die man mit Dingen in Teile ordnet: $27 = 12 + 7 + 3 + 5$. «Solch einen Vorgang lasse ich nun eine Anzahl von Kindern machen, welche ausgesprochen phlegmatisches Temperament haben. Man wird sich allmählich bewußt werden, daß diese Art des Addierens besonders geeignet ist für Phlegmatiker.» Die Umkehrung der Addition empfiehlt Rudolf Steiner für den Choleriker, das Gegentemperament zum Phlegmatiker: $12 + 7 + 3 + 5 = 27$.

Mit der Subtraktion beauftragt Rudolf Steiner einen Melancholiker: «Siehst du, ich will nicht haben 8, ich will nur haben 3. Wieviel muß weggelegt werden [...], damit ich nur 3 bekomme?» $3 = 8 - 5$; «das Subtrahieren in dieser Form ist vor allem die Rechnungsart der melancholischen Kinder». Die Umkehrung, $8 - 5 = 3$, soll dann das sanguinische Kind machen.

Natürlich werden alle Schüler alle diese Aufgaben rechnen, aber «vorzugsweise» sollte man immer auch die Temperamente berücksichtigen, die insgesamt alle vier bei der Addition und Subtraktion in ihren verschiedenen Wegen besonders angesprochen werden. Auch für die Multiplikation und die Division blickt Rudolf Steiner auf alle vier Temperamente.

Der Sanguiniker soll sagen, «wie oft die 8 Holunderkügelchen in den 56 drinnen sind». Diese Art der Multiplikation führt zur Division, und den Rückweg soll das entgegengesetzte Temperament Melancholik gehen: «Nun will ich aber nicht untersuchen, wie oft die 8 enthalten sind in den 56, sondern wie oft ist die 7 enthalten in 56? Wie oft kommt die 7 heraus?»

Die Rechnungsart des Cholerikers sei die Division: «Siehe, da hast du das Häufchen von 8. Ich will von dir nun wissen, in welcher Zahl die 8 siebenmal drinnensteckt.» Die Umkehrung, 56 : 8 = 7, soll wiederum der Phlegmatiker rechnen. «Für das cholerische Kind wende ich in dieser Form die Division an.» Eigentlich ist diese Form der Division eine Multiplikation in der Form 56 = 8 mal wieviel!

Zusammenfassend sagt Rudolf Steiner: «Das Additive ist verwandt dem Phlegmatischen, das Subtrahieren dem Melancholischen, das Multiplizieren dem Sanguinischen, das Dividieren, mit dem Zurückgehen zu dem Dividenden, dem Cholerischen.»

Rudolf Steiner hat in den knappen Ausführungen für di ersten Lehrer der Waldorfschule keine weiteren Begründugen dafür gegeben, och finden sich leicht einige anfängliche Zugänge:

Im Additiven sind gleichsam die Stoffe der physischen Welt aneinandergereiht, so wie zum Beispiel die «Teile» des Skeletts, Knochen an Knochen, Zahn an Zahn. Für den Phlegmatiker verweist Ernst Schuberth auf die Stoffwechselprozesse: «Das Verdauen ist ein immer genaueres gliederndes ‹Betrachten› der Substanzen […].»[256] Dies wäre mehr der «leibliche» Aspekt.

Für die Subtraktion sei auf einen stärker «seelischen» Aspekt hingewiesen: Sie zeigt in der Diferenz eine Spannung zwischen dem Ganzen, Vollkommenen, Idealen und dem Realen, Unvollkommenen, Teilweisen – das ist die Spannung, in der sich der Melancholiker in seinem Streben befindet. Über den Zusammenhang der Subtraktionsprozesse und der Welt des Ätherischen möge man bei Ernst Bindel nachlesen,[257] denn das müßte recht ausführlich dargestellt werden.

Die Multiplikation entspricht insofern dem sanguinischen Temperament, als sie in ihrer Zusammenfassung, Komprimierung des Additiven eine entschiedene Steigerung enthält (die sich später im Potenzieren fortsetzt); das ist der schwungvolle, beherzte Zugriff des «eigentlichen» Temperamentes Sanguinik, das sich mit Beweglichkeit in die «Verhältnisse» der Multiplikation hineinfühlt.

Die Division schließlich als komplizierteste Operation verlangt nach «Überblick» und nach «Entscheidung», gerade letzteres ist die Qualität des cholerischen Temperaments. Das Ich des Menschen ist zu beidem berufen, in ihm wurzelt das betont cholerische Temperament.

Ernst Bindel hat, neben anderen, die Anregungen Rudolf Steiners in seinem Buch *Das Rechnen* aufgegriffen und ausgearbeitet, indem er in einzelnen Kapiteln die vier (Grund-)Rechnungsarten mit den menschlichen Wesensgliedern, den Elementen und den Temperamenten in Beziehung setzt.[258] Dort findet man interessante Hinweise zum Verständnis und zur Vertiefung dieser Zusammenhänge.

Ganz ausführlich geht auch Ernst Schuberth in seiner Schrift *Der Anfangsunterricht in der Mathematik an Waldorfschulen* auf diese Zusammenhänge ein.[259] Er gibt unter anderem eine systematische Darstellung der Rechenoperationen an sich und für den Temperamentsbezug im besonderen (und dafür auch ein Beispiel einer Rechengeschichte).

Auch die *Geometrie*, in der Waldorfschule zunächst als Freihandgeometrie aus dem Formenzeichnen heraus entwickelt, kann unter dem Gesichtspunkt der Temperamente betrachtet werden. Was bedeuten hier die «Geraden und Krummen», mit denen die erste Schulstunde einst begann? Welche Welten eröffnen sich in den drei Dimensionen? Wie sprechen regelmäßige, wie unregelmäßige Formen? Wie wirken Verschiebungen, Verwandlungen, Variationen? Wie verhält es sich mit den Konstruktionen und den geometrischen Beweisen, wie mit den Berechnungen, wie mit den Anwendungen bis hin zum «Feldmeß-Praktikum» der Oberstufe? Was bewirken Exaktheit, Formensinn, ästhetischer Anblick?

Die Geometrie des Kreises soll als Beispiel für einige Überlegungen dienen, in denen die Temperamente berücksichtigt werden; gemeint ist damit keine Gesetzmäßigkeit, sondern immer nur eine mögliche Annäherung, die in der Aufgabenstellung durch den Lehrer verstärkt, aber auch abgeschwächt werden kann. Wie wirkt die Erkenntnis, daß die Kreislinie (!) gleichmäßig gekrümmt ist, in ihrer Länge zwar begrenzt, aber doch endlos ohne Anfang und Ende (sofern man dies nicht willkürlich als ausgewählten Punkt auf der Kreislinie setzt)? Wie anders wirkt dagegen die Bestimmung des Kreises als geometrischer Ort aller Punkte (!), die von einem (Mittel-)Punkt gleich weit entfernt sind. Ersteres mag dem Melancholiker ein Bild des einsam Umschlossenen, aber auch der Vollkommenheit geben, im zweiten empfindet vielleicht der Choleriker den Mittelpunkt als das Zentrum seiner Welt. Der Phlegmatiker fühlt sich wohl in diesem vollkommen Geregelten und breitet sich gleichsam aus in der Welt konzentrischer Kreise, wie sie der Stein als Wellenformen im stillen Wasser wachsen läßt; er hat wohl am stärksten ein Empfinden für die Fläche. Der Sanguiniker schließlich wechselt zum Beispiel zwischen den Elementen Radius, Strahl, Durchmesser, Sehne, Sekante, Tangente beweglich hin und her; er ist auch entzückt von den Metamorphosen der wachsenden regelmäßigen Vielecke, die sich im Umfang der Kreislinie nähern. Die wundervollen Kristallisationen dieser Vielecke kommen wiederum dem Schönheitsempfinden des Melancholikers entgegen, den die «Grenzfrage» des Übergangs in den Kreis als Problem bewegt. Was bedeutet es schließlich, wenn man die Kreislinie allmählich stärker krümmt und in einer Spirale nach innen wandert? Was dagegen, wenn man die Kreislinie aufbricht und die Spirale sich ins Unendliche weitet? Oder: Die Sekante wandert hinaus, wird für einen «Augenblick» Tangente und entfernt sich dann ins belanglose Umfeld? Dagegen: Eine beliebige Gerade tritt in die Nähe des Kreises, wird zur Tangente, dann zur Sekante, markiert einmal den Durchmesser und wandert wieder hinaus. Kommt sie wieder?

Tierkunde und Pflanzenkunde

In der dritten Seminarbesprechung kommt das Gespräch im Zusammenhang mit dem temperamentgemäßen Erzählen auch auf die *Tierkunde*.[260] Abschließend bemerkt Rudolf Steiner: «Wir müssen uns klar sein, daß wir den Unterrichtsstoff hauptsächlich dazu verwenden, um die Willens-, Gemüts- und Denkfähigkeiten des Kindes zu ergreifen, daß es uns viel weniger darauf ankommt, was das Kind gedächtnismäßig behält, als daß das Kind seine seelischen Fähigkeiten ausgestaltet.» In dieser Weise hat der Unterricht, der auch die Temperamente berücksichtigt, seine absolute Berechtigung. Am Beispiel des Pferdes zeigt Rudolf Steiner, wie auch das Interesse der Phlegmatiker geweckt werden kann: «Seht einmal, wie unterscheidet ihr euch denn eigentlich von einem Pferde?» Und als «kleinen Unterschied» wählt er den Pferdefuß und vergleicht ihn mit dem menschlichen Fuß. «Das wird das phlegmatische Kind in Spannung versetzen, und es wird das schon behalten.»

Für den Choleriker würde er eine Geschichte erzählen, wie ein Kind ein Pferd, das durchgegangen ist, am Zügel abfangen muß: «Wenn ich weiß, daß ich ein cholerisches Kind habe, kann ich versuchen, ihm das beizubringen, wie es das machen soll, wie es die Zügel erfaßt. Es in die Phantasie zu versetzen, wie es das Pferd abfängt, das ist sehr gut. [...] Es ist ihm etwas zugemutet, was man nur einem cholerischen Kinde zumuten kann.»

Für die Tier- und Pflanzenkunde entsteht eine Grundaufgabe auch aus Steiners Hinweis auf die Entwicklung des Menschen im Zusammenhang mit dem Tier- und Pflanzenreich: «Was draußen in den Tieren und Pflanzen ist, ist nichts anders als Temperamente, Leidenschaften, gewisse Eigenschaften der Menschen, die sie heraussetzen mußten.»[261] Diese Bemerkung enthält im Grunde auch einen Forschungsauftrag zum Temperament der Tiere; wenigstens ein kurzer Beitrag dazu folgt am Schluß dieses Abschnitts.

Es ist naheliegend, in der Tierkunde der unteren Klassen neben dem betont zoologischen Aspekt in seiner Verbindung mit dem Menschen den Unterricht auch immer temperamentsbezogen zu gestalten, doch so, daß nichts verbogen und übertrieben wird. Rudolf Steiner fordert ausdrücklich, «daß das Kind angeleitet wird zur Beobachtung der Tiere, daß in solchen Geschichten wirkliche Naturgeschichte» gegeben werde.[262] Das ruhig grasende und wiederkäuende Rind ist in mannigfacher Hinsicht ein Bild des phlegmatischen Temperaments bis hin zu den Stoffwechselprozessen mit der Kuhmilch, die ja nichts anderes ist als nährende Lymphe. Der Stier hat durchaus etwas von den ungeheuren Blutskräften, die sich auch im cholerischen Temperament bemerkbar machen, und der Ausdruck «Stiernacken» kommt ja nicht von ungefähr. Es ist auch angemessen, die Vielfalt und die Überraschungen, die der Tintenfisch beschert – Farbenspiel, Beweglichkeit, Lebensweise, Antrieb, Sepia usw. – sanguinisch zu schildern. Oft genügt es, bei den Tierschilderungen eine Einzelheit entsprechend hervorzuheben: den hohen Flug des Adlers und seinen spähenden Blick, den Zug einer Kamelkarawane im Gegensatz zu einer galoppierenden Herde von Pferden, den Elefanten in seiner Behutsamkeit und Klugheit – und in seinem Zorn. Auch hier gibt es eine unendliche Fülle von Möglichkeiten, die man auch im Zeichnen und Malen ausnützen sollte: die blaue Kuh im Grün, der rote Stier, der Löwe im Sprung, der Adler über dem Gebirge kreisend, der Steinbock auf steilem Fels, der Tintenfisch in seinem Farbenspiel und so weiter. Durch das Bild des Tieres in seiner Umgebung – dies ein wichtiger Gesichtspunkt auch in der zoologischen Betrachtung – treten wieder die Elemente sowie die Tages- und Jahreszeiten ins Blickfeld und ergeben besondere Temperamentsnuancen.

Das folgende Beispiel zeigt, wie eine Ansprache an eine vierte Klasse bei Tierbeobachtungen die verschiedenen Temperamente berücksichtigen kann. Für die Begrüßungsfeier zu Beginn des neuen Schuljahres wurden, ganz aus dem persönlichen Erleben der Provence, einige Bilder aus der Vogelkunde so zusammengestellt, daß die Erwartung der Viertkläßler sich auf das neue Fach Tierkunde richten konnte, die kleineren Kinder die Bilder leicht aufnehmen, die älteren Schüler den Zusammenhang von Landschaft, Meteorologie, Pflanzen- und Tierwelt als Einheit wahrnehmen konnten. Selbstverständlich ist hier die Färbung und Stimmung der Temperamente nicht in Gegensätze getrieben, sondern bewußt nur in Betonungen gehalten, so daß dem ganzen viel vom durchwärmten Luftigen, dem Sanguinischen nämlich, zu eigen ist.

Ausgangspunkt war die häufige Beobachtung der Bienenfresser, die in einem Ockerbruch einige Bruthöhlen hatten, und der großartige Flug dreier Schlangenadler, die eines Morgens vom Lubéron-Gebirge her aufgetaucht waren. Der alltägliche Flug der Schwalben und Mauersegler und Brut und Ruf der Wachtel kamen dazu. Nun soll in diesem Beispiel aber nicht die Geschichte erzählt werden, sondern der Leser soll mit den vorbereitenden Überlegungen vertraut gemacht werden.

Der lebhafte Flug der Schwalben – hier waren es vor allem Mehlschwalben – und der höhere und etwas ruhigere Flug der Mauersegler sollten in ihrer «Sanguinik» geschildert werden: jagend, heranschießend, pfeilend, jäh wendend, zupackend, hinauf und hinunter, Nähe und Ferne, einzeln und in der Schar, Sichelflügel, Schwanzspitzen, aufblitzendes Weiß, glänzendes Grau, helle Schreie, Himmelsbläue, Luft und Windhauch … (also nichts von Nest und Brüten oder vom Sammeln und Warten auf den Drähten).

Die Wachtel sollte mehr zur «Phlegmatik» hin beschrieben werden: versteckt im Korn, Hochsommer, warm die Erde, der Sand, das ruhige Verweilen im Sandbad, im Nest, dann und wann der Ruf, mit dem der «Faulpelz» den Bauern verspottet: «Bück den Rück'! Bück den Rück'!», die Leibesfülle, das Kugelige und Flaumige, etwa der Jungen, die hinter der Mutter dahertrippeln … (und nichts von unruhigem Picken oder Flug nach Süden oder rascher Flucht).

Die Bienenfresser geben die «cholerische» Farbe: Glanz von Rostrot und Türkis, leuchtendes Gelb, Jagdflug, atemberaubend, mit scharfem Schnabel Wespen und Bienen und Hornissen packend, Schreie im Wind, Anflug gegen die Ockerwände … (und nicht das ruhige Brüten in der Höhle, nicht die anhaltende Ausschau von den höchsten Zweigen der Büsche und Bäume).

Der Flug der Adler sollte so geschildert werden, daß die edelsten Regungen des «melancholischen» Temperaments angerührt werden: der große Vogel, König des Luftreiches, weitgespannte Schwingen im majestätischen Flug, höher und höher, das Kreisen umeinander und miteinander, die Schau aus der Höhe, erkennender Adlerblick, dann, zuletzt, die Frage: «Woher – wohin?» ... (und nicht das Greifen der Beute im Sturzflug, nicht der zerfetzende Schnabel).

Solche Betonungen einzelner Züge – und die vier Vogelarten sind tatsächlich so prinzipiell richtig «eingeordnet» – sind erlaubt, um das kindliche Gemüt in seinem jeweiligen Temperament anzusprechen. In der Tierkunde selbst muß dann versucht werden, dem Tier rundum gerecht zu werden. Gerade im Zusammenhang mit den (antiken) Elementen und Kategorien in ihrer geographischen Gegebenheit lassen sich aber in der richtigen und zoologisch berechtigten Weise auch die Temperamente aufs schönste berücksichtigen; Anregungen dazu gibt jegliche Naturbeobachtung.

An dieser Stelle soll noch darauf hingewiesen werden, daß uns auch im Tierreich die Temperamente entgegentreten, wenngleich deutlich anders als in menschlicher Art und Weise, denn nur der Mensch verfügt über jene Viergliedrigkeit des Ich mit seinen Hüllen, die das menschliche Temperament ausbilden. Allein dieses Kapitel der Zoologie bedarf ganz besonders sorgfältiger Beobachtung und besonderer Studien. So mag hier beispielsweise nur einmal als Frage stehen, warum der Hund, von vielen Malern der Renaissance deshalb überhaupt ins Bild gebracht, als Attribut, ja als Sinnbild der Melancholie gilt.

Verschiedene Temperamentsfärbungen lassen sich beispielsweise bei typischen Vertretern von Menschenaffen beobachten. So schreibt Johannes F. Brakel: «Körperbau des Gorilla und sein lange ruhig bleibendes, dann schlagartig aufbrausendes Verhalten beschreiben ein cholerisches Erscheinungsbild. Diesem entgegen steht die Sanftheit und tiefe Sehnsucht im Blick des Gorilla.»[263] Daraus entstehe bei Zoo-Tieren unter Umständen ein Mißverhältnis, das man «eigentlich nur beim Menschen [kenne]. Bei diesem würde man eine solche Erscheinung der melancholischen Ferne als Seelenkrankheit bezeichnen, am ehesten wohl als Depression. – Das Seelenleben des Schimpansen erscheint dagegen wie vollständig mit der Physis verbunden. Schnell erregbar und ebenso schnell zu beruhigen, ständig wechselnd erscheint er ‹seelengegenwärtig› – vergleichbar dem sanguinischen Erscheinungsbild.»[264]

Schon Raoul Francé weist 1940 auf die vier Temperamente bei den

Menschenaffen hin, «physiognomisch, ins Tierhafte fixiert [...]: der zart-melancholische Gibbon, der phlegmatisch-dickbäuchige und dickbackige Orang-Utan, der verhaltensmäßig so agile Schimpanse als Sanguiniker und der in seiner brusttrommelnden Cholerik so beeindruckende Gorilla.»[265] Dabei sollte man sich aber unbedingt Wolfgang Schads Sicht wider die «äffische» Karikatur anschließen: «Die menschlichen Temperamente dürfen [durch einen solchen Vergleich] nie als ‹äffisch› karikiert [...] werden. Sondern umgekehrt: Die uns nahestehenden Tiere werden so in ihrer Menschennähe, ja vielleicht sogar in ihrer ursprünglichen und dann wieder aufgegebenen Menschlichkeit um so mehr ansichtig. Sind doch die vier Temperamente der Ausdruck aller vier ‹Wesensglieder›, wie sie so nur der Mensch hat.»[266]

Wesentliche Aspekte zur Tierkunde finden sich in den Werken von Frits H. Julius, Ernst-Michael Kranich, Wolfgang Schad und Andreas Suchantke.[267]

In der Pflanzenwelt finden wir natürlich eine andere Beziehung zu den menschlichen Temperamenten als bei der Tierwelt: Seelenhaftes tritt uns ebenso verwandelt entgegen wie das «Leibliche» des Sprossens und Blühens und Fruchtens. In der elften Seminarbesprechung stellt Rudolf Steiner nach dem Vergleich von Pflanzengruppen mit den Temperamenten durch einen Teilnehmer lapidar fest: «Man kommt auf eine schiefe Ebene, wenn man die Temperamente unmittelbar auf das Pflanzenreich bezieht.»[268] Darauf folgt dann die Darstellung der Entwicklungsstufen des Pflanzenreichs analog den Stufen der Kindheitsentwicklung.

Für die *Pflanzenkunde* geben die Jahreszeiten den Hintergrund für die Temperamentsstimmungen des Kindes, ebenso aber auch die Wachstumsformen und die Farbenwelt der Pflanzen in ihrem Zusammenhang mit der Umgebung und mit den differenzierten Beziehungen zur Erde, zum Wasser, zur Luft, zu Licht und Wärme. Es tritt einem tatsächlich eine andere Welt entgegen, wenn man zum Beispiel von einem Wiesenbach mit seinen Sumpfdotterblumen aufsteigt zu einer sonnigen Bergmatte mit ihrem Duft und Farbenreichtum. Die Blattmetamorphosen einzelner Pflanzen bei wechselndem Standort oder auch nur von unten nach oben am Stengel aufsteigend sind ebenfalls eine Signatur, die die Temperamente anspricht. Gerade im

Charakterisieren solcher Unterschiede kann der Lehrer die Temperamente einbeziehen. Einen krautigen, saftigen Sproß kann ich anders beschreiben als einen reifen Getreidehalm oder ein verholztes, verhärtetes Gezweig. Wie anders wirkt eine Tulpenblüte auf dem grünen Stengel im Vergleich zu einer Schwertlilie, eine Margerite neben einem Veilchen. Mit den Baumgestalten tut sich eine besonders eindringliche Welt auf, in der sich die Temperamente widerspiegeln können: ein Birkenhain, die Wetterfichte, ein Eichenriese, eine düstere Eibe, ein Meer von Tannen, Kiefern im märkischen Sand, die Dorflinde, ein Buchenwald, Kastanienbäume, Erlen am Bach, Weiden, Pappeln ... Auch die Obstbäume geben in Wuchs und Blatt, in Blüte und Frucht ganz spezifische Variationen.

Wenn man in solcher Betrachtung, die über das heute übliche «Botanisieren» hinausreicht, weiterschreitet, so kommt man in das Gebiet der Ästhetik: Man hat, so Ernst-Michael Kranich, «Anmutungserlebnisse».[269] Sie sind die eigentliche Seelennahrung des Kindes, sie sind es, die den Erwachsenen im Gang durch die Natur erquicken und ihm «Re-Kreation» gewähren, Schaffenskräfte schenken. Daß hier Subjektivität waltet, nicht objektive, nämlich messende, zählende, sezierende Naturwissenschaft, ist einleuchtend – und lebensnotwendig. Gerade die «Anmutung» der Seele muß ein ganz Persönliches bleiben, und sie wird von Mensch zu Mensch verschieden sein. Warum liebe ich, der Autor, unter den Nadelbäumen die Kiefer viel mehr als alle anderen? Warum läßt mich die Birke fast unberührt, nicht aber die Linde? Und woher kommt meine innige Verbundenheit mit dem Ölbaum?

Gerade im Erleben der Temperamente offenbaren sich gewisse Gesetzmäßigkeiten dieser «Anmutungserlebnisse»: Die Pflanzenwelt breitet eine Fülle von Formen, Gesten, Farben, ja Physiognomien aus, auf die der Mensch auch entsprechend seiner Temperamentsmischung reagiert. Im längeren Betrachten und Studieren wird er dann mehr und mehr gewahr, wie in der Physiognomie der Pflanze – bleiben wir ruhig bei diesem schillernden Begriff – Seelenqualitäten sichtbar werden. Ernst-Michael Kranich zeigt in seinem Buch *Pflanzen als Bilder der Seelenwelt* den Weg zu einer «physiognomischen Naturerkenntnis».[270] Einem Verzeichnis von Pflanzennamen würde dann ein Verzeichnis von bestimmten Seelenhaltungen wie Sehnsucht, Hoffnung, Heiterkeit oder Ehrgeiz entsprechen.

Die Anregung zu solchen Betrachtungen gibt Rudolf Steiner, wenn er in der zehnten Seminarbesprechung unter anderem ausführt: «Die Pflanzenwelt ist die sichtbar gewordene Seelenwelt der Erde. Die Nelke ist kokett. Die Sonnenblume ist so richtig bäurisch. Die Sonnenblumen lieben so bäurisch zu glänzen.»[271] Am Ende dieser Besprechung wird dann die Aufgabe gestellt, einem «Register der menschlichen Seeleneigentümlichkeiten» die «zugehörigen einzelnen Pflanzengestaltungen» zuzuordnen.

Erlaubt sei ein Hinweis auf die Werke von Gerbert Grohmann, einen der ersten Botaniker der Waldorfschule, und von Frits H. Julius.[272] Auch in den anthroposophischen Zeitschriften finden sich eine Fülle von Beiträgen zu einer modernen Pflanzenkunde; ein Temperamentsbeispiel gibt Herta Schlegtendal mit dem Aufsatz «Temperamente und Obstbäume, ein Versuch».[273]

Geschichte und Erdkunde

Für den *Geschichtsunterricht* ist die temperamentgemäße methodische Arbeit unverzichtbar: Das Erzählen von Geschichten und Geschichte braucht schon der Schüler wegen die vier Nuancen, deren Mischungen sich meist ganz natürlich ergeben. Das sollte nicht bloß für die Mittelstufe gelten, sondern genauso für die Oberstufe, ja für die Universität; die «Vorlesung» ist eigentlich eine traurige Veranstaltung. Aber auch die Geschichte selbst als Geschichte der menschlichen Taten (und Untaten) ist von den Temperamenten geprägt. Welche Vielfalt ergibt sich allein für den cholerischen Tatmenschen, welche Fülle allein aus der melancholischen Gedanken- und Ideenwelt! Wie verhält es sich mit der Dynamik historischer Prozesse und mit der Beharrlichkeit des einmal Gegebenen? Wie zeigen sich bewegliche Sanguinik und beständige Phlegmatik in der Kulturgeschichte? Wie ist es um den weisen König, den Tyrannen, den aufgeklärten Herrscher bestellt, wie um den Entdecker, den Erfinder, den Eroberer, wie um den Religionsstifter, den Künstler, den Helfer und Heiler? Das Stichwort «Biographie» muß genügen, um ein weites Feld der Geschichte, in dem auch die Temperamente konkret werden, wenigstens zu nennen. Schließlich sei an Methoden der Geschichtswissenschaft gedacht: Sammeln und Ordnen der Fakten – der Phlegmatiker; Bündeln und Konzentrieren – der Choleriker; Gedanken bildend, Ideen aufspürend – der Melancholiker; Vielfalt der Querverbindungen zu Kunst und Wissenschaft – der Sanguiniker. Selbstverständlich macht sich dies nur in Nuancen bemerkbar. Der wahre Geschichtsschreiber allerdings bleibt der Phlegmatiker.

Wie die Schilderung einer biographischen Gestalt unter dem Gesichtspunkt der Temperamente fruchtbar gemacht werden kann, sei an dem folgenden Beispiel dargestellt.

Kolumbus:
Ein Beispiel aus dem Geschichtsunterricht
des siebten Schuljahrs

Für den Geschichtsunterricht des siebten Schuljahrs fordert Rudolf Steiner dazu auf, die großen Erfindungen und Entdeckungen zu Beginn der Neuzeit dem Schüler «recht begreiflich» zu machen: «Es ist dies der allerwichtigste Zeitraum, auf den man viel Sorgfalt verwenden muß.»[274] Ein Schwerpunkt wird gewiß Gutenberg und die Erfindung des Buchdrucks mit beweglichen Lettern sein, ein anderer eine der kühnen Entdeckungsfahrten.[275]

Hier soll nun gezeigt werden, wie innerhalb einer umfassenden Darstellung des Kolumbus die Geschichtserzählung eines einzelnen Hauptunterrichts den Temperamenten gemäß gestaltet werden kann. Es gilt, die erste Fahrt, also die «Entdeckung Amerikas», zu schildern, wobei auf die Fragestellungen der Historiker nicht eingegangen werden kann, sehr wohl aber Christoph Lindenbergs Hinweis beherzigt werden soll, daß die Methode der Geschichtserzählung eine schwere Kunst ist.[276]

Für den Ablauf der Geschichtserzählung «Die große Fahrt des Kolumbus» drängt sich folgende Gliederung auf: Abfahrt in Palos – Auf hoher See – Die große Frage des Westweges – Land in Sicht: San Salvador. Damit ergeben sich auch schon erste Temperamentsakzentuierungen für das Erzählen, zum Beispiel die Vielfalt der Sinneseindrücke bei der Abfahrtsszene sanguinisch zu gestalten, für die Weite des Meeres und die ruhige Fahrt westwärts dem Phlegmatischen Raum zu geben, die Frage des Westweges, den Zweifel, die Einsamkeit des Kolumbus melancholisch zu vertiefen. Ein Ideal wäre es, den Schlußpunkt, die Landung, als Zusammenklang aller vier Temperamente zu schildern. Bleibt der Part der Cholerik: Soll der handelnde Held im Mittelpunkt stehen? Seine Willenskraft als beständiger Antrieb? Kann der Protest der unmutigen Seeleute entsprechend gestaltet werden? (In seinem «Bordbuch» schreibt Kolumbus ja am 23. September 1492 von murrenden Leuten.[277]) Wir entscheiden uns für letzteres, auch wenn es an der Echtheit des Tagebuchs Zweifel gibt.

Falls diese Gliederung einer Nachprüfung standhält, gilt es, Fakten zu sammeln, Details auszuarbeiten, Bilder zu entwerfen. Wichtig ist, bereits Genanntes und Bekanntes geschickt als Wiederholung einzubeziehen, etwa die Vorbereitung der Reise, die Rolle Isabellas und Ferdinands, die Rivalität zwischen Spanien und Portugal, die Hilfsmittel der Seefahrer, insbesondere aber die Idee des Kolumbus, auf dem runden Erdball den Weg nach Indien westwärts zu finden. Genauso wichtig ist der Blick voraus: Was soll später vertieft werden? Welche Ereignisse führen weiter? Welcher Charakterzug des Kolumbus soll – im Sinne dessen, was den Schülern Vorbild und Ansporn werden kann – besonders hervorgehoben werden? Was werde ich von den weiteren Fahrten des Kolumbus erzählen, was von seinem Schicksal? Wie ordne ich die weiteren Entdeckungs- und Eroberungsfahrten ein (zum Beispiel Balboa, Cortez, Pizarro, Magellan)?

Bereits mit diesen Vorbereitungen formen sich anfänglich die vier Teile der Geschichtserzählung; Fakten und Bildelemente ordnen sich zueinander. Der eine Lehrer wird sich Stichworte notieren, ein anderer markante Sätze, ein dritter wird in Ruhe die Bilder innerlich aufbauen; der Verfasser pflegt solche Darstellungen im Gehen zu entwickeln. Bereits in einem frühen Stadium gilt es, in die vier Temperamente einzutauchen, um den entsprechenden Erzählduktus zu finden und sich darin zu üben: Wechsel und Vielfalt in der Sprache, also Beweglichkeit, für die Sanguinik, ruhiges Strömen des Erzählflusses für die Phlegmatik, Kraft und Schärfe, Rede und Gegenrede für die Cholerik, Frage und Gedankenbildung im kunstvoll gefügten Satz für die Melancholik.

Im folgenden seien nun die «Bilder» der Geschichtserzählung skizziert, etwas ausführlicher der sanguinische Teil; neben Stichworten zum Inhalt und Hinweisen zum Erzählstil ist jeweils eine kurze Passage ausgeführt (die eigentlich «erzählt» werden müßte).

Kolumbus notiert in seinem *Bordbuch*: «Wir verließen am Freitag, den 3. August 1492 um acht Uhr die Saltesbank [...] und fuhren gen Süden.» Bei Erscheinen des Buches schreibt er in der Einleitung «eine Stunde vor Sonnenaufgang» für die Abfahrt von Palos. Der eigentliche Geschichtsunterricht – davor liegt ja der sogenannte «rhythmische Teil» – könnte damit beginnen, daß man in der Wiederholung vom Vortag die eigentliche Vorbereitung im Unterrichtsgespräch zusammenfaßt und vertieft; Bildelemente des Vortags werden gedanklich durchdrungen, begrifflich erfaßt. Soll die Geschichtserzählung im sogenannten «Erzählteil» am Schluß des Hauptunterrichts stehen, folgt zunächst möglicherweise der Eintrag eines Textes oder die Zeichnung einiger nautischer Instrumente oder ein Bild der «Santa Maria» ins «Epochenheft» zur Geschichte.

Abfahrt in Palos (sanguinisch geschildert)

Schließlich beginnt die Geschichtserzählung mit der Schilderung der gewiß kurzen Nachtruhe vor der Abfahrt. Mit dem ersten Dämmerschein läßt man Schiffe und Hafen lebendig werden:

Ans Ohr dringt das Plätschern der Wellen, der Gesang der ersten Vögel, der Hahnenschrei, Kommandos auf den Schiffen, Rufe der Seeleute, der Händler; Arbeitsgeräusche werden deutlich, da knarren Räder, surren Rollen, klirren Ketten, knattern Segel, man hört Hämmern und Stampfen, Kreischen und Dröhnen – kurz: emsige Geschäftigkeit wird hörbar!

Das Auge schaut, wie die Dämmerwelt Farbe und Bewegung gewinnt. Wir sehen die Konturen der Landschaft, der Häuser, der Schiffe mit ihrem Wald von Masten. Wir erblicken Matrosen auf den Rahen, andere beim Beladen; am Kai drängen sich Abschiednehmende und Neugierige, da sind vornehme Edelleute, da sind Soldaten, Handwerker, Tagelöhner, Bettler.

Man kann die Sinneswelt noch weiter differenzieren, vom Garkoch erzählen, vom Schluck frischen Wassers am Brunnen, vom Anfühlen der Taue, des Segeltuchs, der Ankerkette. Da läßt sich etwas vom Bewegungssinn vermitteln beim Standhalten auf den schwankenden Planken, beim Turnen in der Takelage. Die Abschiedsszenen führen in weitere Sinnesbereiche: das Erkennen des anderen Du im Abschiedsblick, vielleicht sogar die leise Erschütterung des Lebenssinnes angesichts der ungewissen Zukunft. Rufe und Gesprächsfetzen dringen ans Ohr und bewegen den Wort- und den Gedankensinn.

Vielleicht läßt man das sanguinische Vielerlei zwischendurch zur Ruhe kommen und schildert ein Abschiedsgebet des Kolumbus in einer Kapelle oder eine stille Messe für die ausfahrenden Forscher und Abenteurer.

«Zuletzt gibt Kolumbus den Befehl: ‹Leinen los!› Am Mast entfaltet sich im Morgenwind die Flagge Kastiliens. Schon rauscht der Wind in den Segeln, sie blähen sich knatternd. Langsam nehmen die

Schiffe Fahrt auf. Das Geschrei der Menge am Ufer verstummt, kleiner werden die Gestalten am Kai. Kiel an Kiel treiben die Karavellen ‹Santa Maria›, ‹Niña› und ‹Pinta› hinaus aufs Meer. Schon sind sie außer Rufweite, da klingt von fern noch einmal ein letztes Glockengeläut. Noch in Sichtweite des Landes umfängt die Seeleute ihr Element, das Wasser, das Weltmeer. Da steigt über den Bergen hell leuchtend die Sonne empor und gießt ihr Licht auf die Weite des Ozeans. – Die Sonne weist den Weg nach Westen!»

Auf hoher See (in phlegmatischem Duktus)

Nachdem vom weiteren Verlauf der Fahrt erzählt wurde, so vom Aufenthalt auf den Kanarischen Inseln, kann ein Tag auf See in phlegmatischem Duktus geschildert werden; Kolumbus berichtet ja Mitte September von ruhiger Fahrt nach Westen.

Was rührt das phlegmatische Temperament an? Die andauernde Fahrt, die weite Dünung des Atlantik, der stete Wind, das Gleichmaß der Bewegung, der Gleichklang der Geräusche, der Gang der Tage in ihrer Wiederholung, insbesondere aber das Wasser-Element: Blick auf die Wogen, Blick auf das tiefe Grünblau der See, das Kommen und Vergehen der Wellen, der träumende Blick auf die Kielspur.

Nur weniges ist zu beschreiben, dies aber anhaltend, gründlich, auch in Wiederholungen, durchaus sachlich. Vor allem gilt es, den Erzählstil der unaufhörlichen Bewegung des Wassers anzupassen, die Klasse als Zuhörer in einen epischen Strom eintauchen zu lassen. Vielleicht setzt man dabei einige leichte Akzente, gar einmal eine längere Pause als «Aufweckmoment» für die Träumer, ohne jedoch in den Stil der anderen Temperamente zu verfallen. Großartig wäre es, gelänge eine Verdichtung, eine Steigerung, so wie sie, in ganz anderem Zusammenhang, Claude Debussy in seiner Tondichtug *La Mer* im Bild «Von Sonnenaufgang bis zum Mittag auf dem Meer» gestaltete, wo ein geradezu feierlicher Hymnus über einem volltönenden Orgelpunkt den Satz beschließt. Oder man lese Hermann Brochs *Der Tod des Vergil*, wo sich in der Einleitung zu «Wasser – Die Ankunft» über dem epischen Strom des Phlegmatischen nach und nach die Nuancen der anderen Temperamente entfalten.

«In ruhiger Fahrt glitt das Schiff westwärts. Sanft hob die Dünung den Bug und senkte ihn wieder. Gleichförmig rauschte das Wasser, rauschte der Wind. Welle um Welle floß seitlich entlang, nie endend, unendlich. Wie grün da Wasser glänzte: blaugrün, meergrün, grüne Tiefe. Wie kühl es herwehte von dort, wie Meeresatem, hin und wieder, unaufhörlich. Langsam dunkelten die Wasser, es wuchsen die Schatten, milder schien die Sonne in ihrem abendlichen Niedergang. Wie Gold leuchtete es jetzt auf dem Meer, das Holz und das Segelwerk glänzten im Abendlicht, und blaue Schatten fielen. Nun berührte die rote Scheibe den Horizont, ihr entgegen segelte das Schiff in einem Purpurmeer, das schließlich verblaßte, bis zuletzt auch das Violett entschwand und nur noch der Himmel im Abendschein glühte. Stern um Stern leuchtete auf, und als der letzte Schimmer des untergehenden Tages verglomm, funkelte das Firmament. Die Nacht umfing die Fahrenden – die Sterne wiesen den Weg.»

Aufruhr der Seeleute (in cholerischem Stil)

Der Choleriker verlangt nach Handlung, nach Tat, nach dramatischer Aktion; hier ist sozusagen das Schiff im Gewittersturm in schwerer See. Wir haben uns für das Donnergrollen beginnender Meuterei entschieden. Es gibt ja zu Beginn und am Ziel der ersten Fahrt solche Ereignisse.[278]

Stilmittel sind der knappe Satz, die wörtliche Rede, Befehl, Ausruf, Präsens als Erzählzeit; das Verb dominiert, häufig wird der Satzanfang betont; die Sprache ist fest, hart, ja scharf, gefährlich leise und wieder gebieterisch laut.

«Manuel springt auf: ‹Wir müssen handeln, bevor es zu spät ist!› – ‹Jetzt müssen wir umkehren!› – ‹Nimmer kommen wir zurück, uns droht der Tod!› – Diego versucht zu beschwichtigen: ‹Selbst die Königin vertraut dem Admiral. Er wird uns nach Indien führen. Dort wartet das Glück auf uns.› – Carlos packt ihn hart am Arm: ‹Schweig, du Narr, sonst geschieht ein Unglück!› – ‹So gehört der Admiral gepackt – und gebunden!› – ‹Dann kehren wir um!› – Diego reißt sich los: ‹Ihr Verräter!› – Sie dringen auf ihn ein, Marco kommt ihm zu Hilfe. Man hört unterdrücktes Keuchen, Messer blitzen. – ‹Was geht hier vor? – Auseinander!› Kolumbus steht zwischen ihnen. Kalt und herrisch gibt er seine Befehle. Rasch springen die Seeleute zur Seite – und gehorchen.»

Die große Frage (in melancholischer Gebärde)

An diese Szene kann sich die melancholische Episode anschließen: Kolumbus, in seine Kajüte zurückgekehrt, sinniert, grübelt, zweifelt. Zweierlei kann im Mittelpunkt stehen: die Einsamkeit des Helden und die Idee des Westweges nach Indien. Um dem Melancholiker gerecht zu werden, muß darin Tiefe erreicht werden.

Die Einsamkeit inmitten der Mannschaft und der Begleiter, die Einsamkeit inmitten aller seefahrender Völker, die Einsamkeit auf diesem ungeheuren Ozean, unter diesem unendlichen Himmel ... Und noch einmal kann diese grandiose Idee wiederholt werden im eigenen zweifelnden, sich vergewissernden Nachdenken des Entdeckers. Die Sprache des Erzählers muß eindringlich sein, aber nicht kräftig; die Sätze werden zu größeren, gar kunstvollen Satzgebilden, in denen das Substantiv regiert und durch die der Gedanke führt, im Für und Wider abgewogen, oft in Frage gestellt, zuletzt als klare Erkenntnis formuliert.

«So im Gefühl der unendlichen Einsamkeit, allein zwischen dem Himmel blitzender Sterne und dem Abgrund der nachtschwarzen Wasser, klein und schwach geworden im Zweifel an sich selbst, faßt Kolumbus erneut seinen Gedanken, erneut leuchtet ihm seine Idee: Auch westwärts gelangst du nach Indien! Schritt für Schritt geht er noch einmal den so oft durchdachten Weg. Wenn die Erde eine Kugel ist – und warum daran zweifeln, kommen doch am Horizont erst Bergeshöhen und Mastspitzen in Sicht, ehe sich Tieferes zeigt – wenn es also berechtigt ist, vom Erdball zu reden, dann führen zwei Wege zum Ziel. Finden nämlich die Portugiesen ostwärts den Weg, so wie lange vor ihnen Marco Polo, dann muß es auch den anderen Weg geben, den in der Gegenrichtung nach Westen! Beide Wege führen in das eine Indien. Zuletzt käme ich, immer nach Westen gefahren, wieder nach Spanien zurück. Ist es nicht so, ersichtlich dem klaren Verstand?»

Ankunft in San Salvador (Zusammenklang der Temperamente)

Wie diese vier Beispiele nur Anregung sein können, so auch der Versuch, die Landung auf San Salvador in einem Bild aller vier Temperamente mit mancherlei Zwischentönen zu gestalten. Einige

Stichworte, unter anderem dem «Bordbuch» vom 11. und 12. August und der nächsten Tage folgend, müssen genügen.

Sanguinik: Die neuen Eindrücke in ihrer unglaublichen Fülle, die «Indianer» in ihrem Aussehen und Verhalten, die äußeren Umstände der «Landnahme».

Melancholik: Die Dankbarkeit und Ergriffenheit des Entdeckers, der Gedanke des «Beweises», die erhabene Gestaltung der «Landnahme», wachsendes Mitgefühl mit den «Indianern».

Cholerik: Die Siegesgebärde des Kolumbus, der Stolz auf die vollbrachte Tat, die Spanier «ergreifen Besitz», die Flagge wird aufgepflanzt.

Phlegmatik: Das Glücksgefühl der Ankunft nach überstandenen Strapazen und Gefahren, Vorfreude auf die Ruhe, auf die Genüsse, die objektive Überschau über die Ereignisse.

Rezitation im Hauptunterricht zum Thema Kolumbus

Innerhalb dieser ausführlicheren Darstellung soll auch auf die mögliche künstlerische Begleitung des Geschichtsunterrichts im sogenannten «rhythmischen Teil» des Hauptunterrichts eingegangen werden; ausgewählt sei dafür die Rezitation. Wiederum leitet uns der Gesichtspunkt der Temperamente, ausgespart bleiben nachfolgend die Anliegen der eigentlichen Sprachgestaltung, auch die der methodischen Behandlung wie Einführung, Lernschritte, Übungsformen und so weiter.

Columbus – 12. Oktober 1492

Nicht mehr die Salzluft, nicht die öden Meere,
Drauf Winde stürmen hin mit schwarzem Schall.
Nicht mehr der großen Horizonte Leere,
Draus langsam kroch des runden Mondes Ball.

Schon fliegen große Vögel auf den Wassern
Mit wunderbarem Fittich blau beschwingt.
Und weiße Riesenschwäne mit dem blassern
Gefieder sanft, das süß wie Harfen klingt.

Schon tauchen andere Sterne auf in Chören,
Die stumm wie Fische an dem Himmel ziehn,
Die müden Schiffer schlafen, die betören
Die Winde, schwer von brennendem Jasmin.

Am Bugspriet vorne träumt der Genueser
In die Nacht hinaus, wo ihm zu Füßen blähn
Im grünen Wasser Blumen, dünn wie Gläser,
Und tief im Grund die weißen Orchideen.

Im Nachtgewölke spiegeln große Städte,
Fern, weit, in goldnen Himmeln wolkenlos,
Und wie ein Traum versunkner Abendröte
Die goldnen Tempeldächer Mexikos.

Das Wolkenspiel versinkt im Meer. Doch ferne
Zittert ein Licht im Wasser weiß empor.
Ein kleines Feuer, zart gleich einem Sterne.
Dort schlummert noch in Frieden Salvador.[279]

Georg Heym

Der Bilderreichtum des expressionistischen Gedichts (entstanden
Anfang 1911) wird dem Sanguiniker entgegenkommen, das Nächtli-
che, Geheimnisvolle, Träumerische stark den Melancholiker berühren, der ruhige Bogen auch dem Phlegmatiker angenehm sein. Am
wenigsten wird der Choleriker angesprochen; der Sturm hat sich
bereits gelegt (erste Strophe), und das Zukünftige leuchtet erst «zart
gleich einem Sterne» (letzte Strophe). Den weiterführenden Gedanken birgt die letzte Zeile: «Dort schlummert noch in Frieden
Salvador» – dahinter taucht das furchtbare Schicksal der Indianer des
ganzen Kontinents auf.

Kolumbus

Steure, mutiger Segler! Es mag der Witz dich verhöhnen,
Und der Schiffer am Steuer senken die lässige Hand.
Immer, immer nach West! Dort *muß* die Küste sich zeigen,
Liegt sie doch deutlich und liegt schimmernd vor deinem Verstand.
Traue dem leitenden Gott und folge dem schweigenden Weltmeer,
Wär sie noch nicht, sie stieg' jetzt aus den Fluten empor.

Mit dem Genius steht die Natur in ewigem Bunde,
Was der eine verspricht, leistet die andre gewiß.[280]

Friedrich Schiller

Dieses Epigramm Schillers erfaßt vehement den Choleriker: Befehl,
Tat, Entschlossenheit, Bestimmung. Allein der erste Anruf «Steure,
mutiger Segler!» genügt schon, um das cholerische Temperament anzusprechen, verstärkt dann durch das beharrliche «Immer, immer
nach West!». Inbegriff der Cholerik ist zuletzt: «Dort *muß* die Küste
sich zeigen.» Im zweiten Teil des Gedichts beschreibt der Idealist
Schiller den größtmöglichen Zusammenhang des Helden mit der
Welt. «Mit dem Genius steht die Natur in ewigem Bunde», begründet durch die Erkenntnis der Wahrheit. Hier findet der Melancholiker (nicht der an der Melancholie Kranke) in seinem Fragen Antwort.

Auch das folgende Nietzsche-Gedicht enthält vorwiegend cholerische und melancholische Züge, und in der Schlußzeile berühren sich
die beiden Temperamente: «Ein Tod, Ein Ruhm, Ein Glück!»

Der neue Columbus

Freundin! – sprach Columbus – traue
keinem Genueser mehr!
Immer starrt er in das Blaue –
Fernstes lockt ihn allzusehr!

Fremdestes ist nun mir teuer!
Genua – das sank, das schwand!
Herz, bleib kalt! Hand, halt das Steuer!
Vor mir Meer – und Land? – und Land? – –

Stehen fest wir auf den Füßen!
Nimmer können wir zurück!
Schau hinaus: von fernher grüßen
uns Ein Tod, Ein Ruhm, Ein Glück![281]

Friedrich Nietzsche

Noch stärker wirkt ein anderes Gedicht Nietzsches, das zugleich den
Blick auf alle vier Temperamente freigibt:

Nach neuen Meeren

Dorthin – *will* ich; und ich traue
mir fortan und meinem Griff.
Offen liegt das Meer, ins Blaue
treibt mein Genueser Schiff.

Alles glänzt mir neu und neuer,
Mittag schläft auf Raum und Zeit –:
nur *dein* Auge – ungeheuer
blickt michs an, Unendlichkeit![282]

Friedrich Nietzsche

Im ersten Satz spricht unverhüllte willenshafte Ich-Kraft mit cholerischem Impetus, da zeigt sich die eine Seite des Kolumbus. Dann beginnt die Fahrt des Genuesers, wie Nietzsche Kolumbus nach seiner Herkunft stets nennt, erst verhalten, dahintreibend, «ins Blaue» der Ferne führend. Aus dieser Ruhe, die fast phlegmatisch wirkt, aber auch dem sanguinischen Offensein entspricht, erhebt sich ein Erleben, das den Sanguiniker vollkommen repräsentiert: «Alles glänzt mir neu und neuer», um schließlich in einer gewaltigen Dimension des Phlegmatischen zur Ruhe zu kommen: «Mittag schläft auf Raum und Zeit –». Diese Stille wird abgrundtief und erreicht – wieder in unglaublicher Präzision – reinste Melancholik: «Nur *dein* Auge – ungeheuer blickt michs an, Unendlichkeit!»

Ein unendlich reiches Feld bietet auch die *Erdkunde* allein schon mit ihren Landschaftsbildern. Dazu kommen noch die Szenen aus der Völkerkunde und aus dem Leben der Forscher und Entdecker. Der phantasiebegabte Lehrer hat hier keine Mühe, immer wieder aus den vier Elementen heraus die vier Temperamente anzusprechen. Phlegmatik: das Grün der Steppen, das Grün der Wälder, die großen Ströme, die Weite der See … Melancholik: ewiges Eis, ragende Gebirge, Einsamkeit, Unendlichkeit … Cholerik: Vulkane, Katarakte, brandendes Meer, Gipfel und Abgründe … Sanguinik: Mittelgebirge, Siedlungen, Flußläufe in ihrem Wechsel, das Treiben der Menschen. Wie viele Nuancen sind hier allein durch die Tages- und Jahreszeiten einzufangen, durch Wetterstimmungen jeglicher Art!

Ein Kollege hat in der Mittelstufe den Rhein in den Mittelpunkt der Geographie-Epoche gerückt und dabei nicht nur den geographischen Weg von den Alpen bis zur Nordsee verfolgt, sondern auch den «Lebenslauf» des Flusses in Bildern gestaltet: die Eis- und Felswelt des Hochgebirges in ihrer gewaltigen Einsamkeit, der drängende Sturz des Rheinfalls in seiner ungeheuren Wucht, die liebliche Landschaft des Oberrheins mit den Höhen des Schwarzwaldes oder der Vogesen (denkbar wäre auch ein Bild des Mittelrheins mit seinen Uferstädtchen und den Burgen oder die Bodenseelandschaft), der mächtige Strom als Niederrhein (oder die Mündung in die Nordsee). Hier kommen nacheinander Melancholik, Cholerik, Sanguinik und Phlegmatik zum Ausdruck. Und für die Rezitation ließen sich entsprechende Beispiele finden, etwa von C. F. Meyer «Der Rheinborn», von Mörike «Am Rheinfall», von Schiller «Der Spaziergang», von Goethe «Mahomets Gesang», von Heine «Die Lorelei» und andere.

Als Beispiel für die Darstellung außereuropäischer Länder sei hier auf Afrika verwiesen. So lassen sich etwa schildern: ein Bild der Wüste in ihrer Gluthitze, Tiergruppen im hellen Licht der Savanne, im Dämmergrün des Dschungels, eine mächtige Baumgestalt in der Mondnacht und ähnliches.

Mehrere Naturkundler und Geographen haben aus einer Erdbetrachtung heraus, die anthroposophische Aspekte mit einbezieht, eindrucksvolle Werke geschaffen, die auch für den Blick auf die menschlichen Temperamente hilfreich sind; erwähnt seien die Bücher von Andreas Suchantke, Wolfgang Schad, Jochen Bockemühl und Thomas Göbel über Afrika, Ostafrika, Israel, Südamerika und Australien.[283] In mehreren Beiträgen berichtet Christoph Göpfert umfassend vom Erdkundeunterricht der Waldorfschule.[284] Ganz besonders bewährt hat sich für den Klassenlehrer *Fremde Länder – fremde Völker* von Hans Rudolf Niederhäuser.[285]

Geht man in die Fachdisziplinen der geographischen Wissenschaft und ihrer Nachbargebiete, dann findet man ganz spezielle Schwerpunkte im Blick auf die vier Temperamente: die Geologie als Lehre des physischen Erdenleibes – Melancholik; für den Vulkanismus und ähnliches – Cholerik; Meteorologie mit dem Studium der Luft- und Feuchtigkeitsverhältnisse – Sanguinik und Phlegmatik, aber auch Cholerik; Astronomie – Melancholik und Phlegmatik.

Physik und Chemie

Die Elemente Erde, Wasser, Luft und Feuer sind im Unterricht von Physik und Chemie, beginnend mit der 6. bzw. 7. Klasse, unter immer neuen Bedingungen so gegenwärtig, daß darauf nicht weiter eingegangen werden muß. Interessant ist der Blick auf die Gestaltung eines Hauptunterrichts dennoch. Wo kommen auch hier die besonderen Temperamentsnuancen zur Geltung? Wo findet der Sanguiniker in seiner lebhaften Sinnennatur und in seiner seelischen Beweglichkeit die reiche Fülle der Phänomene? Wo kann, im Gegensatz dazu, der Phlegmatiker im Beobachten, Nachdenken und Formulieren verweilen? Gibt es den dramatischen Augenblick, die Spannung, sowohl im Experiment wie in der gedanklichen Durchdringung, die den Choleriker befriedigt? Wo sind Genauigkeit und Gesetz einerseits, forschender, erhebender Gedankenflug andererseits für den Melancholiker?

Für den erfahrenen und den begeisterten Lehrer gibt es Möglichkeiten genug, solche Aspekte zu berücksichtigen, allein schon in den Grundschritten des Unterrichts: Experimentieren – Beobachten – Beschreiben – Zeichnen – Nachdenken – Erkennen – Formulieren – Prüfen – Anwenden. Ein Problem bleibt gewiß, daß aus dem Charakter der Naturwissenschaften heraus die melancholische und die phlegmatische Komponente allzu leicht überwiegen können; um so mehr muß auf die anderen Temperamentsnuancen geachtet werden. Der klassische Einstieg in die erste Chemie-Epoche im siebten Schuljahr ergibt in der Vielfalt der Feuerphänomene und ihrer Beobachtung für die Vierheit der Temperamente ein ideales Feld. Ähnlich ist es mit der Physik des sechsten Schuljahres, wenn man etwa mit der Akustik beginnt und deren Klangvielfalt zu ordnen sucht.

Als Beispiel sei auf die «Hebelgesetze» der Physik (7. Klasse) hingewiesen: Wie lasse ich an einer großen Wippe, einem langen Waage-balken oder mit einem Stemmeisen den Choleriker bis an die Grenze seiner Körperkräfte kommen, wie das zarte, melancholische Mädchen mit Leichtigkeit triumphieren? Wie mag der ruhige Phlegmatiker eine ganze Reihe von Verhältnissen zwischen Gewichten und Hebelarmen erproben und notieren, bei denen ein sanguinischer Luftikus immer andere Plätze einzunehmen hat? Wie gehe ich von einer Vielfalt von Beobachtungen zum ausgewählten Beispiel – oder umgekehrt aus der Erkenntnis an einem exemplarischen Sachverhalt in die vielfältige Nutzanwendung? Wo gebe ich Raum zu einer phantasiereichen Darstellung, wo fordere ich streng nüchterne Beobachtung? Schließlich: Wie formulieren wir die erkannte Gesetzmäßigkeit?

Neben den vielen Autoren aus der Waldorfschulbewegung, etwa Hermann von Baravalle, Georg Unger, Frits H. Julius, Walter Kraul, Manfred von Mackensen und anderen,[286] sei vor allem auf Georg Kniebes Darstellung *Die vier Elemente*[287] verwiesen.

Handarbeit und Handwerk

Auch das weite Feld von Handarbeit und Handwerk kann nur gestreift werden, doch sollte man gerade in den handwerklich-künstlerischen Fächern durch die Materialien und Werkzeuge, durch die Aufgabenstellungen und die Techniken der Temperamentsvielfalt gerecht werden.

Für die eigentliche Handarbeit mit Textilien sei nur auf einige Grundgegebenheiten verwiesen: Bereits die Beschaffenheit des Materials und seine Farbe ergeben einen Bezug zum menschlichen Temperament, dazu treten unterschiedliche Techniken. Wie anders als Wolle spricht Seide, wie anders wiederum das Leder! Was lehrt allein schon das erste Stricken: zu feste und zu lockere Maschen, das rechte Maß und das rechte Arbeitstempo, Unregelmäßigkeiten aller Art, fallende Maschen – im Nacharbeiten und Verbessern sieht die Handarbeitslehrerin das Kind lebhaft vor sich, auch in seinem Temperament. Wie gehe ich in der Farbwahl, zum Beispiel bei der «Hirtentasche» (4. Schuljahr), auf das ausgeprägte Temperament ein? Welche «Tiere» wollen die Kinder in der 5. oder 6. Klasse aus Stoff gestalten? Eine reiche Welt bieten dann auch die «Puppen»: ein Beduine mit seinem Kamel, ein Inder mit dem Arbeitselefanten, ein Indianer vor seinem Zelt, ein Eskimo im Kajak und so weiter. Tritt nicht auch hier etwas vom Temperament zutage? Beim Schneidern in der Oberstufe und bei den Technologie-Epochen von Spinnen und Weben zeigt sich das Temperament vollends in seinem Bezug zur Ästhetik.

Im Werkunterricht und auch bei den Handwerksepochen der Oberstufe ist die Fülle wohl noch größer. Allein die Materialien ergeben schon die ganze Temperamentsvielfalt: Holz, Ton, Stein, Metall. Dazu treten die Techniken vom einfachsten Formen und Schnitzen bis zur anspruchsvollsten Gestaltung. Denken wir nur an das Holz mit seinen verschiedenen Härten und seiner Struktur: Schnitzen mit dem Taschen- und mit dem Schnitzmesser, Sägen mit der Baumsäge, der Schreinersäge, dem Fuchsschwanz, Arbeiten mit Stechbeitel und Klöpfel (der zuvor hergestellt wurde), Aushöhlen, Ausstemmen, Ausstechen, Raspeln, Feilen, Glätten, Polieren, Wachsen, Lasieren, Bemalen, Lackieren und so weiter. Wo fühlt sich der Choleriker wohl, wo der Melancholiker? Welche Hilfe braucht der Sanguiniker, welche der Phlegmatiker? Was fordert die geschnitzte «Schale» von den Temperamenten, was das «bewegliche Spielzeug»?

In den oberen Klassen können die Elemente und die Temperamente selbst thematisiert werden. Man denke zunächst an das Plastizieren mit Ton: die Welle als ruhig Fließendes, aber auch als leicht Bewegtes, verwandelt zur Feuerflamme, erstarrt im Frost – um die vier Richtungen anzudeuten. Oder Themen wie Redner und Zuhörer, Tänzer, zwei Ringende, Träumer und ähnliche. Auch in der Werkbetrachtung der plastischen Künste finden sich vielerlei Anregungen.

Als Literatur sei zuerst Hedwig Haucks Sammelwerk *Kunst und Handarbeit* genannt.[288] Für den Werkunterricht gibt es mehrere Bücher von Anke-Usche Clausen und Martin Riedel[289] sowie von Walter Kraul[290]. Umfassend informiert das Werk *Der künstlerisch-handwerkliche Unterricht in der Waldorfschule*[291].

Nach diesem Überblick über einzelne Unterrichtsfächer und Stoffgebiete der Waldorfschule sollen in den folgenden Kapiteln noch einige übergreifende methodische Gesichtspunkte zum Umgang mit den Temperamenten dargestellt werden.

Eine Kinderbesprechung in der pädagogischen Konferenz. Anregungen zum Beobachten der Temperamente

Besondere Bedeutung für das umfassende Wahrnehmen eines Schülers hat in der Waldorfschule die sogenannte Kinderbesprechung in der pädagogischen Konferenz. Wie hier auch die Temperamente zur Geltung kommen können, sei in dem folgenden Beispiel geschildert.

Innerhalb einer längeren Konferenzarbeit über die Temperamente wurden den Lehrern auch kleine Gruppen von Schülern mit einigen Beiträgen aus dem Unterricht vorgestellt. Die «Phlegmatiker» – nur über diese soll hier berichtet werden – kamen aus einer vierten Klasse, wobei am entscheidenden Tag leider gerade jenes Mädchen fehlen mußte, das dieses Temperament innerhalb der Klasse am deutlichsten zeigte; im Bericht des Klassenlehrers wurde es dennoch berücksichtigt. Die Lehrer hatten sich die Aufgabe gestellt, genau zu beobachten und im Gespräch zunächst nur die Wahrnehmungen zusammenzutragen, ehe eine Beurteilung gewagt werden sollte.

Die drei Schüler, die in die Konferenz kamen, arbeiteten gemeinsam, im Wechsel und auch allein, und sie waren mit ihren jüngsten Aquarellmalereien, Götterbilder der Germanen, vertreten. Zunächst sprachen sie zwei Stabreimdichtungen: mit Unterstützung ihrer runengezierten Stäbe «Roland der Ries'» von Friedrich Rückert, dann, ohne Stäbe, aus der *Edda*. Nach dem «chorischen» Sprechen, wobei mit den Stäben ein begleitender Akzent zum Stabreim gesetzt wurde, sprach jeder auch einen Teil der Texte allein. Jedes Kind trug seinen Zeugnisspruch vor und sagte einige Worte zu seinen Bildern. In der Arbeit mit Dreier- und Vierer-Rhythmen, Klatschen, Stampfen, Schreiten, konnte die Bewegung deutlicher wahrgenommen werden.

Bei der anschließenden Schilderung des ersten Eindrucks von Gestalt und Haltung – bei der die Schüler selbstverständlich nicht mehr zugegen waren – fielen diese Worte: «Freundlich lächelnd, weiche

Bewegungen, ruhige und gelassene Haltung, nur ein Kind etwas verlegen, die anderen sicher, Antlitz gerundet und rundliche Hände, bei einem recht kurze Finger, M. am ehesten gestreckt, A. mit auffallend großem Kopf, Haltung zwischen gerade und lässig wechselnd, Gesicht zum Teil etwas einförmig, weich, unziseliert, nur bei M. mehr Ausformung und Ausprägung.» Selbstverständlich wurde auch die größere Leibesfülle bei zweien der Kinder wahrgenommen. Aufmerksamkeit fand auch der Blick: «Bei einem lebhaft und klug, bei den beiden andern ruhig und hell in die Runde blickend.»

Bei den Betrachtungen zur Bewegung kam gleich die Aussage «Feuer hatten sie nicht», und es wurde an die Gruppe der cholerischen Zweitkläßler erinnert, die in der letzten Konferenz anwesend waren. Der Schritt, so die Beobachtung, «setzt meist in der Sohlenmitte auf, mehr platter Fuß, weniger mit der Ferse beginnend, bei L. kantiger, insgesamt mit weniger Kraft». Hände und Finger «haben langsam zugegriffen, eher zart und verhalten». Daß die Beine «kraftvoller» wirkten, lag gewiß an den gestellten Aufgaben.

Die Sprache war bei allen dreien deutlich und geformt, was wiederum durch die Texte und die intensive Arbeit daran begünstigt wurde. Die Malereien erschienen «alle ähnlich, wenig geformt, deutlichere Kontur am ehesten bei den Bildern von M.». Typisch für die Malereien war unter anderem auch das Wäßrige, wo beispielsweise L. bedauerte, daß ihm beim Bild der Freya «der Kopf so zerflossen ist». In der Tat hingen in der Klasse mehr als einmal die Bilder der vier Kinder recht nahe zusammen an der Wand, wenn sie nach der Komposition geordnet waren.

Im Gespräch wurde dann bei den Kindern das Bild des Phlegmatikers durchaus deutlich, obwohl auch die anderen Temperamente klar hervortraten. Der Klassenlehrer zeigte denn auch in seiner kurzen abschließenden Darstellung die Mischung der Temperamente auf: «A. zeigt vor allem phlegmatisch-sanguinische Züge, er ist stets freundlich und friedlich, tritt allerdings bei Streitigkeiten auch mutig für die Wahrheit ein. Er ist weich und sanft und neigt zur Bequemlichkeit. L. hat zu seiner Phlegmatik eher melancholische Züge; manches Kantige, was als cholerisch charakterisiert wurde, hängt mehr mit gewissen motorischen Schwierigkeiten zusammen. Er ist nicht leicht aus der Ruhe zu bringen, und er zeigt eine Neigung zur Sachlichkeit. Auffällig ist seine malerische Begabung bei einer zeichnerischen Schwäche. Beide Kinder sind ausgesprochen geduldig, treu und anhänglich. M. ist insgesamt am stärksten geformt und verfügt über starke Willenskräfte, dennoch ist sie ausgesprochen ruhig und zurückhaltend. Sie ist musikalisch begabt und hat im Sprechen merklich an Kraft gewonnen; das hat die Klasse beim Übergang vom zweiten zum dritten Schuljahr sehr verblüfft. Das Mädchen, das fehlen mußte, zeigt am deutlichsten die typischen Merkmale des Phlegmatikers: Leibesfülle, Neigung zur Behaglichkeit, Ausdauer in allem, was einmal begonnen wurde, Gleichmaß im Sprechen und Musizieren mit Geige, Flöte und Leier. Ihre Aquarellmalereien, und noch mehr ihre Wachsfarbenbilder, sind deutliche Spiegelbilder ihrer Ruhe und Stetigkeit.»

Um dem jeweiligen Kind wirklich gerecht zu werden und auch einzelne Nuancen wahrnehmen zu können, gilt es, in verschiedenen Situationen genau zu beobachten. Dem Lehrer empfiehlt Helmut Eller im Blick auf die Temperamente folgende Beobachtungen anzustellen:

- wie Kinder im Unterricht dasitzen und zuhören
- wie sie ihre Antwort geben
- wie sie reagieren, wenn man ihre Wortmeldung übersieht
- wie sie ihre Schultasche auspacken
- wie sie zur schriftlichen Arbeit übergehen
- wie sie sich verhalten, wenn draußen vor dem Fenster etwas «Sehenswertes» geschieht
- wie sie sich bezüglich ihres Arbeitstempos verhalten
- wie sie sich auf dem Pausenhof geben
- wie sie schreiben, malen, lesen, rechnen usw.[292]

Auch für die häusliche Situation gibt es typische Ereignisse, aus denen Eller ebenfalls Beobachtungsaufgaben bildet: Das Kind kommt heim, es schaut in der Küche, was es zum Essen gibt, die Familie sitzt beim Mittagstisch, das Kind macht seine Schularbeiten, spielt drinnen, spielt draußen, übt auf seinem Musikinstrument, das Kind wird zum Einkaufen geschickt, es muß sich waschen, es wird zu Bett gebracht, für die Eltern kommt «interessanter» Besuch, das Kind wacht auf, steht auf und so weiter. Eller selbst beschreibt im Blick auf die vier Temperamente, wie die Kinder aus der Schule nach Hause kommen.[293]

Vieles, was physiognomisch in Erscheinung tritt, ist unmittelbar mit Seelischem verbunden, ganz besonders die Haltung, der Blick, die Sprache. Will man die seelische Seite der Temperamente näher studieren, so bieten zum Beispiel die Künste aufschlußreiche Beobachtungsmöglichkeiten.

Temperament und Sitzordnung.
Das «Abschleifen» der Temperamente

Rudolf Steiner regt mehrfach an, durch eine Sitzordnung nach dem Gesichtspunkt der Temperamente den Unterricht ökonomisch zu gestalten und nach dem homöopathischen Prinzip, Gleiches durch Gleiches zu heilen, die Temperamente, soweit nötig, «abzuschleifen»: «Wir heilen gerade pädagogisch, indem wir in einer modernen Form den alten goldenen Grundsatz befolgen: Gleiches wird nicht nur von Gleichem erkannt, sondern Gleiches wird auch durch Gleiches richtig behandelt, geheilt.»[294] In der ersten Seminarbesprechung stellt Rudolf Steiner den ersten Waldorflehrern den Zusammenhang gründlicher dar und betont, daß es «die schlechteste Methode ist, wenn man einem Temperament dadurch beikommen will, daß man gewissermaßen die entgegengesetzten Eigenschaften pflegt. [...] Worum es sich handelt, ist, daß wir gerade auf das Temperament eingehen, ihm entgegenkommen [...]. So wird sich ergeben, daß dann diese Anlage, in die es eingespannt ist, sich allmählich ablähmt und sich mit den anderen Temperamenten harmonisiert.»[295] Schon hier macht Rudolf Steiner auch deutlich, daß dies nur ein Mittel unter vielen ist, daß zum Beispiel «die eigene innere Seelenstimmung übersinnlich erziehend auf das Kind» wirkt. «Ebenso wirken aber auch die Kinder aufeinander. Und das ist das Eigentümliche: wenn man Kinder in vier Gruppen von gleichen Temperamentsanlagen einteilt und die gleichartigen nebeneinandersetzt, so wirken diese Anlagen nicht verstärkend aufeinander, sondern aufhebend.»

In der Fragenbeantwortung heißt es dann etwas überraschend: «Das Temperament schleift sich ab; gegen das zehnte Jahr wird der Temperamentsunterschied überwunden sein.» Ist gemeint, daß jetzt alle zu großen Temperamentsunterschiede abgeschliffen seien? Oder heißt das, daß jetzt andere Maßnahmen Platz greifen müssen?

Die Erfahrung lehrt, daß das «Abschleifen» der Temperamente immer schwieriger wird und diese Maßnahme schließlich nicht mehr wirkt. Das hat der Autor erst jüngst wieder erfahren müssen, als es bei zwei ausgesprochen sanguinischen Jungen nicht gelang, durch die Sitzordnung auf das Temperament einzuwirken. Die Klagen der Fachlehrer und beider Eltern häuften sich, und man konnte nicht sagen, man hätte nicht lange genug auf positive Veränderungen gewartet.

Dennoch wirken Grunderfahrungen weiter, auch wenn sich der einzelne deshalb nicht ändert; er paßt sich nämlich meist so weit an, wie es gut für ihn ist. Der Choleriker wird «Waffenstillstand» schließen, der Phlegmatiker hat gemerkt, daß er selbst aktiv werden muß, der Sanguiniker muß die Konzentration in sich erzeugen, und der Melancholiker erkennt, daß auch andere Lasten zu tragen haben. Es überrascht doch ein wenig, daß Rudolf Steiner diese Sitzordnung auch für ältere Schüler empfiehlt, «selbst bis in die Hochschule hinein; aber nach dem fünfundzwanzigsten Jahr ist das nicht mehr nötig».[296] Welcher Oberstufenlehrer hat damit Erfahrungen gemacht?

Daß es in der Sitzordnung Ausnahmen geben muß, ist selbstverständlich; Rudolf Steiner weist zum Beispiel in der Konferenz vom 25. September 1919 auf schwache und verhaltensgestörte Kinder hin.[297] Es ist klar, daß hilfebedürftige Schüler vorne in der Nähe des Lehrers sitzen sollten und daß Störenfriede auch einmal allein bleiben müssen. Da sind die extrem Kleinen und Großen in der Klasse, es gibt Seh- und Hörprobleme und so weiter. Dennoch ist es gerade in den unteren Klassen besonders wichtig, bei jeder Sitzordnung die Temperamente immer neu zu berücksichtigen. Als Hilfsmittel für den Lehrer mag ein viergeteilter Kreis dienen, in den er die Kinder entsprechend den Temperamenten einordnet, zuerst vielleicht die auffallenden Erscheinungen, dann bestimmte Übergänge, die Mehrzahl zuletzt in einem mittleren Bereich der «Mischungen». In den unteren Klassen wird diese Anordnung stets eine «sanguinische» Einseitigkeit haben. Von Mal zu Mal wird man dann gewisser «Wanderungen» gewahr und ist so etwas geschützt vor einem endgültigen «Abstempeln», das es eigentlich nie geben dürfte. Die Beispiele (Abb. 15a–c) stammen aus dem 1. Schuljahr (etwa nach einer Woche, da gab es auch noch Irrtümer) und dem Beginn des 2. Schuljahrs. Zum Vergleich ist noch eine Aufstellung aus dem 8. Schuljahr gegeben.

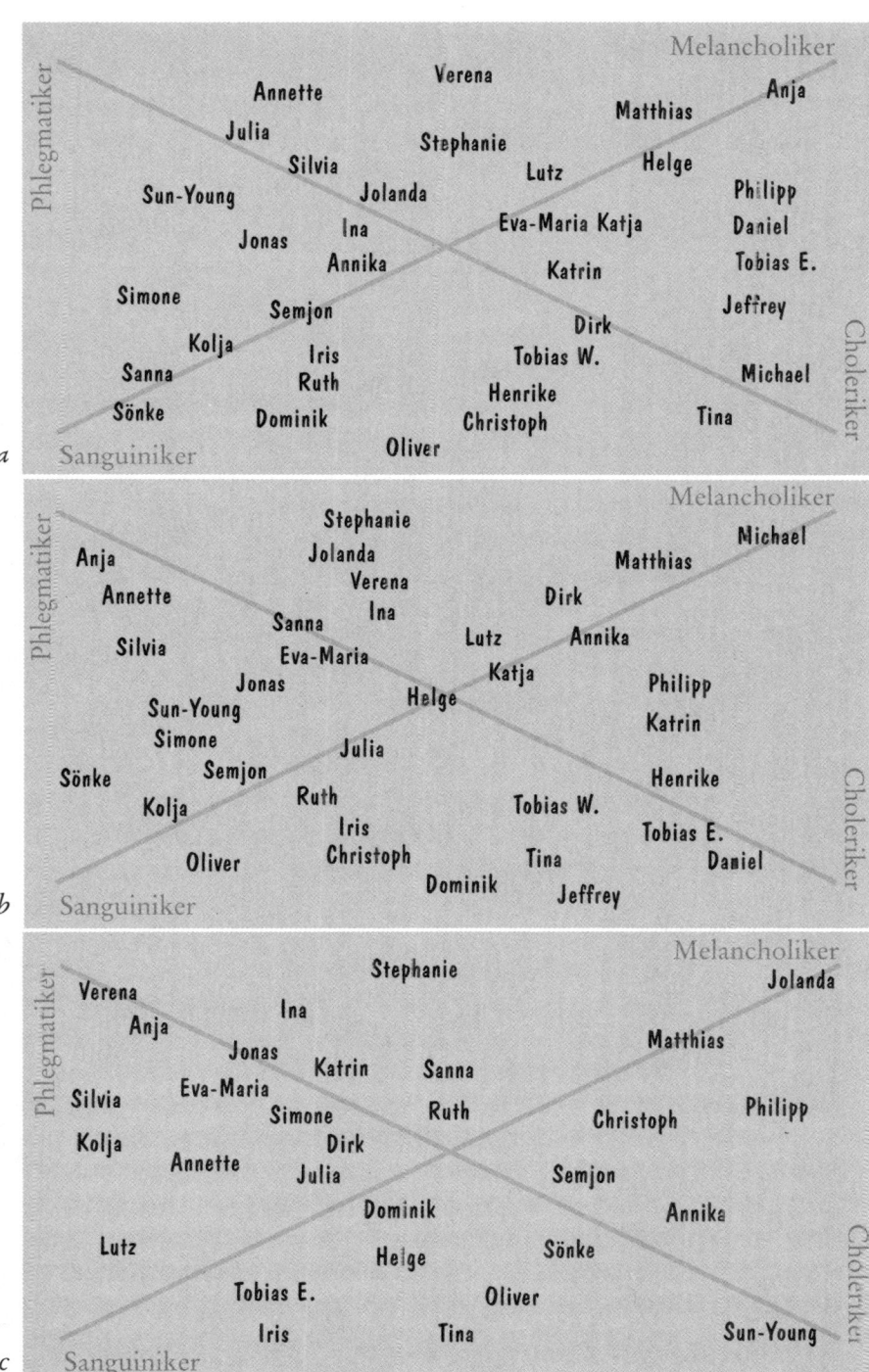

Abb. 15 a – c: Einteilung der Klasse in Temperamente. a: 1. Klasse nach einer Woche, b: 2. Klasse nach vier Wochen, c: 8. Klasse (mit Schülerwechsel)

Die Erfahrungen der Kollegen mit der Sitzordnung nach Temperamenten sind recht unterschiedlich, aber immer wieder sind Lehrer verblüfft, «wie sich die gleichen im Zaume halten», nachdem es zuerst einmal Probleme gegeben hat. Man muß allerdings genau unterscheiden zwischen Temperament und Zivilisationserscheinungen. Das ist nicht immer einfach: Ist das lebhafte Kind sanguinisch oder eher nervös? Entsprang diese Aggression der cholerischen Natur oder aus dem Zwang der Enge? Ist diese ernste Einstellung durch die eigene Melancholik geprägt oder Auswirkung einer Fernsehsendung? Oft bedarf es längerer Zeit und mannigfaltiger Beobachtung, um hier klarer zu sehen.

Wie man im einzelnen die Kinder setzt, muß jeder Lehrer für sich, entsprechend seiner Klasse und dem Raum, entscheiden. Die Melancholiker bevorzugen in der Regel eine ruhige und dunkle Ecke, doch möchten viele auch dem Lehrer nahe sein. Die Sanguiniker lieben die Fensterfront, die Nähe zum Lehrertisch mit seinen Überraschungen, auch die Tür, an der die «Abwechslung» anklopfen könnte. Die Phlegmatiker nehmen alles gelassen hin und sind oft froh, wenn sie sich «zurückziehen» können; hierin sollte man ihnen aber nicht allzusehr entgegenkommen. Die Choleriker setzen sich überall durch; vorne hat sie mancher Lehrer allerdings besser im Auge – und im Griff. Der Autor selbst hat die besten Erfahrungen mit folgender Ordnung gemacht (das ist nun allerdings eine ganz subjektive Erfahrung): Vorne sitzen die schwächeren Schüler, die auffälligen weiter rechts. Dahinter sammelt sich zur Mitte hin die sanguinische Gruppe. Hinten links, das heißt im «dunklen» Eck, sitzen die stärker melancholischen Kinder. Hinten sitzen auch immer wieder verläßliche und kluge Schüler, die vieles selbständig erarbeiten können. Rechts von mir brauche ich auch die Choleriker, und bei den Phlegmatikern achte ich darauf, daß ich sie gut im Blickfeld, also mehr in der Mitte, finde.

Einige therapeutische Gesichtspunkte

Von den Temperamenten ausgehend, findet man für die verschiedenen Therapien wichtige Ansatzpunkte. Selbstverständlich sind dies nur Teilaspekte, die neben einer schulärztlichen oder heilpädagogischen Diagnose bedacht werden können.

Vorweg ist die *Heileurythmie* zu nennen, die eine Stärkung, eine Harmonisierung des Ätherischen überhaupt bewirken kann und dabei auch die Temperamente beeinflußt. Wie die Bewegungsformen der Eurythmie Physisches und Ätherisches in Einklang bringen, müßte gesondert dargestellt werden; hier sei nur darauf hingewiesen, daß die eurythmischen Gestaltungen der Musik mehr den Astralleib ergreifen, jene der Sprache mehr die Ich-Organisation. Im Blick auf die anderen künstlerischen Therapien, wie sie insbesondere durch die Anthroposophie entwickelt wurden, wird man sich zur grundsätzlichen Orientierung von Rudolf Steiners Angaben zu einer «plastisch-musikalischen Menschenkunde» leiten lassen.[298]

Die Ich-Organisation ist durch die Sprache repräsentiert; *Sprachgestaltung*, *Sprachtherapie* vermag hier also besonders wirksam einzugreifen. Der Astralleib lebt stark im Musikalischen, deshalb wird die *Musiktherapie* am besten helfen. Die Prozesse des Ätherischen werden im *Plastizieren* nachgeschaffen, also liegt hier verstärkt der therapeutische Ansatz. Für den physischen Leib denke man besonders an *Heilturnen*, *Heilgymnastik* und *Bothmergymnastik*, aber natürlich auch an die *Eurythmie* und an die *Heileurythmie*.

Falls nun gezielt am Temperament gearbeitet werden soll – der Zusammenhang mit den menschlichen Wesensgliedern (und auch die Verschiebung zwischen kindlichem Temperament und Temperament des Erwachsenen) ist bekannt –, so ergeben sich viele Möglichkeiten. Die richtige Entscheidung kann der Therapeut immer nur aus der

Kenntnis des konkreten Falles treffen, auch in der Grundfrage, ob direkt am betroffenen Temperament gearbeitet werden kann oder ob im Umkreis angesetzt werden muß. Am Beispiel der Maltherapie sollen einige der notwendigen Überlegungen aufgezeigt werden.

Die *Maltherapie* vermag mit bestimmten Farben direkt bei den Temperamenten anzusetzen: Blau für die Melancholik, Grün für die Phlegmatik, Gelb für die Sanguinik, Rot für die Cholerik, alles in mannigfacher Abstufung. Hellere Töne wirken eher sanguinisch, kräftige eher cholerisch; dem Melancholiker liegt mehr die begrenzende Linie des Zeichnerischen, dem Phlegmatiker mehr das Flächige des Malerischen. Der Therapeut wird dies alles, fein differenzierend, beobachten und beachten:

Wie malt zum Beispiel der ausgesprochene Melancholiker ein Grün? Wird es ein schweres Blaugrün? Was zeigt sich beim Phlegmatiker? Ist es mehr ein sattes Grün im kleinen oder ein ruhiges großes Grün? Bevorzugt der Sanguiniker beim Mischen das Gelb gegenüber dem Blau, oder verdünnt er beim Aquarellieren sein Grün mit Wasser zum Hellgrün? Setzt der Choleriker nur einen starken grünen Akzent? Braucht er ein Rot zum Ausgleich einer großen grünen Fläche? Mit welchen Materialien arbeitet er: mit Wasserfarben, Ölfarben, farbigen Kreiden, Stiften? Auf weißem Grund oder auf getönten Papieren? Welche Maltechnik eignet sich im konkreten Fall: trockenes Malen, feucht, halbnaß, naß in naß, Lasieren, Schichten? Welche Akzente setzt andererseits die Graphik des Schwarz-Weiß-Zeichnens? Wie wirkt überhaupt das Hell-Dunkel? Wie sind die Verhältnisse des mehr Malerischen zum mehr Zeichnerischen? Was bedeutet prinzipiell eine abstrakte gegenüber einer gegenständlichen Darstellung? Und wenn gegenständlich gearbeitet werden soll: welches Sujet ist geeignet?

Dies alles wird der erfahrene Therapeut im Auge haben, wenn er im konkreten Fall handelt. Er wird sich weiter fragen: Wie gestalte ich die Aufgabe, damit zum Beispiel ein Melancholiker – wenn es so gut für ihn ist – im dunklen Blau «sich erleben», im Hell-Dunkel-Kontrast «Schmerz fühlen» kann? Wie gehe ich vor, wenn er aus diesem Erleben Schritt für Schritt herausgeführt werden soll? Empfiehlt sich der Weg vom dunkleren Blau ins hellere, lichtere Blau? Bedarf es eher der feierlichen Stimmung eines Violetts, der Wärme eines dunklen Rots? Ist es besser, über das Blaugrün in die Ruhe des

Grüns zu leiten? Muß ich die Übungen im Gegenständlichen anlegen? Darf ich gleich auf reine Farbwirkung zielen? Bedarf es noch starker Formgebung? Wie steht es überhaupt um die malerischen Fähigkeiten, was kann erwartet werden? Muß das Ziel in kleinen Erfolgsschritten verfolgt werden, oder kann man mit Geduld und Ausdauer rechnen? Welche sonstigen Therapien begleiten die Bemühungen, welche gingen voraus, folgen nach?

Es gibt kein Rezept: So wie das Temperament nur in Grundrichtungen erfaßt und dann im Individuellen erkannt sein will, so muß auch die Therapie, auf bestimmten Grundlagen aufbauend, individuell konkrete Wege gehen.

Das folgende literarische Beispiel beschreibt im Grunde die Therapie eines Temperamentes, nämlich eines übermäßigen Phlegmas, das sich mit einer speziellen Art der Hypochondrie aus Langeweile verbunden hat.

Johann Peter Hebel: «Der geheilte Patient»

Im Werk Johann Peter Hebels findet sich eine Fülle von Temperamentsschilderungen, insbesondere in seinen Kalendergeschichten, etwa in seinem berühmt gewordenen «Schatzkästlein des rheinischen Hausfreundes». Daraus stammt auch die Geschichte «Der geheilte Patient».[299]

Der Patient, «jener reiche Amsterdamer», ist ein fauler Phlegmatiker, den Hebel recht treffend charakterisiert: sitzend und essend, sich langweilend; rauchend, «wenn er nicht zu träge war»; und er hat «Maulaffen feil zum Fenster hinaus». Typisch ist die Art, wie er ißt und trinkt: «Bald etwas Kaltes, bald etwas Warmes, ohne Hunger und ohne Appetit, aus lauter Langeweile.» Kein Wunder, daß er einen «dicken Leib» bekommt, «der so unbeholfen war, wie ein Maltersack». Nicht verwunderlich ist auch, daß der Mann darüber «365 Krankheiten» hat, eigentlich aber «nicht recht gesund und nicht recht krank war». Die Ärzte werden reich an dieser «zweibeinigen Apotheke», denn er hält sich nicht an ihren Rat: «Wofür bin ich ein reicher Mann, wenn ich soll leben wie ein Hund?»

Man darf wohl sagen, daß hier die Phlegmatik schon zur Krankheit geworden ist, daß die «Todsünden» Völlerei und Faulheit regieren. Zu seinem Glück faßt unser Patient Vertrauen zu einem Arzt, «der 100 Stund weit weg wohnte» und der ihn auf seinen Brief hin gleich durchschaut, da fehle «nämlich nicht Arznei, sondern Mäßigkeit und Bewegung». Sein Rezept, ein Brieflein an den Patienten, muß unbedingt im Original gelesen werden! Der Phlegmatiker setzt sich, von Angst um sein Leben getrieben, tatsächlich «auf des Schuhmachers Rappen» in Bewegung und hält Maß, fürchtet er doch das «bös Tier im Bauch, einen Lindwurm mit sieben Mäulern».

Der überwuchernde ätherische Leib, der bereits zuviel physische Substanz gebildet hat, wird durch die Bewegung allmählich geordnet und in den eigentlichen Lebensfunktionen gefordert und gefördert. Jetzt kann die Seele, der Astralleib, wieder erwachen und sich aus der Fessel der Physis lösen. Die Sinne öffnen sich, und der Patient wird der Schönheit der Natur und der Freundlichkeit der Mitmenschen gewahr. Ein einziger Satz genügt Hebel, um diese erwachende Seelenwelt zu schildern. Das höhere Wesensglied tritt in seine Rechte ein, hilft und heilt. Am achtzehnten Tag geht unser Mann gesund zum Arzt: «Ich hätte zu keiner ungeschicktern Zeit können gesund werden als jetzt, wo ich zum Doktor soll.» Dieser verhilft ihm vollends zur Einsicht – «Herr Doktor, Ihr seid ein feiner Kauz, und ich versteh Euch wohl» –, so daß auch das nächsthöhere Wesensglied, das Ich des Menschen, wirksam eingreifen kann. Unser Patient, dessen übergroße Phlegmatik wirksam behandelt worden ist, hat «87 Jahre, 4 Monate 10 Tage gelebt, wie ein Fisch im Wasser so gesund».

Der Umgang mit Elementen
und Temperamenten
als methodisches Prinzip

In den vorausgegangenen Darstellungen zu einzelnen Fächern und Stoffgebieten ist deutlich geworden, daß es in der Waldorfpädagogik in erster Linie nicht darum geht, die menschlichen Temperamente als Unterrichtsstoff einzusetzen (das ist zweifellos auch möglich); es geht dabei auch nicht um ein Erziehungsziel (was die Temperamente durchaus sind). Vielmehr dienen die vier Temperamente – und auch die vier Elemente Erde, Wasser, Luft, Feuer – als methodischer Ansatz, als pädagogische Maxime für den Unterricht. Man könnte gar von einer Elementen- und Temperamentenpädagogik sprechen, klänge das nicht gar zu gewichtig. Beispiele für einen solchen Unterricht sind voranstehend genügend genannt worden. Hier sei der Ansatz noch einmal zusammengefaßt, hauptsächlich an den vier Elementen erläutert und in seiner Bedeutung betont.

Der Lehrer einer ersten Klasse oder eine Kindergärtnerin spielt mit den Kindern ein Reigenspiel, dazu wird gesprochen und gesungen. Es gilt zu differenzieren, Nuancen, Farben, Stimmungen, Bewegungsformen zu charakterisieren, auch wenn die Kinder noch vieles ganz in der Nachahmung des Erziehers richtig erfassen: «Leicht wie ein Vöglein in der Luft – ruhig wie eine Welle nach der anderen im tiefen Wasser – fest wie ein Stein – wild und rot wie das lodernde Feuer!» Unwillkürlich wird das Kind aus dem Erleben (und aus der Vorstellung) heraus bestimmte Nuancen finden und gestalten.

Innerhalb dieser vier «Elementen-Richtungen» läßt sich nun weiter differenzieren:

Luft – zart wie ein Hauch, ein einziger Atemzug, ein bißchen gepustet, wie ein leises Lüftchen, ein Frühlingswehen, wie ein kräftiger Windstoß, der Wind jagt und treibt, er zerrt und rüttelt, wie ein Wirbelwind, wie Sturmgebraus, wie Wettersturm, wie ein Orkan …

Wasser – wie ein tiefer Brunnen, gleich einem stillen See, wie eine Quelle murmelnd, ein Tröpfchen nur, gleich dem munteren Bächlein, das eilt und wirbelt, das schäumt und rauscht, wie ein ruhiger Strom, endlos wellt und wogt das Meer, es flutet heran, es brandet an die Küste ...

Erde – Staub, Sandkorn, Kiesel, Stein, Kristall, Scholle, Hügel, Höhe, Berg, Gebirge, Massiv; das ruht, das lagert, das steht, das türmt sich auf, das droht, das lockt; Metall, Holz, Eis, Glas, Blatt, Nadel, Stiel, Frucht, Same, Flaum, Feder, Knochen, Bein; hart, fest, schwer, stabil, geformt, zerbrechlich ...

Feuer – Sonne, Licht, Wärme, Hitze, Glut, brennen, leuchten, glühen; wie die Flammen lodern und zucken, wie die Funken stieben, wie die Wärme uns einhüllt, wie das helle Licht strahlt, es erleuchtet den Raum, es erhellt, es tagt, es dämmert, es dunkelt, die Farben des Regenbogens ...

Alle diese vielfältigen Hinweise, Impulse, Anregungen lassen sich natürlich mischen und zugleich mit den Qualitäten verbinden, die bereits die alten Griechen in die Viergestalt der Elemente einbezogen haben (vgl. S. 295ff.): warm und kalt, trocken und feucht. Man sieht unschwer, daß auf diese Weise die vier Elemente und die vier Qualitäten zu einem ungeheuren Reichtum führen, den es nur methodisch einzusetzen gilt.

Gerade auch im sogenannten rhythmischen Teil zu Beginn des Hauptunterrichts läßt sich mit den Elementen in allen Variationen arbeiten; das gilt gleichermaßen für Sprache und Bewegung wie für die Musik.

Als Beispiel sei die Vorbereitung für ein kleines Spiel in der Mittelstufe gewählt. Wir bewegen uns in verschiedenartiger Weise: im gemessen festen Schritt auf der festen «Erde» – jetzt rascher, energischer, mit innerem «Feuer», jeder Tritt sei zu hören – nun wieder ruhiger, gleichmäßiger, leiser, strömend wie «Wasser» – zuletzt leicht und locker, leise und behend, wie von «Luft» erfüllt. Wir üben uns in bestimmten Gesten und Gebärden: Wir führen den Arm wie in einem Schwertstreich, heftig wie eine «Feuerflamme» – nun ganz ruhig, wie «durchs Wasser gezogen» – dann leicht wie eine Feder in der «Luft» – schließlich klar und fest wie das «Gestein». Wir sprechen einen Satz einmal leicht und «luftig», ein andermal ruhig wie das strömende «Wasser», dann mit dem «Feuer» der Begeisterung und mit der Festigkeit der «Erde».

Später, zum Beispiel nach der Menschenkunde-Epoche des achten Schuljahrs oder nach einer sprachlichen Arbeit, wie sie Erika Dühnfort beschreibt,[300] lassen sich anstatt der vier Elemente nun auch die vier Temperamente zur Charakterisierung verwenden. Das gibt ein ausgezeichnetes Übungsfeld im Theaterspielen ab, um auf das Klassenspiel der achten Klasse vorzubereiten.

Eine Fundgrube für den phantasievollen Lehrer, auch der Oberstufe, ist das Konzept zur «Ausbildung zum Schauspieltherapeuten», das Frieder Nögge, Polo Piatti und andere in der Freien Kleintheaterschule Stuttgart entwickelt haben. Hier entdeckt man in den Kursen zum Schauspielunterricht spezielle Gebiete: Urqualitäten (kalt, trocken, feucht, warm), Qualitäten (schwer, weit, leicht, eng), Temperamente (Melancholiker, Phlegmatiker, Sanguiniker, Choleriker), Grundgesten, die zwölf Sinne, Tierstudien, Tragödie, Komödie / Clowneske und so weiter. Es gibt aber auch Unterrichtseinheiten zum Nervenmenschen und zum Sinnesmenschen, über das Flüssige und das Luftige, zum Rhythmischen, Bewegenden, Ernährenden und zur Fortpflanzung. Später werden die Lebensalter und die Weltanschauungen angesprochen, bis zuletzt die Arbeit im Biographischen einerseits, im Rollenstudium andererseits endet.[301]

Rudi Ballreich verwendet die Übungen mit den Elementen und mit den Temperamenten mit großem Erfolg beim Clown-Spiel im Zirkus (siehe S. 212f.). In dem Maße, wie der Schüler in sich selbst nach den vier Richtungen hin lebendig wird – anfangs wird er vielleicht nur übertreiben –, mit dem Beobachten und mit dem Einfühlen, wächst auch das Verständnis für den anderen Menschen. Das ist der tiefste Hintergrund des wirklichen Clown-Spiels (und der Rolle des Narren, etwa bei Shakespeare): daß es aus Menschenerkenntnis und Menschenverständnis erwächst, aus dem Mitgefühl des Melancholikers, der gelernt hat, auch die anderen Seiten in sich lebendig werden zu lassen.

An dieser Stelle sei auf ein Problem, ja auf eine Gefahr hingewiesen: die Darstellung des Temperaments als Karikatur. Was dem Künstler erlaubt sein mag – und jedermann im Blick auf sich selbst –, das darf den Erzieher nicht verführen. Gerade in der Karikatur wird dem Temperament Unrecht getan, weil in aller Regel die Stärken negiert, die Schwächen übertrieben werden. Die Grenze ist schmal, und jeder wird sie anders empfinden, aber niemals darf der Erzieher durch irgendeine Form der Karikatur kränken. Das gefährliche «Abstempeln» eines Temperaments, eine pädagogische Sünde, wird durch die Karikatur noch verschärft. So verlangt auch das Clownsspiel eine verständnisvolle, ja liebevolle innere Einstellung zum Menschen, wenn es pädagogisch fruchtbar werden soll. Anders formuliert: Aus einer bloßen «Type» muß wieder ein konkreter Mensch werden, auch in der Typisierung muß das Individuelle durchscheinen.

Vom Temperament des Erziehers

Zweifelsohne wirkt das Temperament des Erziehers auf das Kind, doch hängt diese Wirkung von zahlreichen Faktoren ab, und sie bleibt immer nur eine von vielen verschiedenen Aspekten. Natürlich hängt sie auch vom Temperament des Kindes selbst oder, allgemeiner ausgedrückt, von seiner Seelenkonfiguration und seiner Leibeskonstitution ab. Wie immer zeigt sich in den (negativen) Extremen viel deutlicher die Auswirkung des Lehrertemperaments. Man erinnere sich nur an die Angst vor dem explodierenden cholerischen Lehrer, an die Langeweile im Unterricht des allzu phlegmatischen Lehrers, an die Unruhe und Unsicherheit, die der übertrieben sanguinische Erzieher verbreitet, an die Schwermut und Pedanterie, die der krankhaft melancholische Lehrer auslebt.

Eine Erziehungstagung innerhalb der Freien Waldorfschule in Stuttgart vom 7. bis 13. April 1924 stand unter dem Leitgedanken «Die Methodik des Lehrens und die Lebensbedingungen des Erziehens». Bereits im ersten Vortrag kam Rudolf Steiner auch auf das Temperament des Lehrers zu sprechen.[302] Ausgangspunkt ist der Gedanke, daß der Erzieher auf ein ganzes Menschenleben einwirkt, daß es notwendig ist, «das ganze menschliche Erdenleben ins Auge zu fassen, denn was wir im achten oder neunten Lebensjahre im Kinde veranlagen, hat seine Wirkungen im fünfundvierzigsten, fünfzigsten Lebensjahre des erwachsenen Menschen [...].» Als Beispiel fragt Rudolf Steiner nach der Wirkung des Lehrertemperaments: «Was tut das Temperament des Lehrers an dem Kind einfach dadurch, daß es da ist?» Im folgenden wird in ernster Weise beschrieben, was das einseitig ausgeprägte Erziehertemperament letztlich an Schäden bewirkt; über den Augenblick hinaus und über die kürzeren Folgen hinweg gewahren wir eine weitreichende schicksalhafte Verknüpfung.

Eingehend beschreibt Rudolf Steiner den cholerischen Lehrer, wie ihn leider wohl viele Schüler kennengelernt haben: wie er «diesem Temperament die Zügel schießen läßt» und «die heftigen, vehementen Lebensäußerungen» nicht beherrscht. Jedem sind die Angstgefühle bekannt, die einen als Kind beschleichen können, die Schreckenswirkung des Zornesausbruchs, gar des Tobsuchtsanfalls. In subtiler Weise, an die Sinneseindrücke anschließend, beschreibt Rudolf Steiner, wie gerade beim kleineren Kind auch diese Eindrücke bis in die physische Natur des Menschen hineinwirken: «Das Geistige, das Seelische wirkt im Körper, indem es dessen Zirkulations- und Nahrungsvorgänge unmittelbar beeinflußt. Oh, wie ist beim Kinde die Seele in ihrer Empfindung nahe dem ganzen Stoffwechselsystem, wie wirken die zusammen! Erst später, beim Zahnwechsel, sondert sich das Seelische von dem Stoffwechsel mehr ab. Jede seelische Erregung geht beim Kinde über in die Zirkulation, in die Atmung, in die Verdauung.» Aber auch noch später hält eine schädigende Wirkung an; im Grunde kann erst der Erwachsene mit der Kraft des eigenen Ich, mit der Stärke des eigenen Astralleibes die krankmachende Wirkung auf Seele und Leib verhindern oder wenigstens mildern.

Wie sagt der Volksmund doch bei Angst und Schrecken? «Das schnürt einem die Kehle zu», «da stockt der Atem», «da bleibt einem die Luft weg», «da bleibt einem der Bissen im Halse stecken», «das dreht einem den Magen um», «da macht man vor Angst in die Hosen». Die krankmachende Wirkung von Angst und Furcht, Schrecken und Schock steht außer Zweifel und wird nicht nur von der psychosomatischen Medizin betont, hemmen sie doch ganz eindeutig die rhythmischen Prozesse und den Stoffwechsel. Rudolf Steiner benennt als «Spätfolgen» des unbeherrschten cholerischen Erziehertemperaments Stoffwechselkrankheiten im 45., 50. Lebensjahr: Rheuma, schlechte Verdauung, Gicht.[303]

Einige Hinweise sollen den Zusammenhang mit dem Stoffwechsel verdeutlichen. Das cholerische Temperament ist das Temperament des Willens und hängt dadurch im aktiven Tun wie im passiven Erleiden mit den Stoffwechselprozessen innig zusammen; im Extrem kommt es bei der Angst zur unkontrollierten Ausscheidung. Im mehr oder minder starken Schock ziehen sich Astralleib und Ich etwas aus dem Gefüge der Wesensglieder heraus, es entsteht «Enge» («eng» und «Angst» sind etymologisch verwandt), und in den Zirkulationsprozessen treten Störungen, Stockungen, ja Brüche auf. Betrachtet man die Biographie von Rheumakranken, findet man in ihrer Kindheit häufig cholerische Erzieherpersönlichkeiten, oft in der Schule und im Elternhaus zugleich; und in der Entwicklung der rheumatischen Erkrankungen zeigen sich zumeist ganz bestimmte Stufenfolgen, die widerspiegeln, wie diese Erlebnisse in immer tiefere Schichten des Leibes einwirken. So berichten Ärzte des Gemeinschaftskrankenhauses Herdecke über folgende Stufen der Erkrankung in der Entwicklung vom Kind zum Erwachsenen: «Verstopfungen» im Kopfbereich bis hin zu langwierigen Nebenhöhlenentzündungen, Allergien verschiedener Art, asthmatische Störungen und Erkrankungen, Stoffwechselschäden des rheumatischen Bereichs an Knorpeln und Gelenken. Immer wehrt sich der Körper gegen die Verhärtung durch entzündliche Reaktionen, aber es fehlt die «innere Durchwärmung» durch den Astralleib – sie wird durch die Angst verhindert. Letztlich gewinnt die verhärtende Tendenz die Oberhand und blockiert schmerzhaft die Bewegung. Der fremde Wille des Erziehers ist in der Kindheit unter Angst und Schrecken aufgeprägt worden und hat die eigene Willensnatur und damit das Stoffwechsel-Gliedmaßen-System «gekränkt», das nun, Jahrzehnte später, seine eigene Beweglichkeit weitgehend eingebüßt hat.

Im unbeherrschten cholerischen Temperament des Erziehers gewinnt ein Egoismus, der sich aus den Blutskräften speist, die Oberhand, weil das höhere Ich nicht mäßigend eingreift. Dadurch trifft ein wogendes Seelenhaftes mit Heftigkeit auf den kindlichen Astralleib, der davon so erregt wird, daß die Wirkung über das Ätherische bis ins Physische dringt. Die Führung des höheren Wesensgliedes Ich versagt im Erzieher gegenüber dem Astralischen und Ätherischen des Kindes. Gerade beim unbeherrschten cholerischen Erziehertemperament ist die Wirkung besonders tief, weil hier die (egoistischen) Ichkräfte herrschen und «Erregbarkeit und Stärke» beim cholerischen Temperament am größten sind.

Beim phlegmatischen Temperament des Lehrers besteht die Gefahr, daß «der inneren Regsamkeit des Kindes kein Genüge geschieht».[304] In der seelischen Gleichgültigkeit, und das ist oft die Schattenseite der Sachlichkeit, «begegnet das, was aus dem Kinde heraus will, nicht äußeren Eindrücken und Einflüssen». Rudolf Steiner gebraucht das treffende Bild der «verdünnten Luft» und spricht von der «seelischen Atemnot», die das Kind erleidet. Daraus entstehe im späteren Leben «vieles von dem, was in unserem Kulturleben aufgetreten ist als Nervosität, als Neurasthenie, als die ganze Desorganisation des Nervensystems bei vielen Menschen». Man erkennt unschwer den Zusammenhang mit der Tatsache, daß «Erregbarkeit und Stärke» beim phlegmatischen Temperament am geringsten sind.

Führt man sich einmal einen gesunden phlegmatischen Anteil am Erziehertemperament vor Augen, dann wird deutlich, was ein solcher Erzieher für die seelische und die leibliche Entwicklung des Kindes bewirken kann: Alle ätherischen Prozesse verlaufen im richtigen ruhigen Rhythmus, in der genügenden Intensität und zugleich gewissermaßen elastisch, beweglich in der Korrespondenz mit den Seelenregungen, ohne daß die Kinder diesen jedoch ausgeliefert sind; vielmehr werden diese Seelenregungen in ihrem Überschwang beruhigt, in ihrer Erregung gemildert und von ihrer krankmachenden Wirkung befreit. Läßt der einseitig phlegmatische Lehrer sich gehen, dann wird die Ruhe zu Langeweile und Stillstand, der Ätherleib verselbständigt sich in seinen nährenden Prozessen, der Zusammenhang mit dem Seelischen wird immer dürftiger und unbeweglicher. Die Seelenregungen des Kindes finden keine Antwort, sie ersticken förmlich in der Ruhe des Phlegmas, bildlich gesprochen, im Schlamm des stockenden Stromes. In dieser Not, keine Antwort zu finden, keinen Anreiz zu bekommen, seelisch zu verkümmern, bilden sich die Anlagen späterer Nervosität.

Heute gibt es in erschreckendem Umfang eine Nervosität durch die Reizüberflutung, gewissermaßen eine Überfütterung durch rasch wechselnde Sinneseindrücke und Seelenreaktionen. Auch unter dem Gesichtspunkt der Temperamente wäre auf zweierlei hinzuweisen: Die (kindliche) Seele bedarf einerseits seelischer und geistiger Wahrbilder, andererseits der natürlichen Sinneseindrücke. Nur so kann sich die Seele zwischen Körper und Geist gesund entfalten. Rudolf Steiner erinnert aber auch an die Nervosität seiner (und unserer) Zeit und fragt: «Warum ist denn Nervosität, Neurasthenie so ungeheuer verbreitet in der neueren Zeit? [...] Da müßte man ja glauben, daß die gesamte Lehrerschaft in der Zeit, in der die Menschen, die heute nervös, neurasthenisch sind, erzogen worden sind, aus Phlegmatikern bestanden hat!»[305] Und obwohl es auch damals unter den Leh-

rern alle Temperamentsmischungen gegeben hat, bestätigt Rudolf
Steiner den Verdacht auf ganz besondere Weise: «In bezug auf die
eigentliche Erziehungsaufgabe waren sie trotzdem Phlegmatiker.»
Knapp führt er aus, daß die materialistische Weltauffassung des
neunzehnten Jahrhunderts, die auch wesentlich die Pädagogik bestimmte, Interessen hatte, «die eine ungeheure Gleichgültigkeit entwickeln bei dem Erziehenden gegenüber den eigentlichen intimeren
Seelenregungen des zu erziehenden Menschen».[306] Der «Seelenblick,
der das Flüchtige, Feine, das von Seele zu Seele spielt, erfaßt», der
wurde durch die materialistische Weltanschauung verdunkelt – und
blieb es weithin bis heute! Daß wir am Ende des Jahrtausends nicht
nur eine verbreitete Desorganisation des Nervensystems vorfinden,
sondern ebenso eine beängstigende Zunahme der seelischen Erkrankungen und Störungen, hängt nicht zuletzt damit zusammen, daß
weiterhin die Interessen der materialistischen Weltanschauung in allen Lebensbereichen dominieren – auch in der Pädagogik. So ist, um
nur ein Beispiel zu nennen, auch die Kritik Rudolf Steiners am sogenannten «Anschauungsunterricht» zu verstehen, der der Seele des
Kindes keine Nahrung gibt.[307]
    Nur kurz spricht Rudolf Steiner über das melancholische Lehrer-
temperament, bei dem er vor allem die Gefahr sieht, daß der Melancholiker «durch seine Melancholie zu sehr mit sich selbst beschäftigt
ist». Der Melancholiker, der von Natur aus sehr in sich gekehrt, introvertiert, sein kann, wird vollends zu einem «Autisten». Hierher
gehören auch so typische Züge wie die Hypochondrie, der Pessimismus, die Pedanterie; ja, selbst das Mitfühlen und Mitleiden, Größe
und Stärke des melancholischen Temperaments, können sich im
«Helfersyndrom» ins Gegenteil verkehren, und auch die Beschäftigung mit den letzten und tiefsten Fragen kann sich in egoistischer
Weise äußern. Was geschieht da beim Kind? «Der Faden des Geistig-
Seelischen des Kindes [...] droht abzureißen, der Faden des Empfindungslebens [...] erkältet» sich.[308] Das überrascht nicht, wenn man
bedenkt, daß im melancholischen Temperament der physische Leib
vorwaltet. Er hat die Verbindung zum Seelisch-Geistigen teilweise
bereits verloren, ist er doch gewordene Substanz und Form, erkaltet
und dem Todespol nahe. «Dadurch wird das Sichgehenlassen des
melancholischen Temperaments des Lehrers für das spätere Lebensalter eines Kindes, dem der melancholische Lehrer gegenübersteht,

so, daß unregelmäßig werden Atmung und Blutzirkulation.»[309] Der feine Schmerz, den der Melancholiker an seinem physischen Leib beständig empfindet, teilt sich dem Kind mit, bedrängt in meist kaum merklicher Weise dessen Ausatmung und schnürt die freieren Seelenregungen ein. Als Folge der Rhythmusstörungen, der Verengungen, der sklerotischen Prozesse sieht Rudolf Steiner «mancher Herzkrankheit Ursprung, die im vierzigsten, fünfundvierzigsten Lebensjahr auftritt».[310] Wie beim phlegmatischen Temperament ist es die geringe «Erregbarkeit», die sich verhängnisvoll auswirken kann, dann nämlich, wenn die innere «Stärke» des melancholischen Temperaments «mit sich selbst beschäftigt» bleibt. Im Gegensatz zum phlegmatischen Lehrertemperament ist das melancholische durchaus in der Lage, den «Faden» zum Innersten der Kindesseele ganz innig zu spinnen, verhindert dies aber dadurch, daß es zuviel mit sich selbst beschäftigt ist. Dann erfährt die kindliche Seele eine Enttäuschung; dieser leise Schmerz wird schließlich zu einem «Herzeleid».

Kurz faßt sich Rudolf Steiner auch beim sanguinischen Erziehertemperament, bei dem er mit wenigen Beispielen die leichte «Erregbarkeit» und die geringe «Stärke» aufzeigt: Hier wird ein Klecks bemerkt, da ein Flüstern gerügt, dann wird eine Schülerin vorgerufen, «sie interessiert ihn nicht lange», und wieder hineingeschickt. Leicht ließe sich die Reihe fortsetzen: «Der Lehrer ist eben Sanguiniker.» Bezeichnend ist dieses geringe, wenig anhaltende «Interesse», das heißt nämlich, daß der Sanguiniker nie richtig in den Dingen und Menschen steckt, sich nie richtig mit ihnen verbindet, nicht in ihrem Sein ist. Für den anderen Menschen, gar für das Kind, muß dies kränkend wirken. Rudolf Steiner nennt als Folge die «krankhafte Anlage manches Menschen» in einem «Mangel an Vitalität, einem Mangel an Lebensfreude».

Läßt sich dies nicht heute an vielen Phänomenen beobachten, zum Beispiel an der «No-future»-Haltung der Jugend oder dem «Burnout»-Syndrom der Erwachsenen mittleren Alters? Ist das vielleicht auch die Folge der Leichtlebigkeit, des Lebensgenusses, der wechselnden Moden, der zahllosen Reisen, der Medienflut, des schier unermeßlichen Wohlstandsangebots der materialistischen westlichen Welt nach der Hungerzeit des Zweiten Weltkriegs? «Das sanguinische Temperament des Lehrers ohne Selbsterziehung bewirkt eine Unterdrückung der Vitalität, eine Unterdrückung von Lebensfreude, von kraftvollem Willen, der aus der Individualität aufquillt.»[311]

Immer wieder spricht Rudolf Steiner von der Notwendigkeit einer Selbsterziehung des Lehrers; in dem genannten Vortrag äußert er sich unter anderem so: «Wir ahnen schon, daß es nicht so sein kann, daß einfach der Lehrende, der Erziehende sagt: Das Temperament ist angeboren, ich bleibe dabei. Erstens ist das nicht wahr, und zweitens, wenn es wahr wäre, wäre das Menschengeschlecht längst an den Erziehungsfehlern ausgestorben.»[312]

Jede wirkliche und ernsthafte Selbsterziehung wirkt auch heilend auf die Temperamentsextreme, denn sie ruft die Wirkung der höheren Wesensglieder wach. Eine große Hilfe ist es für den Lehrer auch, gerade beim Unterrichten, das jeweils entgegengesetzte und fehlende oder nur schwach ausgeprägte Temperament zu pflegen. Schließlich sei noch einmal betont, wie günstig sich jegliche künstlerische Tätigkeit auf die Harmonisierung auch der Temperamente auswirkt. Es wird deutlich, daß diese Selbsterziehung und die Pflege der Temperamente bereits in der Lehrerbildung erübt werden müssen.

Die Temperamente in den vier Evangelien und ihre Bedeutung für die Selbsterziehung

Eine große Hilfe in der richtigen Temperamentserziehung kann dem Pädagogen im Lesen der Evangelien des Neuen Testaments erwachsen; auch darauf hat Rudolf Steiner hingewiesen. Die folgende Darstellung geht von den Symbolen der vier Evangelisten im sogenannten Viergetier aus. Das Motiv «Christus der Weltenherrscher inmitten des Viergetiers» schmückt als Plastik, aber auch als Gemälde oder Mosaik die Bogenfelder unzähliger romanischer und gotischer Kirchen. Adler, Löwe, Stier und Engel (Mensch) sind zum einen die Symbole der vier Evangelisten Johannes, Markus, Lukas und Matthäus, zum anderen aber auch uralte Bilder der Menschenwesenheit, wie sie schon im Viergetier der Sphinx vereint wurden.

Als Beispiel ist hier das mittlere Tympanon des Königsportals der Kathedrale zu Chartres ausgewählt (Abb. 16): Über dem Türsturz mit der Darstellung der zwölf Apostel und zwei weiterer Figuren thront im eigentlichen Bogenfeld Christus in der Mandorla, umgeben von den vier «Tieren», die durch das Buch als Symbole der vier Evangelisten erkenntlich sind. Die Glorie Christi wird in den Türbögen von weiteren Reliefplastiken, vierundzwanzig Älteste und zwölf Engel, überwölbt.

Auf das sprichwörtliche «Geheimnis der Sphinx» und auf die überraschende Vielzahl von Sphingen in den alten Kulturen kann an dieser Stelle nicht eingegangen werden; es sei gleich der Blick auf das «Viergetier» Mensch–Löwe–Stier–Adler gerichtet, so wie es in der christlichen Tradition erscheint. Beim Propheten Hesekiel (Ezechiel) ist zum ersten Mal davon die Rede, er beginnt sein alttestamentarisches Buch mit dieser Vision. Und am Ende des Neuen Testamentes findet sich die Vision des Evangelisten Johannes in seiner «Apokalypse»: «Und mitten am Thron und um den Thron [waren] vier

Abb. 16: Königsportal der Kathedrale von Chartres (mittleres Tympanon).

himmlische Gestalten, voll Augen vorne und hinten. Und die erste Gestalt war gleich einem Löwen, und die zweite Gestalt war gleich einem Stier, und die dritte Gestalt hatte ein Antlitz wie ein Mensch, und die vierte Gestalt war gleich einem fliegenden Adler. Und eine jegliche der vier Gestalten hatte sechs Flügel, und sie waren außenherum und inwendig voll Augen» *(4, 6-8).*

Die Herkunft der vier Evangelistensymbole bleibt für die Ikonographie im Grunde unklar, ihre Erklärungen sind zwiespältig und befriedigen wenig. So wird der Adler des Johannes als Zeichen für dessen Geistesflug, etwa im Prolog, gedeutet; Markus habe den Löwen als Symbol, weil sein Evangelium mit Johannes dem Täufer in der Wüste beginnt; der Stier des Lukas rühre vom Opfer des Zacharias her; der Engelmensch des Matthäus hänge mit dem Stammbaum Christi, mit dem das Evangelium anhebt, zusammen.

Eine ganz andere Dimension ergibt da die Zuordnung zu den Tierkreiszeichen: Wassermann für Matthäus, Löwe für Markus, Stier für Lukas, Skorpion-Adler (eine altbekannte Entsprechung) für Johannes – eine Folge von vier Dreiecken im Zwölferkreis mit den genannten vier Zeichen als Hauptrepräsentanten, die ihrerseits ein Kreuz bilden. Zeichnet man sich diese Figuration auf, dann begegnet einem erneut das Geheimnis der Drei und der Vier (vgl. S. 346ff.) – und eine mögliche Lösung. Was hier nur angedeutet werden kann, erschließt sich dem Leser bei weiterem Studium der Darstellungen Rudolf Steiners immer mehr und ergibt neue und großartige Einsichten in den Zusammenhang der Temperamente mit Leib, Seele und Geist und mit der Menschheitsentwicklung in ihren kosmischen Dimensionen.

Aus diesen Tierkreisbetrachtungen resultiert auch die Zuordnung zu den vier Elementen und den vier Temperamenten, die bereits mehrfach genannt wurde und seit alters bekannt ist:

Erde	Melancholik	Skorpion (Adler)	Johannes
Wasser	Phlegmatik	Wassermann	Matthäus
Luft	Sanguinik	Stier	Lukas
Feuer	Cholerik	Löwe	Markus

Die entscheidende Frage wird sein, ob in den vier Evangelien tatsächlich etwas vom Elementenwirken und vom Wesen der Temperamente sichtbar wird. Natürlich kann es sich dabei immer nur um einzelne Akzente und Tönungen handeln, aber doch so, daß sie eindeutig zuzuordnen sind. Nur wer sich intensiv mit den Evangelien befaßt, sie studiert und vergleicht oder wer regelmäßig in ihnen liest, wird etwas davon merken. Einmal ist es eine stilistische Feinheit, ein anderes Mal ein auffälliger Begriff, dann mag es eine besondere Begebenheit sein oder eine ausdrückliche Charakterisierung. Erst alle vier Evangelien zusammen enthüllen Wesen und Wirken Christi, und je einen Lichtstreif in dem großen erhellenden Licht senden auch die Elemente und die Temperamente. Einige Anhaltspunkte für die Zuordnung der Temperamente zu den vier Evangelien seien im folgenden durch Walter Niggs Charakterisierung der Evangelisten gegeben;[313] diese Charakterisierung ist um so bemerkenswerter, als Nigg den Aspekt des Temperaments in seiner Betrachtung nicht berücksichtigt.

Zu Markus finden wir unter anderem den bemerkenswerten Satz: «Markus' kraftvolle und urwüchsige Darstellung wird durch sein Lieblingswort ‹sogleich› gekennzeichnet.» Dazu gibt Nigg selbst den entsprechenden Kommentar, der ganz eindeutig die Cholerik schildert: «Offenkundig will der Evangelist damit ausdrücken, daß es bei Jesus kein Schwanken und keine Verzögerung gibt und daß das, was er anordnet, auf der Stelle geschieht. Sein Wille setzt sich augenblicklich durch, und die Dinge rollen in der von ihm bestimmten Weise ab. Nichts ist schleppend in Markus' Schreibweise, keine trägen Wasser fließen langsam dahin, im Gegenteil, die Ereignisse folgen Schlag auf Schlag und überstürzen sich beinahe.»[314]

Die Phlegmatik, der das Matthäus-Evangelium zuzuordnen ist, wird bei Nigg weniger deutlich. Das ist verständlich, wird sie gemeinhin eben stark negativ verstanden; aber die positiven Seiten klingen doch an. Obwohl Matthäus als einziger seinen Namen nennt, weiß man von ihm dennoch am wenigsten: «Hielt er es für seine Bestimmung, bescheiden im Hintergrund zu bleiben, damit das Werk und nicht sein Verfasser um so stärker leuchte?»[315] Nur der Suchende sieht, so Nigg, wie Matthäus «still und verschwiegen dasteht und den Leser noch schärfer anblickt, als er ihn anzuschauen vermag».[316] Sein Evangelium ist die Schrift der reichsten Fülle und beispielsweise «durch eine genaue Kenntnis der geographischen und der geschichtlichen Situation des Heiligen Landes gekennzeichnet».[317] Matthäus ist, bei aller Glaubensglut, der sachliche Berichterstatter, der sein Werk «nach einer überaus klaren Disposition gearbeitet» und «Ordnung in seine

Darstellung hineingebracht» hat.[318] Und O. Hophan schreibt: «Sein Evangelium ist auch eindrucksvoll gemessen, feierlich würdig geworden, so daß es in manchen Kapiteln geradezu an die streng hieratischen Bilder von Byzanz oder an einen liturgischen Gottesdienst mit ruhigem, würdigem Choral erinnert.»[319]

Sanguinik in der edelsten Weise spricht aus dem Lukas-Evangelium, inniges Fühlen nämlich, vom Mitleid und Helferwillen des Arztes Lukas bis zu den «Ikonen» des Malers Lukas, etwa in der Schilderung der Christgeburt und der Hirtenanbetung. «Sein Werk ist das Evangelium der Freude.»[320] Nirgends sonst wird so die Geburt und die Kindheit Jesu geschildert – und ist nicht das sanguinische Temperament der Kindheit gemäß? Durch die Darstellung Marias wird diese schönste Sanguinik betont: «Mit Maria kam das weibliche Element in das Evangelium hinein, das Mütterliche ist lebendig geworden und hat jene seelische Wärme um sich verbreitet, auf die keine Religiosität länger verzichten kann.»[321] Gerade diese seelische Wärme durchzieht das ganze Evangelium: «Alles ist von einem menschlichen Mitfühlen und einer spürbaren Wärme durchpulst.»[322] Natürlich wirkt durch den Ernst und die Größe aller Ereignisse auch im Lukas-Evangelium viel Melancholik, aber sie hat eine andere Färbung durch das lebendige, herzliche Fühlen. Das meint auch Hophan, den Nigg zitiert: «Der Grundgedanke [...] ist das Helfen und Heilen. Bedachtsam, sorgsam hat Lukas aus dem Leben Jesu jene Geschehnisse und Worte ausgewählt, die Tränen trocknen, Schmerzen lindern, Vertrauen schaffen, Genesung und Heilung bringen.»[323]

Das Johannes-Evangelium nimmt in mancherlei Hinsicht eine Sonderstellung ein, so wie es, in der Auffassung des Aristoteles, der Melancholik gemäß ist. Doch ist es nicht einfach, die Betonung gerade dieses Temperaments im Evangelium verständlich aufzuzeigen, war doch Johannes, «der Jünger, den der Herr lieb hatte», ein Jüngling mit dem Feuer der Jugend: «Der höhere Enthusiasmus von Johannes' Seele machte ihn zum zeitlosen Jüngling. Er war der junge Mensch schlechthin, der mit dem tieferen Selbst Fühlung genommen [...] hatte.»[324] Unschwer ist zu erkennen, daß hier nicht das cholerische Jugendtemperament gemeint sein kann – das ist längst überwunden –, der «höhere Enthusiasmus der Seele» entstammt nicht dem Feuer des Blutes, sondern dem Feuer des Geistes. In der Begegnung mit der Physis, bis hin zum Tod in der physischen Welt, erfährt sich das melancholische Temperament – und überwindet seine Begrenzung; darüber wäre gerade zu Johannes viel zu sagen. Bei Nigg lesen wir unter anderem: «Die Berufungsstunde des Johannes war kein intellektueller Vorgang, der sich bloß in seinem Gehirn abgespielt hat. Sie drang tiefer ein, war handgreiflicher, plastischer und umfaßte den ganzen Menschen, Geist, Seele und Leib.»[325] Im ersten seiner Briefe bekennt der Jünger selbst: «Was wir gehört haben, was wir gesehen haben mit unseren Augen, was wir beschaut haben und unsere Hände betastet haben, das verkündigen wir» (1. Johannes 1). Bei Johannes gehe es, so Nigg, nicht um Abstraktion, er hat «die Wirklichkeit der Fleischwerdung erlebt».[326] Der Jünger und Evangelist verwandelte sich und sein jugendliches Temperament im «Taborlicht» der Verklärung, beim «Schlaf im Garten Gethsemane», in der «Verzweiflung unter dem Kreuz», im «Glauben an die Auferstehung».

Ein Rätsel bleibt die Mystik des Johannes: «Das Hören mit dem Herzen, das Denken mit dem Herzen, das Sehen mit dem Herzen, das ist johanneisches Christentum. Es kann auch nur mit dem Herzen verstanden werden.»[327] Das ist nicht mehr allein das vom Blut erwärmte Herz des Cholerikers, auch nicht bloß das im Fühlen klopfende Herz des Sanguinikers, und es ist schon gar nicht das ruhige, gar kühle Herz des Phlegmatikers, es kann aber auch nicht nur das schmerzende physische Herz des Melancholikers sein. «Das Herz ist das Denkvermögen», so sagt Origenes in seinem Kommentar zum Evangelium des Johannes. Wir sind jenseits der Temperamentenwirksamkeit, in einem höheren oder, mit Nigg, «tieferen Selbst». Das Wort des Origenes faßt das Geheimnis der Melancholik, ihre Größe, wie sie schon Aristoteles erkannte: Der bloße Gedanke, gebunden an die physische Organisation des Gehirns, kann immer nur an Erkenntnisgrenzen stoßen. Erst der Schmerz der physischen Auseinandersetzung vermag neue Räume zu erschließen, die Erkenntnis mit dem Herzen. Hier erwächst jener Ideenflug, den der Melancholiker als Befreiung ersehnt und der, erfüllt er sich, in einem so ungeheuren Gegensatz zur physischen Leiblichkeit steht.

Diese wenigen Anregungen müssen genügen, um die folgende Darstellung Rudolf Steiners einordnen zu können. In einem pädagogischen Vortrag kommt er auch auf die Temperamente und die

Evangelien zu sprechen.[328] Die Evangelien werden knapp in einer wesentlichen Tendenz charakterisiert und dann in einen pädagogischen Zusammenhang, hier die Vorbereitung des Lehrers durch das Lesen der Evangelien, gestellt.

«So wird […] derjenige, der sich in der richtigen Weise anregen lassen will durch alle tiefen Seelenkräfte, um die Pädagogik in diesen pathologisch-physiologischen Gebieten richtig zu gestalten, sehr gut tun […], sich immer wieder und wiederum anregen zu lassen von dem, was vom Lukas-Evangelium für eine solche Gesinnung ausströmt. Während jener, der sich anregen lassen will, in den Kindern den nötigen Lebensidealismus hervorzubringen, gut tun wird, sich selber anregen zu lassen von einer immer wiederholten Lektüre des Johannes-Evangeliums. Und wer seine Kinder nicht zu Feiglingen erziehen will, sondern zu solchen Menschen, die das Leben tüchtig anpacken, der lasse sich anregen vom Markus-Evangelium. Und wer die Kinder zu solchen Leuten erziehen will, die nicht an den Dingen vorübergehen, sondern alles richtig bemerken, der lasse sich anregen vom Matthäus-Evangelium. Solche Dinge hat man den Evangelien gegenüber in alten Zeiten gefühlt.»

Nachdem Rudolf Steiner bereits im ersten Teil dieses Vortrages als Beispiel die Zuckerdiät beim melancholischen und beim sanguinischen Kind dargestellt hat, geht er nach den Ausführungen zu den Evangelien ganz direkt zur Temperamentsbetrachtung über: «Nun kann man das so sagen, wie ich es jetzt eben getan habe. Man kann es aber auch anders sagen, und es ist nicht weniger religiös-christlich. Dasselbe, was ich jetzt ausgesprochen habe, kann man auch so sagen, daß man zum Beispiel in dem seminaristischen Kursus die Anschauungen entwickelt über die vier Haupttemperamente des Menschen […].» Nachdem daran kurz erinnert wurde, wiederholt Rudolf Steiner ausdrücklich den engen Bezug: «Und so kann man auch sagen: Das, was ich jetzt über die vier Evangelien gesagt habe, ist nämlich, im Grunde genommen, genau dasselbe dem Geiste nach, weil es in dasselbe Lebenselement des Menschen einführt.»

Welches «Lebenselement» ist gemeint? Rudolf Steiner nennt einerseits die vier «Haupttemperamente des Menschen», andererseits vier besondere Wirksamkeiten der vier Evangelien, die man vielleicht so charakterisieren darf: ärztliche Heilkunst und Seelenpflege, Lebensidealismus, Mut und Tatkraft, Interesse an Mensch und Welt:

Lukas	Heilkunst und Seelenpflege	Sanguinik
Johannes	Lebensidealismus	Melancholik
Markus	Mut und Tatkraft	Cholerik
Matthäus	Interesse an Mensch und Welt	Phlegmatik

In der «zweiten Seminarbesprechung» am 22. August 1919 finden sich bei einem Teilnehmer diese Begriffe: Lukas – Innigkeit, Johannes – geistige Vertiefung, Markus – Kraft, Matthäus – Mannigfaltigkeit.[329]

Wie wichtig Rudolf Steiner gerade diese und ähnliche Impulse für den Lehrer waren, zeigt der Abschluß des grundlegenden pädagogischen Kurses «Erziehungskunst», wo er den Lehrern zuletzt «vier Dinge [...] ans Herz legen möchte»:[330]

«Das ist das erste: Der Lehrer sei ein Mensch der Initiative im großen und im kleinen Ganzen.» – Mut und Tatkraft des cholerischen Temperaments!

«Das ist das zweite: Der Lehrer soll ein Mensch sein, der Interesse hat für alles weltliche und menschliche Sein.» – Interesse für Mensch und Welt des phlegmatischen Temperaments!

«Und das dritte ist: Der Lehrer soll ein Mensch sein, der in seinem Inneren nie einen Kompromiß schließt mit dem Unwahren.» – (Lebens-)Idealismus des melancholischen Temperaments!

«Der Lehrer darf nicht verdorren und nicht versauern. Unverdorrte frische Seelenstimmung!» – Seelenpflege des sanguinischen Temperaments!

Wo also ist dieses gemeinsame «Lebenselement» im Menschen beheimatet? Aus der Anschauung der Menschenwesenheit kennen wir die vier sogenannten Wesensglieder und ihren Zusammenhang mit den Temperamenten, und auf sie wirken in einer intimen Weise die vier Evangelien ein. So wie die vier Temperamente in der Gestalt der vier Evangelisten jeweils einen besonderen «Lichtstreif» im erhellenden Licht der Evangelien geben, so wirkt umgekehrt aus jedem der vier Evangelien ein Impuls auf das «Lebenselement» eines bestimmten Wesensgliedes, das heißt auf eines der menschlichen Temperamente.

Ich	Cholerik (Mut und Tat)	Markus	Löwe
Astralleib	Sanguinik (Seelenpflege)	Lukas	Stier
Ätherleib	Phlegmatik (Interesse)	Matthäus	Engelmensch
phys. Leib	Melancholik (Idealismus)	Johannes	Adler

Nun wird im Zusammenhang mit diesen «vier Dingen» oft von den «Lehrertugenden» gesprochen, obwohl Rudolf Steiner diesen Ausdruck hier nicht gebraucht. Damit treten wir aber aus der Sphäre des Temperaments in die des Charakters, so wie es oben bereits dargestellt ist. Anders gesprochen: Wir wechseln aus dem Bereich des konstitutionell Gegebenen, des seelisch Erlebten und Erfühlten in den Bereich des geistig Bewußten und idealistisch Gewollten. Dadurch beginnt ein Prozeß der inneren Umgestaltung, der auch das Temperament verwandeln kann. Ein anfänglicher Schritt kann immer sein, mit den Kräften des mitgebrachten Temperaments das Beste zu wirken, zum Beispiel so, wie es Rudolf Steiner den ersten Waldorflehrern «ans Herz» legte; das allein schon ist eine große und lohnende Aufgabe. Ein zweiter Schritt müßte darin liegen, dabei Schwaches zu stärken, Fehlendes zu entwickeln; das wird schon viel mühevoller sein. Parallel dazu gälte es immer, all die kleineren und größeren Gefährdungen der Temperamente zu bekämpfen; man vergesse nicht, was Rudolf Steiner zur krankmachenden Wirkung des ungezügelten Lehrertemperaments gesagt hat. Alle diese Schritte bedürfen der Führung des höheren Ich im Menschen. Jörgen Smit, norwegischer Waldorflehrer und viele Jahre Leiter der Pädagogischen Sektion am Goetheanum in Dornach, hat in einem eindringlichen Vortrag diese Zusammenhänge dargestellt.[331] Was oben als die Stärke, als die gute Qualität des Temperaments genannt ist, sieht er als Befähigung des gewandelten Temperaments, wobei er allerdings das Weltinteresse mit dem (umgewandelten) sanguinischen Temperament, die unverdorbene, frische Seelenstimmung mit dem (umgewandelten) phlegmatischen Temperament zusammenbringt.

In den vier Evangelien lebt alle gute Kraft der vier menschlichen Temperamente, und in ihnen lebt auch ihre gesunde Mischung; alle kleinen und großen Gefahren des einseitigen Temperaments sind durch die Kraft der Evangelien gebannt. Das Lesen im Evangelium gibt Stärkung und Gesundung und wirkt über den Erzieher auf das Kind: Markus gibt Mut und Tatkraft des cholerischen Temperaments, Lukas läßt das sanguinische Temperament heilen und Seelen pflegen, Matthäus zeigt Interesse für Mensch und Welt aus phlegmatischem Temperament, Johannes schenkt den Lebensidealismus des melancholischen Temperaments. Dann wirken die menschlichen Temperamente ermutigend, heilend, offenbarend, begeisternd.

IV.
Zur Geschichte der Temperamentenlehre
oder
Der Phlegmatiker ist der geborene Geschichtsschreiber

Einleitung

«Kein Gedanke ist so alt oder absurd,
daß er nicht unser Wissen verbessern
könnte. Die gesamte Geistesgeschichte
wird in die Wissenschaft einbezogen
und zur Verbesserung jeder einzelnen
Theorie verwendet.»[332]

Paul Feyerabend

Eine wirkliche Darstellung zur Geschichte der Temperamentenlehre
steht noch aus, obgleich aus älterer Zeit viele Anschauungen aufge-
zeichnet und tradiert sind. Die nachfolgenden Ausführungen können
lediglich einen kurzgefaßten Überblick geben, der zwar wesentliche
Autoren wie Hippokrates, Aristoteles, Galen, Kant, die beiden
Carus und andere zu Wort kommen läßt, aber ansonsten eine durchaus subjektive Auswahl trifft. Allerdings werden im Sinne des
Hauptanliegens dieses Buches auch möglichst viele Hinweise Rudolf
Steiners verfolgt und zitiert und so die Vorsokratiker ebenso gewür-
digt wie Brunetto Latini, Steffens oder Troxler. Selbstverständlich
galt es, auch die Elementenlehre und die Säftelehre der Antike einzubeziehen; dagegen fanden die astrologischen Lehren des Mittelalters
nur wenig Berücksichtigung, wie überhaupt die immense Bedeutung
der Temperamenten- und Säftelehre für das Mittelalter und die
beginnende Neuzeit und ihr ungeheurer Umfang nicht gebührend
dargestellt werden konnten. Die sogenannte «Humoralpathologie»
müßte eigentlich ausführlicher charakterisiert werden, und die eher
medizinischen Erkenntnisse und Erfahrungen gehörten von berufe-
nerer Seite grundlegend ausgeführt. Wenn der eine oder andere Leser
angeregt wird, eine der aufgezeigten historischen Spuren weiter zu
verfolgen, so wäre eines der Anliegen dieses geschichtlichen Abrisses
erfüllt.

Griechische Antike

Vorsokratische Philosophie

Am Anfang des abendländischen Philosophierens, bei den griechischen «Vorsokratikern», findet sich noch die Einheit des denkenden Menschen mit der ihn umgebenden Natur und der Natur im eigenen Innern. «Man empfand nicht ein völlig abgetrenntes Seelisches; man erlebte in sich ein Seelisch-Leibliches als Einheit.»[333] Die antike Temperamentenlehre in ihrer Verbindung mit den Elementen ist davon ein Nachklang. Es wirkten in der Frühzeit des Denkens sogar vier Philosophen, die besonders stark in einem der vier Temperamente lebten, ja «dachten» und dabei das entsprechende Element in den Mittelpunkt ihrer Betrachtungen stellten. Bereits Hippokrates hat auf sie hingewiesen; und drei von ihnen würdigt Rudolf Steiner unter diesem Gesichtspunkt in seinem Buch *Die Rätsel der Philosophie* und in einem Vortrag. Ausführlicher, sozusagen exemplarisch, äußert er sich dabei über Thales, der «die äußeren Naturprozesse noch ähnlich erlebte wie die inneren Seelenprozesse».[334] Sein phlegmatisches Temperament fühlt sich dem Wasser-Element nahe, und deshalb «wird man in der Weltanschauung des Thales den Ausdruck finden dessen, was ihn sein dem phlegmatischen Temperament verwandtes Seelenleben innerlich erleben läßt. Er erlebte das, was ihm als das Weltgeheimnis vom Wasser erschien, in sich.»[335]

Die Wechselwirkung zwischen Temperamentsstimmung und Elementenwirken wirklich zu verstehen ist nicht einfach, «die gegenwärtigen Denkgewohnheiten müssen den alten Vorstellungsarten sich anpassen, wenn sie in das Seelenleben früherer Zeiten eindringen wollen».[336] Der Leser mag sich darin üben, wenn er im folgenden einige wenige Kernsätze aus den Fragmenten der vier griechischen Philosophen Thales, Anaximenes, Xenophanes und Heraklit in bezug auf Element und Temperament studiert.

Daß dieses Kapitel bei Philosophen und Altphilologen möglicherweise auf Skepsis stößt, ist dem Autor klar, sind doch die Quellen spärlich und fast alle Äußerungen aus zweiter, gar dritter Hand, und Irrtümer und Fälschungen gibt es zuhauf. Wer aber viel mit Kindern und Erwachsenen zu tun hat und sich mit den Temperamenten gründlich befaßt, den wird gerade dieses Kapitel besonders faszinieren, begegnet er doch allenthalben dem Phänomen, daß Menschen ganz und gar in ihrem ausgeprägten Temperament leben, so daß alles, schließlich auch die Art zu reden und zu denken, davon geprägt wird.

Thales von Milet, um 625 – 554 v. Chr., war vielseitig begabt und arbeitete als Baumeister (er errichtete Ingenieurs- und Tempelbauten), Mathematiker (berühmt ist der sogenannte Satz des Thales) und Astronom (er sagte eine Sonnenfinsternis vorher); er soll gleichzeitig kaufmännisches Geschick und politischen Weitblick bewiesen haben, so daß für einen erfindungsreichen Menschen das rühmende Wort entstehen konnte: «Der Mann ist ein Thales!»

Zu seinem Temperament meint Rudolf Steiner, «daß das phlegmatische Temperament, wenn es mit Energie des Vorstellens zusammen auftritt, durch seine Gelassenheit, Affektfreiheit, Leidenschaftslosigkeit den Menschen zum Weisen macht».[337] Und die Griechen zählten Thales bekanntlich zu ihren «sieben Weisen».

Um das Element des Wassers kreisen die Gedanken des Thales, die andere der Nachwelt überliefert haben:[338] «Thales sagt, das Wasser sei Prinzip, weshalb er auch erklärte, die Erde sei auf dem Wasser.» (Aristoteles) – «Thales [...] behauptet, Ursprung und Endziel des Alls sei das Wasser.» (Hippolytos)

Anaximenes aus Milet, der in der zweiten Hälfte des sechsten vorchristlichen Jahrhunderts lebte, findet in seiner Naturphilosophie physikalische Ansätze, die ihn insbesondere die Wandlungen der Erscheinungen beobachten lassen.

Für sein sanguinisches Temperament ist das Luftelement, «Aer», die Mitte der Welt. «Anaximenes setzt als Anfang der seienden Dinge die Luft an; denn aus dieser entstehe alles und in diese löse sich alles wieder auf. Wie unsere Seele [...] die Luft ist, und uns durch ihre Kraft zusammenhält, so umfaßt auch den ganzen Kosmos Atem und Luft.» (Aetios; Luft und Atem werden hier synonym gebraucht.) –

«Anaximenes ist der Meinung, es gäbe nur ein Prinzip der seienden Dinge, ein sich bewegendes und unbeschränktes: die Luft.» (Olympiodoros von Alexandria) – «Anaximenes behauptet, Gott sei Luft, und er entstehe und sei unermeßlich und unendlich und ewig in Bewegung […].» (Cicero)

Xenophanes, um 570 – um 475/465 v. Chr., stammte aus Kolophon in Ionien und wanderte wohl um 545 nach Unteritalien aus. Er trat vor allem als Dichter hervor, doch sind seine größeren Epen verloren. Er wandte sich gegen die alten Göttervorstellungen des Homer und Hesiod und versuchte, sich den Göttern gedanklich zu nähern. Hippokrates verweist auf ihn bei der Betrachtung des Erdelements, doch sagt Rudolf Steiner über die entsprechende Temperamentskomponente Melancholik nichts aus. Anzumerken bleibt, daß Xenophanes auch oft vom Wasser und nicht nur von der Erde spricht.

«Erde und Wasser ist alles, was entsteht und wächst.» (Porphyrios) – «Denn wir alle sind aus Erde und Wasser geboren.» (Sextus Empiricus) – «Denn alles ist aus Erde, und alles endet als Erde.» (Sextus Empiricus)

Heraklit, um 540 – um 480 v. Chr., lebte als Politiker in Ephesos und hinterließ Fragmente seines Denkens, die verstehen lassen, warum ihn seine Zeitgenossen «den Dunklen», auch den «weinenden Philosophen», genannt haben. Heraklit, der Philosoph des Logos, ist auch der Philosoph des Feuers geworden und umgreift in seinem Denken viele Feuerqualitäten: die Polarität von Licht und Finsternis, die wärmende, erhellende und die zerstörende Kraft des Feuers, den Blitz des Gedankens, Bewegung und Veränderung des Feuers. So ist auch Heraklits Cholerik zu verstehen, «sie findet sich verwandt dem verzehrenden Wirken des Feuers; […] es fühlt sich eins mit dem ewigen Werden.»[339]

Einige Charakterisierungen von Heraklits Denken: «Der Gott ist Tag – Nacht, Winter – Sommer, Krieg – Frieden, Sättigung – Hunger – alle Gegensätze, das ist die Bedeutung; er wandelt sich, genau wie Feuer.» (Hippolytos) – «Krieg ist von allem der Vater.» (Hippolytos) – «Alles ist austauschbar gegen Feuer und Feuer gegen alles.» (Plutarch) – «Das Feuer sei vernünftig.» – «Er nennt [das Feuer] Mangel und Sättigung.» – «Alles steuert der Blitz.» (Hippolytos) – «Denen, die in dieselben Flüsse hineinsteigen, strömen immer neue Gewässer zu.» (Arios Didymos). – «Es ist unmöglich, zweimal in denselben Fluß hineinzusteigen, so Heraklit.» (Plutarch)

Empedokles

Mit dem legendenumwobenen Weisen Empedokles verbindet sich im besonderen die antike Elementenlehre. Er war in der Nachfolge der Orphiker und Pythagoräer mit seinen epischen Dichtungen *Über die Natur* («Peri physeos») und *Reinigungen* («Katharmoi»), von denen nur wenige Fragmente von etwa 450 Versen erhalten bzw. zitiert sind, zum philosophischen Dichter der Elemente geworden.

Empedokles, um 485 – 425 v. Chr., entstammte einer angesehenen sizilianischen Familie aus dem damals griechischen Agrigent. Er starb im Exil, nachdem er als herausragender Staatsmann gescheitert war; die Legende erzählt, er habe sich in den Krater des Ätna gestürzt. Gescheitert war er daran, daß da Volk, das ihm einst die Königswürde angetragen hatte, die Führung durch seine starke Persönlichkeit, durch seinen Genius nicht mehr ertrug, obwohl er keineswegs als Tyrann herrschte, sondern eher ein Vorkämpfer neuer Persönlichkeitsimpulse war. Rudolf Steiner sagt von ihm, er sei «eine große führende Persönlichkeit», «ein Eingeweihter in die tiefsten Geheimnisse der Zeit», der sich dem Neuen öffnete, «um gleichsam weithin schallend für die Geistwelt zu sagen: Jetzt soll eine Zeit kommen, wo nicht mehr bloß aufgenommen werden soll, was ohne das Ich einfließt in die menschliche Persönlichkeit, sondern wo das aufgenommen werden soll, was durch das Ich in die menschliche Persönlichkeit kommt!»[340] Sein Wirken in der griechischen Polis war universal: Er war Staatsmann, Erzieher, Dichter und Arzt zugleich. Hölderlin hat dem Eingeweihten mit seinem Schauspiel *Der Tod des Empedokles* ein ebenso großartiges wie eigenwilliges Denkmal gesetzt.

Im ersten Buch *Über die Natur* ist die Elementenlehre des Empedokles begründet: «Die vier Wurzelgebilde aller Dinge höre zuerst: leuchtend – heller Zeus [Feuer] und lebensspendende Hera [Erde] und Aidoneus [der «Unsichtbare» – Luft] und Nestis [die «Fließende» – Wasser].» (Tzetzes)

Die vier Urstoffe wandeln sich in beständigem Sich-Mischen und Entmischen: «Natürliche Entstehung gibt es bei keinem von allen Sterblichen und auch kein Ende im jämmerlichen Tod; es gibt nur Mischung und Wechsel von Sichmischendem; natürliche Entstehung ist dafür nur der Name bei den Menschen!» (Aetios)

Zu den Elementen treten als Triebkräfte Liebe und Haß: «Denn sie (Liebe und Haß) waren vorher dabei und werden es auch künftig sein; nie, so bin ich überzeugt, wird die unermeßliche Ewigkeit dieser beiden leer sein.» (Hippolytos)

Das Zusammenwirken der vier Elemente mit den beiden Triebkräften besingt Empedokles so:
«Einmal kommt alles in Liebe zusammen zu Einem,
Das andere Mal fliegt es, jedes für sich,
Wieder auseinander im Groll des Hasses.»
«Doppeltes will ich verkünden: bald wächst ein einziges Ganzes
Aus der Mehrheit heraus, bald scheidet's sich wieder zur Mehrheit,
Feuer und Wasser und Erde und Luft, unendlich an Höhe;
Streit zudem, der verwünschte, gesondert, gleich wuchtig im Ganzen,
Und die Liebe zu ihnen, gleich groß an Länge und Breite:
Schau mit dem Geist sie und sitze nicht da mit verwunderten
                                        Augen!» (Simplikios)

Ur- und Endzustand ist der «Sphairos», von Empedokles Gott genannt: «Er ist in jeder Richtung sich selbst gleich und unendlich, Sphairos, der Runde, in seiner Ruhe von übermäßiger Freude erfüllt.» (Stobaios)

Im zweiten Buch *Über die Natur* beschreibt Empedokles die Einheit von Mensch und Welt zugleich als Einheit der Wahrnehmung: «Denn mit Erde sehen wir Erde, mit Wasser Wasser, mit Äther den strahlenden Äther, aber mit Feuer das vernichtende Feuer; Liebe mit Lieben und Haß mit unheimlichem Haß.» (Aristoteles)

Exkurs:
Die vier Elemente der Antike

«Und wer durch alle die Elemente,
Feuer, Luft, Wasser und Erde, rennte,
Der wird zuletzt sich überzeugen,
Es sei kein Wesen ihresgleichen.»[341]
Goethe

«Der, welcher wandelt diese Straße voll Beschwerden,
Wird rein durch Feuer, Wasser, Luft und Erden.»[342]
Schikaneder / Mozart, Die Zauberflöte

Den Zusammenhang der vier «Elemente» Erde, Wasser, Luft und
Feuer mit den Temperamenten beschrieben schon die antiken Autoren in den verschiedensten Darstellungen. Auch wenn erst die Griechen eine «Elementenlehre» schufen, das Wissen um die vier Elemente ist weit älter und wird in vielen Schöpfungsmythen ausgedrückt.
Ein schönes Beispiel findet sich im 104. Psalm des Alten Testaments,
wo David «Gottes Lob aus der Schöpfung» singt; ausgewählt ist der
Anfang des Psalms, der erst im weiteren Verlauf die vier Elemente in
ihrem uns vertrauten Stoffes-Sein als Berge und Täler, Brunnen und
Meer, Sonne und Mond usw. beschreibt.

> Lobe den Herrn, meine Seele!
> Herr, mein Gott, du bist sehr herrlich;
> du bist schön und prächtig geschmückt.
> Licht ist dein Kleid, das du anhast;
> du breitest aus den Himmel wie einen Teppich;
> du wölbest es oben mit Wasser,
> du fährst auf den Wolken wie auf einem Wagen
> und gehst auf den Fittichen des Windes;
> der du machst Winde zu deinen Engeln
> und zu deinen Dienern Feuerflammen;
> der du das Erdreich gegründet hast auf seinem Boden,
> daß er bleibt immer und ewiglich.
> *(Nach der Lutherschen Übersetzung)*

Die antiken Elemente haben mit den chemischen Elementen nur wenig zu tun, wenngleich diese die Grundlage für die stoffliche Erscheinung jenes Höheren, ins Ideelle Reichenden sind. Viel eher haben sie mit den drei Aggregatzuständen der Physik, fest, flüssig, gasförmig, und mit dem Feuer der Chemie zu tun, doch sind auch hier die Übereinstimmungen nur partiell. Die Wirkensmacht und Schaffenskraft der vier Elemente geht tiefer, das sprechen die antiken Philosophen deutlich aus. Eine erste Klärung ergibt sich aus dem genaueren Beobachten des Elementewirkens in der Natur und im Menschen. Eine reichhaltige Phänomenologie kann helfen, in der Differenzierung voranzuschreiten und sich den verborgenen Kräften zu nähern. Das zeigt in anschaulicher Weise Georg Kniebe in seinem Buch *Die vier Elemente*.[343]

Wichtig ist, sich stets den Zusammenhang zwischen Mensch und Welt vor Augen zu halten, den Zusammenhang von Mikro- und Makrokosmos, wie er den Griechen selbstverständlich war. Darüber berichtet Rudolf Steiner einmal in folgender Weise: «Alexander lernte durch Aristoteles gut kennen, wie dasjenige, was draußen in der Welt lebt als das irdische, das wäßrige, das luftige, das feurige Element, auch im Menschen drinnen lebt; wie der Mensch in dieser Beziehung ein wirklicher Mikrokosmos ist; wie in ihm, in seinen Knochen das irdische Element lebt, wie in seiner Blutzirkulation und in allem, was Säfte in ihm sind, Lebenssäfte, das wäßrige Element lebt; wie in ihm das luftige Element in der Atmung und Atmungserregung wirkt, in der Sprache wirkt und das feurige Element in den Gedanken lebt.»[344]

Das *Erd-Element* (der Melancholik zugeordnet), das Mineral, erfüllt in seiner materiellen Form den dreidimensionalen Raum. In mannigfacher Gestalt ist es unter unseren Füßen ausgebreitet und gibt uns den irdischen Halt. Wir finden Urgesteine und Kalk, Sandsteine und Kreide in Gebirgsketten und Höhenzügen, in deren Klüften und Höhlen farbige Minerale und Edelsteine verborgen sind. Erze und gediegene Metalle lagern in den Tiefen ebenso wie Salze und braune und schwarze Kohle. Die Kraft des Wassers, der Luft und des Feuers hat die Gesteine zerkleinert zu Geröll, Kies und Sand, und weite Ebenen sind bedeckt von fruchtbarer Erde mit ihrem Humus oder vom Sand der Wüste oder gar vom ewigen Eis. Erd-Element im eigentlichen Sinne ist aber die all diesen Erscheinungen, diesen Manifestationen zugrundeliegende Wirkensmacht und Idee!

Und so wie Wasser, Luft und Feuer das Feste der Erde zerkleinert haben, so durchmischen sie sich auch in ihren Qualitäten: Der feucht-kalte Lehm hat andere Eigenschaften als die heiße Lava, der nasse Fluß- oder Meersand fühlt sich anders an als der trocken-heiße Sand der Wüste. Die Qualitäten trocken, naß, warm und kalt sind evident. Und welch eine Fülle an Formen und Farben tut sich im großen wie im kleinen auf! Große Unterschiede zeigen sich zwischen Feldspat, Quarz und Glimmer, zwischen Schwefelblüten und gediegenem Kupfer oder unter den edelsten Mineralien. Die formbildenden Kräfte gehörten für die Alten untrennbar zu den Elementen. Und sie fühlten in seelischer Erschütterung die äußere Erschütterung, das verhängnisvolle Beben der Erde, das alles Feste, Sichere wanken ließ, und panische Angst erfüllte sie. Sie fühlten, wie die eigene Physis, die eigene Erde, ihren Halt in der umgebenden physischen Erdenwelt verlor, und das Gleichgewicht der Schöpfung auf dem physischen Plan war für sie gestört.

Das Erd-Element, die mineralisch-physische Welt, findet sich aber auch in der lebendigen Natur, in Pflanze, Tier und Mensch. Wieder eröffnet sich eine Überfülle der Erscheinungen, wenn im Wachstum Gestalt wird – Gestalt, die zwar vom Leben erhalten wird, in mannigfacher Weise in Faser und Rinde, Holz und Kohle, in Schale und Horn, Zahn und Knochen das Leben aber überdauert. Der physische Leib des Menschen ist im eigentlichen Sinne das Erd-Element im Menschen, der «Erdenmensch»: das Gebein des knöchernen Skeletts in seinen mannigfaltigen Ausgestaltungen, dazu der harte Zahn, der verhornende Nagel, Knorpel aller Art, alles, was sich von der Haut abschuppt, was als Haar wächst, auch der nahezu tote Nerv und erst recht alles Mineralische und Sklerotisierte in den Organen. Die Grenzen sind fließend, und sie müssen in unserem kurzen Überblick auch nicht in den Einzelheiten bestimmt werden.

Schon jetzt wird deutlich, daß der Begriff «Element Erde», besser die Idee «Element Erde», außerordentlich reale, sinnenhafte Dimensionen hat, die sich bei einem Studium der Geologie, Mineralogie und Geographie, aber auch der Botanik, Zoologie und Humanbiologie, dazu der Physik und der Chemie differenzieren.

Welches sind nun die «Erdenkräfte»? Zuerst die stoffbildenden Kräfte der Materie selbst, dann die mechanischen Qualitäten der Stoffeswelt in ihrer räumlichen Dichte, nämlich Gewicht, Druck,

Zug usw., schließlich die ungeheuren Kräfte, die Gebirge «falten», Schollen, ja Kontinente «verschieben», Kräfte, die vor allem mit dem Feuer im Erdinnern zusammenhängen. Und auch die Kräfte des Wassers und der Luft wirken hier natürlich hinein.

Aber schon im Grenzgebiet der Kristalle finden wir eine Art von «Wachstum», wenn auch nur in der Anlagerung des gleichen Stoffes. Dort aber, wo im Lebendigen, in Pflanze, Tier und Mensch, physische Substanz entsteht, Erden-Element also, da sind Wachstumskräfte am Werk, die im Stoffwechsel Gestalt schaffen und Gestalt wandeln in vielen Metamorphosen. Diese Kräfte des Lebens, des «Ätherleibes» oder «Bildekräfteleibes», die speziell im Erd-Element wirken, nennt Rudolf Steiner «Lebensäther». In dieser Welt schaffen nach alter Überlieferung Gnomen und Zwerge.

Wer den antiken Elementenbegriff wenigstens annähernd fassen will, muß sich auch mit den «Bildekräften» auseinandersetzen, über die Rudolf Steiner immer wieder berichtet hat. Sie sind den gewöhnlichen Sinnesorganen nicht direkt zugänglich – dazu bedarf es einer Hellsichtigkeit –, doch kann sich der Mensch darin üben, die Wirksamkeiten dieser Kräfte zu studieren, um sich so schließlich auch einer Erkenntnis der Kräfte selbst zu öffnen. Dann kann man auch ein neues Verständnis für die sogenannten «Elementargeister» aufbringen, von denen in alten Märchen und Mythen die Rede ist, für Nymphen, Sylphen, Pygmäen und Salamander.

In der Antike wußte man durchaus um das Kräftewirken der Elemente (man lese z.B. nur einmal bei Homer nach), doch nannte man es allgemein «Äther». Die im folgenden skizzierte Differenzierung geht auf die Forschungen Rudolf Steiners und seiner Schüler zurück.

Für den antiken Menschen ruhte alles auf dem Erd-Element. Mit dem *Wasser-Element* (der Phlegmatik zugeordnet) erlebte er eine erste Beweglichkeit. Jetzt wird kein Raum mehr geschaffen, sondern Raum erfüllt. Anders gesprochen: Die flüssigen Stoffe bilden viel weniger selbst Formen (nämlich Tropfenformen), als daß sie Formen (er)füllen. Wieder gilt es, die Erscheinungen zu studieren, Wasser und Wasserbewegung jeglicher Art. Mehr noch: Alle Flüssigkeiten bis hin zu den Säften des lebendigen Organismus samt ihren nährenden, reinigenden, heilenden Wirkungen sind zu erfassen. Erst dahinter leuchtet die Idee «Element Wasser» auf: Wasser ist Leben!

Beschränken wir uns hier darauf, zwei wesentliche Körperflüssig-
keiten zu betrachten, Blut und Lymphe, wohl wissend, daß damit das
Wäßrige des menschlichen Organismus noch nicht erschöpft ist. Zunächst die vielen Erscheinungsformen und Aspekte des Blutes: sauer-
stoffreich und arm an Kohlendioxid bzw. sauerstoffarm und reich an
Kohlendioxid, arteriell bewegt oder venös strömend in großen Gefä-
ßen, in kleineren Adern, endend und zugleich wieder beginnend in
den Kapillaren, Substanz aufnehmend aus dem Dünndarm zur Leber
hin und weitertragend zu den Organen, in den Nieren gereinigt und
entschlackt; hinzu kommen die Prozesse der Blutbildung und des
Blutabbaus, die Wirkung des Eisens im Blut und die Wirksamkeit
roter und weißer Blutkörperchen, die geheimen Zusammenhänge der
Seelenregungen mit dem Herzen und so weiter. Dann die verschiedenen Erscheinungsformen der Lymphe, des «Wahrbilds» des Ätherischen: einmal als ernährende Lymphe, ganz besonders bei der Muttermilch, einmal als Flüssigkeit der Sinnesorgane wie Auge und Ohr,
schließlich als Liquor in Gehirn und Rückenmark und als Fruchtwasser des Embryos. Die vermittelnde Kraft des «Wassers» im «Was-
sermenschen» ist gleichsam der Götterbote «Mercur».
    Die ätherische Kraft, die mit dem Wasser-Element zusammen-
wirkt, nennt Rudolf Steiner «Klangäther», «chemischen Äther» oder
«Zahlenäther», und es erstaunt, daß diese harmonisierende Kraft mit
dem Wasser, Heimat der Undinen oder Nymphen, und nicht mit der
Luft, in der uns die Musik erklingt, in Verbindung steht. Wer sich
dem (harmonikalen) Rätsel nähern will, sei vor allem auf die Forschungen von Ernst Marti, Theodor Schwenk und Guenther Wachsmuth verwiesen.[345] Wieder sei betont, daß der antike Elementenbegriff «Wasser» die Idee samt ihrer Wirkenskräfte umschloß.

Während das Erd-Element starke Formkräfte hat, die beim Wasser-
Element in der Tropfenbildung noch anklingen und sich in den Strö-
mungsbewegungen verwandeln, hat das *Luft-Element* (der Sanguinik zugeordnet) diese Formkraft gänzlich verloren, und es hat auch
fast den Stoffcharakter verloren. Schon immer galt es als Element des
Geistig-Seelischen, wenn zuletzt auch nur noch in allegorischer
Form. Überall im Luftmantel unserer Erde, in der Atmosphäre, breitet sich wie unmerklich die Luft aus, spürbar nur als Wehen des
Windes, als Gewalt des Sturmes – oder in der Erquickung durch

morgenfrische Luft. Aber sie breitet sich nur dort aus, wo Erde und Wasser Platz lassen – oder vom Wind zu schäumenden Wogen, stäubender Gischt oder einem Sandsturm aufgemischt werden. So haben Erde und Wasser, wenn auch in feiner und feinster Verdünnung, Anteil am Strömen der Luft, die ja in allergrößten und auch in allerfeinsten Strömungen die Erde umhüllt. Der «Luft-Mensch» ist uns, abgesehen vom Atmen und Sprechen, recht verborgen, deshalb muß an die durchlüfteten Räume des Gesichtsschädels ebenso erinnert werden wie an die Hörvorgänge oder die Gasbildung im Darm. Vor allem ist an die Fortsetzung des «äußeren» Atmens im Innern zu denken: an die Wirkung von Sauerstoff und Kohlendioxid im Blut und die feinsten «Verbrennungsprozesse», die mit Hilfe von Sauerstoff stattfinden. – Den besonderen Äther, der mit dem Luft-Element, Ort der Elfen oder Sylphen, zusammenwirkt, nennt Rudolf Steiner «Lichtäther».

Das *Feuer-Element* (der Cholerik zugeordnet) fanden die Alten über den Reichen des Wassers und der Luft, die ja auf der festen Erde ruhen, als höchstes Element. In seiner geringen Stofflichkeit – in der Antike wurde das Feuer nicht bloß als Energieform betrachtet – bildet es die Grenze zwischen Stoff und Seele, es ist zugleich Feuer der irdischen Flammen und Feuer des Geistes. Es ist das Element der Gottheit und des Logos. Als einziges Element vermag es ins Innere der anderen einzudringen, jegliche Grenze überschreitend; das drückt auch der Mythos von Prometheus aus.

Der «Feuer-Mensch» ist gewiß der geheimnisvollste, denn er ist mehr als die Wärmeprozesse in den Organen und im Blut, mehr als die «Verbrennungsprozesse» in den Zellen. Was bedeutet in diesem Zusammenhang Herzenswärme, Seelenfeuer, Feuer des Geistes? «Wärme ist Bewegung – sie ist Bewegung, aber intensiv zu denkende Bewegung, Bewegung, bei der in jedem Raumteil, wo Wärme ist, das Bestreben besteht, materielles Dasein zu erzeugen und materielles Dasein wieder verschwinden zu lassen.»[346] Diese Worte Rudolf Steiners lassen etwas ahnen vom Ursprung der Welt aus dem Feuer.

Man nannte den Äther des Feuer-Elementes, in dem Salamander oder Vulcani wirken, «Wärmeäther». Doch sollte man sich durch die Namen dieser Ätherarten nicht verleiten lassen, sie allzu vordergründig zu betrachten. Man kann unter dem Begriff «Wärme» die physische Wärme mit ihren physikalischen Eigenschaften, das Feuer in seiner Sinnenhaftigkeit, das Feuer-Element in seiner Ideengestalt und den Wärmeäther in seiner Übersinnlichkeit fassen. Doch für das Verständnis des antiken «Feuer-Elementes» ist es wichtig, den Zusammenhang aller Eigenschaften zu sehen.

Wenigstens ein schematischer Hinweis auf den Zusammenhang der Erdentwicklung mit den Elementen und den Ätherarten soll noch gegeben werden; Grundlegendes führte Rudolf Steiner in seinem Buch *Die Geheimwissenschaft im Umriß* aus.[347] (Die Namen in der ersten Zeile sind die tradierten Bezeichnungen für die Entwicklungsstufen der Erde.)

Alter Saturn	Alte Sonne	Alter Mond	Erde
Feuer	Feuer	Feuer	Feuer
	Luft	Luft	Luft
		Wasser	Wasser
			Erde
Feuer-Element	Luft-Element	Wasser-Element	Erd-Element
Wärme-Äther	Licht-Äther	Klang-Äther	Lebens-Äther

Mit diesen wenigen Angaben sind Aufgaben gestellt, die die rechte Temperamentenlehre abverlangt. Dann könnte man den «Ätherleib» des Menschen besser erfassen und beispielsweise Guenther Wachsmuths Darstellung richtig einordnen: «So zeigt der ätherische Leib des Cholerikers ein Zuviel an Wärmeäther, des Sanguinikers ein Zuviel an Lichtäther, des Phlegmatikers ein Zuviel an chemischem Äther, des Melancholikers ein Zuviel an Lebensäther.»[348]

Meint dies Rudolf Steiner, wenn er die Temperamente auf ein «Vorherrschen» eines bestimmten menschlichen Wesensgliedes zurückführt?

«Die Temperamente, das ist die große hippokratische Entdeckung. Sie sind die Reaktion des Organismus auf die Umwelt, Verbindung zwischen Mensch und All.»[349] So faßt es Gaston Baissette zusammen, und er spricht damit mehrere Aspekte an, die für die alte wie für die moderne Temperamentenlehre bedeutend sind: Warum und wie reagiert der menschliche «Organismus» gerade in dieser vierfachen Weise? Wie sind Erregbarkeit von außen und Reaktion von innen im einzelnen bestimmt? Wie zeigt sich hier eine Verbindung des Menschen mit dem All, wie hängen Mikro- und Makrokosmos zusammen?

Hippokrates, der große Arzt der Antike, ist insofern der «Entdecker» der Temperamente – auch wenn der Begriff Temperamente erst später geprägt wird –, als er der erste ist, der von den Sachverhalten in Schriften berichtet. Allerdings lebte diese «Idee» unter Ärzten und Philosophen ansatzweise schon früher, zum Beispiel bei Alkmaion von Kroton (um 500 v. Chr.).

Daß die Temperamente Reaktion auf die Umwelt sind, mag in manchem noch einleuchten, doch bestreiten die moderne Naturwissenschaft und die Schulmedizin fast ausnahmslos diese hier von Hippokrates' Biographen Gaston Baissette beschworene Verbindung zwischen Mensch und All. Erst in jüngster Zeit fragt man wieder nach dem Verhältnis von Mikro- und Makrokosmos. Wie Hippokrates diese Verbindung darstellte, sei im folgenden aufgezeigt.

Hippokrates, geboren um 460 v. Chr. auf Kos in der Ägäis, stammt aus einem alten Arztgeschlecht und war möglicherweise auch Schüler des Sophisten Gorgias. Platon nennt ihn im Dialog *Protagoras* den «Asklepiaden» aus Kos, obwohl gerade Hippokrates nicht mehr in die Mysterien des Asklepios-Kultes der Ärztepriester eingeweiht, sondern der erste moderne Jünger des Äskulap war. Ein Wanderleben als Arzt führte ihn durch ganz Griechenland, nach Skythien und Makedonien, vielleicht auch nach Afrika. Wie später Galen und Paracelsus war er ein wahrer «Periodeut», ein wandernder Lehrer. «Hippokrates war nicht nur im geographischen Sinne Wanderarzt, sondern ebenso im Sinne der Erkenntnis.»[350]

Er und seine Schüler und Nachfolger wiesen der Medizin über

Erfahrung und Erkenntnis den Weg zur wissenschaftlichen Theorie. In der Bestätigung und Erweiterung durch Galen blieb die hippokratische Medizin bis in die Neuzeit bestimmend; die «Humoralpathologie» wurde im Grunde erst im letzten Jahrhundert durch die «Zellularpathologie» Virchows abgelöst – Hippokrates, der Verfasser des berühmten ärztlichen Eides, starb 83jährig 377 v. Chr. in Larissa in Thessalien.

Seine Darstellungen zu den Temperamenten finden sich vor allem in der Schrift *Die Natur des Menschen* (und, daran anknüpfend, in den Schriften *Die Nahrung* und *Die Säfte*). Das vierte Kapitel birgt den Kern der hippokratischen Temperamentenlehre: «Der Körper des Menschen enthält in sich Blut, Schleim, gelbe und schwarze Galle, und diese [Säfte] machen die Natur [Konstitution] seines Körpers aus und wegen dieser [Säfte] ist er krank bzw. gesund.»[351] Aus den griechischen Bezeichnungen dieser vier «Kardinalsäfte», wie sie später genannt wurden, ergeben sich schließlich die Namen der Temperamente:

sanguis (Blut)	sanguinisches Temperament
phlegma (Schleim)	phlegmatisches Temperament
cholé (gelbe Galle)	cholerisches Temperament
melanos cholé (schwarze Galle)	melancholisches Temperament

Entscheidend für die sogenannte «Humoralpathologie» (griech. «humores» = Säfte) des Hippokrates sind die Mischungsverhältnisse dieser vier Säfte: «Gesund ist [der Körper] besonders dann, wenn diese [Säfte] nach Wirkungskraft und Menge im richtigen Verhältnis zueinander stehen und vollständig miteinander vermischt sind; krank aber ist er, wenn irgend einer von diesen in geringerer oder größerer Menge im Körper vorhanden ist oder sich vom Körper absondert und wenn einer nicht mit allen [Säften] vermischt ist.»[352] Eukrasie und Synkrasie werden die Schlüsselbegriffe der Humoralpathologie.

Das griechische «krasis» wird im Lateinischen zu «temperamentum», so daß sich noch im heutigen Sprachgebrauch Hippokrates in Erinnerung bringt: Temperamente sind «Mischungen»!

Ausführlich berichtet Hippokrates über den Zusammenhang der Temperamente mit den Lebensaltern und den Jahreszeiten, insbesondere aber mit den unterschiedlichen Qualitäten des Warmen und Kalten, des Trockenen und Feuchten. Er gibt Ratschläge zur Therapie und zur Ernährung und beschreibt eine Fülle von Beobachtungen zur Naturkunde von der Botanik und Zoologie bis zur Geographie und Klimatologie. Dieses reiche Material wäre Grundlage für die noch zu schreibende umfassende Temperamentenlehre des Hippokrates.

Unausgesprochen steht hinter all diesen Anschauungen das Wissen um den Zusammenhang zwischen Welt und Mensch, zwischen Makrokosmos und Mikrokosmos. Pythagoras hat, neben anderen, als einer der großen Eingeweihten dieses Wissen aus dem Osten ins Abendland gebracht und in der pythagoreischen Schule weitergegeben. Nur jenen eröffneten sich die Wissenden, die sich strengen Prüfungen und Einweihungen unterwarfen. Hippokrates zählte zu den ersten Ärzten und Forschern, die ihre selbstgewonnenen Erkenntnisse öffentlich berichteten, doch stammt nur ein Teil der Schriften, die im 3. Jahrhundert in Alexandria im sogenannten *Corpus hippocratem* (mit rund sechzig Einzelschriften!) gesammelt wurden, vom «Vater der Ärzte» selbst.

Im Zusammenhang von Makrokosmos und Mikrokosmos kommt den Elementen eine bedeutende Rolle zu. Die Elementenlehre der Griechen muß der hippokratischen Säftelehre an die Seite gestellt werden, um letztere wirklich verstehen zu können. Erst aus dem Zusammenwirken beider Lehren, im Gang über Hippokrates, Empedokles, Aristoteles und Galen, bildet sich schließlich die uns bekannte antike Temperamentenlehre.

Mag auch vieles der alten Säftelehre durch die Zellularpathologie und durch die medizinische Forschung und Technik überholt sein, so wird man sich gegenwärtig immer mehr bewußt, wie sehr die moderne Medizin sich ins einzelne verliert und, nicht zuletzt durch ihre Apparate, den Blick auf den ganzen Menschen verstellt. Hier kann auch eine Besinnung auf die Ansichten des Hippokrates (und nicht nur auf seinen berühmten Eid) auf dem Weg zu einer erneuerten ganzheitlichen Medizin hilfreich sein. Setzt man zum Beispiel für seinen Begriff der richtigen Säftemischung den der richtigen Temperamentsmischung, so gewinnt man für ein psychosomatisches Behandeln einen wichtigen Ansatz.

Dennoch müssen die Leistungen des Hippokrates ebenso kritisch betrachtet werden wie die Möglichkeiten der alten und einer erneuerten Humoralpathologie. Rudolf Steiner sagt recht deutlich, daß «diese Anschauungen nicht ein bloßer Anfang, sondern [...] in einem sehr bedeutenden Maße ein Ende alter medizinischer Anschauungen [sind]. Es tritt uns in dem, was von Hippokrates ausgeht, ein letzter filtrierter Rest von uralten medizinischen Anschauungen entgegen, von Anschauungen, die nicht gewonnen worden sind auf den Wegen, auf denen man heute sucht, auf dem Wege der Anatomie, sondern die gewonnen worden sind auf dem Wege des alten atavistischen Schauens.»[353]

Für die Antike war die Medizin selbstverständlich eine Kunst – eine Kunst, die versuchte, den Menschen in seinen wahren Zusammenhang mit Natur und Kosmos (und Gesellschaft) zu stellen und so ein Vollkommenes, Vollendetes zu bilden. Hier berührt sich die Medizin mit der Pädagogik in demselben Ziel, und nicht von ungefähr spricht Rudolf Steiner von der Wichtigkeit eines Schularztes für jede Schule: Der Arzt muß kraft seiner ärztlichen Kunst dort beraten und behandeln, wo die Erziehungs-Kunst der Pädagogen an leiblich-seelische Grenzen, das heißt Krankheitsdispositionen oder Krankheitsprozesse, stößt. Der Unterricht selbst hat nach Rudolf Steiner auch die Aufgabe, die Gesundheit des Kindes zu erhalten und zu fördern; falscher Unterricht macht das Kind krank. Es liegt auf der Hand, daß hier auch das Temperament des Schülers wie das des Lehrers eine große Rolle spielt.

Von der «Kunst des Erziehens» spricht heute nur die anthroposophische Pädagogik und setzt entsprechende Akzente in der Lehrerbildung; für die Medizin hat sich der Begriff «Kunst» erhalten, und oft meint man mit «ärztlicher Kunst» weit mehr als nur Kunstfertigkeit. Den umfassenden höchsten Leitsatz für den Dienst am Menschen gab Hippokrates selbst: «Iatros philosophos isotheos.» («Der Arzt, der zum Philosophen wird, wird einem Gotte gleich.») Aus solcher Verantwortung verfaßte Hippokrates seinen ärztlichen Eid.[354] «In [Hippokrates] vereinigten sich Empirie und Theorie, Heilkunst und Heilwissenschaft mit höchster Ethik der Berufsauffassung [...] zum wahren Arzttum», beurteilt Paul Diepgen die Leistung des Hippokrates.[355]

Exkurs:
Die vier Säfte («humores») der Antike

Mit einigen Anmerkungen soll an dieser Stelle versucht werden, ein anfängliches Verständnis für den Säftebegriff zu wecken. Eine wunderbare dichterische Beschreibung der Flüssigkeitswelt gibt Novalis in seinen *Lehrlingen zu Sais*, wo er auch die Erkenntnis ausspricht: «Wie wenige haben sich noch in das Geheimnis des Flüssigen vertieft [...].»[356]

Zum Verständnis der vier Säfte ist es notwendig, sich das «Wasser-Element» der Antike recht gut zu vergegenwärtigen und dazu alles, was sich mit dem Begriff des Ätherischen verbindet, einzubeziehen. Daß es gerade vier «Säfte» sind, hängt mit der Natur des Ätherleibes zusammen, der eine physiologische Grundlage der Temperamentsorganisation bildet. Denn das Temperament hat tatsächlich auch eine Verbindung mit bestimmten Drüsen und Hormonen, über die es medikamentös beeinflußt werden kann. Ganz allgemein läßt sich vielleicht sagen, daß die hippokratische Medizin den Ätherleib oder Lebensleib in den Mittelpunkt stellte und den Blick weniger auf den physischen Leib oder einzelne Organe richtete. Wir wollen uns den vier Säften (den sogenannten Kardinalsäften, den «humores») möglichst unbefangen nähern und prüfen, ob sich aus moderner Erkenntnis heraus überhaupt ein Verständnis entwickeln kann.

Hippokrates spricht von Schleim (phlegma), Blut (sanguis), gelber Galle (cholé) und schwarzer Galle (melanos cholé). In den Zusammenhang sind unbedingt die Elemente Erde, Wasser, Luft und Feuer einzubeziehen, denn erst dadurch konkretisiert sich der Säftebegriff, nämlich:

Erde	–	schwarze Galle	Wasser –	phlegma
Luft	–	Blut	Feuer –	gelbe Galle

Phlegma oder Schleim

Durch den hohen Wassergehalt des Leibes ergeben sich eine Vielzahl von mehr oder weniger «schleimigen» Flüssigkeiten und schwammigen Substanzen. Im stärker Fließenden lassen sich leicht nährende Flüssigkeiten und Ausscheidungsflüssigkeiten unterscheiden. Zu den letzteren zählen zum Beispiel auch der Schleim der Nase, das Ohrenschmalz, der Auswurf des Lungen- und Rachenraums, die Tränen, aber auch der Wundeiter und ähnliches. Im ernährenden Strom sieht man als besondere Qualität unter anderem das Pfortaderblut und die Lymphe. Als Steigerung erscheint hier die Flüssigkeitsorganisation der Fortpflanzung mit Ei und Same. In dem nährenden und heilenden Anteil muß man wohl insbesondere das sehen, was in der Antike mit «phlegma» bezeichnet wurde. Beschränkt auf eine einzige Flüssigkeit, entsprechend den drei anderen, müßte die Lymphe als Repräsentant genannt werden (vgl. S. 101f.). Tatsächlich ist dieser Kräftestrom des Nährenden und Heilenden innerhalb des Ätherleibes beim Phlegmatiker besonders ausgeprägt, und in der Regel ist der mäßig lebende Phlegmatiker ein gesunder Mensch.

Sanguis oder Blut

Auch wenn in der antiken Säftelehre der Begriff «Blut» nur allgemein genannt ist, handelt es sich selbstverständlich um das sauerstoffreiche Blut, das vom Herzen aus den ganzen Organismus belebt und mit Sauerstoff versorgt. Dieses arterielle Blut, besonders «luftig», bewegt sich lebhaft, pulsiert und impulsiert lebendig. Es gibt dem Leib die Frische und Leichte, die dem Sanguiniker zu eigen ist. Überwiegt dieser Anteil, so ergibt sich das lebhafte, «luftige» Temperament. Dieses Luftige im Zusammenhang mit dem Blut bedeutet zum einen dessen Anreicherung mit Sauerstoff, hat zum anderen aber auch mit dem Pulsschlag zu tun, der in einer rhythmischen Verbindung mit der Atmung steht. Mit diesem Pulsieren und Atmen hängt das sanguinische Temperament in seiner Seelenhaftigkeit, in seiner Astralität, eng zusammen.

Cholé oder (gelbe) Galle

Unter den vier klassischen Säften ist die (gelbe) Galle am genauesten benannt. Tatsächlich hängt der vermehrte Gallenfluß mit Ärger, Zorn und Wut zusammen. Das ist allerdings nur ein Teilaspekt des cholerischen Temperaments, doch weist die Verbindung mit dem Feuer-Element auch auf die Wärmeprozesse der Leber und des Blutes hin, und erst dies ergibt das eigentlich cholerische Temperament.

Mit diesem Saft verbinden sich die meisten Geheimnisse, denn eine schwarze Galle gibt es in der Gallenblase nicht. Wohl aber nannte man jenes abgebaute Blut, das aus der Milz in die Leber gelangt, «schwarze Galle». Das heißt, der Begriff «schwarze Galle» weist auf Abbau- und Sterbeprozesse hin. In der Milz begegnen wir einem recht geheimnisvollen Organ, nach Galen ein «mysterii plenum organon».[357] Auf der einen Seite bildet die Milz Substanz, so das Blut erneuernd, verjüngend, auf der anderen Seite vernichtet sie Substanz, indem sie nämlich das Blut abbaut. Für die Antike und das Mittelalter wurde im Zusammenhang mit dem Planeten Saturn der zweite Aspekt immer gewichtiger: Saturn als Greis, der seine eigenen Kinder frißt. In den Hintergrund trat das goldene Saturnzeitalter des kosmischen Anfangs.

Man darf im Bild der «schwarzen Galle» auch die Verdichtung, die Materialisierung des einst lebendigen Strömens sehen. Tatsächlich sammelt sich in der Milz des alternden Menschen das Eisen des Blutes. In der Sklerotisierung des menschlichen Organismus überwiegt der Formpol, die Gestalt, immer stärker das schaffende Leben. Auf diesen Prozeß weist letztlich der Begriff «schwarze Galle» hin. Man vergleiche dazu die obigen Ausführungen über die Lunge (S. 109f.).

Aristoteles

Aristoteles (384/83 – 322/21 v. Chr.) hatte auch auf die Entwicklung der antiken Temperamentenlehre großen Einfluß. Sein Werk, das in der Bedeutung für die Geistesgeschichte nicht hoch genug eingeschätzt werden kann, umfaßt Schriften zu nahezu allen Bereichen des menschlichen Lebens und Denkens. In seiner Naturphilosophie beschrieb er unter anderem die Elemente mit ihren Kräften und den vier Qualitäten kalt, warm, trocken und feucht. Es versteht sich, daß die Griechen mit diesen vier Eigenschaften Welten verbanden, genauso wie mit den vier Himmelsrichtungen; die «Windrose», die so entsteht, ist mehr als nur geographische Orientierung.

Die seit Aristoteles übliche Anordnung wird Grundbestandteil des sogenannten antiken Viererschemas (vgl. S. 313ff.):

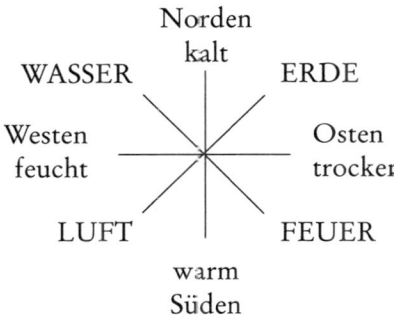

Dies wurde für die Temperamentenlehre wichtig, die zum einen die Anschauung von den Elementen und den vier Qualitäten des Aristoteles zur Grundlage hatte, zum andern die Anschauung von den vier Säften, deren Qualitäten und Mischungen. Aristoteles berichtet mehrfach über diese Zusammenhänge; eine wahre Fundgrube dafür ist die Schrift *Problemata Physica*, nach 38 Nummern bzw. Büchern geordnet.[358]

Bereits das erste Buch, die «Heilkunde», beschreibt ausführlich Qualitäten der Elemente, «Wärme und Kälte, Feuchtigkeit und Trokkenheit [...], deren Übermaß Krankheit und deren Gleichmaß Gesundheit bedeutet».[359] Dem Temperament nähert sich die erste Frage im Buch «Über Wärmemischungen»: «Warum sind in ihrer Gesittung und ihrem Aussehen wilder die Bewohner besonders kalter oder heißer Länder?» Die Antwort bezieht sich wieder auf die rechte Mischung, denn «Übertreibungen bringen aus der Fassung, und wie sie den Körper verderben, so auch die Ausgeglichenheit der Gesinnung».[360]

Ausführlich befaßt sich Aristoteles mit dem Element Wasser («Salzwasser und Meerwasser», «warmes Wasser») und mit dem Element Luft («Luft», «Winde»); ein Buch über das Element Feuer ist offensichtlich verloren. Anschließend folgen Bücher zum Seelenleben des einzelnen und zum Zusammenleben in der Gemeinschaft, Fragen zu «Furcht und Tapferkeit», «Besonnenheit und Zügellosigkeit», «Gerechtigkeit und Ungerechtigkeit». So lesen wir zum Beispiel über Zorn und Furcht: «Warum ist man, wenn im Zorn die Wärme sich innen sammelt, hitzig und mutig, in der Furcht aber das Gegenteil? Gewiß sammelt sich die Wärme nicht an die gleiche Stelle, sondern bei den Zornigen im Bereich des Herzens, was sie zuversichtlich macht, ihr Gesicht rötet und ihre Atemluft mehrt, da die Bewegung nach oben geht, während in der Furcht Blut und Wärme abwärts sich flüchten, woher auch die Lösung des Darmes rührt. Auch das Herzklopfen ist nicht bei beiden das gleiche, vielmehr bei den einen als Mangelerscheinung hastig und stechend, bei den anderen wie wenn sich die Wärme mehrt: daher auch das Aufbrausen und die Erregung des Mutes und die Erschütterung und was man sonst noch gar nicht schlecht davon sagt, sondern recht passend.»[361]

Natürlich erscheint uns heute manche Sehweise des Aristoteles überholt; es gälte auch hier, wie bei den Vorsokratikern, sich einzustimmen in die antike Geisteshaltung, um größeres Verständnis zu erlangen. Immerhin wird klar, wie sehr es dem Philosophen auf die Qualität der Elemente, ihre Ausprägung einerseits, ihre Mischung andererseits ankommt. Dieser Grundgedanke gilt auch für die antike Säftelehre und wird schließlich zur entscheidenden Aussage in der alten Temperamentenlehre. Und viele Anmerkungen zum cholerischen Temperament sind überzeugend, so der Hinweis auf die verstärkte Blut- und Atembewegung. Tatsächlich hängt das cholerische Temperament mit der Wärme des Blutes und mit seinem Eisengehalt zusammen, das hat Rudolf Steiner in moderner Weise dargestellt. Das Herz aber, das meint auch Aristoteles, ist jene Instanz, die den Zorn des Cholerikers in der rechten Weise bändigt, ihn «zuversichtlich» macht.

Besonderes Gewicht enthält schließlich die erste Frage des dreißigsten Buches, «Über Besonnenheit, Vernunft und Weisheit»: «Warum waren alle hervorragenden Männer, sei es in der Weisheit oder der Staatskunst oder der Dichtkunst oder in den andern Künsten ersichtlich schwermütig, manche so sehr, daß sie von den Krankheiten ergriffen wurden, die die schwarze Galle im Gefolge hat, wie es unter den Helden von Herakles berichtet wird. Auch dieser war ja anscheinend so geartet, weswegen von ihm her die Alten alle krankhafte Anfälle als ‹heilige Krankheit› bezeichneten […]. Und noch viele andere Helden scheinen ähnlich geartet gewesen zu sein wie diese. Von den späteren wären Empedokles, Platon und Sokrates zu nennen und viele andere hervorragende Männer. Dazu kommen die meisten Dichter. Viele von diesen bekommen ja Krankheiten infolge einer solchen Zusammensetzung ihres Körpers, während bei andern ihre

Natur deutlich zu solchen Leiden hinneigt. Alle also, wie gesagt, haben kurz ausgedrückt solche Veranlagung.»[362]

Aristoteles gelangt schließlich zu folgendem Ergebnis: «Um die Hauptsache zusammenzufassen: weil die Wirkung der schwarzen Galle so unregelmäßig ist, sind die Schwermütigen so unberechenbar. Denn sie ist entweder ausnehmend kalt oder warm. Und weil dies unsere Artung bestimmt – Wärme und Kälte sind ja die Kräfte in uns, die vor allem unsere Artung bestimmen –, so gibt es, wie wenn mehr oder weniger Wein userm Körper beigemischt wird, unserer Gesinnung ihre Eigenart. Beide sind sie von luftigem Wesen, der Wein und die schwarze Galle. Da nun aber auch die Möglichkeit einer guten Mischung der ungewöhnlichen Eigenschaften besteht und eines glücklichen Verhältnisses, so daß der Zustand zur rechten Zeit warm ist und wieder kalt, oder andererseits auch durch Übermaß das Gegenteil eintreten kann, so sind alle Schwermütigen ungewöhnliche Menschen, nicht krankhaft, sondern natürlich.»[363]

Diese Bemerkungen des Aristoteles zeigten Wirkung: Immer wieder glaubte man, dem melancholischen Temperament eine besondere, ja bedeutendere Rolle zuweisen zu können; davon zeugt die Fülle der Literatur. Übrigens vertritt der bedeutende Medizinhistoriker Hellmut Flashar den Standpunkt, daß diese «Aristotelische» Schrift in Wahrheit von Theophrastos (372 – 287 v. Chr.) stammt, der auch als erster ein Buch *Über Melancholie* geschrieben hat.[364]

Galen

«Die hippokratische Erkenntnis der Individualität des Krankheitsverlaufes und der Konstitution, die durch die Säftemischung und die Physis des Einzelnen erklärt wurde, ist bei Galen zur Lehre von den Temperamenten ausgebaut», schreibt Paul Diepgen in seiner *Geschichte der Medizin*.[365] Durch Galen (lat. Galenus) erhielt die antike Medizin ihr endgültiges Gesicht, durch ihn wurde die hippokratische Medizin bestätigt und weitergeführt und behielt so ihre Bedeutung bis in die beginnende Neuzeit.

Galen wurde 129 n. Chr. in Pergamon geboren und wandte sich

siebzehnjährig, einem Traumgesicht seines Vaters folgend, der Medizin zu. Wie sein Vorbild, der «göttliche Hippokrates», verbrachte er Lehr- und Wanderjahre als Arzt. Mit 28 Jahren kehrte er heim, um bald darauf nach Rom zu reisen. Obwohl zu Ruhm und Ehren gekommen, verließ er 166 fluchtartig die Stadt – niemand weiß, ob von Neidern und Feinden verfolgt oder aus Angst vor der Pest. Nach Reisen im Osten des Reiches kehrte Galen über Pergamon wieder nach Rom zurück, wo er Leibarzt des Kaisers Marc Aurel wurde. Er soll um 210, achtzigjährig, in seiner Heimat gestorben sein.

Galen hinterließ ein umfangreiches Werk, das in der letzten griechisch-lateinischen Ausgabe von 1821 bis 1833 22 Bände mit 20.000 Seiten umfaßt und von unglaublicher Vielfalt zeugt. Galen war zugleich Arzt und Naturforscher, Philologe und Philosoph, der in sich das Wissen seiner Zeit vereinte und bewußt Altes aufgriff, aktiv in seiner Zeit wirkte und Neues anregte. «Hippokrates hat uns den Weg gezeigt, alles übrige haben *wir* zu tun», lautete sein Motto.

Seine Temperamentenlehre geht vor allem von den vier Elementen und den aristotelischen Urqualitäten des Warmen, Kalten, Nassen und Trockenen aus, wobei die hippokratischen «Kardinalsäfte» einbezogen werden. Im Buch *Die Kräfte der Physis* beschreibt er ausführlich die gelbe und die schwarze Galle und den Schleim, andernorts das Blut. Umfangreiche Einzelbeobachtungen verbindet er mit grundsätzlichen Darstellungen zur Konstitution, zum Alter, zu den Säftemischungen und insbesondere zu deren verschiedenartigen schlechten, also krankmachenden Mischungen. Über Hippokrates hinausgehend, bezieht Galen anatomische Studien mit ein und verbindet so die Säftelehre mit einer Art von Gewebelehre. Eine kleinere Schrift Galens trägt den bezeichnenden Titel *Daß die Vermögen der Seele eine Folge der Mischungen des Körpers sind.*[366] Darin trägt der Arzt, Forscher und Philosoph eigene Erfahrungen und Beobachtungen ebenso vor wie die Meinungen und Erkenntnisse von Hippokrates, Platon und Aristoteles.

Der Medizinhistoriker Ackerknecht stellt die galenische Temperamentenlehre in folgendem Schema dar (die Temperamente, erst viel später benannt, sind hinzugefügt):[367]

CHOLERIK

(Leber)

gelbe Galle

(Feuer)

heiß   trocken

          (Luft)   (Erde)

SANGUINIK   Blut   schw. Galle   MELANCHOLIK

          (Herz)   (Milz)

feucht   kalt

                (Wasser)

                Schleim

                (Gehirn)

PHLEGMATIK

Exkurs:
Das sogenannte Viererschema in der antiken
Humoralpathologie

Wie am Anfang des historischen Teiles zu sehen war, geht das eigentliche Viererschema wohl auf Empedokles und die Elementenlehre
zurück, denn davor standen meist Einheiten bzw. Dualitäten im Vordergrund. Als Dreiheit nannte Ion von Chios Feuer, Erde und Luft
(ohne Wasser!), Alkmaion von Kroton die Kardinalorgane Blut,
Mark und Hirn, Philolaos die Säfte Blut, Galle, Schleim (Galle also
undifferenziert). Viel öfter taucht die Vier auf, unter anderen bei
Empedokles und bei den Pythagoreern (die wichtigsten ersten vier
Zahlen, die heilige Tetraktys), bei Xenophanes und Philolaos (vier
Kardinalorgane), bei Zenon von Elea, der vielleicht die Lehre von
den vier Qualitäten warm, kalt, feucht, trocken begründet hat.

Die Vier wird den Elementen zugeordnet, darüber hinaus aber auch Göttern, den Organen, den Säften, ja den Jahreszeiten, den Lebensaltern, den Tageszeiten. Erst mit Aristoteles beginnt die Einordnung in ein umfassenderes Schema, das dann immer auch die vier Qualitäten (warm, kalt, feucht, trocken) enthält. Bei Hippokrates tauchen vermehrt Viererschemata auf, so in der Schrift *Über die Natur des Menschen*. Selbst «Fieberarten» und «Adernpaare» werden in Vierergruppen angeordnet. In anderen Schriften finden sich vereinzelt Organe zugeordnet, auch die Farben der Säfte und anderes mehr, aber noch nicht die Temperamente.

Erst später, so zumindest die schriftlichen Belege, kommt es zur Verknüpfung der Elemente mit den Qualitäten: Feuer – warm, Luft – kalt, Wasser – feucht, Erde – trocken, zum Beispiel in Platons Schrift *Timaios*, die auch Gedanken über das Verhältnis des Mikrokosmos zum Makrokosmos enthält. Bei Aristoteles wird das, so schreibt W. Jaeger, in einem «allumfassenden naturwissenschaftlichen Lehrgebäude zu ungeheurer Ausdehnung entfaltet».[368] Erst bei Aristoteles (z.B. in seinen Ausführungen über die Melancholik) und seinen Schülern wird der eigentliche Temperamentsbegriff vorbereitet, doch tauchen die Bezeichnungen «Phlegmatiker, Choleriker, Sanguiniker, Melancholiker» nebeneinander erst im 12. Jahrhundert (!) bei Honorius von Autun auf.[369] Auch bei Galen bleibt es bei den «Säften», ja mehr noch bei den «Elementen», die in verschiedenen Viererschemata verbunden sind, und erst bei ihm ist in Schriften die direkte Verknüpfung von Elementen und Säften nachweisbar. Was Hippokrates vorbereitet hat, vollendet sich bei Galen, so daß man beide Ärzte als Schöpfer der Humoralpathologie und der Temperamentenlehre bezeichnen darf (ohne darüber Empedokles und Aristoteles zu vergessen). Für Galen sähe das «antike Viererschema» etwa so aus:

Blut – rot und süß
warm und feucht
Leber
Luft
Frühling
Kindheit
Abfluß: Nase
macht heiter

gelbe Galle – bitter
warm und trocken
Leber, Gallenblase
Feuer
Sommer
Jugend
Abfluß: Ohren
macht aufbrausend und kühn

Schleim – weiß und salzig
kalt und feucht
Magen
Wasser
Winter
Greisenalter
Abfluß: Mund
macht träge und töricht

schwarze Galle – scharf, sauer
kalt und trocken
Milz
Erde
Herbst
Mannesalter
Abfluß: Augen
macht trotzig, unverschämt

Bald nach der Zeitenwende tauchen die ersten Tierkreiszeichen, den
Jahreszeiten entsprechend, in Verbindung mit den Temperamenten
auf, so bei Antiochus von Athen:

[Sanguinik]	Blut	– Widder, Stier, Zwillinge
[Melancholik]	schwarze Galle	– Waage, Skorpion, Schütze
[Phlegmatik]	Schleim	– Steinbock, Wassermann, Fische
[Cholerik]	gelbe Galle	– Krebs, Löwe, Jungfrau

Schließlich finden sich die Evangelisten mit ihren Attributen einge-ordnet (vgl. S. 278ff.), die vier Paradiesesströme werden genannt, dazu Winde, Farben, Tonarten und anderes mehr, insbesondere aber werden kabbalistische, astrologische und alchemistische Erkenntnis-se eingebaut (ein zusammenfassendes Schema der antiken und mittel-alterlichen Vorstellungen ist in Abb. 17 wiedergegeben). So wird das (antike) Viererschema zum Zentralbild der Temperamentenlehre und hat «als *heilige Hieroglyphe* sich über Jahrhunderte als brauchbar erwiesen».[370] Was immer neu entsteht, ist nichts anderes als der Ver-such, die Verbindung des Mikrokosmos Mensch mit dem Makrokos-mos darzustellen, auch dies ein Versuch, den Rudolf Steiner in mo-derner Weise neu wagen wird. Zwar wird diese Grundlegung der Temperamentenlehre bis ins 18., 19. Jahrhundert im großen ganzen akzeptiert, aber es gibt dabei wechselnde Standpunkte und viele Er-gänzungen. So gestaltet sich die Darstellung der Temperamente im eschatologischen Blick einer Hildegard von Bingen wesentlich an-ders als etwa bei Paracelsus, der die Lehre von den drei Wirkungs-kräften sal, mercur, sulfur in den Vordergrund rückt. Auch diese Veränderungen innerhalb der Temperamentenlehre wären ein gründ-liches Studium wert.

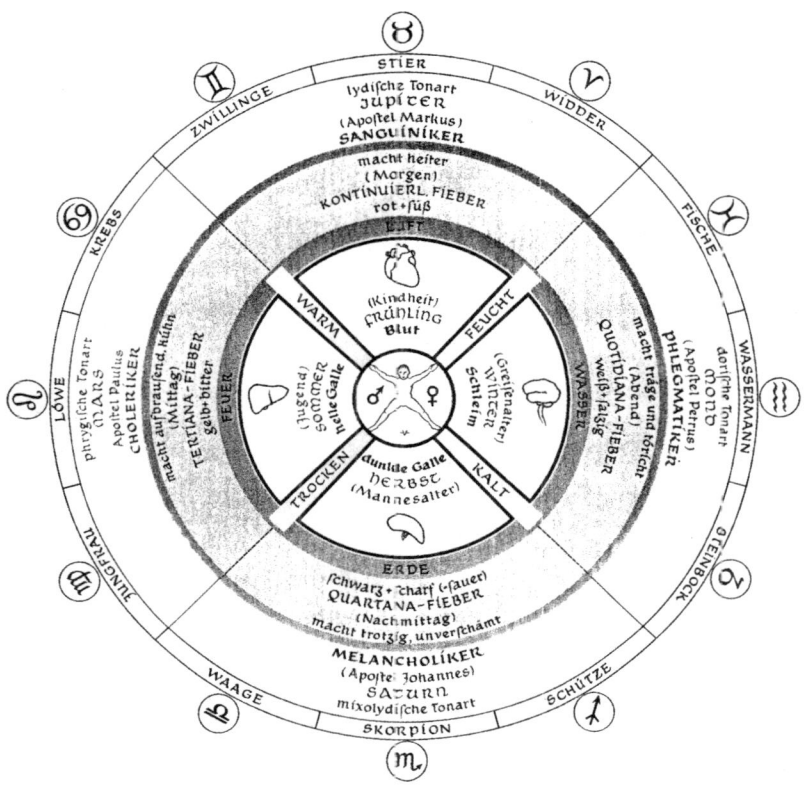

Abb. 17: Die historische Entwicklung des Viererschemas in der antiken und mittelalterlichen Humorallehre (aus Erich Schöner, «Das Viererschema in der antiken Humoralpathologie»).

Mittelalter und beginnende Neuzeit

Nachdem die Begründung der Temperamentenlehre in der Antike in einer gewissen Breite dargestellt wurde, sei für das Mittelalter nur ein summarischer Hinweis gegeben und als Beispiel Brunetto Latini, auf den Rudolf Steiner mehrfach hingewiesen hat, zitiert.

Einen ersten Höhepunkt, vor allem in der Elementenlehre, bildet das Werk der *Hildegard von Bingen* (1098 – 1179). Die «Heilige des 12. Jahrhunderts» zählt als Mystikerin und Seherin, als Naturkundige und Ärztin, als Autorin und Komponistin zu den großen Gestalten des Mittelalters; ihre überragende Bedeutung wird heute mehr und mehr erkannt. In ihrem umfangreichen lateinischen Werk, das inzwischen größtenteils auch auf deutsch vorliegt, finden sich viele Hinweise zu den Elementen, Säften und Temperamenten.

Am Ende dieser Entwicklung und schon die «neue Zeit» eröffnend steht *Agrippa von Nettesheim* (1486 – 1535), wie sein bedeutenderer Zeitgenosse Paracelsus ein Wanderer durch die Lande und durch die Zeiten. Bereits als 24jähriger schrieb er 1510 sein Hauptwerk *De occulta philosophia*, gedruckt 1531. Man muß sein Suchen und Streben ernst nehmen, meint Rudolf Steiner: «Agrippa von Nettesheim kämpft für eine echte Naturwissenschaft, welche die Erscheinungen der Natur nicht durch Geisteswesen, die in der Sinnenwelt spuken, erklären will, sondern welche in der Natur nur Natürliches, im Geiste nur Geistiges sehen will.»[371]

Einen bezeichnenden Einblick in die weite Verbreitung der Temperamentenlehre gibt zum Beispiel die Dissertation von , *Die Temperamentenlehre in deutschsprachigen Handschriften des 15. Jahrhunderts*.[372] Hochinteressant wäre es, den wachsenden Einfluß der astrologischen und alchemistischen Komponenten in der Ausgestaltung der Temperamentenlehre zu verfolgen, der den Übergang zur Neuzeit charakterisiert. Auch muß darauf verzichtet werden, den großen Paracelsus (1493 – 1541) gebührend zu würdigen oder, in ganz anderer Weise, Michel de Montaigne (1533 – 1592). Wer sich näher mit dem melancholischen Temperament befassen will, wird sich ganz besonders auch mit Marsiglio Ficino (1433 – 1499), einem der großen Denker der Renaissance, auseinandersetzen müssen. Bei den Malern gäbe es von Leonardo da Vinci und Michelangelo, Lukas Cranach und Albrecht Dürer (siehe S. 136ff.) über zahlreiche anonyme Holzschneider und Kupferstecher bis hin zu Le Brun viele eindrückliche künstlerische Gestaltungen zu zeigen, die mit Temperamenten, Leidenschaften, Charakteren und Konstitutionen zusammenhängen. Gerade die Renaissance ist ein Höhepunkt des Temperamenteverständnisses; selbst in diesem vereinzelten Gebiet zeigt sich die Wiedergeburt der Antike. Für die Musik muß wenigstens Johann Mattheson (1681 – 1739) mit der Affekten-Lehre seines *Vollkommenen Kapellmeisters* genannt werden. Und auch der Spanier Baltasar Gracian (1601 – 1658) und, noch mehr, Juan Huarte (um 1530 – 1590) müßte eigentlich gedacht werden; Lessing hat letzteren 1752 übersetzt: «Prüfung der Köpfe zu den Wissenschaften».

Brunetto Latini

Brunetto Latini (1220/1222 – 1294), der Lehrer Dantes, schrieb in der Verbannung in Frankreich sein Hauptwerk, die Enzyklopädie *Li Livres dou Tresor*, kurz *Lou Tresor* genannt. Das kleine Werk *Tesoretto*, ein Fragment von knapp 3000 Versen, verfaßte er im «volgare», dem toskanischen Italienisch, das später durch Dante seinen hohen Rang erhielt. Während die Literaturwissenschaft beim *Tesoretto* zumeist von einem «didaktisch-allegorischen Werk» spricht, bezeichnet es Rudolf Steiner, der Brunetto Latini mehrfach erwähnt, als die Beschreibung einer Einweihung. Äußere Umstände, unter anderem der Sieg des Staufers Manfred bei Montaperti am 4. September 1260 und ein «Sonnenstich», entzogen dem heimkehrenden guelfischen Gesandten im wahrsten Sinne des Wortes den Boden, erschütterten ihn so sehr, daß er einer Einweihung teilhaftig werden konnte.

«Verirrt in einen sonderbaren Wald» (man vergleiche den Beginn von Dantes *Göttlicher Komödie*), sieht Brunetto Latini alles «in Bezug auf Ende und Anfang, Sterben und Entstehen», und es erscheint ihm die «Göttin Natura», die antike Isis-Persephone-Proserpina. Sie führt ihn schrittweise zu höherer Erkenntnis, und zwar durch folgende Stufen: Seelenkräfte (Verlangen, Vernunft, Verstand, Urteilskraft, Geist, Intellekt, Unterscheidungsvermögen, Gedächtnis), Sinne (Sehen, Hören, Riechen, Schmecken, Tasten), Temperamente (Saft der Melancholie, Macht des Blutes, Phlegma, das Cholerische), Elemente (Luft, Wasser, Feuer und Erde mit den Qualitäten kalt, warm, trocken, feucht), die sieben Planeten und die zwölf Tierkreisbilder, die vier Paradiesesströme und der Ozean, die Säulen des Herkules.[373]

Ausführlicher als im *Tesoretto* behandelt Brunetto Latini in *Lou Tresor* die Temperamente, natürlich ganz in der noch ungebrochenen Tradition der antiken Säfte- und Elementenlehre. Bemerkenswert ist sein Bemühen, die «Komplexionen», das Ineinanderwirken kosmischer und irdischer Kräfte darzustellen: Makro- und Mikrokosmos wirken in den Elementen, in den Säften, in den Temperamenten, in den Naturreichen, in den Jahreszeiten unter dem Gesetz der Vierzahl zusammen. Latini faßt im *Tesoretto* die Grundbedingung für das menschliche Temperament in den Worten der «Göttin Natura» so zusammen: «Diese vier so entgegengesetzten und verschiedenen Dinge muß ich in allen beseelten Wesen harmonisieren, temperieren [mischen], in den Schranken halten und einzeln formen, so daß jeder Körper, der entsteht, davon durchdrungen wird. Wisse, auf andere Weise wäre nichts zu machen.»[374]

In welcher Deutlichkeit wird doch hier auf Notwendigkeit und Gewicht der Temperamente und auf deren rechte Mischung hingewiesen! Folgt man dem Gang der geschilderten Einweihung, dann zeigt sich ein Stufenweg, der vom Individuellen in ein Allgemeines und zugleich vom Geistigen in Materielles und wieder in ein Geistiges führt. Vom persönlichen Denken und Sinnen, noch leicht zu üben und zu beeinflussen, gelangt der Mensch über Seelisches in Leibliches: Die Temperamente, allen Menschen gemeinsam und doch in ihrer Mischung individuell, sind schon viel schwerer zu greifen und zu verändern. Mit den Elementen ist schließlich, bei aller Geistigkeit der schaffenden Kräfte, die Physis der Erde erreicht. Erst «dahinter» eröffnet sich der Blick in die Himmelssphären und der Weg in den «universellen Ozean des geistigen Daseins», so Rudolf Steiner.[375]

Halten wir fest, daß auf dem Weg vom Seelischen ins Leibliche die menschlichen Temperamente ihren Platz haben, «da enthüllt sich schon mehr von der universellen Natur des Menschen».[376]

Über die Einweihung Brunetto Latinis mag in den genannten Werken nachgelesen werden; hier sei, im Blick auf die Steinersche Temperamentenlehre, noch ein weiterer Hinweis erlaubt. In anderem Zusammenhang, doch auch an Brunetto Latini erinnernd, betont Rudolf Steiner die schicksalhafte Bedeutung des menschlichen Temperaments: «Aber in dieses Temperament, in das, was da im Säftekreislauf seinen physischen Ausdruck hat, in das ist noch etwas anderes hineingemischt. [...] Da, in diesen Temperamenten, die im Säftekreislauf liegen, da hinein hat das Leben zwischen Tod und neuer Geburt das Siegel gedrückt.»[377] Das individuelle Temperament ist zugleich individuelles Schicksal und muß als solches anerkannt und getragen werden. Wird es auch zukünftiges Schicksal bilden? Erst Rudolf Steiner hat über diese Zusammenhänge genauer berichtet.

18. und 19. Jahrhundert

Der Temperamentenlehre und der Humoralpathologie kam von der Antike bis ins Spätmittelalter und in die beginnende Neuzeit, wie wir gesehen haben, große Bedeutung zu. Diese Lehren reichten bis in die Zeit des deutschen Idealismus und der Romantik. Während die veraltete Grundlegung der hippokratischen Medizin mehr und mehr verblaßte, gewann die Temperamentenlehre im Blick der neuen Seelenkunde eine immer deutlichere Kontur.

Auch die folgende Auswahl bleibt subjektiv und muß sich auf wenige Autoren beschränken. So wurde beispielsweise nicht auf Christian Thomasius eingegangen, der die drei Elemente des Paracelsus (sal, mercur, sulfur) und die vier Temperamente in 60 Grade und 24 Mischungen kombinierte, auch nicht auf Cureau de la Chambre, der bereits um die Mitte des 17. Jahrhunderts von 52 Temperamenten sprach. Platners Anthropologie blieb ebenso unberücksichtigt wie die «psychische» Anthropologie von Fries oder die Veröffentlichungen von Kämpf (1776), von Haller (1784), Ficker (1791), Bardili, Bering, Medicus, Schäffer und so weiter. 1793 veröffentlichte Karl Philipp Moritz, der Verfasser des psychologischen Romans *Anton Reiser*, in *Gnoti sauton*, seinem «Magazin zur Erfahrungsseelenkunde», höchst eigenwillige Ansichten. Bei einer ausführlichen Geschichte der Temperamentenlehre müßte auch auf die «Physiognomiker», allen voran auf Johann Kaspar Lavater und den Phrenologen Franz Joseph Gall sowie auf Georg Christoph Lichtenberg und Daniel Chodowiecki eingegangen werden. Bedeutungsvoll sind überdies die Darstellungen des Theologen und Philosophen Friedrich Schleiermacher (1768 – 1834).[378]

Selbstverständlich gab es in ganz Europa Abhandlungen über die Temperamente in großer Zahl; Rudolf Steiner erwähnt unter anderen den Franzosen Pierre Jean Georges Cabanis mit seinem Werk *Verhältnis der Seele zum Körper* (1802).[379] In Wien erschien 1838 *Zur Diätetik der Seele* von Ernst von Feuchtersleben.[380] Auch der einflußreiche Pädagoge und Philosoph Johann Friedrich Herbart (1776 – 1841) äußerte sich verschiedentlich (und verschieden) zu den Temperamenten. Dirksens *Lehre von den Temperamenten* wurde 1804 in Nürnberg verlegt, Heinroths *Lehrbuch der Anthropologie* 1822 in Leipzig.

Immanuel Kant

Immanuel Kant (1724 – 1804) hat eine Temperamentenlehre entwikkelt, die sich durch einen stark gedanklichen Griff auszeichnet und erstaunliche Konsequenzen aufweist. Viele Autoren beziehen sich gerade auf Kants Anschauungen der Temperamente. In seiner 1798 erschienenen *Anthropologie in pragmatischer Hinsicht* gibt er im zweiten Teil eine «anthropologische Charakteristik» über die «Art, das Innere des Menschen aus dem Äußeren zu erkennen».[381] Diese ausgesprochene Charakterlehre befaßt sich vor allem mit dem Temperament, dem Charakter als der Denkungsart und, zeitgemäß, mit der Physiognomik (deren Hauptvertreter Lavater sich auch zu den Temperamenten geäußert hat).

In der Tat erlaubt es das Temperament, «das Innere des Menschen aus dem Äußeren zu erkennen» – aber noch weit tiefer, als Kant zu wissen meinte. Auch Kant unterscheidet zwischen einer leiblichen und einer seelischen Komponente. Unter «physiologisch» versteht er «die körperliche Konstitution» und – noch in der Tradition der Säftelehre – die «Komplexion (das Flüssige, durch die Lebenskraft gesetzmäßig Bewegliche im Körper, worin die Wärme oder Kälte in Bearbeitung dieser Säfte mit begriffen ist).» Der Ausdruck «Lebenskraft» (oder «Vitalkraft» bei anderen Autoren) weist unzweifelhaft auf jenen Lebensbereich, der von Rudolf Steiner später als «Ätherleib» präzise beschrieben wurde. Interessant, daß Kant schon einleitend von Wärme und Kälte im physiologischen Sinne spricht, zwei so typischen Temperamentscharakterisierungen: warmblütig und kaltblütig. «Psychologisch» übernimmt er diese Polarität für das

«Gefühls- und Begehrungsvermögen» der Seele, nicht ohne, fast verschämt, zwei wichtige Anmerkungen zu machen: daß unter den körperlich bewegenden Ursachen «das Blut die vornehmste» sei (eine Ahnung von der im Blute manifesten Ich-Kraft des Menschen?) und «daß die Temperamente, die wir bloß der Seele beilegen, doch wohl insgeheim das Körperliche im Menschen auch zur mitwirkenden Ursache haben mögen» (eine psychosomatische Beurteilung?). Kant unterscheidet nun die «Temperamente des Gefühls» – Sanguinik und Melancholik – und die «Temperamente der Tätigkeit» – Cholerik und Phlegmatik; sie sind jeweils bestimmt durch «Erregbarkeit der Lebenskraft (intensio) oder Abspannung (remissio) derselben».

	Erregbarkeit	Abspannung
	der Lebenskraft	
Temperament des Gefühls	Melancholik	Sanguinik
Temperament der Tätigkeit	Cholerik	Phlegmatik

So kommt auch Kant zum «Viererschema» der antiken Temperamentenlehre, will ihm aber eine «angepaßte bequeme Deutung» geben. Er macht es sich nun tatsächlich «bequem», indem er die einleitend genannte physiologische Komponente kurzerhand wieder ausschließt und ablehnt, die «Blutbeschaffenheit» als (eine) Ursache der Phänomene anzugeben – «es sei nach der Humoral- oder der Nervenpathologie». Vielmehr meint Kant: «Man verlangt nicht vorher zu wissen, welche chemische Blutmischung es sei, die zur Benennung einer gewissen Temperamentseigenschaft berechtige, sondern welche Gefühle und Neigungen man bei der Beobachtung des Menschen zusammenstellt, um für ihn den Titel einer besonderen Klasse schicklich anzugeben.» Der ausdrückliche Einwand Kants gegen eine Wissenschaftlichkeit richtet sich allerdings gegen die Physiognomik, die er, noch immer unter dem Gesichtspunkt des Charakters, nach den Temperamenten behandelt: «Und so ist nicht zu streiten, daß es eine physiognomische Charakteristik gebe, die aber nie eine Wissenschaft werden kann: weil die Eigentümlichkeit der menschlichen Gestalt, die auf gewisse Neigungen oder Vermögen des angeschauten Subjekts hindeutet, nicht durch Beschreibung nach Begriffen, sondern durch Abbildung und Darstellung in der Anschauung oder ihrer Nachahmung verstanden werden kann [...].» Im Grunde geht es auch hier um den alten Gegensatz von Begriff und Bild, Philosophie und Kunst oder auch von Quantität und Qualität und, auf die Pädagogik bezogen, um den Gegensatz von Erziehungswissenschaft und Erziehungskunst.

Hier kann man – auf den Punkt gebracht – sehen, welche Welten zum Beispiel Goethe von Kant trennen. In einem Brief an Schiller vom 19.12.1798 schließt Goethe seine kritischen Anmerkungen zu Kants «Anthropologie» mit dem Satz: «Übrigens ist mir alles verhaßt, was mich bloß belehrt, ohne meine Tätigkeit zu vermehren oder unmittelbar zu beleben.»[382] (Und man vergleiche dazu die «Temperamentenrose» von Goethe und Schiller auf S. 326ff.).

Die kurzen Charakterisierungen, die Kant für die vier Temperamente gibt, sind bei aller Eigenart, ja Skurrilität gut verständlich. Einleitend führt er aus, daß es für die Temperamente des Gefühls nicht um Fröhlichkeit oder Traurigkeit geht, sondern um die Empfindung überhaupt, die beim Sanguiniker «schnell und stark affiziert wird, aber nicht tief eindringt (nicht dauerhaft ist)», beim Melancholiker dagegen «weniger auffallend ist, aber sich tief einwurzelt». Bei letzterem weist Kant auch zu Recht darauf hin, daß es sich hierbei um «sinnliche Triebfedern» handle, nicht um «moralische Ursachen». In der Tat liegt das Feld des Moralischen, Sittlichen, Religiösen, Geistigen außerhalb der Zone der menschlichen Temperamente. (Man vergleiche dazu die Ausführungen über Temperament und Charakter auf S. 126ff.) Bemerkenswert erscheint auch die Einleitung zum phlegmatischen Temperament: «Phlegma bedeutet Affektlosigkeit, nicht Trägheit (Leblosigkeit)» – auch hier ein kleiner Hinweis auf die starken Lebenskräfte des Phlegmatikers. Kant unterscheidet: «Phlegma, als Schwäche, ist Hang zur Untätigkeit [...], als Stärke [...] dagegen die Eigenschaft: nicht leicht oder rasch, aber, wenn gleich langsam, doch anhaltend bewegt zu werden.»

Überraschend ist der Schluß der Kantschen Darstellung, die ja nur wenige Seiten umfaßt; hier bestreitet Kant – erstaunlicherweise – die Mischung der Temperamente. Er meint, daß die konträren Temperamente sich «widerstehen» oder sich «neutralisieren» und daß ein sonstiges Wechseln «bloße Launen» ergibt, aber kein bestimmtes Temperament. «Also gibt es keine zusammengesetzte Temperamente»; Kant weiß nicht, «was aus dem Menschen gemacht werden soll, der sich ein gemischtes zueignet».

Man kann sich des Eindrucks nicht erwehren, daß es Kant doch mehr auf eine philosophisch-prinzipielle Sichtweise als auf eine «pragmatische», wie vorgegeben, ankommt: Zuerst schließt er – wider besseres Wissen – die physiologische Seite des Temperament aus und nimmt dann eine durchaus annehmbare psychologische Gliederung vor, die er jedoch nicht differenziert, sondern zugunsten einer gedanklichen Konstruktion in engsten Grenzen hält. Der entscheidende Gesichtspunkt, nämlich eine «Phänomenologie» der Temperamente, wird nicht verwirklicht. So endet Kant denn auch mit folgender Zusammenfassung: «Frohsinn und Leichtsinn, Tiefsinn und Wahnsinn, Hochsinn und Starrsinn, endlich Kaltsinn und Schwachsinn sind nur als Wirkungen des Temperaments in Beziehung auf ihre Ursache unterschieden.»

Ob man ketzerisch fragen darf: Blieben Kants Gedanken, Ideen, Maximen (und der Stil, in denen sie gebildet und vorgetragen wurden) frei von seinem ausgeprägt melancholischen Temperament (siehe S. 39f.)?[383]

Die Temperamentenrose
von Goethe und Schiller

Die «Temperamentenrose» von Goethe (1749 – 1832) und Schiller (1759 – 1805) – die kolorierte Skizze von der Hand Schillers ist im Schiller-Museum in Weimar ausgestellt – entstand im Winter 1798/99. Goethe erwähnt in seinem Tagebuch am 20.11.1798 zum erstenmal ein «Schema über die verschiedenen Kunstfertigkeiten», notiert am 20. und 22. Januar 1799 das Stichwort «Temperamenten Rose» und schreibt am 5. Februar 1799: «Abends Schiller über die Farben und Temp Lehre». Für den 7. Februar hält er fest: «Abends noch verschiedene Arbeiten an der Temperamentenrose.»[384]

Daß diese Arbeit schon vor der Jahreswende begonnen hatte, belegt Goethes «Tag- und Jahresheft» für 1798: «Ferner, um das Mentale sichtlich darzustellen, verfertigten wir zusammen mancherlei sym-

bolische Schemata. So zeichneten wir eine Temperamentenrose, wie
man eine Windrose hat [...].» Und ein Jahr später steht zu lesen:
«Hier fühlten wir immer mehr die Notwendigkeit von tabellarischer
und symbolischer Behandlung. Wir zeichneten zusammen jene Temperamentenrose wiederholt [...]. Überhaupt wurden solche methodische Entwürfe durch Schillers philosophischen Ordnungsgeist, zu
welchem ich mich symbolisierend hinneigte, zur angenehmsten
Unterhaltung.»[385]

Man wird die «Tabelle» der insgesamt zwölf Temperamentsreprä-
sentanten mit Vergnügen studieren, vielleicht gelegentlich den Kopf
schütteln, aber doch einräumen, daß die beiden Klassiker einige Charakterisierungen gut getroffen haben. (Schade nur, daß von den vielen
Entwürfen keiner erhalten blieb!) Bemerkenswert sind tatsächlich
die vier ausgewählten Vertreter eines entschiedenen Temperaments.

Wie treffend in seiner Stärke und in seiner Schwäche der «Liebhaber» als typischer Sanguiniker: der liebenswert Wechselhafte, der
wechselfreudig Liebende, schnell entflammt und auf alle Reize rea-
gierend, aber wenig tief und niemals «ewig treu». (Ob der «Olym-
pier» hier auch an sich gedacht hat?) Eine schöne Charakterisierung
findet sich in einem Briefentwurf Goethes vom 27. Juni 1770 (an
Katharina Fabricius?): «Wenn ich Liebe sage, so versteh ich die wie-
gende Empfindung, in der unser Herz schwimmt, immer auf Einem
Fleck sich hin und her bewegt, wenn irgend ein Reiz es aus der gewöhnlichen Bahn der Gleichgültigkeit gerückt hat. Wir sind wie Kinder auf dem Schaukelpferde immer in Bewegung, immer in Arbeit,
und nimmer vom Fleck. Das ist das wahrste Bild eines Lieb-
habers.»[386] – Der phlegmatische «Geschichtsschreiber» bringt Ruhe
und Stetigkeit, Nüchternheit und Objektivität auf, um gelassen, ja
kalt zu forschen, zu beobachten, zu sammeln, zu ordnen und den
Lauf der Geschichte als epischen Strom zu gestalten. (Und doch erstaunlich, da ja auch Schiller Geschichtsschreiber war, wenngleich
viel stärker aus der Philosophie heraus und mit cholerischem Feuer.)
– Schwer tut man sich vielleicht mit dem «Pedanten» als typischem
Melancholiker. Immerhin haben die Melancholiker alle ihre pedanti-
schen Angewohnheiten, und tatsächlich spiegelt die Systematik,
gleichsam eine Pedanterie auf höherer Ebene, viel vom Festen, Er-
starrten, Toten, Mineralischen, Knöchernen und Nervigen, das die
Melancholik bestimmt. (Vielleicht erkannten die beiden Dichter die-

se Gefahr und haben deshalb ihr «System» so überzeugend mit Leben erfüllt.) – Eindeutig wieder die «Helden» als Vertreter des cholerischen Temperaments. Hier konnten Goethe und erst recht Schiller aus dem Vollen schöpfen; doch davon später mehr. (Dieser Zuordnung wird wohl jeder zustimmen, der auch nur einen Funken cholerischen Feuers in sich trägt.)

Auffällig ist auch die Gestaltung des Farbkreises, der exakt die Dreiheit der Grundfarben Rot – Gelb – Blau mit ihren Zwischenstufen (nicht immer deutlich erkennbar) durchspielt und der in seiner Zwölfereinteilung gegenüber den zwölf Begriffsfeldern verschoben ist – gerade, als wollten die Verfasser sagen, daß es so eindeutig wiederum auch nicht ist.

Viele Anregungen ergeben sich durch die Übergänge von einem Temperament zum anderen, wenn man diese mit Phantasie oder mit Lebenserfahrung durchgeht, so vom Tyrannen zum Herrscher, vom Abenteurer zum Bonvivant; wie angenehm wären die Redner, hätten sie zuweilen mehr Feuer oder mehr Leichtigkeit oder mehr Tiefe!

Recht gelesen werden kann diese «symbolische Behandlung» beispielsweise so: Die Repräsentanten des cholerischen Temperaments sind die «Helden» als Menschen der Tat. In seiner *Pandora* läßt Goethe Prometheus sagen: «Des echten Mannes wahre Feier ist die Tat!» (Vers 1045) Hinter dem Begriff des Helden eröffnet sich im Werk Goethes und Schillers eine unglaubliche Szenerie, eine wahrhafte «Heldengalerie», und auf sie ist nun der Blick zu richten, um dem cholerischen Temperament in seinen mannigfachen Färbungen und Tönungen gerecht zu werden! Welch ein Unterschied zwischen Don Carlos und Egmont, zwischen Wallenstein und Tell, zwischen Johanna und Maria Stuart! Man male sich das Panorama nur recht lebhaft aus und beziehe alle Helden ein, die man kennt, solche der Geschichte, solche des alltäglichen Lebens. Dann erst kehre man wieder, wie Goethe und Schiller, zum Begriff «Helden» zurück. Jetzt mag die Zuordnung Cholerik – Helden fundiert und gesättigt sein, als Begriffspaar aus dem Leben geschöpft.

Ein Wort sei noch zur Zuordnung des «Lehrers» zum phlegmatischen Temperament gesagt: Eigentlich müßte der Lehrer in der Mitte der Temperamentenrose stehen, in sich die Temperamente recht gemischt und in gesunder Kraft wirkend, zugleich begabt, in künstlerischer Art in die verschiedenen Temperamente einzutauchen und sie

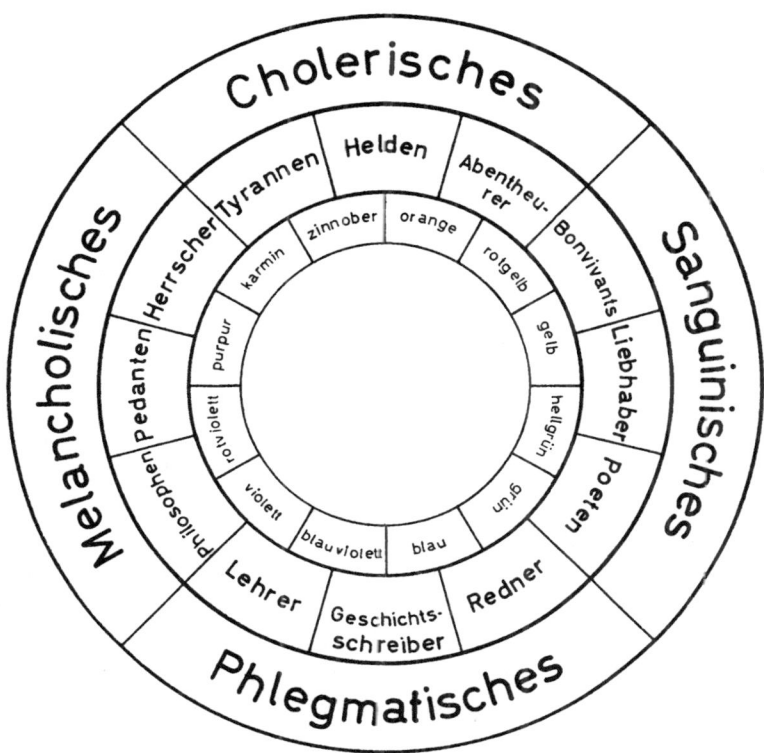

Abb. 18: Die Temperamentenrose von Goethe und Schiller.

lebendig werden zu lassen. Hier nun, bei Goethe und Schiller, ist die
Zuordnung aber eindeutig: phlegmatisches Temperament an der
Grenze zur Melancholik – und nicht weit von der Pedanterie. Das
ruft Fragen hervor: Wie wirkt der ausgesprochen phlegmatische Lehrer auf die Schüler? Ist guter, künstlerisch gestalteter Unterricht dem
Phlegmatiker möglich? Rudolf Steiner geht mit tiefem Ernst dieser
Frage nach. Vielleicht muß hier doch auch die Schwachstelle der so
anregenden Temperamentenrose genannt werden: Sie sagt nichts
über die Mischungen gegensätzlicher Temperamente aus, ganz zu
schweigen von weiteren Mischungen, die sich allerdings auch immer
weniger treffsicher greifen lassen.

Friedrich August Carus

Friedrich August Carus, ein Verwandter des berühmten Carl Gustav Carus (vgl. S. 338ff.) aus der Oberlausitz, geboren am 26. April 1770 in Bautzen, lehrte ab 1796 als Professor in Leipzig Philosophie, Theologie und Geschichte, später auch Psychologie. Das zweibändige Werk *Psychologie* erschien erst nach seinem Tode am 6. Februar 1807 in Leipzig.[387] Es enthält eine «Charakteristik der Seelenart der Temperamente», die Ernst-Michael Kranich in Auszügen neu veröffentlicht hat.[388]

Gestützt auf sorgfältige Beobachtung, gibt F. A. Carus eine Fülle von Erfahrungen und Erkenntnissen wieder, die, mag auch manches überholt sein, noch heute anregend zu lesen sind. Typisch für die Frühzeit der Psychologie ist schon die umfangreiche Charakterisierung der polaren Wirkungskräfte: «Die *erste* Bestimmung kann verschieden erscheinen, als empfindlich und empfindsam, als weich und sanft, als schüchtern und furchtsam, als langsam, matt, stumpf und schwer, aber auch innig und tief. Die *zweite* – als unruhig, heftig, stürmisch und enthusiastisch, als herzvoll, herzhaft und beherzt, als hitzig und feurig, als aufgeweckt und lustig, energisch und durchsetzend.»[389] Auch Carus sieht «nur *vier* spezifisch *verschiedene* Modifikationen des inneren und äußeren Sinnes» (und zwar in der Polarität von Sanguinik und Melancholik sowie von Phlegmatik und Cholerik):

«1. Das *sanguinische* Temperament – als ungleich schwächere passive *Erregbarkeit* bei stärkerer, leichter und flüchtiger *Rückwirkung, Tätigkeit* (flacher, leichter Sinn).
2. Das *Cholerische* – als gleich starke Erregbarkeit bei gleich starker Rückwirkung (unruhiger Sinn).
3. Das *Melancholische* – als ungleich stärkere Erregbarkeit bei schwächerer Rückwirkung (schwerer Sinn).
4. Das *Phlegmatische* – als gleich schwache oder matte Erregbarkeit bei gleich matter Rückwirkung (matter oder stumpfer Sinn).»[390]

Für eine «physiologische» Einteilung, neben der oben dargestellten psychologischen, ergibt sich:

«1. Das sanguinische Temperament als schwache Reizbarkeit (Beweglichkeit) des Körpers (des äußeren Sinns) bei munterer, leichter und feuriger Empfindlichkeit.

2. Das Cholerische als starke Reizbarkeit bei energischer Empfindlichkeit.

3. Das Melancholische als starke, ungleich verteilte Reizbarkeit bei träger und matter Empfindlichkeit.

4. Das Phlegmatische als schwache, ja stumpfe Reizbarkeit bei langsamer und matter Empfindlichkeit.»[391]

Ehe F. A. Carus die Temperamente im einzelnen schildert, beschreibt er im Überblick noch weitere Zusammenhänge, von denen wenigstens der Zusammenhang mit den Lebensaltern genannt sein soll: Kindheit und sanguinisches Temperament, Jugendalter und Cholerik, Erwachsenenalter und Melancholik, Greisenalter und Phlegmatik. (Als Kuriosität sei auch die Zuordnung zu vier wichtigen europäischen Völkern zitiert: «Es würde das sanguinische Temperament auf die Franzosen, das Cholerische auf die Italiener, das Melancholische auf die Briten, das Phlegmatische auf die Deutschen fallen.»[392])

Wie Carus die einzelnen Temperamente beschreibt, ist ungemein anregend, zum Teil sind auch Äußerungen zeitgenössischer Autoren kommentiert und philosophische Überlegungen einbezogen. Bemerkenswertes findet sich auch in der kurzen Schlußbetrachtung, etwa, «daß man vom Temperament nicht auf den Charakter schließen dürfe» und daß «das Temperament als Natur zu behandeln» ist.[393] Als Grundsatz dafür gilt: «Nicht auszurotten ist das Temperament, sondern zu verbessern [...].»[394]

Erstaunlich klar sieht Carus, wie das Temperament zu erziehen ist: «teils diätisch durch den Körper, teils asketisch durch das Gemüt».[395] Tatsächlich zeigt das Temperament eine physiologische und eine psychologische Seite, verbindet innig Leib und Seele, wirkt auf beide, steht unter der Einwirkung beider. Erst Rudolf Steiner wird die tiefere Bedeutung einer «asketischen» Arbeit am eigenen Temperament aufzeigen. In seinen Gesichtspunkten «Erregbarkeit und Stärke» ist nach Kranichs Meinung die Betrachtungsweise von F. A. Carus gegenwärtig; allerdings bleibt anzumerken, daß es viele ähnliche Bezeichnungen gibt und bisher nicht nachgewiesen werden konnte, daß sich Rudolf Steiner tatsächlich auf Carus stützt.

Novalis (Friedrich von Hardenberg)

Novalis' tiefste Äußerungen über das Geheimnis der menschlichen Temperamente findet man in seinem philosophischen Werk, allesamt in der für den Forscher und Denker Novalis (1772 – 1801) typischen Form des Fragments, meist entstanden bei Studien, die der vielseitig Begabte zu den verschiedensten Wissensgebieten trieb. Aus diesem Werk folgt hier eine Auswahl seiner Anmerkungen. Eine Gruppe von Fragmenten zu Temperament und Konstitution findet sich in den «Vorarbeiten zu verschiedenen Materialsammlungen» unter den Nummern 219 – 223 in einer Abteilung, die anfangs mit «Anekdoten» überschrieben ist; sie stammen aus der ersten Hälfte des Jahres 1798.[396]

«220.

1. Constitution mit mangelnder Reitzbarkeit (indirect asthenisch)
2. Constitution mit überflüssiger Reitzbarkeit (direct asthenisch)
   a. Constitution mit überflüssiger Incitation (direct sthenisch)
   b. Constitution mit mangelnder Incitation (indirect sthenisch)
1. oder a. sind Paralysen – indirecten Entzündungen – 2. oder b. Sthenien, oder directen Entzündungen vorzüglich ausgesetzt.

Directe Entzündungen sind indirecte Paralysen – und umgekehrt. Incitament und Reitzbarkeit bestimmen sich gegenseitig. Keins ohne das Andre – und zwar vom Ursprung an.»

«222. Es giebt kein reines Temperament. Jedes Temperament ist gemischt – und nur verdorben, oder verwöhnt.»

«223. Ein reines Temperament wäre eine permanente Kranckheit.»

Weitere Fragmente von Novalis zu Temperament und Konstitution enthält *Das Allgemeine Brouillon*, Materialien zur Enzyklopädistik 1798/99 (Brouillon = schriftlicher Entwurf, Skizze, Konzept):[397]

«192. Krampf und Entzündung sollen beständig im menschlichen Körper verbunden und wechselnd da seyn – in bestimmten Proportionen. Die Bestimmungen dieser Proportionen machen die individuellen Temperamente und Constitutionen.»

«437. Mathematische Physiologie. [...]

In der Gesundheit sind Asthenie und Sthenie vereinigt – und darinn liegt auch der Caracter der Erregbarkeit.

Die Bestandtheile der Gesundheit sind Asthenie und Sthenie.

Die Gesundheit ist in unendlich viel Grade eingetheilt – Grade oder Sfären. Die dünne und elastische Sfäre – steht der dichten und elastischen Sfäre gegenüber – beyde sind in der rein elastischen Sfäre vereinigt. Dünn elastisch ist der gesunde Sanguiniker. Dichtelastisch – der gesunde Melancholiker. Der ächte Choleriker ist der vermischt elastische. Diese Namen sind freylich schlecht.

Der Melancholiker hat antiken – der Sanguiniker modernen Geist – Jener sieht und lebt in der Vergangenheit – dieser in der Zukunft.»

«440. So wie die Lebensfunction Grade hat – so auch die Erregbarkeit – der Karacter der Lebensfunction – Grade. Sie ist leichter oder schwerer zersetzbar – in bloße Sensibilitaet oder bloße Reitzbarkeit übergehend. Erregbarkeit besteht aus elastischer Sensibilitaet und elastischer Reitzbarkeit. Je geringer die Elasticitaet der Sensibilitaet desto weniger und schlechter mit der Reitzbarkeit vereinigt – und so umgekehrt mit der Reitzbarkeit.

Der Sanguiniker nähert sich dem direct asthenischen – der Melancholiker dem indirect asthenischen Phlegmatiker. (der Wässrige und Bleyerne Phlegmatiker.)»

Zum besseren Verständnis: Sthenie (griech.) bezeichnet die Fähigkeit des Körpers, auf alle Arten von Reizungen in entsprechender Stärke zu antworten, Asthenie ist dagegen eine Schwäche des Körpers, so ist z.B. die Neurasthenie eine Nervenschwäche.

Incitament bzw. Incitation (aus dem Lat.) bedeutet soviel wie Anreiz, Antrieb, Ansporn, Erregung und ist, der Sache nach, von Novalis als Name für die innere Kraft gewählt, wogegen Reizbarkeit von außen wirkt.

Novalis stellt seine Fragen zu Konstitution und Temperament vor allem aus medizinischer Sicht, behandelt die Verhältnisse und Maße allerdings auch als mathematisches Problem; das ist der für ihn typische Weg, die einzelnen Phänomene unter geistigen Gesichtspunkten zu ordnen, die enzyklopädische Vielfalt entsprechend der ihr innewohnenden Gesetzmäßigkeit zu gliedern. Zu Recht bringt er die Begriffe Konstitution und Temperament zusammen; gerade in unserem historischen Überblick und erst recht in den Darstellungen zur Temperamentenlehre des 20. Jahrhunderts wird diese Beziehung immer wieder betont; beispielsweise übte die Kretschmersche Lehre von den Konstitutionstypen lange Zeit einen großen Einfluß aus, der zum Teil, etwa über die verfeinerte Darstellung Sheldons, bis heute anhält (vgl. S. 352f.).

Eine erste Betrachtung – und mehr ist hier nicht zu leisten – zeigt, daß Novalis die Polaritäten klar erkennt und durchaus zwischen der seelisch-körperlichen Erregung von außen und einer Reaktion von innen unterscheidet. Er definiert im oben teilweise wiedergegebenen Fragment Nr. 437: «Zersezt besteht die Erregbarkeit aus Sensibilitaet und Reitzbarkeit – oder Beweglichkeit und Capacitaet.»

Was meint aber Novalis im Fragment Nr. 668 mit «ursprünglicher, spezieller Lebenstemperatur»? Zielt er in Richtung der altbekannten Charakterisierungen wie kaltblütig und heißblütig? Tatsächlich trifft ersteres mehr auf die Phlegmatik und, in geringerem Maß, auf die Melancholik zu, das zweite in entsprechender Weise mehr auf Cholerik und Sanguinik. Der Forscher Novalis erkennt klar, daß eine bestimmte Temperamentsanlage angeboren und individuell ist – auch das ein entscheidender Sachverhalt, den Rudolf Steiner später erhellt hat.

Im selben Werk findet sich im 192. Fragment auch eine Bemerkung zu Konstitution und Temperament aus medizinischer Sicht. Sieht man den Krampf als Verhärtung, dann kann man die Anschauung des Forschers auch als Polarität zwischen entzündlichen, hitzigen Prozessen und den krebsartigen, kalten Prozessen sehen. Inwieweit dieser pathologische Gegensatz der Polarität entschiedener Temperamente entspricht, wäre zu prüfen. Auf alle Fälle neigt das melancholische Temperament zur Verknöcherung, Mineralisierung, Sklerotisierung, dagegen das phlegmatische zum Fließen, Quellen, Anschwellen. Bei der Sanguinik und bei der Cholerik bleiben diese Prozesse eher ausgeglichen. Man vergleiche zu diesen Verhältnissen insbesondere die Ausführungen zur Menschenkunde Rudolf Steiners.

Ganz im Gegensatz zum Beispiel zu Kant erkennt Novalis die Mischung der Temperamente («ein reines Temperament wäre eine permanente Kranckheit»), er erkennt auch, daß Temperamente verwöhnt und verdorben sein können, daß vieles im Menschenleib und in der Menschenseele zusammenkommt, um das individuelle Temperament auszuprägen.

Als Rätsel, über das viel spekuliert werden kann, soll ein Begriff aus dem isoliert stehenden Fragment Nr. 1092 des *Allgemeinen Brouillon* stehen bleiben: «Willkührliches Phlegma.»

Henrik Steffens

Der norwegische Philosoph und Dichter Henrik Steffens (1773 –
1845) kam 1797 als Mineraloge nach Deutschland, wo er «ganz und
gar» Schüler Schellings wurde. Goethe und Novalis waren ihm Weg-
geleiter, mit Kant, Schiller und Fichte setzte er sich lebhaft auseinander. Steffens lehrte in Breslau, Halle und Berlin und schrieb neben
naturwissenschaftlichen, philosophischen und theologischen Werken auch Gedichte und Novellen. 1840 bis 1844 erschien seine zehn-
bändige Autobiographie, *Was ich erlebte*, eine Fundgrube für die
zeitgeschichtliche Forschung.[398]

Im umfangreichen Werk von Henrik Steffens findet sich als Ergebnis von Vorlesungen in Breslau die *Anthropologie* von 1822.[395] Sie ist
durch und durch Zeugnis für die Schellingsche Naturphilosophie
und führt den Leser von einer «Geologischen Anthropologie» zu
einer «Physiologischen Anthropologie», nach dem Herausgeber der
Neuauflage von 1922, Hermann Poppelbaum, stets unter dem Gesichtspunkt «der Bedeutung der Welt für den Menschen und des
Menschen für die Welt».

Steffens faßt die vier Temperamente zunächst so: «Was man gewöhnlich das sanguinische Temperament genannt hat, nennen wir
das genießende, das melancholische das sehnsüchtige, das cholerische
das tätige, das phlegmatische das leidende [...].» Physiologisches
zeigt sich «nicht in der Bildung der Organe, wohl aber in einer bestimmten Richtung, in einem stillen Überwiegen der Funktionen».
Und so meint Steffens für die Melancholik «ein Übergewicht des
gangliösen Teils des Nervensystems» und für die Sanguinik «ein
Übergewicht der Gehirnfunktion [...], vorzugsweise des kleinen Gehirns», zu erkennen; Cholerik «zeigt ein Übergewicht der Funktion
des arteriellen», Phlegmatik entsprechend «des venösen Blutes».
Auch hier erwächst der Temperamentsbegriff zwischen Psychologie
und Physiologie, und ehe er genauer ausgeführt wird, hält Steffens
Entscheidendes fest: «Alle Temperamente sind an sich gleich eigentümlich, keines etwa vor den anderen begünstigt; keines tritt völlig
rein hervor; nur aus der mannigfaltigen Vermischung derselben entwickelt sich die unendliche Mannigfaltigkeit der Konstitutionen: sie
sind die leiblichen Träger der wahrhaft persönlichen Sittlichkeit.»

Mag man an diese letzte Konsequenz auch Zweifel anschließen, der Ansatz von der «Gleichberechtigung» der Temperamente und ihrer immerwährenden «Mischung» ist entscheidend wichtig.

Nach der insgesamt kurzen gedanklichen Auseinandersetzung mit den einzelnen Temperamenten erkennt Steffens auch auf einer höheren, ideellen Ebene die «Gleichberechtigung» der Temperamente und spricht von «gleicher Würde», von «gleich wesentlichen Momenten des Daseins». Für ihn ist die Seele des Menschen durch das Temperament «keinesweges eingeengt oder unfrei», so wenig wie sich andererseits «die Korruption des Menschen [...] durch das Temperament entschuldigen läßt». Der Mensch muß sein Temperament annehmen (wie erst recht der Erzieher das des Zöglings): «Keiner soll daher seinem Temperament, als solchem, widerstreben; denn seine wahre Freiheit findet er eben in seiner ursprünglichen Gestaltung.»

Wie viele seiner Zeitgenossen richtet Steffens den Blick auch auf die Altersstufen des Menschen und ordnet der Kindheit die Sanguinik, der Jugendzeit die Cholerik zu, beim Erwachsenen findet er vorwiegend die Melancholik, beim Greis zuletzt die Phlegmatik. Als Beispiel für die Darstellung Steffens' möge der kurze Abschnitt zum Greisenalter dienen: «Im Greisenalter ist das venöse System auf eine entschiedene Weise vorwaltend. Die Tätigkeit der Sinne nimmt ab, mit dieser der Genuß; die Arterien verknochen, die rüstige Tätigkeit des arteriellen Blutes und der Muskeln hört auf, mit dieser erstirbt die Tat; selbst die Energie, mit welcher der Mann die Zukunft umfaßt, erlahmt; die Sehnsucht verliert sich in ruhige Gleichgültigkeit, und das erlöschende Leben ruht aus in dem Urgrunde des Lebens und des Todes. Alles deutet auf das Übergewicht des allgemeinen Erdenlebens der Elemente. Still und ruhig blickt der Greis, wenn er dem männlichen Alter näherssteht, sein Leben, von seinen Taten ergriffen.»

Ignaz Paul Vital Troxler

Ignaz Paul Vital Troxler (1780 – 1866) ist der Schöpfer des Wortes «Anthroposophie»; der Schweizer Arzt und Philosoph versuchte Anthropologie und Philosophie auf einer höheren Stufe zu vereinen. Nach Studien in Jena als Schüler und Freund Schellings – «keiner hat mich so gut verstanden wie der junge Schweizer Troxler» – und als einer der ersten Hörer Hegels kehrte er über Göttingen und Wien, wo er die Freundschaft Beethovens gewann, in die Heimat zurück. Er lehrte und praktizierte als «Anthroposoph» in Luzern, Aarau, Basel und Bern, doch wurde es im Alter still um ihn; erst Rudolf Steiner hat Troxler als bedeutenden «Philosoph und Anthropolog», wie er sich nannte, nach Jahrzehnten des Vergessens wieder in Erinnerung gebracht.

Blicke in das Wesen des Menschen tut Troxler in einem 1811 erschienenen Werk,[400] und er betrachtet auch das Temperamentswesen des Menschen: «Das Temperament ist der ursprüngliche und unmittelbare Turgor vitalis des Lebensgeistes. Er ist derjenige, wodurch der Mensch aus seiner allgemeinen und beständigen Individualität in die besondere und zufällige Personalität übergeht; was mit Beibehaltung der Grundmischung der Bestandteile der Gattung ein eigenes Verhältnis derselben in der Person darstellt.» Troxler erkennt also das individuelle Mischungsverhältnis für das persönliche Temperament. Verblüffend ist auch seine Ausführung über den genannten «Turgor vitalis», in dem sich Geistiges und Leibliches vereinen, deren «Vermischung das [ist], was Temperament genannt wird». Wiederum zeigen sich leibliche und seelische Seite des Temperaments. Nun beschreibt Troxler noch eine Art Grundfunktion des Temperaments als ein Naturprinzip im Menschen, «das Temperament aller Temperamente, [...] von welchem alle einzelnen Temperamente nur Beziehungsweisen sind». Man merkt auf, wenn Troxler hier auf vier Beziehungsweisen «nach unserem Lebensschema» besteht und folgendermaßen zuordnet: «Ich stelle daher den Inbegriff jener Beschaffenheit des irdischen Lebensgeistes, welchen man als sanguinisches Temperament bezeichnet, als entsprechend dem Geiste, das sogenannte cholerische als der Seele, das melancholische als dem Leibe und das phlegmatische als dem Körper entsprechend auf.» Wiederum nähern wir uns einem Ansatzpunkt Rudolf Steiners, der ja, wenn auch anders als hier Troxler, die sogenannten Wesensglieder des Menschen in Beziehung zu den Temperamenten sieht. In *Die Rätsel der Philosophie* würdigt er Troxlers besondere Leistung: «Damit hat er auf das Wesen der Seele so hingewiesen, daß dieses mit Körper und Leib in die Sinnes-, mit Seele und Geist in eine übersinnliche Welt so hineinragt, daß sie in der letzteren als individuelles Wesen wurzelt [...].»[401]

Umfassender hat sich Troxler in den Berner Vorlesungen von 1841/ 42 innerhalb einer «psychischen Anthropologie» über die Temperamente geäußert;[402] zwar liegt nur eine Nachschrift eines Studierenden vor; sie wurde aber von Troxler verbessert und mit Anmerkungen versehen. Die «unzähligen Individual-Verschiedenheiten unter den Menschen» erklärt sich Troxler durch «unmerkliche Abstufungen und Übergänge», und er beruft sich auf Kant in der Ablehnung der gemischten Temperamente. Dennoch spricht Troxler von den «verschiedenen Verhältnissen der Säfte und Kräfte des menschlichen Körpers», er glaubt aber, «die Natur sei hier wie überall einfach und sich selber treu». Wie viele seiner Zeitgenossen betont Troxler leibliche und seelische Komponente des Temperaments und die Grenze zu einer höheren Instanz im Menschen: «Es [das Temperament] kann keinen geistig gesunden Menschen zu irgendeiner Gesinnung oder Handlung zwingen.»

Dabei ist sich Troxler des Einflusses der Temperamente bewußt, und er betont, daß das Temperament zwar anerkannt und gewahrt, durchaus aber erzogen werden muß: «Die Disziplin des Temperaments kann geübt werden teils diätisch oder medizinisch durch den Körper, teils asketisch oder moralisch durch das Gemüt [...]. Ausrotten läßt sich aber das Temperament nicht, indem es einen Bestandteil unserer organisch-psychischen Natur ausmacht [...]; modifizieren aber oder verbessern läßt sich jedes Temperament [...] durch Lebensweise, Erziehung oder Selbstbildung und überhaupt durch geistige und sittliche Kultur.»

Unter Troxlers Ergänzungen der Nachschrift finden sich unter anderen folgende Sätze: «Das Temperament ist von Seite der Natur begründet, der Charakter wird durch den Geist bestimmt. – Charakter ist das geistige Temperament, das der Mensch sich selbst gibt, das Temperament der Freiheit.»

Carl Gustav Carus

Carl Gustav Carus (1789 – 1869) gehörte zu den größten Geistern seiner Zeit, gleichermaßen bedeutend als Arzt und Naturforscher, als Philosoph und Psychologe wie als Maler und Freund der Künste.

Sein umfangreiches Werk enthält unter anderem Schriften zur Gynäkologie, zur vergleichenden Anatomie, zu Physiologie, Physiognomik, Psychologie und Symbolik, zu Kunst und Natur, über Goethe und mehrere Reiseberichte.[403]

In der 21. und letzten der *Vorlesungen über Psychologie*, die C. G. Carus im Winter 1829/30 in Dresden gehalten hat,[404] richtet sich der Blick auch auf die vier Temperamente im Zusammenhang mit den Elementen und, in der Auffassung der älteren Ärzte, die Säfte «gleichsam als Repräsentanten [...] jener Elemente». Carus meint allerdings zu Recht, daß man damit der Mannigfaltigkeit des Seelischen nicht gerecht werden kann. Er verweist insbesondere auf die tiefe Gegensätzlichkeit innerhalb eines einzelnen Temperaments – «Grund genug, um darzutun, daß das Temperament allein nicht genügen kann, um eine tiefer greifende Teilung der menschlichen Naturen zu gewähren». Das führt ihn zur Charakterkunde und weiter zu einem eigenen System der Seelenwelt, das auf «drei Hauptklassen» beruht: «Menschen mit vorherrschendem bewußtlosen Seelenleben, Menschen mit vorherrschendem Weltbewußtsein der Seele, Menschen mit vorherrschend entwickeltem Selbstbewußtsein.»

Auch innerhalb seiner differenzierten Betrachtung gibt Carus den Temperamenten den ihnen gemäßen Platz. So enthält beispielsweise die 1853 erschienene *Symbolik der menschlichen Gestalt* auch eine differenzierte «Übersicht aller verschiedenen Constitutionen, Temperamente und geistigen Anlagen des Menschen».[405] Aus seinen physiognomischen Beobachtungen ergab sich für Carus, «daß die Symbolik der Temperamente stets mehr den Zügen des Antlitzes», die der Konstitution eher dem Rumpf und den Gliedmaßen, die der geistigen Anlagen hauptsächlich der Gestalt des Schädels zu entnehmen sei.

Überraschend ist allerdings die Gliederung in sechs Temperamente: Da «wir nicht leugnen können, daß alles Seelenleben in drei verschiedenen Richtungen – als erkennendes, fühlendes und wollendes – sich offenbart, und daß von jeder dieser Richtungen die Möglichkeit eines Hervorhebens und Zurückweichens anzuerkennen ist, so muß dadurch die Zahl dieser Temperamente natürlich bis auf sechs sich erhöhen».

Wie bei Kant finden wir die Polarität stark – schwach, hier in der Dynamik eines Hervorhebens oder Zurückweichens, dort als Erregbarkeit oder Abspannung der Lebenskraft. Und wie Kant sieht Carus

«Temperamente des Gefühls (sensible Temperamente): sanguinisches oder heiteres Temperament und melancholisches oder trübes Temperament». Konsequent bezeichnet er die Temperamente der Tätigkeit (so Kant) als «Temperamente des Wollens (motorische Temperamente): cholerisches oder energisches Temperament und phlegmatisches oder asthenisches Temperament». Für das «erkennende Seelenleben» findet oder bildet Carus nun zwei weitere «Temperamente des Erkennens (spirituelle Temperamente)». Das eine, das «psychische Temperament», ist gekennzeichnet durch «lebhaftes, fruchtbares Auffassen und Frischheit des Geistes», das andere, das «elementare Temperament» kennt dagegen nur «träges und erfolgloses Auffassen und Dumpfheit des Geistes». In der Beziehung zu den Konstitutionen sieht Carus selbst schon die Verbindung zum cholerischen Temperament einerseits und zum phlegmatischen andererseits.

Offensichtlich wird die Wirkung des Temperamentsmäßigen um so geringer, je mehr man sich aus dem Bereich des Leiblich-Seelischen in das Gebiet des Geistigen begibt. So einleuchtend die Differenzierung nach Temperamenten des Fühlens und Wollens zunächst ist, birgt sie doch zu große Einseitigkeiten. Wie Rudolf Steiner aufgezeigt hat, beruht die Vierheit der Temperamente auf der vierteiligen Grundstruktur der Menschennatur und nicht auf der dreiteiligen des Seelenlebens.

Deutlich weist Carus die Pädagogen auf ihre Verantwortung hin und fordert sie auf, «sich vor allen Dingen ein deutliches Bild von den Eigentümlichkeiten ursprünglicher organischer Gestaltung der ihnen anvertrauten Kinder zu erwerben».

Anschauungen der Temperamente
am Ende des 19. Jahrhunderts

Einen Wendepunkt in der Geschichte der Temperamentenlehre markiert, neben den Veröffentlichungen anderer Forscher, Julius Bahnsen (1830 – 1881) mit seinen zwei Bänden *Beiträge zur Charakterologie* (Leipzig 1867, Neuausgabe 1932). Hier taucht zum erstenmal der Begriff Charakterologie auf; der Inhalt wird natürlich längst diskutiert. Gegen Ende des 19. Jahrhunderts finden sich schließlich bei vielen Autoren und in manchen lexigraphischen Werken ausführliche Beschreibungen mit teilweise sehr genauen Beobachtungen zu den menschlichen Temperamenten. Ausdrücklich hingewiesen sei auf Bernhard Hellwig, der 1872 und 1888 zwei Schriften (beide erlebten mehrere Auflagen) über die Temperamente bei Kindern und bei Erwachsenen veröffentlichte.[406] Sie enthalten eine Fülle feinsinniger Beobachtungen und pädagogischer Anregungen. Insgesamt aber fällt es zunehmend schwerer, die Hintergründe, die Wurzeln der Temperamente aufzuzeigen und verständlich zu machen. Die Humoralpathologie ist, weil lediglich tradiert, endgültig verabschiedet und die Zellularpathologie an ihre Stelle getreten. Die modernen Natur- und Geisteswissenschaften können kein Sensorium für das entwickeln, was unter Temperament zu verstehen ist; sie beschleunigen die Spaltung in vornehmlich zwei Betrachtungsweisen: die konstitutionelle und die psychologische. So verbinden sich reichste Phänomenologien mit detaillierten Einzelforschungen von Psychologie, Psychiatrie, Hormonforschung, innerer Medizin, Völkerkunde, Geriatrie, Soziologie usw. – aber der große Zusammenhang geht immer mehr verloren. Und so nimmt es nicht wunder, wenn der nachfolgende Querschnitt durch die Psychologie des 20. Jahrhunderts, so unvollständig er auch ist, noch einmal neues Licht auf das Geheimnis der menschlichen Temperamente wirft, ohne daß dieses sich jedoch enthüllte.

Die menschlichen Temperamente
in der neueren Psychologie

Nach der Jahrhundertwende verliert die Temperamentenlehre innerhalb der Psychologie und der Medizin, von Ausnahmen abgesehen,
rasch an Bedeutung. Allerdings lebt sie, obwohl so oft totgesagt, fast
ungebrochen weiter: zum einen im allgemeinen Sprachgebrauch und in
der alltäglichen Anwendung, zum andern aber, zumindest in Teilen,
unter dem Deckmantel aller möglichen neueren psychologischen Definitionen und Begriffe. Was tatsächlich der neueren Psychologie nicht
gelingt, ist eine fundierte menschenkundliche Begründung. Diese wird
zwar schon Anfang des Jahrhunderts von Rudolf Steiner aufgezeigt,
aber, wie so viele Anregungen von ihm, außerhalb eines kleinen Kreises
von Schülern und Anhängern übersehen oder sofort schroff abgelehnt.

Viele Psychologien «kennen» die Temperamente überhaupt nicht
oder tun sie ohne weitere Begründung als «veraltet» ab. Das weist auf
eine Tragik des 20. Jahrhunderts hin: Zahlreiche Wissenschaftler und
Künstler suchen einen speziellen Ansatz, einen individuellen Stil,
und verlieren dabei den Blick für das Ganze, die Fähigkeit, Richtiges
und Berechtigtes bei anderen zu erkennen und anzuerkennen.

Zunehmend wird man sich im 20. Jahrhundert der Gefahr einer Ty-
pologisierung bewußt. Das gilt ebenso für die Temperamentenlehre.
Sagt das Temperament auch viel über einen Menschen aus, so wird dadurch leicht das Individuelle übergangen und typisierend abgeurteilt.
In der nachfolgenden Äußerung Karl Jaspers' wird die Problematik
deutlich, die sich bei Typologien ergibt; gleichzeitig wird aber auch auf
die Bedeutung hingewiesen, die eine Typenlehre für eine psychologische Erkenntnis haben kann. «Psychologie vor allem ist nur als Ganzes
möglich, oder sie löst sich in ein endloses Chaos aphoristischer Reflexionen auf. So besteht die Aufgabe, immerfort systematisch zu sein
und doch zu versuchen, kein System zur Herrschaft kommen zu

lassen, damit möglichst viele, möglichst alle systematischen Gedanken wirksam werden. […] Dann aber erscheint uns jeder Mensch als das Unendliche selbst, dem alle Gestalten angehören oder in dem sie potentiell vorgebildet sind. Dann sind alle die geordnet zu schildernden Typen nicht letzte Möglichkeiten, für die der einzelne Mensch sich entscheidet, sondern Stellungen, in die er geraten kann, die er aber alle mit seinem Leben übergreift, wenn man es als Gesamtheit seiner möglichen biographischen Entfaltung sieht.»[407]

Immer wieder hat sich in neuerer Zeit jedoch die gegenteilige Tendenz bemerkbar gemacht: das Individuum als Typus zu idealisieren. Wie sich die Dominanz einer Typenlehre im Lebensgefühl des einzelnen bemerkbar macht, hat Peter Handke treffend zum Ausdruck gebracht: «‹Eigentlich war er nicht mein Typ›, sagte die Mutter zum Beispiel von meinem Vater. Man lebte also nach dieser Typenlehre, fand sich dabei angenehm objektiviert und litt auch nicht mehr an sich, weder an seiner Herkunft, noch an seiner vielleicht schweißfüßigen Individualität, noch an den täglich neu gestellten Weiterlebensbedingungen; als Typ trat ein Menschlein aus seiner beschämenden Einsamkeit und Beziehungslosigkeit hervor, verlor sich und wurde doch einmal wer, wenn auch nur im Vorübergehen.»[408]

Selbstverständlich gibt es auch im 20. Jahrhundert historische Darstellungen der traditionellen Temperamentenlehre und die Fortführung bestimmter Aspekte. Daneben stehen Versuche, die Temperamente neu zu erschließen. Oder der Begriff Temperament wird, obwohl bereits traditionell gebunden, völlig neu besetzt. Schließlich finden sich Autoren, die selbst dort, wo sie durchaus entsprechende Phänomene beschreiben, den Begriff Temperament weder gebrauchen noch erwähnen. Immerhin veröffentlichte Marcel R. Zentner gegen Ende dieses Jahrhunderts eine Schrift mit dem Titel *Die Wiederentdeckung des Temperaments* (1993)[409] – eine Tat, die Rudolf Steiner bereits am Anfang des Jahrhunderts vollbracht hat. Wenn nun in kurzen Darstellungen verschiedene Psychologen zu Wort kommen, bestimmte Schulen und Anschauungen genannt werden, so geschieht das immer nur im Blick auf die menschlichen Temperamente und vor dem Hintergrund der Temperamentenlehre Rudolf Steiners, die eben keine bloße Tradierung der antiken Temperamentenlehre darstellt. Die knappen Kommentare sind als Hinweise und keinesfalls als Urteile zu verstehen. Diese Arbeit im einzelnen zu leisten gehört zu den Aufgaben, die die anthroposophische Psychologie und Pädagogik in manchen Bereichen noch zu erfüllen hat.

Aus den Anfängen der «experimentellen Psychologie» sei der Philosoph und Psychologe *Wilhelm Wundt* (1832 – 1920) genannt. Unzählige Untersuchungen fanden in seiner Nachfolge statt, und bis heute zählt das Experiment zu den wichtigsten Methoden der Psychologie. Obwohl sich die alte Humoralpathologie mit den vier «Kardinalsäften» für Wundt verbietet, scheint ihm die Temperamentenlehre doch «aus einer feinen psychologischen Beobachtung individueller Verschiedenheiten der Menschen entsprungen. Sie hat darum auch heute ihre Brauchbarkeit nicht eingebüßt, wo jene Vorstellungen, aus denen einst die Namen des sanguinischen, melancholischen, cholerischen und phlegmatischen Temperamentes hervorgingen, längst beseitigt sind.»[410] Wundt blickt auf die «Stärke» der Affekte und auf die «Schnelligkeit der Wechsel» und ordnet so:

	Starke [Affekte]	Schwache [Affekte]
Schnelle [Wechsel]	Cholerisch	Sanguinisch
Langsame [Wechsel]	Melancholisch	Phlegmatisch

Wie bei Wundt finden wir um die Jahrhundertwende meist Darstellungen der vier klassischen Temperamente aus der Kreuzung zweier Gegensatzpaare. Schon *Kant* nannte als Kriterien Erregbarkeit und Abspannung der Lebenskraft in Verbindung mit Gefühl und Tätigkeit, *Schopenhauer* vereinfachte das auf die Begriffe schwer und leicht, stark und schwach. *Novalis* sprach von Mangel und Überfluß, Reizbarkeit und Incitation, *F. A. Carus* beschrieb schwächere und stärkere Erregbarkeit und Rückwirkung. *Hellwig* ging von starker bzw. schwacher Rezeption und Reaktion aus. *Rudolf Steiner* verwendet die Begriffe Erregbarkeit und Stärke im Zusammenhang mit ihrer Intensität. Im Anhang zu William Sterns *Differentielle Psychologie* findet sich eine Fülle solcher Systeme, bei denen zum einen die prinzipielle Übereinstimmung überzeugt, zum anderen aber auch die Ausnahmen interessieren, weil sie aus ganz bestimmten Denkansätzen oder Beobachtungsschwerpunkten entstehen.

In der Diskussion um Temperament oder Charakter spielt auch der Philosoph *Ludwig Klages* (1872 – 1956) eine Rolle; er gilt als ein Meister der Graphologie und als einer der großen Charakterkundler. Da er den menschlichen Charakter recht umfassend begreift, gerät er naturgemäß in Kollision mit der überkommenen Temperamentenlehre. Ort der Auseinandersetzung, nach der «persönlichen Gefühlserregbarkeit», ist die «persönliche Willenserregbarkeit» im «Gefüge des Charakters».[411] Klages empört sich insbesondere über die «Vierzahl» in der Temperamentenlehre: «Es gibt kaum ein lehrreicheres Beispiel für die zähe Lebenskraft eines Brauches, dessen Sinn und Herkunft vergessen wurde, und insonderheit für die schier dämonische Lebenskraft einer Zahl als dieses Temperamentenkleeblatt [...].»[412] Nun, Rudolf Steiner hat diese Vierzahl hinreichend erklärt, und in der Antike ging es nicht primär «um die Vier als Anregungsgrund gewisser metaphysischer Spekulationen»; auch sind die vier Elemente viel mehr als in heutiger Sprache die bekannten vier Aggregatzustände (wobei der Physiker mit dem Feuer noch genug Probleme hat); und der Melancholie (nach Klages «als eine spezifische Gefühlsanlage zur Artung des Charakters gehörig») steht tatsächlich das geforderte «Temperament der Heiterkeit» gegenüber, nämlich das sanguinische.

Daß der Temperamentsbegriff innerhalb des kommunistischen Herrschaftsbereichs, innerhalb einer materialistisch orientierten Psychologie also, eine wichtige Rolle spielen konnte, ist dem russischen Physiologen, Psychologen und Verhaltensforscher *Iwan Petrowitsch Pawlow* (1849 – 1936) zu verdanken. Der bemerkte bei seinen berühmt gewordenen Versuchen zur Nerventätigkeit der Tiere, daß sich die Reflexe der Hunde durchaus unterscheiden, so wie eben auch das Temperament dieser Tiere. Daraus schloß er, daß das Temperament mit der Nerventätigkeit zusammenhänge. Er differenzierte nach der *Stärke* der erregenden und herrschenden Prozesse und nach der *Beweglichkeit* der Nervenprozesse im Wechsel von Erregung und Hemmung. Dazwischen fand er ein *Gleichgewicht* des ganzen Systems. Aus dem Zusammenspiel der Faktoren bestimmte Pawlow schließlich seine Grundtypen des Nervensystems, die er mit den bekannten Temperamenten zusammenbrachte:

1. den starken, ausgeglichenen, beweglichen Typus   – Sanguinik
2. den starken, ausgeglichenen, trägen Typus   – Phlegmatik
3. den starken, unausgeglichenen, beweglichen Typus – Cholerik
4. den schwachen Typus   – Melancholik

Exkurs: Die Drei und die Vier
in den Gruppierungen und Typologien
der Psychologie

In den Typologien, Strukturen, Phänomenologien, Gruppierungen der modernen Psychologie tauchen immer wieder die Aspekte der Einheit, der Zweiheit, der Dreiheit, der Vierheit usw. auf; bei einer Beschäftigung mit der Geschichte der Temperamentenlehre müssen auch diese Aspekte berücksichtigt werden.

Die Zweiheiten, die Dualitäten, die Paare, die Gegensätze, die Polaritäten, die Antinomien – sie sind zunächst am leichtesten zu erfassen und zu begreifen. Das hat mit unserer Sinnesorganisation gewiß ebenso zu tun wie mit den Denkstrukturen: Dem ordnenden Geist gibt das «Entweder – Oder» Klarheit, die Sinne tun sich leicht mit dem Erfassen der Extreme. In der modernen Psychologie kann C. G. Jungs Unterscheidung von Extraversion und Intraversion als überragendes Zeugnis dafür gelten. Adolf Portmann wählte als Ausgangspunkt für eine Sendereihe im Rundfunk im Dezember 1957 die unsterblichen Gestalten des Cervantes, Don Quichote und Sancho Pansa, um eine bestimmte Polarität zu veranschaulichen.[413] Gerade diese Gestalten zeigen, daß es beim Erkennen der Temperamente um eine Vielfalt von Eigenschaften geht, und nur *ein* wesentliches Merkmal davon ist in dem Gegensatz von hager, dünn und lang zu rund, dick und kurz erfaßt.

Die Psychologie des 20. Jahrhunderts versucht einerseits, in immer differenzierterer Betrachtung Einzelzüge, einzelne Merkmale einer Person exakt zu untersuchen (erkennbar z. B. in den Arbeiten von Allport, Guilford, Kretschmer, Sheldon, Thomas u. a.), andererseits die hauptsächlichen Typen begrifflich zu fassen (hier denke man z. B. an Klages, Jung, Lersch u.a.). Besonders kritisch sind aber jene Typologien zu betrachten, wo eine Charakterisierung sich im Gegensatz von positiv – negativ, stark – schwach oder viel – wenig erschöpft und dabei oft gar keine echten Polaritäten mehr beschreibt, sondern eher bloße Graduierungen in ihren Maxima und Minima festhält.

Vierersysteme entstehen häufig nur dadurch, daß zwei Polaritäten «sich kreuzen»; sie sind dann berechtigt, wenn diese in einem Zusammenhang stehen bzw. das gleiche Kriterium zugrunde gelegt ist, wie etwa das Fühlen und das Wollen als Seeleneigenschaften. Als Beispiel können neben dem klassischen Viererschema der Temperamente auch die Temperamentenrose von Goethe und Schiller (S. 326ff.) und der Temperamentenkreis Eysencks (S. 364) gelten.

Legt man weitere Achsen an, kommt man leicht zu acht Teilungen aus vier Polaritäten oder auch zu sechs Elementen, die sich aus drei Polaritäten ergeben. So schloß zum Beispiel Carl Gustav Carus, wie wir gesehen haben, aus der Dreiheit von Denken, Fühlen und Wollen auf sechs Temperamente. Leicht lassen sich mehrteilige Systeme entwickeln, die dann in dem Maße an Bedeutung abnehmen, wie sie sich in Einzelheiten verlieren.

Die vier Temperamente lassen sich aus der Sicht der Antike durchaus als echte vierfache Qualität begreifen, und sie sind auch für einige der modernen Psychologen in ihrer Phänomenologie echt vierteilig. Ein tieferes Verständnis ergibt sich hier durch die Erkenntnis Rudolf Steiners, daß die Temperamente in ihrer vierfachen Qualität – auch wenn sie primär im Ätherleib verankert sind – mit den vier menschlichen Wesensgliedern zusammenhängen: dem physischen Leib, dem Ätherleib, dem Astralleib, dem Ich. Die sogenannten höheren Wesensglieder, die die Vierheit zu einer Siebenheit machen, spielen insofern eine Rolle, als sie verwandelnd auf die drei untersten Wesensglieder einwirken. Das Ich ist der Vermittler zwischen sinnlicher und übersinnlicher Welt, es macht den Menschen in besonderer Weise zum «Bürger zweier Welten».

Nun gibt es in der Psychologie auch Typologien nach Dreiheiten; sie stehen in einem besonderen Spannungsverhältnis zur Vier, denn erst in der Zwölf vollenden sich, mathematisch gesehen, die Drei und die Vier gemeinsam. Studiert man die Dreiersysteme genauer, so gibt es auch da verdeckte Polaritäten mitsamt ihren Mischungen. Portmann beschreibt sie so: Dreigruppenlehren «gehen von einem Mitteltypus aus, der zahlenmäßig dominiert. Diesem Normaltyp stehen zwei extremere Gestaltungen als Abweichungen zur Seite, welche die zwei Flügel der Dreiergruppe formen. Solche Dreiersysteme gleichen in großen Zügen dem Kurvenbild, das man erhält, wenn wir eine Gruppe von Menschen auf irgendein normales Merkmal hin durchsuchen und der Anzahl nach ordnen: es ergibt sich oft eine Kurve mit einem mittleren Gipfel, an den rechts und links der Übergang zu den selteneren Extremfällen anschließt.»[414] Nach Portmann sind dies vor allem die Lehren über die Konstitutionstypen, «die auf der Messung körperlicher Merkmale beruhen».

Ein typisches Beispiel gibt Gottfried Ewald, wenn er zwischen den Extremen des «sanguinischen oder hypomanischen» und des «melancholischen oder depressiven» Temperaments als Mitte das «besonnene oder normale» Temperament ansiedelt: «Das besonnene oder normale Temperament mit durchschnittlichem Biotonus, durchschnittlichem psychischen Tempo und weder besonders gebremster noch besonders geförderter Intensität der psychischen Erscheinungen, ohne besondere Hervorkehrung der Vitalgefühle, ohne besonders gefärbten Stimmungshintergrund.»[415]

Solche Dreiersysteme sind eigentlich auch nur Polaritäten, wenngleich mit einer bezeichnenden Häufigkeit der mittleren Typen. Eine andere Qualität wäre die Bildung eines Neuen als Steigerung aus der Polarität heraus oder im Sinne von These, Antithese und Synthese der Dialektik.

Vom Körperbau, der Konstitution, ausgehend, finden Ernst Kretschmer (vgl. S. 349ff.) und Herbert Sheldon (vgl. S. 352f.) zu ihren wichtig gewordenen Dreiersystemen der Konstitutionstypen und Temperamente, die hier vereinfacht wiedergegeben werden:

Kretschmer:

leptosomer Körperbau	–	schizothymes Temperament
pyknischer Körperbau	–	zyklothymes Temperament
athletischer Körperbau	–	visköses Temperament

Sheldon:

Ektomorphie	–	Cerebrotonie
Endomorphie	–	Viszerotonie
Mesomorphie	–	Somatotonie

Es bleibt die Frage, ob sich das Dreierschema und das Viererschema bei den Temperamenten miteinander vereinbaren lassen. Wie zeigen sich die vier Temperamente in den drei Seelenregungen von Denken, Fühlen und Wollen? Nach der Erkenntnis Rudolf Steiners hängen die vier menschlichen Temperamente mit den vier Gliedern des Menschen zusammen und nicht mit einer der Dreiheiten innerhalb der

Menschenwesenheit. Es gibt jedoch eine Fülle von Berührungspunkten; allerdings wird es schwer sein, diese in ein klares System zu bringen, zu differenziert ist das Wechselspiel innerhalb des Leiblich-Seelischen. Immerhin hat Rudolf Steiner in einer Lehrerkonferenz am 6. Februar 1923 auf eine entsprechende Frage knapp geantwortet: «Das phlegmatische und sanguinische Temperament hängt zusammen mit dem Nerven-Sinnessystem; das cholerische und melancholische mit dem Stoffwechsel-Gliedmaßensystem.»[416] Das klärt die Stellung der Temperamente im dreigliedrigen System des menschlichen Organismus und weist auf die Bedeutung des mittleren, rhythmischen Systems für die Behandlung des Temperaments hin.

Ernst Kretschmer und die drei Konstitutionstypen

Ein bedeutsames Kapitel in der Geschichte der Temperamentenlehre schrieb der deutsche Arzt und Psychologe Ernst Kretschmer (1888 – 1964), dessen Hauptanliegen eine «medizinische Psychologie» war (so auch der Titel seines erstmals 1922 erschienenen Lehrbuchs).[417] Er richtete sein Augenmerk zum einen auf die Seele und ihr Erleben zwischen den Polen Ich und Außenwelt: Abbildungs- und Ausdrucksvorgänge sind ihre Reaktion, Affektivität ist ihr Vermögen (und dazu zählen auch Triebe und Temperamente). Zum anderen studierte Kretschmer sehr sorgsam die Konstitution, insbesondere bei seelisch kranken Menschen. Bei psychiatrischen Untersuchungen fand er schließlich den Zusammenhang zwischen Körperbau und Charakter.[418]

Auffällig war für Kretschmer der Zusammenhang zwischen bestimmten Körperbautypen und psychischen Krankheitsbildern: Schizophrenie fand er besonders häufig bei den schmalwüchsigen «Leptosomen», die breitwüchsigen «Pykniker» neigten eher zum Manisch-Depressiven, bei den Epileptikern ergab sich ein Bezug zum muskulösen «Athletiker» und zu «dysplastischen Typen» als Folge von Entwicklungsstörungen. Auch die Untersuchungen bei Gesunden zeigte eine auffällige Affinität zwischen Körperbau und Temperament. Alle Aussagen belegte Kretschmer durch umfangreiche, detaillierte Untersuchungen mit reichem statistischem Material.

349

Die drei Körperbautypen, stärker ausgeprägt beim männlichen Geschlecht, lassen sich so charakterisieren:

Leptosome – schmal und schlank am ganzen Körper, in allem mager, geringes Breitenwachstum bei unvermindertem (eigentlich gesteigertem) Längenwachstum, oft flache Brust und hängende Schultern, manchmal infantile oder feminine Züge, nicht selten Übergänge zum athletischen Typus, schwächlicher Typus besser Astheniker genannt.

Athletiker – mittel bis groß, breitschultrig und kräftig, gewölbte Brust und gespannte Bauchmuskulatur, gröberer Skelettbau mit eher langen als kurzen Extremitäten, Füße und Hände zunehmend plump, überall stark entwickelte Muskulatur, Haut dick und manchmal pastös.

Pykniker – gedrungene Gestalt, großer Umfang von Kopf, Brust und Bauch, starke Fettablagerung am Rumpf, weiches, breites Gesicht mit kurzem, massivem Hals, Glieder weich mit wenig Muskel- und Knochenrelief, eher kurz als lang, Hände zart, dick, kurz und breit, entsprechend den Lebensumständen ausgeprägte Fettsucht.

Es überrascht nicht, daß Kretschmer zunächst zwei Grundtypen kennzeichnete, normal «schizothym und zyklothym», krank «schizoid und zykloid». Was er sehr genau beschreibt, kann so zusammengefaßt werden:[419]

	Zyklothymiker	Schizothymiker
Psychästhesie und Stimmung	diathetische Proportion zwischen gehoben (heiter) und depressiv (traurig)	psychästhetische Proportion zwischen hyperästhetisch (empfindlich) und anästhetisch (kühl)
Psychisches Tempo	schwingende Temperamentskurve, zwischen beweglich und behäbig	springende Temperamentskurve, zwischen sprunghaft und zäh, alternative Denk- und Fühlweise
Psychomotilität	reizadäquat, rund, natürlich, weich	öfters reizinadäquat, verhalten, lahm, gesperrt, steif usw.
Affiner Körperbau	pyknisch	asthenisch, athletisch, dysplastisch und ihre Mischformen

Robert Heiss kommentiert diese Tabelle nach Kretschmer so: «Man sieht unschwer, daß die Merkmale der alten Temperamentstypen, zu je zweien zusammengefaßt, in der Lehre Kretschmers wiederkehren. Statt vier Typen erscheinen daher zwei, und jede der neuen Typen hat den Herrschaftsbereich von zweien der alten Einteilung. Die Verbindung von sanguinisch und melancholisch ergibt die diathetische, die Verbindung von cholerisch und phlegmatisch die psychästhetische Proportion.»[420]

Wir erkennen eine gewisse Diskrepanz zwischen den beiden «Temperamentstypen» und den drei «Konstitutionstypen». Nach Portmann hat Kretschmer um 1940 selbst darauf hingewiesen: «Zunächst haben wir das Gefühl – aber nicht das beweisbare Urteil –, daß die Hauptmasse des zyklothymen Formenkreises in ihrem körperlichen sowohl als in ihrem psychischen Verhalten einen einfacheren und in sich geschlosseneren Eindruck macht, als von dem äußerlich sehr verschiedenen Körperbau und den Charaktertypen des schizothymen Formenkreises bisher gesagt werden kann.»[421]

Portmann zeichnet die Grundlinie: «Am Anfang [der] Forschungen stand der Gegensatz der zwei Typen: hier der Pykniker – dort der Leptosome [wofür Portmann das klassische Paar Don Quichote und Sancho Pansa als Beispiel wählte]. Im Laufe der Vertiefung der ersten Einsichten tritt dann ein weiterer Typus hervor, der in manchem dem Leptosomen nähersteht, den Kretschmer den athletischen nennt, und den er in der Temperamentslage als den viskösen, als den zähflüssigen bezeichnet hat. Damit wird aus dem Zweiersystem eine Dreigruppenlehre.»[422]

Hier zeigt sich, daß die betont leibliche Betrachtung zu einer anderen Typologie führen muß als die betont seelische. Vergleicht man die Konstitutionstypen Kretschmers mit den Funktionssystemen des Körpers, wie sie die anthroposophische Menschenkunde beschreibt, zeigt sich ein Zusammenhang zwischen der leptosomen (asthenischen) Konstitution und dem Nerven-Sinnes-System, zwischen der (mittleren) athletischen Konstitution und dem (mittleren) rhythmischen System und zwischen dem pyknischen Typus und dem Stoffwechsel-Gliedmaßen-System.

Herbert Sheldon

Der Amerikaner Herbert Sheldon (1899 – 1977) versuchte die Methoden Kretschmers zu verfeinern und entwickelte in jahrzehntelanger Arbeit seinen «Somatype Performance Test» und einen «Atlas of Men» (1954). Wie Kretschmer bestimmte er drei Konstitutionstypen und ihre Mischformen; in Anlehnung an die Keimblätter im Embryonalstadium spricht er von «Endomorphie, Ektomorphie und Mesomorphie» und meint mehr oder weniger «Pykniker, Leptosomen und Athletiker». In seiner «Scale of Temperaments» beschreibt er die drei Hauptkomponenten «Viscerotonie, Somatotonie und Cerebrotonie», und er ordnet wie Kretschmer Konstitutionstypen und Temperamentstypen einander zu.

H. C. Schmidt gibt folgende vereinfachte Übersicht mit ausgewählten Komponenten:[423]

Körperbau	*Psychische Komponenten (ausgewählt)*
	Kretschmer
leptosom oder dysplastisch	Schizothymie: zugleich sensibel und stumpf, Ich-Umwelt-Spannung, introvertiert, autistisch, rigoros-dogmatisch, ordentlich, diszipliniert, verschlossen, zynisch-sarkastisch
pyknisch	Zyklothymie: Stimmung zwischen angeregt-heiter oder niedergeschlagen-traurig, gesellig, kompromißbereit, realistisch-angepaßt, großzügig, extravertiert, humorig
athletisch	visköses Temperament: langsam, bedächtig, wortkarg, torpid, konzentriert, rigid, stabil, treu, explosiv-zornig
	Sheldon
Ektomorphie (zart – dünn – schlank)	Cerebrotonie: reizempfindlich, zurückhaltend, gehemmt, sexuell ansprechbar, introvertiert, neugierig-wissensdurstig
Endomorphie (eckig – dick – füllig)	Viscerotonie: bequem, extravertiert, tolerant, genußfreudig, gesellig, offenherzig
Mesomorphie (eckig – gedrungen, muskulös)	Somatotonie: aktiv-energisch, aggressiv, unempfindlich, skrupellos, gutmütig, treuherzig, rigid, humorlos

Schmidt weist auf die gegensätzlichen Beurteilungen in der Literatur hin, die im Grunde auf der Auseinandersetzung zwischen «Biologismus» und «Soziologismus» beruhten. Er kritisiert, daß in der Kretschmerschen Schule und bei Sheldon und seinen Anhängern zu sehr «Geisteskrankheiten, Psychopathien, psychische Normalverfassung, geniale Produktivität [...] und kriminelle Handlungen mit kategorial erfaßten Körperbauvarianten in einen deterministischen Zusammenhang gebracht wurden».[424]

Die Typenlehre C. G. Jungs

In Vorträgen, Aufsätzen und Schriften geht C. G. Jung (1875 – 1961) häufig von den antiken Temperamenten aus, die für ihn, ganz zutreffend, «beinahe nichts anderes als psycho-physiologische Komplexionen» sind.[425] Er würdigt die bedeutende Leistung eines Hippokrates und Galen und bezieht in seine Darstellung den astrologischen Aspekt der vier Elemente durchaus mit ein: «Was aber die astrologische Typologie anbelangt, so steht sie zum Erstaunen der Aufklärung immer noch aufrecht da und erlebt sogar heute eine neue Blüte»,[426] was ja, aus welchen Gründen auch immer, noch viel mehr für das Ende des Jahrhunderts gilt. «Dieser historische Rückblick kann uns darüber beruhigen, daß unsere modernen Versuche zur Typologie keineswegs neu und unerhört sind, wenn schon das wissenschaftliche Gewissen es uns nicht erlaubt, auf diese alten, intuitiven Wege zurückzugreifen.»[427] Jung arbeitet in seiner Typologie schließlich die beiden seelischen Grundhaltungen der «Extraversion» und der «Intraversion» heraus, die er unter anderem so charakterisiert: «Die Extraversion ist gekennzeichnet durch Hinwendung zum äußeren Objekt, Aufgeschlossenheit und Bereitwilligkeit gegenüber dem äußeren Vorgang, Verlangen, sowohl auf diesen einzuwirken, wie sich von diesem bewirken zu lassen, Lust und Bedürfnis, dabei zu sein und mitzutun. [...] Das seelische Leben dieses Typus spielt sich gewissermaßen außerhalb seiner selbst, in seiner Umgebung ab. [...] Die Intraversion dagegen, welche sich nicht dem Objekt, sondern dem Subjekt zuwendet und sich eben gerade nicht am Objekt orientiert, ist nicht ohne weiteres durchschaubar. Der Introvertierte kommt nämlich nicht entgegen, sondern ist wie auf einem ständigen Rückzug vor dem Objekt begriffen. [...] Der Umgang mit sich selbst ist ihm Vergnügen. Seine eigene Welt ist ein sicherer Hafen, ein ängstlich gehüteter ummauerter Garten, vor aller Öffentlichkeit und zudringlicher Neugier geborgen.»[428]

Bereits diese wenigen Ausführungen, erst recht aber die umfassendere Darstellung in C. G. Jungs Werk, erinnern immer wieder an Beschreibungen der menschlichen Temperamente. Eindeutig zählen Sanguinik und Cholerik zur Extraversion, Melancholik und Phlegmatik zur Introversion. Zweifel, ja Widersprüche im einzelnen erklären sich vor allem daraus, daß Jung auf rein Seelisches und eher Geistiges – er spricht unter anderem von Gewissen, Religion, Moral, Tugend – blickt, nicht auf Leibliches; außerdem ist hier noch nichts ausgesagt über die Intensität der beschriebenen Gefühle und Willensregungen.

In der weiteren Differenzierung seiner Anschauung – «für den Extrovertierten ist das Objekt a priori interessant und anziehend, wie für den Introvertierten das Subjekt bzw. die seelische Gegebenheit» – unterscheidet Jung «vier Funktionen, nämlich Empfindung, Denken, Gefühl und Intuition», womit gleichermaßen Rationales wie Irrationales erfaßt sei. Darin sei «nicht alles enthalten, was die bewußte Seele leistet. Wille und Gedächtnis, bzw. Erinnerung, sind nicht in Betracht gezogen.»[429]

Insgesamt können wir festhalten, daß es C. G. Jung um «den Versuch einer rein psychologischen Typisierung» ging; er war auf der Suche nach der «Eigengesetzlichkeit» der Seele. Gegen Sigmund Freud grenzte er sich einmal so ab: «Gegenüber dem der Antike entstammenden Konstitutionsgedanken, dem Freud insofern erlegen ist, als er nach einem richtigen psychologischen Anfang theoretisch wieder alles in den körperlich bedingten Trieb zurückverwandeln wollte, gehe ich von der Annahme einer Eigengesetzlichkeit der Seele aus.»[430]

Wenn wir – nach den Angaben Rudolf Steiners – den konkreten Ort des Temperaments im Ätherleib sehen und die Differenzierung der einzelnen Temperamente und ihre Mischung im Zusammenhang mit den vier Wesensgliedern betrachten, so ließe sich, stark vereinfacht, sagen, daß Freud die physisch-ätherische Seite zu stark bewertet, Jung hingegen die seelisch-geistige Welt in den Vordergrund rückt; beide können so den menschlichen Temperamenten nicht gerecht werden.

William Stern und die Gefühlsdispositionen

In seiner *Allgemeinen Psychologie* von 1935 beschreibt William Stern (1871 – 1938) die bekannten Temperamente vor allem unter dem Gesichtspunkt des Fühlens im Sinne einer dauernden Beschaffenheit, also in «dispositioneller Form», wobei er selbstverständlich von verschieden langer Zeit, nicht immer von Lebenszeit spricht.[431] Er räumt allerdings ein, daß die Temperamente auch unter anderen Gesichtspunkten beschrieben werden könnten, so zum Beispiel nach der personalen Dynamik oder den Interessen. Er hebt die polaren Gefühle Lust und Leid hervor und gliedert sie in ein Viererschema ein, das er zunächst nur als Ordnungsmittel verwendet; nicht enthalten seien zum Beispiel zeitliche Ablaufsformen oder die Beziehung zu den Willenshandlungen und auch nicht körperliche Komponenten; eigentlich seien die Temperamente ja «überhaupt nicht rein psychische Beschaffenheiten, sondern psychophysisch neutrale Ausprägungen der Person in ihrer Totalität».[432]

		Lustbereitschaft (Eukolie)	Leidbereitschaft (Dyskolie)
Tendenz zu	Erregung	sanguinisch	cholerisch
	Beruhigung	phlegmatisch	melancholisch

Daraus ergeben sich folgende Charakterisierungen:

- Sanguiniker: «lustvolle Funktionsgefühle, Stimmungen der Fröhlichkeit, Affekte des Jubels»
- Choleriker: «leidvolle Funktionsgefühle, Stimmungen des Ärgers, Ausbrüche des Zorns»
- Phlegmatiker: «lustvolle Zustandsgefühle, Stimmungen des Behagens»
- Melancholiker: «leidvolle Zustandsgefühle, Stimmungen der Traurigkeit, des Lebensüberdrusses»[433]

Mit seinem Ordnungsschema bleibt Stern ganz innerhalb der tradierten Temperamentenlehre, wenngleich er, wider besseres Wissen, sein Schema auf eine bestimmte Gefühlspolarität einschränkt und damit natürlich Widersprüche und Fragen herausfordert. Besonders wichtig wären gerade die von Stern beschriebenen «Unterschiede zeitlicher Ablaufsformen», die er so formuliert: «Zum Sanguiniker und Choleriker gehört im allgemeinen schneller Wechsel, zu den beiden anderen Typen Nachhaltigkeit der Gefühlszustände.»[434] Stern kommentiert noch andere Schemata von Temperamentsmerkmalen und weist darauf hin, daß es «zahlreiche Übergangs- und Schwankungs-Formen» und innerhalb der Gruppen «keineswegs eine Gleichförmigkeit der dazugehörigen Individuen» gebe. Während Stern so das Hauptgewicht auf das Fühlen legt, dominiert bei Philipp Lersch der Willens- und Tätigkeitsaspekt.

Philipp Lersch: «Der Aufbau der Person»

Philipp Lersch (1898 – 1972), durchaus Philosoph unter den Psychologen, zählte um die Jahrhundertmitte zu den bedeutendsten deutschen Psychologen. Sein Standardwerk *Der Aufbau des Charakters* (1938; später *Aufbau der Person*) erlebte viele Neuauflagen. Sein Hauptwerk «hat es zu tun mit der Wirklichkeit der Seele»[435] und enthält eine Fülle von anregenden Darstellungen, die in der Auseinandersetzung mit der Menschenkunde Rudolf Steiners zu einem fruchtbaren Dialog führen.[436]

Der Aufbau der Persönlichkeit gliedert sich für Lersch vornehmlich in drei Schichten: den vitalen «Lebensgrund» des lebendigen Leibes, den «endothymen Grund» des Innerseelischen mit all seinen Trieben und Strebungen, Anmutungserlebnissen, Gestimmtheiten und dessen Auseinandersetzung mit der Welt, schließlich den «personellen Oberbau» des Denkens und des bewußten Wollens, der in diese Welt handelnd einwirkt.

Auch mit den Temperamenten befaßt sich Lersch, wenn auch recht kurz, denn ihr Wesen ist für ihn bereits erfaßt in «Grad und [...]

Verlaufsform, in denen ein Mensch sich nach außen hin in Bewegung und Tätigkeit zeigt, und zwar unter Miteinbeziehung der endothymen Hintergründe, aus denen diese Aktivität kommt».[437] Wichtig für ihn ist im Zusammenhang mit den Temperamenten der Wille, und so erscheint sein Kommentar denn auch im Abschnitt über den «personellen Oberbau» in den Ausführungen über die «Willensartung» innerhalb einer «Charakterologie des personellen Oberbaus». «Wir sprechen von impulsivem Temperament da, wo starke endothyme Antriebe ungehemmt und unkontrolliert zur Auswirkung kommen, wenn wir andererseits einen Menschen hinsichtlich seines Temperaments besonnen nennen, so heißt das keineswegs, daß seine endothymen Antriebe schwach sind, sondern daß er ihnen die regulierende Instanz des Willens entgegensetzt.»[438]

Für Lersch ist der Temperamentsbegriff «charakterologisch nicht überflüssig [...], weil er in anschaulicher Weise jene Tatsachen der endothymen Eigenart und der Willensartung in ihrer besonderen Auswirkung im Bereich der äußeren Tätigkeit in den Blick nimmt».

Dieser Blick gilt auch dem unverwechselbaren einzelnen Menschen, dem «Sein eines einmaligen, unvertauschbaren und unwiederholbaren Einzelwesens, herkommend aus und verankert in einem metaphysischen Urgrund».[439]

Heinz Remplein

Heinz Rempleins Buch *Die Psychologie der Persönlichkeit* ist ein Standardwerk, das seit langem auch von vielen Lehrern benützt wird.[440] Remplein stellt die tradierte Temperamentenlehre ausführlich dar und entwickelt dazu eigene Kriterien. Für ihn kann «das Temperament als die relative Konstante der persönlichen Erlebnisfarbe und -form, sowie der persönlichen Reaktions- und Bewegungsweise definiert werden». In der Auseinandersetzung vor allem mit Klages und Lersch beschreibt Remplein sehr ausführlich die «Stimmungen als Farben des persönlichen Erlebens», wobei er nach den beiden Polen Frohheit und Unfrohheit gliedert sowie Grad und Verlauf berücksichtigt. Die Ausführungen sind in Tabellen übersichtlich zusammengefaßt, und sie sind unter dem Blickpunkt der Temperamentsforschung eine wahre Fundgrube.

Die «formale Eigenart des persönlichen Erlebens» untersucht Remplein auf die Ansprechbarkeit des Erlebens, seine Stärke (Intensität), Tiefe, Dauer und Verlaufsform. Schließlich beachtet Remplein noch die «persönliche Reaktions- und Bewegungsweise» nach Tempo, Grad, Dauer und Verlauf.

Die «alten Temperamentstypen» beschreibt Remplein im zweiten Teil seines Werkes, «Die typische Eigenart der Persönlichkeit», wo er auch andere Typologien, zum Beispiel die von C. G. Jung und E. Kretschmer, darstellt.

Remplein ordnet die Typologie der Temperamente zu Recht in die Reihe unzähliger verschiedener Typologien ein, deren es so viele geben kann, als es Einteilungsgesichtspunkte gibt. Insofern seien sie keine Real-, sondern Idealformen, die sich, soweit richtig und den psychologischen Tatsachen entsprechend, «sinnvoll ergänzen, indem sie einen und denselben Gegenstand, die menschliche Persönlichkeit, von jeweils verschiedenen Standpunkten her sehen und damit vielseitiger erkennen lassen».

Joy Peter Guilford und seine Temperamentsdimensionen

Joy Peter Guilford definiert in seinem Werk *Persönlichkeit*[441]: «Die Persönlichkeit eines Individuums ist seine einzigartige Struktur von Wesenszügen (traits)», wobei unter trait «jeder abstrahierbare und relativ konstante Wesenszug, hinsichtlich dessen eine Person von anderen unterscheidbar ist», verstanden wird.[442] Guilford sieht die Persönlichkeit in einem Siebenstern von Bereichen, die er folgendermaßen benennt: Physiologie, Morphologie, Fähigkeiten, Temperament, Einstellungen, Interessen, Bedürfnisse.

Temperament ist für ihn nichts anderes als der persönliche Handlungsstil, der sich zum Beispiel in Impulsivität oder Zuversichtlichkeit ausdrückt und der, unter dem Gesichtspunkt der Temperamentsdimensionen, genau untersucht wird. Geprüft werden genereller, emotionaler und sozialer Bereich, wobei Dimensionen innerhalb von Polaritäten gemessen werden, um etwas zu erfahren über «die Art und Weise [...], in der jemand etwas vollbringt (oder auch sein läßt)». Die nachstehende «Matrix für die Faktoren des Temperaments» zeigt, daß Guilford Wege beschreibt, die zwar teilweise den Grundzügen der vier Temperamente gerecht werden, aber natürlich immer nur punktuelle Aussagen erlauben.[443]

Art der Dimension	beteiligte Verhaltensbereiche		
	genereller	emotionaler	sozialer Bereich
positiv kontra negativ	Selbstvertrauen kontra Minderwertigkeitsgefühle	Frohnatur kontra Depression (dauernd)	Durchsetzung kontra Schüchternheit
empfänglich kontra unempfänglich	Wachsamkeit kontra Unaufmerksamkeit	Unreife kontra Reife	Geselligkeitsbedürfnis kontra Selbstgenügsamkeit
aktiv kontra passiv	Impulsivität kontra Bedachtsamkeit	Nervosität kontra Gemütsruhe	soziale Initiative kontra Passivität
kontrolliert kontra unkontrolliert	Vorsorglichkeit kontra zykloide Rhathymia	Stabilität kontra zykloide Veranlagung	Freundlichkeit kontra Feindseligkeit
objektiv kontra egozentrisch	Sachlichkeit kontra Überempfindlichkeit	Selbstsicherheit kontra Befangenheit	Toleranz kontra Kritiksucht

Zu fast allen einzelnen Schwerpunkten zitiert Guilford neben eigenen stets mehrere Untersuchungen verschiedenster Psychologen – und doch lassen einen die Ergebnisse seltsam unbefriedigt: Einige wiederholen längst bekannte Tatsachen, andere verlieren sich in fachspezifische Spitzfindigkeiten, einige bleiben unklar oder wenig aussagekräftig, andere gelten nur für spezielle Personengruppen. Immerhin bleibt Guilford stets streng beobachtend und zurückhaltend in seinen Interpretationen. Zwei Beispiele mögen einen Einblick in diese Arbeit geben; sie sind so ausgewählt, daß sie den Strukturen des tradierten Temperamentsbegriffs recht gut entsprechen.

«Impulsivität kontra Bedachtsamkeit:

Wie die Bezeichnung des Faktors erkennen läßt, handelt es sich hier um die Tendenz, unmittelbar – d.h. ohne zwischengeschaltetes Nachdenken – zu reagieren. Ursprünglich galt dieser Faktor als ein Aspekt der ‹Sorglosigkeit› oder Rhathymia, d.h. der Tendenz, in den Tag hinein zu leben, aber inzwischen ist klar geworden, daß es sich um einen eigenen Wesenszug handelt, der zumindest bei Erwachsenen durch einzelne Fragebogenitems und Fragebogen-Gesamtergebnisse isoliert werden konnte [...]. Von der impulsiven Person lassen sich folgende Feststellungen (Fragebogenitems) treffen: Folgt der Eingebung des Augenblicks ohne Nachdenken; sagt Dinge, die sie später bereut; plant ihre Arbeit vorher nicht; arbeitet in einem ungleichmäßigen Tempo.»[444]

«Frohnatur kontra Depressivität:

Ganz analog wie bei anderen Emotionalitätsfaktoren gibt es auch hier wieder für den negativen Pol bedeutend mehr beschreibende Konzepte. Offenbar zieht die Depressivität den betroffenen Menschen mehr in ihren Bann, während die Heiterkeit und Fröhlichkeit sozusagen für das Naturgegebene gehalten wird. Faktorenanalysen von Fragebogen-Maßzahlen und einzelnen Fragebogenitems lassen uns folgende Eigenschaften bei der depressiv verstimmten Persönlichkeit vermuten: Die Person ist emotional niedergeschlagen (leidet an trübseligen Verstimmungen und malt eine schwarze Zukunft aus); sie fühlt sich körperlich erschöpft (ohne Lust und Antrieb und grundlos müde); sie macht sich Sorgen und ängstigt sich (so daß sie z.B. nachts nicht schlafen kann); sie ist gewöhnlich traurig (und nicht etwa bei guter Laune); sie fühlt sich periodisch stark vereinsamt [...]. Aus diesem Bilde wird klar, daß die depressive Dauerverstimmung körperliche und seelische Aspekte einschließt und daß ihr Gegenteil die Frohnatur ist. Obwohl diese Art von depressiver Stimmungslage die Gesundheit des Betroffenen nicht gerade fördert, sollte man doch die Depressivität dieser Art von der pathologischen Form der Depression trennen können.»[445]

Ganz eindeutig sind Züge des sanguinischen und des melancholischen Temperaments geschildert; die zuletzt geforderte Unterscheidung fassen wir mit der Abgrenzung Melancholik (als Temperament) und Melancholie (als Krankheit). Erwin Roth würdigt Guilford so: «Hauptverdienst ist die methodische Schärfe, mit der er einzelne Eigenschaften meßbar macht, sowie die Unablässigkeit der empirischen Bemühungen, Zusammenhänge zwischen den Eigenschaften selbst und zwischen ihnen und dem Verhalten zu bestimmen und zu analysieren. [...] Hervorzuheben ist auch die begriffliche Präzision, die ihn von den Eigenschaftssystemen der deutschsprachigen Charakterologien unterscheidet.»[446]

Gordon Williard Allport: Temperament in Gestalt und Wachstum

Allport (1897 – 1967) zählt zu den bedeutenden Psychologen des Westens, auf dessen Werk *Gestalt und Wachstum in der Persönlichkeit* sich viele Forscher berufen.[447] Er erklärt Temperament zunächst so: «Temperament bezeichnet wie Intelligenz und Körperbau sozusagen eine Art Rohmaterial, aus dem die Persönlichkeit geformt wird. Alle drei Faktoren stützen sich stark auf die Erbanlagen und sind daher die am stärksten erbbedingten Aspekte der Persönlichkeit.»[448] Diese Behauptung relativiert Allport allerdings wenig später: «Den genauen Ursprung des Temperaments selbst kennen wir nicht.»[449] Da für Allport noch viele Forschungsergebnisse fehlen, auch der Umfang des Temperamentsbegriffs unklar bleibt, gibt er für sein Buch schließlich die folgende Definition, die er noch durch einen Hinweis auf die – allerdings begrenzte – Veränderbarkeit des Temperaments ergänzt:

«Temperament bezieht sich auf die charakteristischen Phänomene der emotionalen Natur eines Individuums, einschließlich seiner Empfänglichkeit für emotionale Reize, der habituellen Stärke und Geschwindigkeit seiner Reaktionen, der Qualität seiner vorwiegenden Stimmung sowie aller Besonderheiten der Fluktuation und Intensität der Stimmung. Diese Phänomene werden als abhängig von der Konstitution und daher als weitgehend erblich in ihrem Ursprung betrachtet.»[450]

Obwohl Allport die tradierte Temperamentenlehre kritisiert, weist er doch auf manche Beziehung zur modernen Wissenschaft hin, und er betont, daß «vier Formen, die von der Theorie beschrieben werden, [...] ausgezeichnet in fast jedes moderne Dimensions-Schema zur Klassifizierung des Temperamentes» passen: a) «Geschwindigkeit und Intensität des Hervorrufens von Emotionen», b) «Breite und Tiefe» als «fundamentale Dimension», c) «Reizbarkeit und Affekt», d) «Aktivität» und «Tendenz sich zu nähern oder zurückzuziehen».[451]

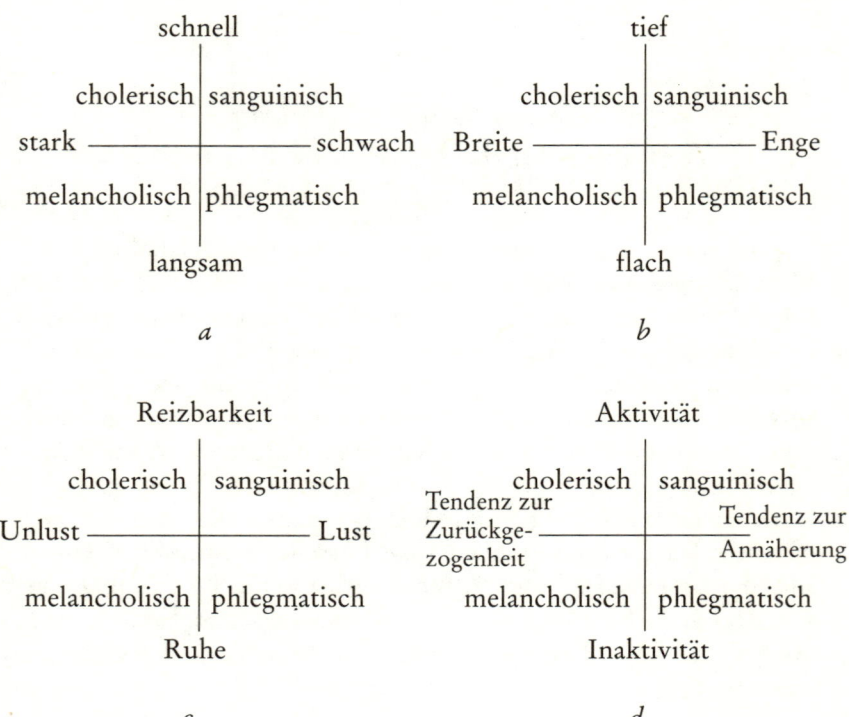

Körperbau und Temperament sieht Allport in engem Zusammenhang: «Man kann abschließend wohl feststellen, daß an der Tatsache nicht zu zweifeln ist, daß Körperkonstitution und Temperament irgendeine enge Beziehung besitzen. Sie sind gepaarte Rohmaterialien, aus denen wir zum Teil unsere Persönlichkeit durch Lernen formen. Die Wissenschaft der Genetik, der Biochemie, der Anthropometrie und der Psychometrie sind noch nicht weit genug fortgeschritten, um uns genau sagen zu können, welche Parallelen existieren. Doch die Lehre von den Beziehungen der Somatotypen zum Temperament gibt uns einen vielversprechenden Führer. Allerdings ist noch viel zu tun.»[452]

Hans Jürgen Eysenck

Eine bedeutende Rolle in der neueren Psychologie spielt Hans Jürgen Eysenck (geb. 1916), der einem seiner Werke den provozierenden Titel *Die Ungleichheit der Menschen* gab.[453] Es ist schon ein Unterschied, ob man sozusagen die Gleichheit der Menschen negiert oder ob man die Einmaligkeit des Individuums, seine Originalität, seine besondere Persönlichkeit hervorhebt. Eysenck versucht, sowohl den psychischen wie auch den physiologischen Komponenten der Persönlichkeit auf die Spur zu kommen, und er diskutiert eine Vielzahl der modernen Persönlichkeitspsychologien.

In seinem «hierarchischen Konzept der Persönlichkeit» geht er vom «Typen-Niveau» der Extraversion aus, dem er das folgende «Eigenschafts-Niveau» zuordnet: Soziabilität, Impulsivität, Aktivität, Lebhaftigkeit, Erregbarkeit. Wieder begegnen uns Termini aus vielen anderen Psychologien, wieder erkennen wir Begriffe aus der gängigen Temperamentenlehre. Nun geht Eysenck aber noch weiter und prüft jeweils mehrfach ein «Gewohnheitsreaktions-Niveau», darüber hinaus auch noch ein «Gelegenheitsreaktions-Niveau».[454]

Wir beschränken uns auf seine Aussagen über die menschlichen Temperamente, erkennt er doch «ein Fünkchen Wahrheit in diesen antiquierten Ideen» der alten Griechen. Eysenck sieht natürlich auch: «Melancholiker und Phlegmatiker sind introvertiert, Choleriker und Sanguiniker extrovertiert.» Die andere Achse ist die der «Emotionalität»: «Gleichermaßen sind Melancholiker und Choleriker emotional labil, während Phlegmatiker und Sanguiniker emotional stabil sind.» (Diese Bewertung steht allerdings im Widerspruch zu der üblichen Charakterisierung der Temperamente.) Eysenck ordnet diese vier Richtungen im Kreis und betont, «daß Extreme in irgendeiner Richtung selten sind und daß die meisten Menschen irgendwo um die Mitte herum liegen».[455]

Dieses Schema ist hier in deutscher Übersetzung wiedergegeben:[456]

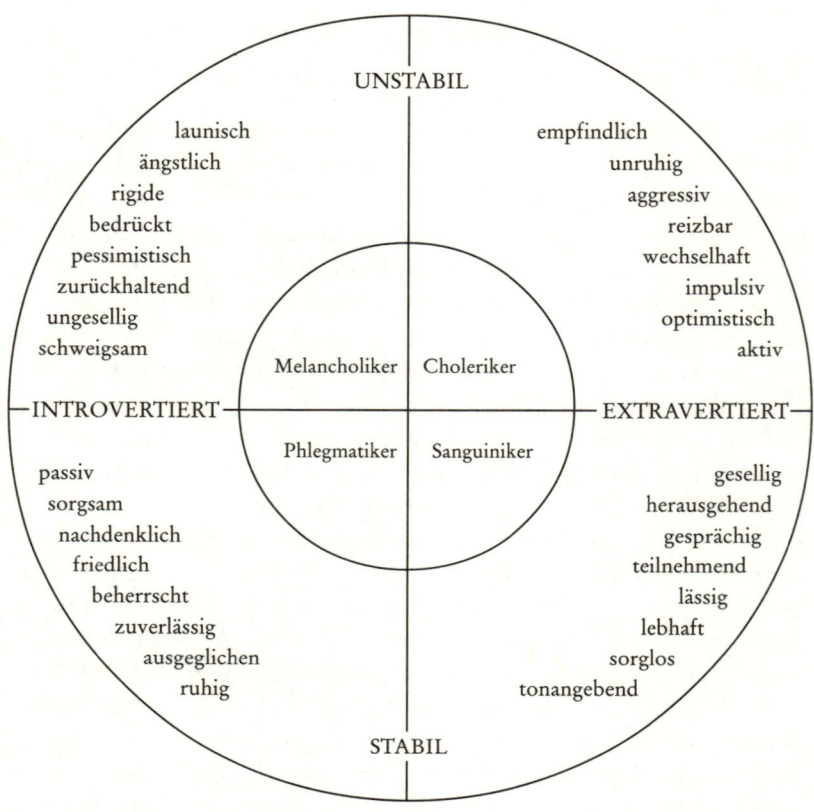

UNSTABIL

launisch
ängstlich
rigide
bedrückt
pessimistisch
zurückhaltend
ungesellig
schweigsam

empfindlich
unruhig
aggressiv
reizbar
wechselhaft
impulsiv
optimistisch
aktiv

Melancholiker | Choleriker

INTROVERTIERT ——— EXTRAVERTIERT

Phlegmatiker | Sanguiniker

passiv
sorgsam
nachdenklich
friedlich
beherrscht
zuverlässig
ausgeglichen
ruhig

gesellig
herausgehend
gesprächig
teilnehmend
lässig
lebhaft
sorglos
tonangebend

STABIL

Zu den oben wiedergegebenen Darstellungen bemerkt Eysenck: «Die irrtümliche Vorstellung, daß Typenbegriffe bimodale, zweigipfelige Verteilung implizieren oder auch auf die Wirklichkeit bezogene kategoriale Unterscheidung in einander wechselseitig ausschließende und qualitativ eigenständige ‹Temperamente› repräsentieren, geht zurück auf die alten Griechen und bildet keinen Bestandteil der neueren psychologischen Lehren mehr.»[457] Immerhin bewegt sich Eysenck selbst oft recht deutlich innerhalb des «antiquierten» Systems, und er relativiert seine Aussage selbst, ja, er schränkt die «bimodale, zweigipfelige Verteilung» ein, wenn er schreibt, «daß Extreme in irgendeiner Richtung selten sind und daß die Menschen irgendwo um die Mitte herum liegen». Man merkt, daß sich gerade in den Temperamenten Individuelles und Allgemeines, Persönliches und Typisches, «Ungleiches» und «Gleiches» begegnen. Die Psychologie der englischsprachigen Länder scheint zunehmend Interesse auch an den klassischen Temperamenten zu zeigen, und auch wenn die Temperamentenlehre «keinen Bestandteil der neueren psychologischen Lehren mehr» bildet, so hat man doch den Eindruck, als müßte sich mancher Psychologe mehr mit ihr auseinandersetzen, als ihm lieb ist – nicht zuletzt Eysenck selbst.

Die Anschauungen von Alexander Thomas und Stella Chess

1980 erschien die deutsche Übersetzung des vielbeachteten Werkes *Temperament und Entwicklung. Über die Entstehung des Individuellen*[458] von Alexander Thomas und Stella Chess, die über lange Jahre die Temperamentsentwicklung von Kindern beobachteten. Auch hier wird der Begriff Temperament mehr oder weniger frei in neuen Kategorien gefaßt: Aktivität, Tagesrhythmus (Regelmäßigkeit), Annäherung und Rückzug, Anpassungsfähigkeit, sensorische Reizschwelle, Reaktionsintensität, Stimmungslage, Ablenkbarkeit und Aufmerksamkeitsdauer und Durchhaltevermögen. Jede Kategorie wird nach einer Dreipunkteskala zwischen Gegensätzen und einer (veränderlichen) Mitte bewertet. Selbstverständlich geht aus der Fülle genauer Beobachtungen und gezielter Experimente und Untersuchungen wiederum eine Fülle von Ergebnissen hervor, aber diese befriedigen weniger als erhofft, weil sie sich oft in Einzelheiten verlieren und insbesondere nicht einen großen Aspekt stützen oder belegen.

Die Autoren bleiben, eben weil ihr Temperamentsbegriff eingeengt ist, deutlich zurückhaltend und formulieren zum Beispiel recht vorsichtig: «In manchen Fällen kann das Temperament eine Schlüsselrolle spielen, in anderen hat es einen gewissen Einfluß und in wieder anderen Fällen spielt es eine untergeordnete oder gar unwichtige Rolle. Diesbezüglich unterscheidet sich das Temperament in seiner Bedeutung nicht von irgendeinem anderen organischen oder Umweltfaktor.»[459]

Auch die Ausführungen über «Temperament und Schulverhalten» bringen viele Details und erinnern den Pädagogen an eigene Erfahrungen – so über das verschiedenartige Verhalten der Kinder in der Klasse und im Elternhaus –, aber das Endergebnis bleibt, abgesehen von der Schilderung der Einzelfälle, eigentlich dürftig.

Aufschlußreich ist auch die Schlußfolgerung von Thomas und Chess über die «Ursprünge des Temperaments», nachdem auch Kleinkinder verschiedener Rassen beobachtet wurden: «Aus der Durchsicht der zur Verfügung stehenden Daten geht hervor, daß genetische Faktoren bei der Bestimmung des individuellen Temperaments des Kleinkindes eine recht große, aber keineswegs ausschließliche Rolle spielen. Pränatale oder perinatale Hirnschäden scheinen die Formung des Temperaments nicht nachhaltig zu beeinflussen. Die Daten weisen auch darauf hin, daß das Verhalten und die Einstellungen der Eltern, bedingt etwa durch das Geschlecht des Kindes oder ein spezielles Problem wie Frühgeburt, sich bestenfalls in bescheidenem Maße auf die Entwicklung des Temperaments auswirken.»[460]

Diese Einschätzung erklärt sich aus den Grundsätzen von Thomas und Chess, denn in ihrer «interaktionistischen Auffassung hat konsequenterweise keine Variable eine absolute und verselbständigte Bedeutung». Sie wollen die «Variable Temperament» jederzeit im Kontext mit Eigenschaften der Umwelt und des Organismus sehen. Dadurch dringen sie nicht zu einer Erkenntnis des wirklichen menschlichen Temperaments durch, obwohl sie erkennen, daß das Temperament «die dem Organismus eigenen Verhaltenszüge widerspiegelt». Es bleibt das Bedauern, daß die meisten modernen Psychologen zwar exakt und detailliert Physiologisches ebenso erfassen wie Psychisches und sie viele Probleme der Gesellschaft ebenso erkennen wie die der Umwelt, daß sie aber letztlich keinen Zugang zu den geistigen Dimensionen des Menschen finden und deshalb mit ihren Aussagen nicht befriedigen können.

Jan Strelau

Hingewiesen sei noch auf Jan Strelau, einen der bedeutendsten marxistischen Psychologen Polens, der nach verschiedenen Temperamentsstudien eine Monographie der Temperamente verfaßte, in der er neben Pawlow mehrere ältere Psychologien und natürlich auch die antiken Darstellungen berücksichtigte.[461]

Als formales Merkmal des Temperaments interessiert ihn vor allem die Art und Weise von Tätigkeiten und Reaktionen, und er prüft auch deren relative Beständigkeit. Außerdem glaubt er, daß das energetische Niveau des Verhaltens und die Reaktivität meßbar sind. In der Nachfolge Pawlows überschätzt auch er die Bedeutung des Nervensystems für das Temperament. Für Strelau liegt ein Schwerpunkt der Forschungen im Zusammenhang mit dem Handeln des Menschen; eingehende Untersuchungen widmete er dem Verhalten auffälliger Kinder und Jugendlicher. In der pädagogischen Anwendung liegt zweifellos die Stärke Strelaus, aber er bleibt ganz im Bereich des Labors, der Versuchsanordnung, der Messung. Immerhin zählt er zu den meistzitierten Autoren in Marcel R. Zentners Buch über *Die Wiederentdeckung des Temperaments*.[462] Von Strelaus Ideen bis zu Rudolf Steiners Impulsen, in der Pädagogik künstlerisch mit den Temperamenten umzugehen, ist allerdings ein weiter Weg.

Abb. 19: Matthias Grünewald, «Isenheimer Altar» – Die Auferstehung.

Epilog

Eine Kunstbetrachtung soll diese Ausführungen über die menschlichen Temperamente abschließen und sie noch einmal in einen größeren Zusammenhang einordnen, der den bloßer Psychologie oder Medizin genauso übersteigt wie den der Historie oder der Pädagogik.

Grünewalds «Isenheimer Altar» aus den Jahren 1512 bis 1515, heute im Unterlindenmuseum in Colmar aufgestellt, ist eine der gewaltigsten Schöpfungen abendländischer Malerei. Das bekannte Tafelbild mit der «Auferstehung Christi» zeigt uns den auferstandenen Weltenherrscher in seiner majestätischen Lichtgloriole und zu seinen Füßen die römischen Kriegsknechte, die Pilatus, so die Darstellung des Matthäus-Evangeliums, zur Wache am Grab bestellt hatte. Sie allein sollen uns hier interessieren – nicht das Wunder des farbigen Lichtes, das Grünewald so unvergleichlich gemalt hat.

Im Vordergrund, fast über die ganze Bildbreite, liegt rücklings ein Krieger, abgestützt auf den rechten Arm; das Schwert schlägt noch gegen das rechte Knie, weil das Bein sich wie in einer Gegenbewegung weit streckt und hebt. Das linke Bein dagegen stemmt sich in eigentümlicher Drehung gegen die Erde, nur mit Ferse und Außenrist des Fußes aufsetzend. Die linke Hand ist weit über den Kopf erhoben, um das Auge gegen das blendende Licht abzuschirmen, dabei etwas geöffnet, mit seltsam gespreizten Fingern, wie wir sie bei Grünewald öfters finden. Das Gesicht, vom Licht abgewandt und von Helm und verrutschtem Visier fast ganz verdeckt, zeigt einen erstaunt lächelnden Mund. Kopf, Hals und Schultern sind durch ein Kettengewebe geschützt, Hände und Oberarme durch Schienen. Über den knapp anliegenden Untergewändern trägt der Krieger ein fast vornehmes, goldglänzendes Gewand in schöner Faltung und in der Taille eng gegürtet, allerdings auffällig von Motten zerfressen.

Zusammengefaßt könnte man sagen: Ein schlanker Leib in vielgestaltiger, fast heiter zu nennender Bewegung liegt vordergründig, auch räumlich im Vordergrund, in schöner, glänzender, wenngleich von Mottenlöchern beschädigter Kleidung. Wer stürzte hier zu Füßen des Auferstandenen? Niemand anderes als der Sanguiniker! Und was sollen uns die Mottenlöcher, einem Attribut gleich, sagen? Wie die Motte ums Licht schwirrt, von einem zum anderen fort, so tanzt der Sanguiniker von Eindruck zu Eindruck.

Hinter ihm wendet der Phlegmatiker, auf seine Hellebarde massig aufgestützt, dem Licht den breiten Rücken. Hier herrscht erstarrte, erschrockene Ruhe. Das füllige, bärtige Antlitz ist nach unten geneigt, auffällig tief ist die kriegerische Kopfbedeckung über die Stirn gerutscht, so das Dumpfe des Gesichts verstärkend. Panzerung und Kettenhemd sind ungepflegt, von Rostflecken überzogen, angeschmutzt das rote Wams. Die Leibesfülle ist deutlich an den Wülsten wahrzunehmen, die sich unter dem Gewand abzeichnen.

Finden wir diese beiden Wächter vor dem Grab auf der linken Bildseite, so die beiden anderen hinter dem Grab, weit rechts und viel kleiner. Die vier Gestalten führen diagonal in die Tiefe des Raumes, dessen Mitte das leere Grab einnimmt. Die Gestalt des Auferstandenen, dessen Füße auf die beiden Gruppen weisen, erhebt sich strahlend über den Menschen.

Auch der dritte Krieger ist ins Knie gebrochen, doch stemmt sich sein Bein kraftvoll gegen die Erde. Die Hand des gebeugten Armes sucht vorwärts nach Halt. Der linke Arm ist dagegen weit in die Waagerechte gestreckt und stützt sich auf das Schwert. Die Gestalt wendet sich zwar zum offenen Grab hin, doch ist der Kopf mit dem funkelnden Helm so tief geneigt, daß der Krieger nicht von dem überirdischen Licht geblendet werden kann. Die kämpferische Haltung wird vom Glanz der Arm- und Beinschienen und vom hellen Rot des Wamses unterstrichen und ganz besonders durch die Helmspitze und die aufragende Spitze des Ellbogenscharniers der Rüstung betont. Zweifellos ist es der Choleriker, der sich hier gegen die Übermacht der Ereignisse zu wehren sucht.

Bleibt der Melancholiker: Er hat sich tatsächlich in sich zurückgezogen, bleibt ganz im Hintergrund; abgewandt neigt er sich seitwärts und beugt sich. Vor dem riesigen Monolithen, diesem geballten Mineralischen, verschwindet er gleichsam im Dunkel der Erde.

Abb. 20: Matthias Grünewald, «Isenheimer Altar» – Die Auferstehung (Detail).

Der Betrachter mag das Bild dieser Menschengruppe zunächst als schlichte Illustration des Evangelientextes nehmen und sich allenfalls an der Fülle der Einzelheiten und an den verschiedenen Bewegungen erfreuen. In der Hauptsache wird er sich dem grandiosen Lichtwirken um den Auferstandenen zuwenden, und er wird das «Wehen des Geistes» gewahren, das Grünewald so freudig im Gewand des Engels Gabriel bei der «Verkündigung» dargestellt hat. Zu Boden geschleudert ist der Mensch durch die Gewalt der Lichterscheinung des Geistes, und zu Füßen des Auferstandenen braust es wie Sturmeswehen über den physischen Plan. Der Meister Mathis Gothart Nithart, genannt Grünewald, spricht tiefste Erkenntnis aus: Der Geist wandelt den Stoff.

An der Charakterisierung der Temperamente ist nichts zu deuteln – eindeutig sind die vier menschlichen Temperamente durch Grünewald dargestellt. Bezeichnende Einzelheiten fügen sich ganz unterschiedlich in das klare Gesamtbild ein, leibliche wie seelische Eigenschaften sind ausgewählt, Physiognomie und Haltung, Mimik und Gestik spielen eine Rolle. Blickt man nun auf die vier menschlichen Temperamente, so gewinnt die Botschaft des Bildes eine weitere Dimension: Ein Höheres vermag auch das Leiblich-Seelische des Temperamentes zu wandeln. Ist doch ausgeprägtes Temperament, falls ungezügelt und unbeherrscht, nur verfehlte Einseitigkeit, die des Ausgleichs bedarf, der rechten «Mischung», denn nichts anderes bedeutet Temperament ursprünglich. Der antike Arzt Hippokrates, der als einer der Väter der Temperamentenlehre gilt, meinte jedenfalls die rechte Mischung der Säfte, wenn er vom gesunden Temperament des Menschen sprach; und vor ihm kannte man schon den Zusammenhang des Menschen mit den vier Elementen Erde, Wasser, Luft und Feuer. Durch Rudolf Steiner wissen wir um den Zusammenhang der Temperamente mit den vier Wesensgliedern des Menschen: physischer Leib, Bildekräfte- oder Ätherleib, Seelen- oder Astralleib und Ich. Er hat auch die schicksalhafte Bedeutung des individuellen Temperaments im Gang der Inkarnationen aufgezeigt – und seine Wichtigkeit für die Erziehung des Kindes und die Selbsterziehung des Erwachsenen.

Die Einseitigkeiten der Temperamente schildert Grünewald in seinem Bild mehr oder weniger deutlich, und er ist dabei erstaunlich modern, wenn man seine Darstellung vor dem Hintergrund der Erkenntnisse Rudolf Steiners prüft: Der Melancholiker, an den physischen Leib gebunden, wird im Niedersinken beinahe selbst zu Erde, er will sich in seinem Weltschmerz und Erdenleid mit ihr verbinden. Der Phlegmatiker lebt zu stark in der Fülle des nährenden, wachsenden Leibes, im Lebendigen der Ätherwelt. Der Sanguiniker ist den wechselnden Empfindungen und Gefühlen ausgeliefert, die, angeregt von tausend Eindrücken, in seiner Seele, im Astralleib, hin- und herfluten. Dem willensstarken Ich-Menschen, dem Choleriker, scheint kein Widerstand gewachsen, doch auch er beugt sich vor der Macht des Auferstandenen. Keiner unter ihnen vermag die große Wahrheit dieses Weltenaugenblicks auch nur annähernd zu erfassen, gar zu begreifen, jeder ist gefangen in seinem beschränkten Bewußtsein, in seinem individuellen Temperament, in seinem eigenen Schicksal.

Grünewalds Altar für das Antoniter-Kloster in Isenheim bei Guebwiller war als Wandelaltar für die Kranken und für die pflegenden Mönche bestimmt. Vor aller Behandlung mit Salben und Säften aus Heilkräutern – letztere hat Grünewald ebenfalls gemalt – stand das Gebet und stand die meditative Versenkung in die Altarbilder. Welche Besinnung, welche Meditation wollte Grünewald mit der Darstellung der römischen Kriegsknechte als der vier menschlichen Temperamente anregen? Seine Aussage ist so schlicht wie wegweisend: Der Mensch ist gefangen in den Eigenarten des ausgeprägten Temperaments. Der Menschensohn hat auch sie überwunden. Wer dem Auferstandenen nachfolgt, wird in sich, Schritt für Schritt, auch die Einseitigkeiten seines Temperamentes überwinden.

Anhang

Zusammenstellung der Äußerungen Rudolf Steiners zu den Temperamenten

Schriften

Die Rätsel der Philosophie (1914), GA 18, Dornach ⁹1985:
Darstellung der Zusammenhänge von Temperament und Element in der vorsokratischen Philosophie, «die äußere Naturprozesse noch ähnlich erlebte wie die inneren Seelenprozesse» (so Rudolf Steiner über Thales):

> Thales – Wasser und Phlegmatik
> Anaximenes – Luft und Sanguinik
> Heraklit – Feuer und Cholerik.

«Man nannte das melancholische Temperament das erdige, das phlegmatische das wässerige, das sanguinische luftartig, das cholerische feurig. Das sind nicht bloße Allegorien. Man empfand nicht ein völlig abgetrenntes Seelisches; man erlebte in sich ein Seelisch-Leibliches als Einheit.»

Für Empedokles erscheint Seelisches auch in den «Kräften, welche die Elemente der äußeren Natur: Luft, Feuer, Wasser, Erde trennen und verbinden».

Gesammelte Aufsätze zur Kultur- und Zeitgeschichte 1887 – 1901, GA 31, Dornach ³1989 (zu J. B. Meyer, Temperamente und Temperamentbehandlung, in: Literarischer Merkur, Weimar 1891):
Hinweis auf ein «Heft», das – bei aller Kritik – voll ist «von wissenswerten psychologischen Beobachtungen über Temperamente und beherzigenswerten Winken für die Bildung derselben».

Die Erziehung des Kindes vom Gesichtspunkte der Geisteswissenschaft» (1907), in: Lucifer-Gnosis, GA 34, Dornach ²1987:
«Die Umbildung und das Wachstum des Ätherleibes [im zweiten Jahrsiebt] bedeutet Umbildung beziehungsweise Entwickelung der Neigungen, Gewohnheiten, des Gedächtnisses, des Charakters, der Temperamente.»

Vermutlich 1904, Berlin, interner Vortrag «Über Ernährung und
innere Entwicklung», in: Aus den Inhalten der esoterischen Stun-
den, Band I: 1904–1909, GA 266/1, Dornach 1995, S. 553 ff.:
Zusammenhang der vier Temperamente mit den vier Wesensgliedern:
«Ob die Kräfte des einen oder des anderen vorherrschen und über die
anderen ein Übergewicht haben, davon hängt die eigentümliche Färbung der Menschennatur ab, das, was wir die eigentliche Färbung des
Temperaments nennen.» – Die Temperamente sind «in der mannigfaltigsten Weise gemischt», und «wenn nun der Mensch an sich arbeitet, dann bringt er Harmonie, Ordnung, Gleichmäßigkeit in diese
Temperamente. Wohl werden bei der Bearbeitung der Temperamente
geistige Übungen die Hauptsache sein, doch wird es auch hier nicht
unwesentlich sein, wie der Mensch sich ernährt.»

Kurze Bemerkungen zu den vier Haupttemperamenten münden in
Ernährungsratschläge: «So wie durch geistige Übungen die geistige
Sonne einen Menschen durchglüht und durchleuchtet, so sollte im
Physischen durch die Sonnenkräfte, die in der Obstnahrung enthal-
ten sind, das Verfestigende und Erstarrende im Melancholiker durch-
setzt und durchwebt werden.»

Ein Phlegmatiker «sollte Nahrung zu sich nehmen, die nicht unter
der Erde wächst, ganz besonders nicht die Nahrungsmittel, deren
Gedeihen oft zwei Jahre in Anspruch nimmt». Beim Sanguiniker
«sollten sogar Wurzelgemüse als Nahrung gewählt werden», er
«muß sogar durch die Nahrung an das Physische gefesselt werden».
«Der Choleriker muß vor allen Dingen vor erhitzenden und erregenden Speisen sich hüten; alle reizenden, stark gewürzten sind für ihn
von größtem Schaden.»

14. März 1906, Stuttgart, «Das Karmagesetz als Wirkung des
Tatenlebens – Die Ursachen von Krankheit und Vererbung», in:
Das christliche Mysterium, GA 97, Dornach ²1981:
Charakterisierung der vier Temperamente, Ausführungen zu Reinkar-
nation und Karma, Temperamentsveränderung im Laufe des Lebens.

Die Temperamente «drücken sich im Ätherleib als vier verschiedene Arten aus und sind im Astralleib als vier verschiedene Grundfärbungen zu erkennen».

28. August 1906, Stuttgart, in: Vor dem Tore der Theosophie
(7. Vortrag), GA 95, Dornach ⁴1990:
Ausführungen über Temperament und Ätherleib, Änderungen des Temperaments, Vorleben und Temperament, Karma, künftiges Erdenleben, alle vier Temperamente.

Temperament, Charakter und Neigungen ändern sich «nur außerordentlich langsam. [...] Das kommt daher, daß alles dies am Ätherleib hängt, und der verändert sich nur langsam.» Die verschiedenen Temperamente lassen sich als Eigenschaften des Ätherleibes «so richtig auf das Vorleben zurückführen», und sie wirken sich selbst wiederum auf die zukünftige Inkarnation aus.

«Gewöhnlich hat der Mensch eine Mischung von allen vier Temperamenten; man kann aber immer mehr oder weniger einen Grundton finden. Diese vier Temperamente drücken sich im Ätherleib aus. Es gibt also vier verschiedene Hauptarten von Ätherleibern. Diese haben wiederum verschiedene Strömungen und Bewegungen, die sich in einer bestimmten Grundfarbe im Astralleib ausdrücken. Das ist nicht etwa vom Astralleib abhängig, es zeigt sich nur darin.»

15. Oktober 1906, Berlin, «Karma und Einzelheiten der karmischen
Gesetzmäßigkeit», in: Ursprungsimpulse der Geisteswissenschaft,
GA 96, Dornach ²1989:
Ausführungen über Temperament und Ätherleib, Änderungen des Temperaments, Vorleben und Temperament bzw. Krankheitsanlagen, Reinkarnation und Karma.

«Der Ätherleib ist vor allem Träger des Gedächtnisses und des Temperamentes. Die Umänderung von Charakter und Temperament rückt langsam [...] vor. Gewisse Krankheitsanlagen führen immer auf ganz bestimmte Charakter- und Temperamentseigenschaften im vorhergehenden Leben zurück. Was der Mensch durch seinen Beruf und seine Familienangehörigkeit vollbracht hat, das lagert sich im Temperament und im Charakter ab.»

20. Mai 1907, München, «Planetenentwickelung und Menschheits-
entwickelung», in: Bilder okkulter Siegel und Säulen, GA 284/285,
Dornach ²1977:
Ausführungen über Temperament und Ätherleib, Temperament und Schicksal, Verwandlung des Ätherleibes: «Und erst, wenn das Ich

nicht mehr nur an seinen intellektuellen Vorstellungen arbeitet, sondern sein Temperament umzuwandeln beginnt, dann ist das begleitet von einer Umformung seines Ätherleibes.»

30. Mai 1907, München, in: Die Theosophie des Rosenkreuzers
(6. Vortrag), GA 99, Dornach ⁷1985:
Hinweis auf die Bedeutung des Temperaments für Reinkarnation und Karma: «Alles, was der Mensch an Neigungen, Temperament, bleibenden Charaktereigenschaften hat, [...] strahlt fortwährend» in die geistige Welt hinein. «Was er eingegliedert hat [...] als sein Temperament und so weiter, das setzt den neuen Ätherleib zusammen.» Beispiel, wie das Seelenleben in der nächsten Inkarnation auf den Lebensleib wirkt: «Wer viel Freude erlebt, dessen Ätherleib wird ein zur Freude neigendes Temperament haben.»

Hinweis innerhalb der Darstellung der menschlichen Wesensglieder: «Der Äther- oder Lebensleib [...] wird der Träger der Gewohnheiten, der bleibenden Neigungen, des Temperamentes und des Gedächtnisses.»

Hinweis auf die Umwandlung des Ätherleibes: Der Mensch könne rückblickend sagen, er habe so manches im Leben gelernt, «aber er wird in einem viel geringeren Maße von einer Umwandlung von Temperament, Charakter, von einem Besser- oder Schlechterwerden des Gedächtnisses während des Lebens sprechen können.»

11. Februar 1908, Stuttgart, «Einflüsse aus anderen Welten
auf die Erde», in: Natur- und Geistwesen – ihr Wirken in unserer
sichtbaren Welt, GA 98, Dornach 1983:
Bemerkung im Zusammenhang mit den drei Säften Chylus, Lymphe und Blut: «Das Temperament, der Charakter hängt zusammen mit der Beschaffenheit dieser Lymphe.»

31. Mai 1908, Stuttgart, Esoterische Stunde, in:
Aus den Inhalten der esoterischen Stunden, Band I: 1904–1909,
GA 266/1, Dornach 1995:
Ausführungen über die Dreiheit von Ich, Weisheit und Liebe. «Etwas tiefer hinunter gespiegelt, wird aus Weisheit – Gefühl, aus der Liebe – Wille, aus dem Ich – Denken. In noch niedereren Regionen zeigen sich die vier Temperamente als Abspiegelungen.»

Kurze Beschreibungen der menschlichen Temperamente im Zusammenhang mit der Wirksamkeit von «Wesenheiten, Engelwesenheiten», die die «verschiedenen Temperamente ganz unvermischt [haben], während die Menschen zusammengesetzte Temperamente besitzen. Alle vier Arten wirken auf den Menschen, nur in verschiedenem Maße.»

«Wenn man diese Eigenschaften wieder noch tiefer spiegelt, so entspricht das Cholerische dem Element Feuer; das Sanguinische der Luft; das Phlegmatische dem Wasser; das Melancholische der Erde.»

5. Juni 1908, Berlin, Esoterische Stunde, in:
Aus den Inhalten der esoterischen Stunden, Band I: 1904–1909,
GA 266/1, Dornach 1995:
Die Aufzeichnung A enthält eine ähnliche Skizze mit den Temperamenten und Elementen wie jene vom 31. Mai 1908, aber keine Textangaben dazu.

14. Juni 1908, München, Esoterische Stunde, in:
Aus den Inhalten der esoterischen Stunden, Band I: 1904–1909,
GA 266/1, Dornach 1995:
Ähnliche Ausführungen wie am 31. Mai 1908. «Wenn der Mensch zu einer neuen Inkarnation drängt, so schaffen ihm höhere Wesen von viererlei Art seinen Ätherleib: die sanguinischen, cholerischen, phlegmatischen und melancholischen Wesen. Jeder Mensch erhält von jeder Art dieser Wesenheiten etwas, wenn auch die eine oder andere vorwiegt. Dieses vorwiegende Temperament äußert sich im ganzen Gebaren des Menschen, besonders des Kindes.» Es folgen einige charakterisierende Bemerkungen und Äußerungen über den Zusammenhang mit den Elementen.

5. August 1908, Stuttgart, Esoterische Stunde, in:
Aus den Inhalten der esoterischen Stunden, Band I: 1904–1909,
GA 266/1, Dornach 1995:
Ähnliche Ausführungen wie in den oben zitierten esoterischen Stunden. «Das melancholische Temperament hat die Bedeutung, daß es den physischen Körper so veranlagt, daß der Mensch imstande ist, feste Begriffe zu bilden [...]. Das phlegmatische Temperament dagegen hat die Bedeutung für ihn, daß die Begriffe trotzdem flüssig bleiben, daß er imstande ist, immer Neues aufzunehmen.»

«Es ist verkehrt anzunehmen, daß der Mensch dies oder jenes Temperament habe, weil er diesen oder jenen physischen Körper hat. Gerade umgekehrt ist es. Aus den Temperamenten heraus ist der physische Körper gebildet durch die Geister, die in ihm wirken.»

13. September 1908, Leipzig, in: Ägyptische Mythen und Mysterien (11. Vortrag), GA 106, Dornach ⁵1992:
Bemerkung im Zusammenhang mit der Entwicklung des Menschen und der Naturreiche: «Was draußen in den Tieren und Pflanzen ist, ist nichts anderes als Temperamente, Leidenschaften, gewisse Eigenschaften der Menschen, die sie heraussetzen mußten.»

2. November 1908, Berlin, in: Geisteswissenschaftliche Menschenkunde (7. Vortrag), GA 107, Dornach ⁵1988:
Hinweis auf bleibende Gewohnheiten, bleibende Neigungen, Temperamentsveränderungen und Ätherleib.

Hinweis auf das Temperament in bezug auf Gesundheit und Krankheit, hier im Zusammenhang mit dem Vorstellen und Vergessen.

15. Dezember 1908 bis 23. April 1909: Fünf Vorträge über «Das Geheimnis der menschlichen Temperamente» an verschiedenen Orten [1-5]:
Vergleichende Inhaltsübersicht

[1]	[2]	[3]
Die vier Wesensglieder	Wesenskern und	Wesenskern und
Vom Tod zur neuen	Vererbungsstrom	Vererbungsstrom
Geburt	Goethe, «Vom Vater	Goethe, «Vom Vater
Wesenskern und	hab ich die Statur»	hab ich die Statur»
Vererbungsstrom	Über das Genie	Über das Genie
Vier Grundfarben	Ätherleib zwischen	
Sieben Schattierungen, Mischungen	phys. Leib u. Astralleib	
TEMPERAMENTE UND WESENSGLIEDER	TEMPERAMENTE UND WESENSGLIEDER	TEMPERAMENTE UND WESENSGLIEDER
Melanch. – phys. Leib	Cholerik – Ich	Cholerik – Ich
Phlegmat. – Ätherleib	Sanguin. – Astralleib	Sanguinik – Astralleib
Sanguinik – Astralleib	Phlegm. – Ätherleib	Phlegmat. – Ätherleib
Cholerik – Ich	Melanch. – phys. Leib	Melanch. – phys. Leib

15. Dezember 1908, Nürnberg, Das Geheimnis der menschlichen
    Temperamente [1], in: Die Menschenschule, 1/1952:
Anmerkung, abweichend von den nachfolgenden vier Vorträgen:
«Eigentlich gibt es nicht nur diese vier [Grundfarben des Tempera-
ments], sondern sieben Schattierungen des Temperamentes. Nur das
cholerische Temperament ist im Grunde genommen einzeln für sich
stehend. Das sanguinische, phlegmatische und melancholische Temperament haben alle eine aktive und eine passive Seite, so daß sie
zweifach auftreten. Das gibt sieben Farben, wie sieben Farben im
Regenbogen, sieben Töne in der Tonskala zu unterscheiden sind. –
Der achte ist nur eine Wiederholung der Prime; aber das soll uns
weniger beschäftigen.» Keine weiteren Ausführungen zu dieser Sie-
benzahl, auch später nicht.

(Man darf annehmen, daß Rudolf Steiner diesen Gedanken wieder
verwarf. Die mögliche Erklärung in bezug auf «Erregbarkeit und
Stärke» läßt eine Frage für das phlegmatische Temperament offen,
weil da ja beide «Seiten» schwach ausgebildet sind; der Gedanke an
die «Wesensglieder» und ihre höhere Entwicklung bzw. Spiegelung –
das Ich als Mitte – scheitert an der «Wiederholung der Prime». Auch
im Zusammenhang mit der Dreigliederung findet sich keine befriedi-
gende Lösung – oder nur neuer Widerspruch; vgl. z.B. Vortrag vom
23. März 1913.)

9. Januar 1909, München, «Das Geheimnis der menschlichen
    Temperamente» [2], in: Die Menschenschule, 1/1953

19. Januar 1909, Karlsruhe, «Das Geheimnis der menschlichen
    Temperamente» [3], in: Die Menschenschule, 6/1956

4. März 1909, Berlin, «Das Geheimnis der menschlichen Tempera-
mente» [4], in: Wo und wie findet man den Geist?, GA 57, Dornach
    ²1984, und in: Die Menschenschule, 4/1957:
Die (Parallel-)Vorträge in München [2], Karlsruhe [3] und Berlin [4]
hat C. Englert-Faye, nach Rücksprache mit Marie Steiner, bereits
1928 so zusammengearbeitet, «daß alle behandelten Motive und ab-
weichenden Nuancen in ihrem jeweiligen Wortlaut aufgenommen
sind». Diese Zusammenfassung erschien unter dem Titel «Rudolf
Steiner, Das Geheimnis der menschlichen Temperamente» erstmals
1928 (Heft 2/3 des 2. Jahrgangs) in der «Menschenschule. Monats-

schrift für Erziehungskunst im Sinne Rudolf Steiners». Die Sonderdrucke erreichten bis 1980 bereits fünf Auflagen. Da diese Schrift weit verbreitet und außerdem nur der Berliner Vortrag bislang in der Rudolf Steiner-Gesamtausgabe veröffentlicht ist, soll hier grundsätzlich auf diese Schrift eingegangen werden. Die wesentlichen Abweichungen der Vorträge in Nürnberg [1] und Bonn [5] sind oben vermerkt. Diese beiden Vorträge wurden vermutlich deshalb nicht berücksichtigt, weil der erstere in Inhalt und Aufbau etwas abweicht und vom letzteren nur Notizen nach dem Vortrag vorliegen. Die nachfolgende Inhaltsangabe unterscheidet nicht nach den Textvarianten der drei Vorträge.

Angaben zum Inhalt: Ausführungen über das Rätsel Mensch, bei dessen Lösung gerade die Anthroposophie «eine besondere Aufgabe [hat] gegenüber diesem individuellen Rätsel Mensch», das einem mit seinem innersten Kern, von Hüllen umgeben, entgegentritt. Zu dem Gleichartigen ganzer Menschengruppen aber gehört das Temperament. «Man braucht nur das Wort Temperament auszusprechen, um zu sehen, daß der Rätsel so viele sind als Menschen. Innerhalb der Grundtypen [...] haben wir eine solche Mannigfaltigkeit und Verschiedenheit unter den Menschen, daß man wohl sagen kann, daß [...] [im Temperament] das eigentliche Lebensrätsel sich ausdrückt.» Die Geisteswissenschaft hilft, dieses Rätsel zu lösen.

Es gibt vier Gruppen von Temperamenten und deren Mischungen, die auf Individuelles wie auf Allgemeines weisen. Charakterisierung des Vererbungsstroms mit Goethes Vierzeiler:

> Vom Vater hab ich die Statur,
> Des Lebens ernstes Führen,
> Vom Mütterchen die Frohnatur
> Und Lust zu fabulieren.

An die Interpretation anschließende Betrachtung über den «innerste[n] geistige[n] Wesenskern des Menschen», der in «der Folge der Lebensläufe» unter dem «Gesetz der Wiederverkörperung» steht. Ausführung dieses Gedankens und Verbindung mit dem Schicksalsbegriff: «Geisteswissenschaft führt uns hin vor die große Tatsache der sogenannten Wiederverkörperung, der Reinkarnation und des Karma.»

Erörterung von Vererbung und Individualität; das Genie-Problem. «Wir sehen [...] im Menschen, der vor uns auftritt in der Welt, den

Zusammenfluß zweier Strömungen. Wir sehen in ihm auf der einen Seite dasjenige, was er aus seiner Familie [und seinem Volk, seiner Rasse] mit erhält, auf der anderen Seite das aus dem innersten Wesen des Menschen heraus Entwickelte, eine Anzahl von Anlagen, Eigenschaften, inneren Fähigkeiten und äußerem Schicksal.»

Zwischen diesen beiden Strömungen «muß ein Ausgleich geschaffen werden», und der wird bewirkt durch das menschliche Temperament: «Dasjenige, was sich mitten hineinstellt zwischen die Vererbungslinie und die Linie, die unsere Individualität darstellt, das drückt sich aus in dem Worte Temperament. In dem, was uns im Temperament des Menschen entgegentritt, haben wir etwas, in gewisser Beziehung, wie eine Physiognomie seiner innersten Individualität. [...] So wie sich die blaue und die gelbe Farbe etwa vereinigen in dem Grün, so vereinigen sich die beiden Strömungen im Menschen zu dem, was man Temperament nennt. [...] Das Temperament gleicht das Ewige mit dem Vergänglichen aus.»

«Nur aus der Geisteswissenschaft ist das Geheimnis der menschlichen Temperamente zu holen.»

Ausführungen über die vier Wesensglieder des Menschen: physischer Leib, Ätherleib, Astralleib und Ich und ihre jeweilige Verbindung unter anderem mit Sinnesorganen, Drüsensystem, Nervensystem und Blut. Bemerkungen zu Einfluß und Wechselwirkung der Wesensglieder und zu deren Hervortreten oder Zurückweichen. «Aus dem, wie diese vier Glieder zusammenwirken, entsteht die Schattierung des Menschen, die wir als Temperament bezeichnen.»

Vorherrschendes Ich bewirkt das cholerische Temperament, tonangebend ist das Blut in seinem Kreislauf; aus dem Einfluß des astralischen Leibes entsteht das sanguinische Temperament, tonangebend ist das Nervensystem; ein Überschuß des Ätherleibes bildet das phlegmatische Temperament, tonangebend ist das Drüsensystem; herrscht der physische Leib vor, so entsteht das melancholische Temperament, äußerlich tonangebend ist der physische Leib. Weitere, detaillierte Ausführungen folgen.

Cholerisches Temperament: Wenn «geistig das Ich, physisch vorzugsweise das Blut tätig ist», tritt das «Kraftelement» im Menschen in Erscheinung. Der Choleriker tritt auf als «der Mensch, der sein Ich unter allen Umständen durchsetzen will». Die starke Willensnatur und das Aggressive des Cholerikers hängen mit der Blutzirkulation zusammen.

Sanguinisches Temperament: Der Sanguiniker lebt «in den auf und ab wogenden Empfindungen und Gefühlen und in den Bildern seiner Vorstellungen». Das verdankt er der Wirkung des Astralleibes, der durch das Ich gebändigt sein muß, damit nicht «die Bilder in phantastischer Weise durcheinanderschießen». Das Blut ist «Bändiger des Nervenlebens». Der Mensch braucht «ein Gleichgewicht [...] zwischen Ich und Astralleib, oder physiologisch gesprochen, zwischen Blut- und Nervensystem». Überwiegt letzteres, dann entsteht das sanguinische Temperament: «Schnell-Entflammtsein und rasche[s] Übergehen von einem Gegenstand zu einem anderen Gegenstand.» Der Sanguiniker «eilt von Lebenseindruck zu Lebenseindruck, von Wahrnehmung zu Wahrnehmung, von Vorstellung zu Vorstellung, er zeigt einen flatterhaften Sinn». Hinweis auf das sanguinische Kind.

Phlegmatisches Temperament: Der Ätherleib regelt «Wachstums- und Lebensvorgänge im Inneren» des Menschen, der durch ein Überwiegen dieser Prozesse «verleitet» werden kann, «so recht behaglich in seinem Inneren verbleiben zu wollen»; das führt zum phlegmatischen Temperament. Der Phlegmatiker will «Einklang [...] schaffen zwischen dem Inneren und dem Äußeren».

Melancholisches Temperament: Wenn der Mensch nicht «Herr [...] seines physischen Leibes» sein kann, empfindet er dies als «Widerstand», als «Hindernis»; daraus entsteht Schmerz, ja Gram: «Wir werden sehr leicht von dem Leben schmerzlich und leidvoll berührt. Gewisse Gedanken und Vorstellungen beginnen dauernd zu werden, der Mensch beginnt Grübler zu werden, Melancholiker.»

Diese unterschiedliche Mischung der Wesensglieder tritt uns «im äußeren Bilde klar und deutlich entgegen».

Ausführungen im einzelnen:

Das dominierende Ich des Cholerikers ist der «Zügler», es kann «das Wachstum zurückhalten». Deshalb zeigen sich in der Regel Choleriker so, «daß sie auftreten wie mit zurückgehaltenem Wuchs». Als Beispiel werden Johann Gottlieb Fichte und Napoleon genannt. Physiognomische Einzelheiten beim Choleriker: feste, sichere Haltung des Auges, das «zuweilen durch ein schwarzes, ein kohlschwarzes Auge zum Ausdruck kommt» durch die Kraft des nach innen gewandten Ichs; «der feste Schritt», beim Kinde ein Auftritt so fest, «als ob es noch ein Stück weiter treten wollte durch den Boden hindurch».

Beim sanguinischen Kind der Blick, «der schnell an etwas haftet, ebenso schnell aber auch sich wieder abwendet»; der Astralleib gibt von innen heraus dem Blick «Freude und Fröhlichkeit». Hinweise auf den «Ausdruck des beweglichen, flüchtigen und flüssigen Astralleibes»: «schlank und geschmeidig», schlank bis in den Knochenbau und die Muskulatur; der «hüpfende, springende, tanzende Gang»; Hervortreten der Sanguinik im Kindesalter; «bewegliche, ausdrucksvolle, sich verändernde Gesichtszüge», überhaupt Veränderungen der Physiognomie; vorherrschend «das blaue Auge», zusammenhängend mit dem unsichtbaren Licht des astralischen Leibes.

Erkenntnis des Menscheninneren im Äußeren als Ausdruck des Geistigen: «Für Lebensweisheit wie für die Pädagogik ist ein wirklich lebensvolles Erkennen der Natur der Temperamente unerläßlich, und beide würden unendlich gewinnen durch sie.»

Die vorherrschende Tätigkeit des Ätherleibes beim phlegmatischen Temperament hat ihren «seelischen Ausdruck in der Behaglichkeit, in dem inneren Gleichgewicht». Äußerlich: Beleibtheit, «Fülle des Körpers» mit der «Ausarbeitung der Fettpartien» und dem «oftmals schlottrigen, schleppenden Gang». Letzterer ein Zeichen dafür, daß sich der Phlegmatiker «nicht in Beziehung zu den Dingen» setzt. Mit einer «unbeweglichen, teilnahmslosen Physiognomie», mit dem «eigentümlich matten, farblosen Blick».

Melancholiker mit dem «vorhängenden, vorgebeugten Kopf»; «der Blick ist gesenkt, das Auge trübe»; der Gang «gemessen, fest», aber es ist «in einer gewissen Weise schleppend Festes».

Verbindung der sinnlichen Wirklichkeit mit der Erkenntnis des Geistigen, dann kann «Lebenspraxis folgen aus der Erkenntnis». Bedeutung der Temperamentserkenntnis für die Erziehung des Kindes und, noch immer wichtig, für die Selbsterziehung des Erwachsenen. Die Grundtypen kommen rein nicht vor: «Jeder Mensch hat nur den Grundton eines Temperaments, daneben hat er von den andern.»

«Alle Mannigfaltigkeit, Schönheit und aller Reichtum des Lebens sind nur möglich durch die Temperamente.» Großes durch Einseitigkeit des Temperaments; aber kleine und große Gefahr der Ausartung: Cholerik – Bosheit und Zornmütigkeit / Tobsucht und Narrheit; Sanguinik – Flatterhaftigkeit / Irrsinn; Melancholik – Trübsinn / Wahnsinn; Phlegmatik – Interesselosigkeit / Idiotie, Stumpfsinn.

«Bei der Erziehung handelt es sich nicht darum, die Temperamente auszugleichen, zu nivellieren, sondern es handelt sich darum, sie in die richtigen Geleise zu bringen.»

«Aber um die Temperamente zu leiten, ist der Grundsatz zu beachten, daß immer gerechnet werden muß mit dem, was da ist, nicht mit dem, was nicht da ist. [...] Wir sollen nicht fragen: Was fehlt dem Kinde? Was sollen wir ihm einprügeln? – Sondern wir sollen fragen: Was hat [z.B.] das sanguinische Kind in der Regel?– Und damit müssen wir rechnen.» Es nützt nichts, entgegengesetzte Eigenschaften beibringen zu wollen. «Bei einem einseitig gewordenen Sanguiniker muß man anpochen gerade bei seinem sanguinischen Temperament.»

Das sanguinische Kind: Beim sanguinischen Kind gilt es, sein besonderes Interessensgebiet zu finden, «*ein* Interesse gibt es, das bleibend sein kann auch für das sanguinische Kind». Daran gilt es anzuschließen und dies Interesse mit einer geliebten Persönlichkeit zu verbinden: «Nur auf dem Umwege der Liebe zu einer Persönlichkeit kann beim sanguinischen Kinde Interesse auftreten.» Wichtig ist auch, «einem sanguinischen Kinde solche Gegenstände auszusuchen, gegenüber denen es sanguinisch sein darf.»

Das cholerische Kind: «Achtung und Schätzung des Wertes einer Person [ist] das Zauberwort beim cholerischen Kinde.» Das Kind muß seine Kräfte entfalten können und sich an Widerständen üben: «Widerstände, Schwierigkeiten müssen dem cholerischen Kinde in den Weg gelegt werden.» Wieder gilt es, Gegebenheiten zu schaffen, «bei denen das Ausleben des cholerischen Temperaments berechtigt ist», insbesondere Kleinigkeiten, die große Kraft fordern, damit das Kind «Respekt vor der Gewalt der Tatsachen» bekommt. Ein anderer Weg, dem ersten entsprechend, ist die «Achtung vor dem Können des Erziehers».

Das melancholische Kind: Seine Behandlung ist schwierig, denn man muß die Kraft, die es an Hemmungen und Widerstände hängt, «ablenken von dem Inneren auf das Äußere». Man kann dem Melancholiker nicht seinen «Gram und Schmerz ausreden oder sonst abziehen», sondern man muß ihm das Leid in der Welt zeigen, damit er dort mitleide, wobei «man es auch nicht zu weit treiben darf». Belustigung und Aufheiterung helfen nichts, da wird das Kind «nur immer verschlossener und verschlossener». Eine Hilfe sind dem melancholischen Kinde «Persönlichkeiten, die aus einem geprüften Leben heraus handeln und sprechen». Nützlich ist auch, wenn wir dem

Kind «wirkliche Hindernisse, Hemmnisse aufbauen, so daß es über gewisse Dinge berechtigtes Leid und berechtigten Schmerz erleben kann». Entsprechender Hinweis zur Selbsterziehung.

Das phlegmatische Kind: «Es ist schwer, auf den Phlegmatiker einen Einfluß zu gewinnen.» Am ehesten gelingt dies über andere Kinder: «Es ist für das phlegmatische Kind notwendig, daß es viel Umgang hat mit andern Kindern.» Nur über die Interessen der andern gewinnt es selbst Interesse: «Angefacht werden durch das Interesse der andern, das ist das richtige Erziehungsmittel für den Phlegmatiker.»

Zusammenfassung der Erziehungsgrundsätze: «Der Sanguiniker soll entwickeln können Liebe und Anhänglichkeit zu einer Persönlichkeit. Der Choleriker soll entwickeln können Schätzung und Achtung für die Leistungen der Persönlichkeit. Der Melancholiker soll entwickeln können ein mitfühlendes Herz für das andere Schicksal. Dem Phlegmatiker soll vor Augen geführt werden ein Vorteil für die Interessen anderer.»

Über die Selbsterziehung: «Bei stärkeren Seelenkräften, wie es die Temperamente sind, vermag der Verstand nur sehr wenig; er kann nur indirekt wirken.» Der Sanguiniker soll sich im kleinen möglichst vielem wechselnd aussetzen, was ihn weniger interessiert; das wird auf Dauer zur Änderung führen. Entsprechend hilft es dem Choleriker, «durch den Verstand solche Verhältnisse herbeizuführen, bei denen es nichts hilft, daß wir toben, wo wir durch unser Toben uns selbst ad absurdum führen». Dem Melancholiker kann der Verstand helfen, den Schmerz «an die richtigen Gegenstände und Ereignisse» abzulenken. Der Phlegmatiker «soll sich Beschäftigungen suchen, bei denen das Phlegma berechtigt ist, darin er sein Phlegma ausleben kann».

Fragenbeantwortung (Berlin, 4. März 1909): «Nuancen der vier Temperamente werden sich bei jedem Menschen finden, und das Hervorstechen ist eben das, was von einem besonderen Überschuß herrührt. [...] Ein hervorstechendes Temperament wird man bei einer guten seelischen Beobachtungsgabe immer beim Menschen beobachten können.»

Über den Egoismus: Übertreibung des Ich-Prinzips «in anderer Weise als im cholerischen Temperament».

Zu Grau als Augenfarbe.

Melancholisches Temperament ist nicht Melancholie.

23. April 1909, Bonn, Das Geheimnis der menschlichen
Temperamente [5] (Notizen nach dem Vortrag),
in: Die Menschenschule, 10/1975:
Der Inhalt der Notizen stimmt im wesentlichen mit Teilen der Zu-
sammenfügung [2-4] von C. Englert-Faye überein.

28. März 1910, Wien, «Die vier Bereiche der höheren Welten»,
in: Makrokosmos und Mikrokosmos (7. Vortrag), GA 119,
Dornach ³1988:
Ausführungen über Temperament und Element: «Merkwürdiger-
weise steht nun in einer, man könnte sagen, geheimnisvollen
Verwandtschaft mit den charakterisierten vier Elementen der elementarischen Welt dasjenige im Menschen, was man seine Temperamente nennt.» Zuordnung und Erläuterung für Melancholik – Erde,
Phlegmatik – Wasser, Sanguinik – Luft, Cholerik – Feuer.

Hinweis auf Selbsterkenntnis und Selbsterziehung: «Das Loskom-
men von seinem Temperament ist etwas außerordentlich Schwieri-
ges, und man muß alle Selbsterziehung aufwenden, um zu lernen,
sich selbst objektiv gegenüberzustehen.»

Ausführungen über Temperament und Schicksal und über die Erkenntnis der geistigen Welt: «Von dem aus, was wir in der physischen
Welt wahrnehmen können, von unserem cholerischen, sanguinischen, melancholischen und phlegmatischen Temperament aus können wir vorschreiten zu dem Elementarischen und dann weiter zur
geistigen Welt.»

8. Juni 1910, Kristiania (Oslo), in: Die Mission einzelner Volksseelen
(2. Vortrag), GA 121, Dornach ⁵1982:
Ausführungen über Volkstemperament und individuelles Temperament.

«Die Äther-Aura des Volkes wirkt auf das cholerische, phlegmatische und sanguinische Temperament. [...] Denken Sie sich [...], daß
sich der Volksätherleib in den Volkstemperamenten spiegelt, spiegelt
in der Mischung der Temperamente der einzelnen Menschen, dann
haben Sie das Geheimnis, wie uns der Volksgeist in seiner Art innerhalb eines Volkes entgegentritt.»

28. Februar 1911, Berlin, in: Exkurse in das Gebiet des Markus-
Evangeliums (7. Vortrag), GA 124, Dornach, ⁴1995:
Ausführungen über die karmische Wirkung früherer Erdenleben im
Temperament, gezeigt am Beispiel des melancholischen Temperaments: einstens wenig «idealistisches Übergreifen der Gedanken
über die Handlungen des Menschen, ein Größersein der Gedanken,
als die Handlungen sind».

22. März 1913, Den Haag, in: Welche Bedeutung hat die okkulte
Entwickelung des Menschen für seine Hüllen und sein Selbst?
(3. Vortrag), GA 145, Dornach ⁵1986:
Ausführungen über das Temperament in bezug auf die esoterische
Entwicklung des Menschen. «Und auf der Veränderung des Ätherleibes beruht bei dem sich entwickelnden Esoteriker die größere Empfindsamkeit [...] gegenüber dem eigenen Temperament.»
Alle vier Temperamente werden in ihrem Zusammenwirken und in
ihrem einzelnen Hervortreten dargestellt, hauptsächlich im Hinblick
auf die Selbsterkenntnis des Menschen.
«Wenn solch ein Melancholiker eintritt in eine esoterische Entwicklung, dann wird ihm da das Temperament im wesentlichen zur
Grundlage, den Ätherleib zu empfinden. Es wird ihm das System
seiner die Melancholie bewirkenden Kräfte empfindlich, deutlich in
sich selber wahrnehmbar, und während er früher bloß seine Unzufriedenheit gegen die äußeren Eindrücke der Welt gerichtet hat,
beginnt er jetzt diese Unzufriedenheit gegen sich selbst zu kehren.»
«Wenn daher ein Phlegmatiker eine Seelenentwicklung hat, dann
ist er sozusagen der beste Schüler für die ernsthafte anthroposophische Entwicklung.»
«Unter denjenigen, die der Esoterik nahetreten aus einem Augenblicksinteresse heraus und die ihr bald wieder entlaufen, sind vorzugsweise sanguinische Naturen.»
Der Choleriker «wird sich gerade dadurch auszeichnen, wenn das
cholerische Temperament besonders bei ihm ausgesprochen ist als
Persönlichkeit, daß er alle Esoterik von sich weist». Er wird es
«schwer haben, Veränderungen gerade in seinem Ätherleib zu bewirken; denn dieser Ätherleib erweist sich beim Choleriker als besonders dicht, schwer beeinflußbar».
Hinweis auf die günstige Wirkung eines melancholischen Einschlags.

23. März 1913, Den Haag, in: Welche Bedeutung hat die okkulte
Entwickelung des Menschen für seine Hüllen und sein Selbst?
(4. Vortrag), GA 145, Dornach ⁵1986:
Beschreibung des Ätherleibs in seiner Viergliedrigkeit, die, schema-
tisch gepreßt, so wiedergegeben werden kann: Ätherteil des Kopfes –
Erinnerung – Melancholik; Ätherteil der mittleren Partie – Strom der
Zeit – Phlegmatik / Sanguinik; Ätherteil der unteren Partie – Zukunft –
Cholerik. «So differenzieren sich in der Tat für die verschiedenen
Glieder unseres Ätherleibes die einzelnen Temperamente.»

Unterscheidung des inneren Erlebens von der hellsichtigen Schau
von außen. Hinweise auf ein Farberleben. Ausführungen zu den Jahreszeiten und zum Tageslauf. «Der Ätherleib [ist] vorzugsweise ein
Zeitenwesen.»

Hinweis auf «eine Art Zu-kurz-Kommen» gewisser Organe beim
Choleriker, der den unteren Teil des Ätherleibs stark entwickelt hat;
als Beispiel wird Napoleon genannt.

18. Mai 1913, Stuttgart, «Der Michael-Impuls und das Mysterium
von Golgatha», in: Vorstufen zum Mysterium von Golgatha
(1. Vortrag), GA 152, Dornach ³1990:
Hinweis auf Temperament und Charakter als Kennzeichen der Persönlichkeit und auf den Anschluß an die geistige Welt: «Durch Temperament, durch Blut wird man immer weniger und weniger Persönlichkeit sein können. Persönlichkeit wird man in Zukunft sein können durch den Charakter, den man durch seine Teilnahme an der
übersinnlichen Welt erhält.»

14. November 1914, Dornach, in: Der Zusammenhang
des Menschen mit der elementarischen Welt (2. Vortrag über
die «Kalewala»), GA 158, Dornach ⁴1993:
Hinweis im Zusammenhang mit den drei Gestalten der finnischen
Kalewala: Wäinämöinen, Ilmainen, Lemminkäinen, daß «das Seelische des Menschen, das sich wie natürliches, temperamenthaftes,
charakterhaftes seelisches Dasein des Menschen bekundet, mit alledem, was als wäßriges Element, als flüssiges Element auf der Erde
lebt», zusammenhängt.

10. Januar 1915, München, in: Wege der geistigen Erkenntnis
und die Erneuerung künstlerischer Weltanschauung (2. Vortrag),
GA 161, Dornach 1980:
Ausführungen über die vorsokratische Philosophie der Elemente,
«daß diese alten Philosophen ihre Philosophien noch aus dem
menschlichen Temperamente hervorgehen ließen. [...] Das Denken
des Thales, der ersten Philosophen war noch beeinflußt von dem
Ätherleibe. Das Temperament sitzt im Ätherleibe, und aus dem Temperament heraus schaffen sie ihre Wasser-, Luft-, Feuerphilosophien;
so daß man sagen kann, der Philosophie des Empfindungsleibes geht
eine Philosophie des Ätherleibes voraus.»

30. Januar 1915, Dornach, in: Wege der geistigen Erkenntnis
und die Erneuerung künstlerischer Weltanschauung (3. Vortrag),
GA 161, Dornach 1980:
Ausführungen über Brunetto Latini und seine Einweihung: «Seelenkräfte, Temperamente, Sinne, Elemente, Planeten, Ozean».

25. Oktober 1915, Dornach, in: Die okkulte Bewegung im
19. Jahrhundert und ihre Beziehung zur Weltkultur (10. Vortrag),
GA 254, Dornach ⁴1986:
Hinweis auf die Gefahr, aus dem «bloßen Temperament» zu handeln:
«Aber auch Luzifer hat das Bestreben, den Menschen durch seinen
Willen dahin zu bringen, daß er nicht aus durchdachten, durchgei-
stigten Impulsen heraus handelt, sondern aus Impulsen, die dem bloßen Temperament, den bloßen Neigungen entspringen. [...] Wenn
wir Temperamentsimpulse und andere dunkle Neigungen in uns gegenwärtig sein lassen, die uns in Zusammenhang bringen mit Menschengruppen, die also sich dadurch charakterisieren, daß man sich
als Angehöriger einer Menschengruppe fühlt, dann kommt man
gleich in einen Wirbel hinein, in dem einem das individuelle Willens-
urteil entrissen wird.»

10. Oktober 1916, Zürich, «Wie kann die seelische Not
der Gegenwart überwunden werden?» in: Die Verbindung
zwischen Lebenden und Toten, GA 168, Dornach ⁴1995:
Hinweis auf «praktische Psychologie, praktische Seelenkunde,
aber auch praktische Lebenskunde» durch die Kenntnis der verschiedenen Charakteranlagen, Temperamente, Menschentypen.

3. November 1916, Dornach, in: Kunstgeschichte als Abbild innerer geistiger Impulse (3. Vortrag), GA 292, Dornach ²1981:
Anmerkung zu Dürers «Vier Apostel»: «Das besonders Hervorragende an diesen Bildern ist ja die scharfe Charakterisierung, nach Temperamenten und Charakter, der Verschiedenheit der vier Apostel.» Ausführungen über Dürers Kupferstich «Melencolia I». Melancholie als «Schwarzfärbung», über die nichts weiter ausgeführt wird, sondern die hinter der «Lichtwirkung» zurückstehen muß.

14. Januar 1917, Dornach, in: Zeitgeschichtliche Betrachtungen. Zweiter Teil (19. Vortrag), GA 174, Dornach ²1983:
Hinweis auf «Weltflüchtigkeit, Melancholie, Hypochondrie» und andere «krankhafte Erscheinungen» im Zusammenhang mit dem Astralleib.

26. Oktober 1917, Dornach, in: Die spirituellen Hintergründe der äußeren Welt. Der Sturz der Geister der Finsternis (12. Vortrag), GA 177, Dornach ⁴1985:
Bemerkung im Blick auf das Jahr 1879: Finstere Geister leben seit 1879 «so unter uns, daß sie ihre Impulse [...] auch in unsere Temperamente hereinsenden».

20. Oktober 1918, Dornach, in: Geschichtliche Symptomatologie (3. Vortrag), GA 185, Dornach ³1982:
Hinweis, daß «das Auftreten gewisser pathologischer Impulse im Temperamentenleben [...] mit kosmologischen Erscheinungen» zusammenhängt.

29. Dezember 1918, Dornach, in: Wie kann die Menschheit den Christus wiederfinden? (6. Vortrag), GA 187, Dornach ⁴1995:
Ausführungen über Brunetto Latini und seine Einweihung: «Sinne, Temperamente, Elemente, Planeten, Ozean».

12. Juni 1919, Heidenheim, in: Der innere Aspekt des sozialen Rätsels (5. Vortrag), GA 193, Dornach ⁴1989:
Hinweis auf die vor dem Ersten Weltkrieg geborenen Kinder, deren «Antlitz fast von der Geburt ab den melancholischen [...] Ausdruck» trägt.

16. August 1919, Dornach, in: Die Erziehungsfrage als soziale Frage
(5. Vortrag), GA 296, Dornach ⁴1991:
Hinweis auf «Kinder mit melancholischem Anflug über den Gesichtern» vor dem Ersten Weltkrieg.

21. August 1919, Stuttgart, «Erste Seminarbesprechung», in: Erziehungskunst. Seminarbesprechungen und Lehrplanvorträge, GA 295,
Dornach ⁴1984:
«Es ist die wichtigste Aufgabe des Erziehers und Lehrers, diese vier Grundtypen, die man die Temperamente nennt, wirklich zu kennen.»

«Waltet das Ich besonders vor [...], dann tritt uns das Kind entgegen mit einem melancholischen Temperament. Waltet der Astralleib vor, dann tritt uns das cholerische Temperament entgegen. Waltet der Ätherleib vor, dann tritt uns das sanguinische Temperament entgegen. Waltet der physische Leib vor, dann tritt uns das phlegmatische Temperament entgegen. Diese Dinge gliedern sich beim späteren Menschen etwas anders. [In früheren Vorträgen] sind die Temperamente in Beziehung zu den vier Gliedern des erwachsenen Menschen besprochen worden.» (Hinweis speziell auf den Vortrag in Berlin am 4. März 1909, gilt sinngemäß für alle bisherigen Äußerungen Rudolf Steiners!)

Erste Charakterisierungen: rasches, aber vorübergehendes Interesse für äußere Eindrücke – Sanguinik; zu innerem Grübeln neigend, innerlich beschäftigt – Melancholik; innerlich unbeschäftigt, doch ohne Teilnahme nach außen – Phlegmatik; den Willen durch eine Art von Toben zum Ausdruck bringend – Cholerik.

Einteilung der Klasse in vier Abteilungen, die verschieden behandelt werden sollen; erste kurze Hinweise.

«Als eine Art Unterrichtsgewohnheit müssen wir diese Behandlung der verschiedenen Temperamentsanlagen berücksichtigen.»

Beispiele für die Behandlung der Temperamente: «Die schlechteste Methode ist, wenn man einem Temperament dadurch beikommen will, daß man gewissermaßen die entgegengesetzten Eigenschaften pflegt. [...] Worum es sich handelt, ist, daß wir gerade auf das Temperament eingehen, ihm entgegenkommen. [...] So wird sich ergeben, daß dann diese Anlage, in die es eingespannt ist, sich allmählich ablähmt und sich mit den anderen Temperamenten harmonisiert.»

Sanguinik: «Möglichst viel beim sanguinischen Kind in die Sphäre

seiner Aufmerksamkeit bringen.» Phlegmatik: «Recht viel Teilnahme
für ein solches Kind [...]», doch «suchen Sie teilnahmslos zu scheinen». Cholerik (Beispiel vom Tintenfaß): «Nicht versuchen, es nicht
zum Toben kommen zu lassen», sondern «in der richtigen Weise entgegenkommen». [...] Dem «Toben gegenüber äußerlich so phlegmatisch, so gelassen wie möglich zu sein. [...] Am anderen Tag, wenn das
Kind selbst ruhig ist, besprechen Sie teilnahmsvoll die Sache mit ihm.»

Schematische Darstellung («eine Art Schema») der seelischen Regungen «Erregbarkeit und Stärke» bei den vier Temperamenten: «Sie
können unterscheiden, wenn der Mensch sich äußert, nach seinem
ganzen Seelenhabitus, ob er etwas stark oder schwach ins Auge faßt;
ob er etwas stark empfindet, das etwas Äußerliches ist, oder stark
empfindet seine inneren Zustände.

Dann haben wir zu unterscheiden das Wechseln. Entweder man
bleibt stark dabei und wechselt wenig, oder man bleibt weniger stark
dabei und wechselt sehr viel. Dadurch unterscheiden sich die Temperamente.

wenig Erregbarkeit,
viel Stärke beim
melancholischen
Temperament

Stärke	Stärke
und	und
Erregbarkeit	Erregbarkeit
am geringsten	am größten
beim phlegmatischen	beim cholerischen
Temperament	Temperament

viel Erregbarkeit,
wenig Stärke beim
sanguinischen
Temperament.»

Hinweis auf die benachbarten und auf die «polarisch entgegengesetzten» Temperamente. Hinweis, daß «die eigene innere Seelenstimmung übersinnlich erziehend auf das Kind» wirkt. «Ebenso wirken
aber auch die Kinder aufeinander. Und das ist das Eigentümliche:

wenn man die Kinder in vier Gruppen von gleichen Temperamentsanlagen einteilt und die gleichartigen nebeneinandersetzt, so wirken
diese Anlagen nicht verstärkend aufeinander, sondern aufhebend.»
Begriff des Abschleifens.

Aus der Fragenbeantwortung:

Melancholik: «Die melancholische Anlage beruht auf einem nicht
ganz vollständigen Unterkriegen des Stoffwechsels durch den geistig-seelischen Menschen. [...] Der Stoffwechselorganismus muß am
meisten bearbeitet werden. [...] In der Nähe eines melancholischen
Kindes sollten wir als Lehrer möglichst viel sichtbares Interesse an
den äußeren Dingen seiner Umgebung entwickeln.»

«Das Temperament schleift sich ab; gegen das zehnte Jahr wird der
Temperamentsunterschied überwunden sein.»

*22. August 1919, Stuttgart, «Zweite Seminarbesprechung», in:
Erziehungskunst. Seminarbesprechungen und Lehrplanvorträge,
GA 295, Dornach* [4]*1984:*
Das sanguinische Kind im Zeichenunterricht: «Kompliziertere, mehr
Detailformen, würden für das Kind mit sanguinischem Tempera-
ment zu verwenden sein.» Beispiel, wie mit einem Sanguiniker unter
vielen Kindern zu verfahren ist: «Wenn in der sanguinischen Gruppe
irgend etwas nicht stimmt, sich zur melancholischen Gruppe wenden
und dieses Temperament dann spielen lassen, um ausgleichend zu
wirken!»
Vorschlag eines Teilnehmers für die Behandlung der Temperamen-
te vom musikalischen Standpunkt aus:
Phlegmatiker: Harmonium und Klavier – Harmonie – Chorgesang
Sanguiniker: Blasinstrumente – Melodie – ganzes Orchester
Choleriker: Schlagzeuge und Trommel – Rhythmus – Soloinstru-
mente
Melancholiker: Streichinstrumente – Kontrapunkt – Sologesang.
Vorschlag eines Teilnehmers in bezug auf die biblische Geschichte:
Phlegmatiker: Matthäus-Evangelium (Mannigfaltigkeit)
Sanguiniker: Lukas-Evangelium (Innigkeit)
Choleriker: Markus-Evangelium (Kraft)
Melancholiker: Johannes-Evangelium (geistige Vertiefung).

Zustimmung Rudolf Steiners, «aber die vier Künste sind deshalb weniger den Temperamenten zuzuteilen, weil es möglich ist, gerade durch die Vielheit des Künstlerischen auf jedes Temperament ausgleichend zu wirken».

Phlegmatik: «Das phlegmatische Kind wird nicht mit offenem Munde dasitzen, sondern mit zugemachtem Munde, aber mit hängenden Lippen. [...] Das Idealste, das man tun könnte, das wäre [das Kind] immer eine Stunde früher aufzuwecken, als es gewohnt ist zu erwachen, und in dieser Zeit, die man ihm eigentlich wegnimmt – man wird es nicht beeinträchtigen, weil es in der Regel viel länger schläft als nötig – es mit allem möglichen zu beschäftigen.» Hinweis, daß man die Phlegmatiker «durch eine äußere Veranlassung aus ihrer Lethargie herausbringen, aufstampern» muß. «Man wird immer wieder ein anderes Mittel finden müssen, das sie schockiert und sie dadurch von ihren hängenden Lippen zum offenen Munde bringt; das also gerade das hervorruft, was sie nicht gerne tun. [...] Da wäre es auch gut, die phlegmatische Gruppe zu den [morgens] am frühesten in die Schule Kommenden einzureihen. Wichtig ist beim Phlegmatiker, daß man aus einem veränderten Seelenzustand heraus seine Aufmerksamkeit in Anspruch nimmt.»

Hinweise zur Ernährung der Kinder: Phlegmatiker nicht überfüttern und «nicht zuviel Eier» geben, Sanguinikern «nicht allzuviel Fleisch», Melancholikern «eine gut gemischte Nahrung [...], aber nicht allzuviel Wurzelzeug und Kohl».

Melancholik: Berücksichtigen, «daß melancholische Kinder leicht zurückbleiben. [...] Sie bleiben zurück auch mit dem Geborenwerden des Ätherleibes, der sonst mit dem Zahnwechsel frei wird. Daher sind diese Kinder viel zugänglicher für die Nachahmung.» Hinweis auf die schwierige Behandlung: «Der Melancholiker ist in einer merkwürdigen Selbsttäuschung; er ist der Meinung, daß die Erlebnisse, die er hat, nur ihn selbst betreffen. In dem Augenblick, wo man ihm beibringt, daß andere Leute diese und ähnliche Erlebnisse auch haben, ist das immer eine Art Kur für ihn.» Biographien großer Persönlichkeiten «sollte man besonders gebrauchen, um ihn über seine Melancholie hinwegzubringen».

«Das ist auch eine Charakterisierung der vier Temperamente. Die melancholischen Kinder sind in der Regel schlank und dünn; die sanguinischen sind die normalsten; die, welche die Schultern mehr heraus haben, sind die phlegmatischen Kinder; die den untersetzten Bau haben, so daß der Kopf beinah untersinkt im Körper, sind die cholerischen Kinder.» Hinweis auf Michelangelo und Beethoven: «Eine Mischung von melancholischem und cholerischem Temperament.»

Grundsatz pädagogischen Handelns: Wir sind «als Lehrer durchaus nicht berufen, die betreffenden Temperamente von vornherein als ‹Fehler› anzusehen und bekämpfen zu wollen. Wir müssen das Temperament erkennen und uns die Frage stellen: Wie haben wir es zu behandeln, um ein wünschbares Lebensziel mit ihm zu erreichen, so daß aus dem Temperament das Allerbeste wird und die Kinder mit Hilfe ihres Temperaments das Lebensziel erreichen?»

Cholerik: Bedeutung des Cholerikers für die Weltgeschichte. Bei einem tobenden Kind sollte man «die Aufmerksamkeit auf erdichtete Situationen lenken und diese erdichteten Situationen [Beispiel vom wilden Kerl] selbst cholerisch behandeln.»

Temperamente der Lebensalter: «In der Hauptsache sind alle Kinder Sanguiniker. […] Jünglinge und Jungfrauen sind eigentlich Choleriker. […] Im Mannes- und Frauenalter ist der Mensch Melancholiker. Und im Greisenalter ist er phlegmatisch.» Differenzierende Betrachtung. Bedeutung des Kindes- und Jugendtemperamentes für die geistig-kulturelle Produktivität, die des Greisenalters (mit seiner Erfahrung) für die Wirtschaft.

«Alle diese angeführten Dinge müssen Gegenstand einer neuartigen Psychologie werden.»

23. August 1919, Stuttgart, «Dritte Seminarbesprechung», in:
Erziehungskunst. Seminarbesprechungen und Lehrplanvorträge,
GA 295, Dornach ⁴1984:
Über das temperamentsgemäße Erzählen (beispielsweise desselben Märchens): «Der Unterschied muß auch in der Artikulation liegen.» Eindringliche Details für den Melancholiker, Zwischenpausen für den Sanguiniker. Rat, «nachdem Sie die melancholische Fassung vorgebracht haben, sie sich nacherzählen zu lassen von einem sanguinischen Kinde und umgekehrt».

Über das Ausarbeiten solcher Fassungen: «Versuchen Sie, womöglich diese Fassung sich heute noch auszuarbeiten, provisorisch, dann

darüber zu schlafen und die endgültige Fassung morgen zu beschlie-
ßen. Es ist eine Erfahrung, daß man, wenn man so etwas machen will,
das Umgestaltete nur aus einem anderen Geiste heraus bekommt, wenn
man es nach der Vorbereitung durch den Schlaf hindurchgehen läßt.»
Zum Zeichnen und Formenzeichnen:
Hinweis zu einer Zeichnung für ein melancholisches Kind. Um-
wandlungen der Zeichnungen in Form und Farbe entsprechend dem
Temperament, z.B. offene Formen schließen oder in eine geschlossene Form hineinzeichnen bzw. sie zerschneiden. «Das sanguinische
Kind würden Sie erkennen an seiner Freude an diesem Farbkontrast.» Phlegmatiker: «Durch Zeichnen und Auslöschen ist das
phlegmatische Kind aus seinem Phlegma herauszureißen.»
(Die Skizzen zur dritten und vierten Seminarbesprechung sind auf
den Seiten 226f. wiedergegeben.)
Beschreibung von Tieren unter dem Gesichtspunkt der Temperamente:
«Die Phlegmatischen werden wenig leicht erfaßbar sein.» Als Beispiel wird eine Betrachtung über den Pferdefuß gegeben – der Vergleich mit dem menschlichen Fuß «wird das phlegmatische Kind in
Spannung versetzen, und es wird es schon behalten». Dem cholerischen Kind wird eine Geschichte erzählt: «Es in die Phantasie zu
versetzen, wie es das Pferd abfängt, das ist sehr gut.»
Wichtige Aufgabe für die ganze Erziehung: Wie kann man ausgesprochen phlegmatische, cholerische, melancholische Kinder «zu
beliebten Kindern machen»?

*25. August 1919, Stuttgart, «Vierte Seminarbesprechung», in:
Erziehungskunst. Seminarbesprechungen und Lehrplanvorträge,
GA 295, Dornach ⁴1984:*
Zum Rechenunterricht:
Beim Addieren gehen wir «von der Summe aus», z.B. $27 = 12 +
7 + 3 + 5$. «Solch einen Vorgang lasse ich nun eine Anzahl von
Kindern machen, welche ausgesprochen phlegmatisches Tempera-
ment haben. [...] Das cholerische Kind macht den umgekehrten
Vorgang»: $5 + 3 + 7 + 12 = 27$. «Das Addieren ist ganz besonders
die Rechnungsart der phlegmatischen Kinder. [...] Das Subtrahie-
ren in dieser Form $[3 = 8 - 5]$ ist vor allem die Rechnungsart der

melancholischen Kinder. – Nun rufe ich ein sanguinisches Kind auf und lasse die Rechnung zurück machen.» 8 in 56 = 7mal – Rechnung für die sanguinischen Kinder, zurück (7 geht 8mal in 56) für die melancholischen Kinder. «Ich lasse die umgekehrte Rechnung immer von dem entgegengesetzten Temperament ausführen. Dem Choleriker lege ich vor zunächst die Division, vom Kleinen zum Größten, indem ich sage: ‹[...] Ich will von dir nun wissen, in welcher Zahl die 8 siebenmal drinnensteckt.› [...] Dann lasse ich das Umgekehrte, die gewöhnliche Division, von dem phlegmatischen Kinde machen. Für das cholerische Kind wende ich in dieser Form die Division an. Denn in dieser Form ist sie insbesondere die Rechnungsart der cholerischen Kinder. [...] Das Additive ist verwandt dem Phlegmatischen, das Subtrahieren dem Melancholischen, das Multiplizieren dem Sanguinischen, das Dividieren, mit dem Zurückgehen zu dem Dividenden, dem Cholerischen. [...] Wir werden diese vier Rechnungsarten womöglich nicht allzu langsam nacheinander durchnehmen, und dann alle vier üben!»

Zum Zeichnen und Formenzeichnen:

Motive und Zeichnungen für alle vier Temperamente (vgl. «dritte Seminarbesprechung»).

Das phlegmatische Kind muß «aufmerksam gemacht» werden. Es ist gut, wenn man «beim sanguinischen Kinde sehr viel auf die Wiederholung hält, auf variierte Wiederholung». Das melancholische Kind braucht «doch etwas das Nachdenken»; es kann zu einer Form die Gegenform suchen; «dadurch kommt die Phantasie in Regsamkeit».

Zum Erzählen:

Beim Phlegmatiker «öfter mal mit dem Satze einhalten, dann die Kinder angucken, dann das ausnützen, daß die Phantasie weiterarbeitet. [...] Das Überraschungsmoment benützen, das Neugiermoment.»

In den temperamentsgemäßen Tierbeschreibungen sollte «wirkliche Naturgeschichte» liegen und die Beobachtung angeregt werden.

Über die Extreme der Temperamente:

Hinweis auf Goethe, «daß am Abnormen studiert werden könne das Normale»; Linie «von den Temperamenten zu dem abnormen Seelenwesen». – «Der Wahnsinn ist die Ausartung des [...] melancholischen Temperamentes. Die Ausartung des phlegmatischen Temperamentes ist der Schwachsinn oder Blödsinn. Die Ausartung des

Sanguinischen ist die Narrheit. Die Ausartung des Cholerischen ist die Tobsucht.» Im Affekt können solche Anwandlungen aus den «normalen Seelenzuständen» aufsteigen. «Es ist schon notwendig, daß man sich einstellt auf die Beobachtung des ganzen Seelenlebens.»

Behandlung der «Aschenbrödel» der Klasse (vgl. «dritte Seminarbesprechung»): «Nie die Kinder sich gegenseitig denunzieren lassen [...]. Die Kinder brauchen nicht selber Schuld zu sein.» Rat zu einer sogenannten moralischen Geschichte, in der beispielsweise «ein lügenhaftes Kind ad absurdum geführt wird, indem das Kind durch seine Lüge selber in eine Situation geführt wird, die es als unvernünftig ansehen muß». Es gilt eine entsprechende Geschichte zu erfinden, «wodurch Sie bewirken, daß die drei Aschenbrödel sich etwas trösten, die anderen sich etwas schämen». So werden «Sie sicher wieder soziale Zustände, ein gegenseitiges Sich-in-Sympathie-Begegnen bei den Kindern erzielen».

26. August 1919, Stuttgart, «Fünfte Seminarbesprechung», in:
Erziehungskunst. Seminarbesprechungen und Lehrplanvorträge,
GA 295, Dornach ⁴1984:

Durch die Berücksichtigung der Temperamente «wird von selbst in der Klasse individualisiert».

Das melancholische Kind neigt oft zur Frömmigkeit, andererseits «ist das Melancholische sehr oft die Maske für einen ausgesprochenen Egoismus». Oftmals Abhängigkeit von der Witterung, «mehr leiblich unbewußt», beim Sanguiniker «stimmungsgemäß, mehr seelisch».

Temperament und Karma:

«[...] wie wirklich in dem kindlichen Temperament etwas herauskommt, was man als Folge bezeichnen kann von Erlebnissen in früherem Erdendasein.» Beispiel, wie ein Mensch, der in der Lage war, in einem Leben «das Seelische in dem Gefüge seines Körperlichen auszugestalten, gezwungen durch die Verhältnisse», in der nächsten Inkarnation zum Sanguiniker wird. «Wir dürfen ja das Karma nicht moralisch betrachten; wir müssen es kausalisch betrachten.»

Temperamentsverschiebung vom Kind zum Erwachsenen:

Hinweis auf Goethe: «Vom Vater hab' ich die Statur, – was sich auf den physischen Leib bezieht – Des Lebens ernstes Führen, – was sich auf das Ich bezieht – Vom Mütterchen die Frohnatur – was an den

Ätherleib gebunden ist – Und Lust zu fabulieren – was an den Astralleib gebunden ist.»

Es gibt «eine bestimmte Verwandtschaft zwischen Ich und physischem Leib, und eine Verwandtschaft zwischen Ätherleib und
Astralleib. Im Laufe des Lebens kann daher eines in das andere übergehen.» Melancholik: Übergang vom «Vorherrschen des Ich in das
Vorherrschen des physischen Leibes»; Cholerik: Übergang «vom
Mütterlichen ins Väterliche, [...] vom Überwiegen des Astralischen
zum Überwiegen des Ich».

Vorherrschende Wesensglieder beim Kind (Melancholik: Ich; San-
guinik: Ätherleib; Phlegmatik: Astralleib) und beim Erwachsenen
(Melancholik: physischer Leib; Sanguinik: Astralleib; Phlegmatik:
Ätherleib; Cholerik: Ich).

Zum Volkstemperament:

«Völker haben wirklich ihre Temperamente, doch der einzelne kann
sich gut herausheben aus dem Volkstemperament; es wirkt nicht prä-
disponierend auf das Individuum. [...] Jeder hat die Möglichkeit, zu
seinem eigenen Temperament zu kommen. Die Art des Volkstempera-
ments drückt sich selbst in den einzelnen Sprachen aus. [...] Die englische Sprache ist durchaus phlegmatisch und die griechische im eminentesten Sinne sanguinisch, [...] die deutsche Sprache hat [...] sehr
starke melancholische und sehr starke sanguinische Züge. [...] Der ita-
lienische Volksgeist hat eine besondere Verwandtschaft mit der Luft;
der französische einen besonderen Zusammenhang mit allem Flüssigen; der [...] englische einen Zusammenhang mit dem Festen.

[...] Dann der russische mit dem Licht, aber mit dem von der Erde
zurückgestrahlten Licht. Der deutsche mit der Wärme, von der Sie
gleich finden werden, daß sie einen Doppelcharakter hat: nämlich
innere und äußere Blutwärme und atmosphärische Wärme.» Hinweis auf den «polarischen Charakter», auf «dieses Zwiespältige des
deutschen Wesens».

Die Kinder sollen von der Einteilung in Temperamente nichts wissen.

Sitzordnung nach Temperamenten auch für ältere Schüler, «selbst
bis in die Hochschule hinein; aber nach dem fünfundzwanzigsten
Jahr ist das nicht mehr nötig».

Auswahl der Sprachen nach Temperamenten wäre theoretisch richtig, «aber es empfiehlt sich nicht, unter den heutigen Verhältnissen
darauf Rücksicht zu nehmen». Beispiel Englischunterricht.

30. August 1919, Stuttgart, «Neunte Seminarbesprechung», in:
Erziehungskunst. Seminarbesprechungen und Lehrplanvorträge,
GA 295, Dornach ⁴1984:
Zur Pflanzenkunde: Die leuchtende Blüte regt die Frage an: «Was ist
das für ein Temperament, das da herauskommt? Das ist feurig! – Mit
seelischen Eigenschaften können Sie diese strotzenden Kräfte, die
Ihnen aus den Blüten entgegenkommen, vergleichen.» Angesichts
der Schwämme und Pilze kann man fragen: «Was ist das für ein Tem-
perament, das da herauskommt? Warum ist das nicht an der Sonne?
Das sind die Phlegmatiker, diese Pilze!»

2. September 1919, Stuttgart, «Elfte Seminarbesprechung», in:
Erziehungskunst. Seminarbesprechungen und Lehrplanvorträge,
GA 295, Dornach ⁴1984:
Zur Pflanzenkunde und dem Vergleich der Pflanzengruppen mit den
Temperamenten: «Man kommt auf eine schiefe Ebene, wenn man die
Temperamente unmittelbar auf das Pflanzenreich bezieht.»

25. September 1919, Stuttgart, Konferenz, in: Konferenzen mit den
Lehrern der Freien Waldorfschule 1919 bis 1924, Bd. I, GA 300 a,
Dornach 1975:
«Unbeschadet des Temperaments» müssen besonders schwache
Kinder nach vorne gesetzt werden; auch verhaltensgestörte Kinder
brauchen besondere Plätze.
   Bei großen Klassen «mehr die ganze Klasse zusammen behandeln.
Deshalb haben wir ja die lange Geschichte mit den Temperamenten
gemacht.»
   Anmerkung zu einem melancholischen Knaben, der zurückgeblie-
ben ist und die Klasse wiederholen soll: «Dahin bringen, daß es sein
eigener Wille ist, zurückversetzt zu werden.»

26. September 1919, Stuttgart, Konferenz, in: Konferenzen mit den
Lehrern der Freien Waldorfschule 1919 bis 1924, Bd. I, GA 300 a,
Dornach 1975:
Die Beziehung der Temperamente zu den Leibern (Wesensglie-
dern) des Menschen ist «keine andere, als die im Seminarkurs ange-
geben wurde» (vgl. «erste Seminarbesprechung», 21. August 1919,
GA 295).
Das melancholische Temperament entsteht nicht aus dem Über-

gewicht des physischen Leibes über den Ätherleib, sondern ist «überhaupt ein Übergewicht [des phys. Leibes] über die anderen Leiber».

6. April 1920, Dornach, in: Geisteswissenschaft und Medizin
(17. Vortrag), GA 312, Dornach ⁶1985:
Hinweis auf die Bedeutung der Temperamente für die medizinische Behandlung: «Physische Erkrankungen, sie sollten eigentlich immer die Frage hervorrufen: Welchen Temperamentes ist der Mensch, bei dem sie auftreten?» Anmerkungen zu den Potenzen im Zusammenhang mit Hypochondrie und Sanguinik; Anmerkung zur Phlegmatik.

7. April 1920, Dornach, «Die Hygiene als soziale Frage», in: Physio-
logisch-Therapeutisches auf Grundlage der Geisteswissenschaft, GA
314, Dornach ³1989, Fragenbeantwortung:
Hinweis auf die Bedeutung der Temperamente im Sozialen: Aufgabe, «in der richtigen Weise die Temperamente der Menschen in die menschliche Sozietät hineinzustellen und namentlich in der richtigen Weise zu entwickeln».

Ausführungen zur Hypochondrie und zur «Instinkt-Medizin» eines Hippokrates und zur Säftelehre. «Dann aber, wenn sie Entartungen der Temperamente sahen, waren ihnen das durchaus Dinge, die hinweisen auf die Entartungen des betreffenden Organischen.»

9. Juni 1920, Stuttgart, Konferenz, in: Konferenzen mit den Lehrern
der Freien Waldorfschule 1919 bis 1924, Bd. I, GA 300 a,
Dornach 1975:
Durch das Weiterführen der Klasse bekommt der Lehrer «intimere Kenntnis der Schüler. [...] Sobald man das Temperament eines Kindes richtig beurteilen kann, kommt alles andere von selbst. Man müßte sich den Blick aneignen, daß man, wenn man den Namen aufruft, das Temperament im Klang der Stimme schon darin hat.»

12. Juni 1920, Stuttgart, Konferenz, in: Konferenzen mit den Leh-
rern der Freien Waldorfschule 1919 bis 1924, Bd. I, GA 300 a,
Dornach 1975:
Zu den Temperamenten einer bestimmten Klasse. Hinweise für die Eurythmie: «Phlegmatische Kinder, die kriegt man wohl nur in Bewegung, wenn man versuchen wird, mit ihnen die schwierigen Kon-

sonanten zu machen [z.B. R und S]; die sanguinischen Kinder mit den leichteren Konsonanten [z.B. D und T].»

14. Juni 1920, Stuttgart, Konferenz, in: Konferenzen mit den Lehrern der Freien Waldorfschule 1919 bis 1924, Bd. I, GA 300 a, Dornach 1975:

Stimmlage und Temperament: «Im ganzen ist es so, daß die unteren Stimmen bei den Phlegmatikern, die mittleren bei den Melancholikern und Sanguinikern sind. Die Sanguiniker sind bei der höchsten Stimme. Das Cholerische verteilt sich über alle drei.» Tenöre der Bühne sind Choleriker.

Über die unterschiedliche Beurteilung des Temperaments: «Diese Frage wird man nicht mathematisch lösen können. [...] Schließlich ist die Behandlungsweise etwas, was vom Wechselverhältnis herrührt. Denken Sie ja nicht, daß man darüber diskutieren soll.»

«Das cholerische Temperament ist gleich verdrossen und entrüstet sich über alles, was eben seiner Aktivität in die Quere kommt. [...] Der Rhythmus [ist] eben innig verbunden mit der ganzen menschlichen Wesenheit» und beim Choleriker stark ausgeprägt. Hinweis auf Napoleon: «Alles Rhythmische wurde in sich zusammengeschobener und störte sich fortwährend.»

Temperament und Sinne: Beim Choleriker findet man wahrscheinlich «einen abnorm ausgebildeten Gleichgewichtssinn (Waage). [...] Das Erleben des Rhythmus, Gleichgewichtssinn und Bewegungssinn.» Sanguiniker und Bewegungssinn (Jungfrau). «So wie beim Melancholiker (Löwe) der Lebenssinn vorherrscht, beim Phlegmatiker (Krebs) der Tastsinn.» Hinweis zur Physiologie.

30. September 1920, Dornach, in: Das Wesen des Musikalischen und das Tonerlebnis im Menschen, GA 283, Dornach ⁵1989, Fragenbeantwortung:

Gebrauch des Wortes Temperament im Sinne der Umgangssprache: «Da ging ihr Temperament mit ihr durch.»

8. Oktober 1920, Dornach, Fragenbeantwortung nach einem Referat von Rudolf Meyer, in: Die Menschenschule, 3/1959:

«Wie erkennt man die verschiedenen Temperamente in den Kindern und an sich selbst?»

Ausführungen über alle vier Temperamente, deren intime Kenntnis für den Lehrer zuletzt «etwas wie eine gerundete Lebenshandhabung» werden kann. Die vier Schilderungen beschreiben das typische Verhalten auf eine Frage hin.

«Wie kann man auf die Temperamente durch die Farben wirken?»

Ausführungen über die «Gegenfarbe», die Komplementärfarbe – ohne jeglichen Schematismus. «Da wird man nicht, wenn es sich um die Farbe handelt, auf die Temperamente blicken, sondern da wird man im allgemeinen mehr darauf bedacht sein, ob das Kind ein aufgeregtes oder ein abgeregtes Kind ist.» Das cholerische Kind z.B. muß gegenüber dem Rot sich «anstrengen, um innerlich die [grüne] Gegenfarbe zu erleben, und wird gerade nicht äußerlich aufgeregt. Also das Gleiche, das ist dasjenige, was bändigend auf ein aufgeregtes Kind wirkt.» Entsprechendes ist für den Melancholiker ausgeführt.

15. April 1921, Dornach, in: Perspektiven der Menschheitsentwickelung (4. Vortrag), GA 204, Dornach 1979:
Ausführungen über «eine Art ätherischer Astronomie» im antiken Griechenland und über die Beziehungen zwischen den Elementen und den Temperamenten. Ausführungen über Hippokrates und die Säftelehre und über den Mithraskult.

«Die Arzneimittel, die Heillehre, das war durchaus hervorgegangen aus dieser Anschauung von dem Verhältnis des ätherischen Leibes des Menschen zu dem Planetensystem und außerdem zu dem Eindringen gewissermaßen des ätherischen Menschen in die höheren Sphären, in Luft, Wasser, Wärme, Erde, wodurch sich also in seine Organisation hineinfanden die physischen Abdrücke seiner ätherisch-seelischen Temperamente: schwarze Galle, weiße Galle, die anderen Säfte, Phlegma, Blut und so weiter. [...] Die Medizin, welche sich aus dieser Lehre ergab, war durchaus begründet auf der Anschauung des wäßrigen menschlichen Organismus, des flüssigen menschlichen Organismus. Was wir heute die Erkenntnis des menschlichen Organismus nennen, das ist ja begründet auf dem festen menschlichen Organismus, auf dem erdigen menschlichen Organismus.»

13. Juni 1921, Stuttgart, in: Menschenerkenntnis und Unterrichtsgestaltung, (2. Vortrag), GA 302, Dornach ⁵1986:
Hinweis auf das Temperament der sogenannten irdischen Kinder: Man wird «unter der Oberfläche des allgemeinen Temperaments eine Art melancholischen Nebenton finden. Dieser melancholische Ne-

benton rührt eben von dem Irdischen der Kinder her, von dem Irdischen der Wesenheit.» Musikalische Behandlung, «indem man das Melancholisch-Mollartige ins Durmäßige hineinführt. [...] Wenn insbesondere ein allgemein sanguinisches Temperament vorhanden ist mit kleinen melancholischen Zügen, ist auch die Malerei etwas, was dem Kinde sehr leicht helfen kann.»

15. Juni 1921, Stuttgart, in: Menschenerkenntnis und Unterrichtsgestaltung (4. Vortrag), GA 302, Dornach ⁵1986:
Verwendung des Wortes «phlegmatisch» für langsam oder schwächer, aber wohl auch im Sinne des Temperaments gemeint: «[...] daß besonders das Konsonantische zu üben sehr gut ist für die Kinder, die phlegmatischer sind in bezug auf das Heraufbringen von Vorstellungen.»

2. Juli 1921, Dornach, in: Menschenwerden, Weltenseele und Weltengeist – Erster Teil (6. Vortrag), GA 205, Dornach, ²1987:
Ausführungen über Depression und Hypochondrie, Zwangsgedanken und Illusion, Halluzination und Vision, Temperamentsanlagen, Gewissen, u.a. im Zusammenhang mit den vier Organen Lunge, Leber, Niere, Herz.

«Die Nierenorgane, die Abscheidungsorgane, die bringen im wesentlichen dasjenige hervor, was mit der Temperamentsanlage im weitesten Sinne [...] für die nächste Inkarnation vorbereitet wird.»

7. August 1921, Dornach, in: Menschenwerden, Weltenseele und Weltengeist – Zweiter Teil (19. Vortrag), GA 206, Dornach ²1991:
Ausführungen über den Atmungsprozeß im Zusammenhang mit der kindlichen Entwicklung.
Hinweis auf eine Metamorphose der Temperamente: Zwischen dem neunten und zehnten Lebensjahr «kommen gewisse Temperamentseigenschaften zu einer gewissen Metamorphose. Es treten gewisse Ideen auf. [...] Dem entspricht ein ganz bestimmtes Gegeneinanderstürmen des Atmungsrhythmus und des [Blut-]Zirkulationsrhythmus, des astralischen Leibes und des ätherischen Leibes.»

3. Januar 1922, Dornach, in: Die gesunde Entwickelung des Menschenwesens (12. Vortrag), GA 303, Dornach ⁴1987:
Ausführungen zu den Temperamenten der Kinder: «Das melancholische Kind ist dasjenige, das besonders von seiner Körperlichkeit ab-

hängig ist, das immer dazu veranlaßt ist, auf sich selbst zurückzu-
schauen. [....] Auch ein launisches Kind, ein Kind, das seinen Stim-
mungswechseln unterworfen ist. – Das phlegmatische Kind ist so
eingegliedert in die Welt, daß es im Unterbewußten eigentlich ganz
der Welt hingegeben ist. [...] – Das sanguinische Kind lebt in dem,
was wir den astralischen Leib oder den Seelenleib nennen. [...] Es
gibt sich einem Eindruck rasch hin, verarbeitet ihn nicht. [...] Das
sanguinische Kind lebt in dem gegenwärtigen Augenblicke. [...] Das
gibt dem sanguinischen Kinde eine gewisse Oberflächlichkeit. Und
das cholerische Kind ist dasjenige, das ganz mit seinem Wesen in
seinem Ich oder in seiner Egoität sitzt.»

Hinweis auf die Sitzordnung nach Temperamenten, «so daß sich
dann die Temperamente aneinander reiben». Der Melancholiker
sieht am anderen Kind, «wie es sich quält mit allem möglichen, wie es
in seinem Körper drinnensteckt». Den Phlegmatikern wird die
Nachbarschaft der anderen «so langweilig sein, daß dann selbst ihr
Phlegma aufgeregt wird». Die Sanguiniker werden «aufmerksam auf
die Oberflächlichkeit ihres sanguinischen Temperamentes. Und die
Choleriker, wenn man sie zusammensetzt, puffen sich gegenseitig,
und dadurch wird auf ihr cholerisches Temperament in gewissem
Sinne eine Art von Heilung ausgeübt.»

Behandlung der Temperamente: «Man soll sich gewöhnen, Gleiches mit Gleichem zu behandeln.»

Beispiele für alle vier Temperamente.

*4. Januar 1922, Dornach, in: Die gesunde Entwickelung des
Menschenwesens (3. Vortrag), GA 303, Dornach ⁴1987:*
Ausführungen über Temperament und kindliche Entwicklung:
Wenn das Kind «in seinem Ätherleibe zu stark auf die und jene Art
vor dem Zahnwechsel gelebt hat, dann kommt dieses besonders nu-
ancierte phlegmatische Temperament heraus». Zwischen Schulreife
und Geschlechtsreife «gibt es ein normales Zusammenleben des
Menschen mit seinem Ätherleib. [...] Wird das dann mit hineinge-
nommen ins spätere Leben, dann entsteht eben beim Erwachsenen
das abnorm phlegmatische Temperament.» Entsprechendes gilt für
das sanguinische Temperament: «Der Mensch wird erst reif für den
Sanguinismus, wenn er geschlechtsreif ist.»

6. Januar 1922, Dornach, in: Die gesunde Entwickelung des
Menschenwesens (15. Vortrag), GA 303, Dornach ⁴1987:
Ausführungen zur Diät bei extremen Temperamentslagen: Für den
extremen Melancholiker sind «die Speisen, die das Kind genießt,
mindestens anderthalbmal, manchmal doppelt so stark zu versüßen».
Für das übertrieben sanguinische Kind soll man «den Süßigkeits-
gehalt der Speisen verringern». Hinweis auf die Lebertätigkeit.
Notwendigkeit einer «physischen Erziehung».

10. Mai 1922, Stuttgart, Konferenz, in: Konferenzen mit den
Lehrern der Freien Waldorfschule 1919 bis 1924, Bd. II, GA 300 b,
Dornach 1975:
Klavierspiel und Rechts- bzw. Linkshändigkeit: Bei Melancholikern
die rechte Hand, bei Cholerikern die linke Hand bevorzugen, bei
Phlegmatikern und Sanguinikern beide Hände gleich behandeln.

22. Juni 1922, Stuttgart, «Zur künstlerischen Gestaltung des
Unterrichts», in: Erziehung und Unterricht aus Menschen-
erkenntnis, GA 302 a, Dornach ⁴1993:
Aufgabe des Pädagogen, die Temperamente zu studieren, «sie so zu
studieren, daß er sie auch fortwährend berücksichtigt. Denn [...] in
der richtigen Behandlung der Temperamente der Kinder seiner Klasse spielt sich das richtige Karma einer Klasse ab.»
Hinweis auf die «Statisten» einer Klasse: Aktivität entfalten vor
allem die Sanguiniker und die Choleriker, «die mehr Melancholischen, Phlegmatischen, die werden dann zu den Statisten. Das ist
absolut zu vermeiden.»

30. Juni 1922, Dornach, in: Menschenfragen und Weltenantworten
(3. Vortrag), GA 213, Dornach ²1987:
Ausführungen über Planetenkräfte und Elemente: «Die sonnen-
nahen Planeten haben es mehr zu tun mit demjenigen, was im
Menschen physische Elemente sind: das Feste, das Flüssige, das Luftförmige. Die sonnenfernen Planeten, die haben es mehr zu tun mit
dem, was im Menschen Ätherelemente sind. Die Sonne selbst trennt
die beiden voneinander. Merkur-, Venus-, Mondenkräfte bringen
den Menschen heran an das Feste, Flüssige und Luftförmige. Mars-,
Jupiter-, Saturnkräfte bewahren ihn davor, daß er in das Warme, in

das Lichtvolle, in das Chemisch-Wirksame ausfließt. [...] Und zwischenhinein, damit die beiden nicht durcheinander wirken, stellt sich das sonnenhafte Element.»

Hinweis auf Saturn und Melancholie: «Diese Saturnkräfte, die in den Menschen hineinwirken, sind wirklich Kräfte, die eigentlich in gewissem Sinne mit dem Innersten der Menschennatur zusammenhängen. [...] Wie der Saturn in einem Menschen wirkt, davon hängt es ab, wie er aus dem Organismus heraus sich auslebt. So daß in der Tat der Melancholiker dadurch Melancholiker ist, daß er ganz besonders sich hineinsetzt in seine chemische Zusammensetzung, in all dasjenige, was da gekocht wird in der Leber, in der Galle und schon im Magen; das Melancholische beruht also auf diesem Sich-hinein-Setzen in die chemische Zusammensetzung. Und das wiederum beruht darauf, daß die Saturnkräfte bei einem solchen Menschen eben ganz besonders stark entwickelt sind.»

22. August 1922, Oxford, in: Die geistig-seelischen Grundkräfte der Erziehungskunst (6. Vortrag), GA 305, Dornach ³1991:
Ausführungen über die vier Temperamente bei den Kindern und deren Behandlung.

Melancholik: Sehen, wie «die rein physische Körperlichkeit den allerstärksten Einfluß ausübt, [...] daß starke Salzablagerungen im Organismus stattfinden, so daß das Kind, das melancholische Anlagen hat, sich schwer fühlt in seinem ganzen physischen Organismus. [...] Es ist ein Gefühl der Schwere, das der seelischen Intention entgegentritt. [...] Wir müssen gerade versuchen, an das melancholische Kind nicht lustige, komische Vorstellungen heranzubringen, sondern ernste Vorstellungen heranzubringen, diejenigen, die es selber aus sich herausholt.»

Grundsatz der Behandlung: «Wir heilen gerade pädagogisch, indem wir in einer modernen Form den alten goldenen Grundsatz befolgen: Gleiches wird nicht nur von Gleichem erkannt, sondern Gleiches wird auch durch Gleiches richtig behandelt, geheilt.»

Phlegmatik: Das Kind «lebt in dem Ätherischen» und «hat es nicht in seiner Gewalt, Vorstellungen von dem zu bekommen, was in seinem Leib vorgeht. Der Kopf wird untätig. [...] Das phlegmatische Kind ist ganz hingegeben der Welt. Es geht in der Welt auf. Es lebt wenig in sich.» Der Phlegmatiker wird durch Phlegma gelangweilt:

«Wir bemerken, daß sich da irgend etwas entzündet, wenn wir dem phlegmatischen Kinde in Phlegma getauchte Vorstellungen, in Phlegma getauchte Vorgänge auch vorführen.»

Sanguinik: Das sanguinische Kind will «von Eindruck zu Eindruck eilen. Es stockt seine Blutzirkulation, wenn die Eindrücke nicht schnell genug wechseln. [...] Es kann schwer gefesselt werden. [...] Man zwinge das Kind gerade dazu, rasch hintereinander Eindrücke aufzunehmen. [...] Die Folge davon ist, daß das Kind selber zum Retardieren kommt.»

Cholerik: «Das cholerische Kind aber behält etwas zurück von dem Toben und Wüten des ganz kleinen Kindes. [...] Man muß versuchen, dieses cholerische Kind dadurch zu behandeln, daß man das ‹kleine Kind›, das da drinnen ist, allmählich zur Ablähmung bringt. Das muß nun ganz besonders, ich möchte sagen, mit Humor behandelt werden.» Auch hier gilt es, Gleiches mit Gleichem zu behandeln, das fordert vom Lehrer «Künstlerblut». Der Choleriker sollte Gelegenheit haben, sein Temperament in Tätigkeiten auszuleben.

Sitzordnung nach Temperamenten: «Durch diese Art sozialer Behandlung schleifen sich die Temperamente an ihresgleichen gegenseitig ab.»

Mischung der Temperamente: «Zuerst muß man den Menschen kennen, dann muß man den Melancholiker kennen. Der Melancholiker ist nun nie reiner Melancholiker, die Temperamente sind immer vermischt. Ein Temperament ist immer dominierend. Aber nur, wenn man das einzelne Temperament richtig kennt, findet man den Weg in die Individualität hinein.»

23. September 1922, Dornach, in: Die Grundimpulse des weltgeschichtlichen Werdens der Menschheit (4. Vortrag), GA 216, Dornach ³1988:

Hinweis, daß elementarische Erdgeister helfen, «wenn der Mensch eine intensive moralische Idee hat, den ganzen Organismus so zu gestalten, daß diese moralische Idee im Menschen zur Temperamentsanlage, zur Blutsgestaltung werden kann».

3. Januar 1923, Dornach, in: Der Entstehungsmoment der Natur-
wissenschaft in der Weltgeschichte und ihre seitherige Entwickelung
(8. Vortrag), GA 326, Dornach ³1977:
Hinweis auf Philosophie und Temperament der Vorsokratiker.
Ausführungen über Säfte und Elemente.

10. Januar 1923, Dornach, in: Über Gesundheit und Krankheit
(13. Vortrag), GA 348, Dornach ³1983:
Ausführungen über den Biber, «ein außerordentlich phlegmatisches
Tier», und seinen Bau. Die «Phlegmatischheit» im Zusammenleben
der Biber.

6. Februar 1923, Stuttgart, Konferenz, in: Konferenzen mit den
Lehrern der Freien Waldorfschule 1919 bis 1924, Bd. II, GA 300 b,
Dornach 1975:
Hinweis auf die Verwendung von Kochsalz: «Ein Kind ist gewissermaßen leicht dazu geneigt, unaufmerksam zu sein, flüchtig hinweg-
zugehen über dasjenige, was man als Lehrer entwickelt vor dem Kinde – das Kind ist, man könnte auch sagen, zu sehr ein Sanguiniker
oder ein Phlegmatiker –, dann wird man auf irgendeine Weise es
bewirken müssen, daß das Kind die Bildekräfte angeregt bekommt,
die es befähigen, stärker aufmerksam zu sein auf die Außenwelt, und
das geschieht durch Beibringung des Salzigen.»
Hinweis zum Phlegmatiker: «An der besonders physisch großen
Kopfausbildung zeigt sich also dasjenige, was ich jetzt an Mängeln
durch Flüchtigkeit und durch zu starkes Phlegma angedeutet habe.»
Temperament und dreigliedriger Mensch: «Das phlegmatische und
sanguinische Temperament hängt zusammen mit dem Nerven-Sinnessystem; das cholerische und melancholische mit dem Stoffwechsel-Gliedmaßensystem.»

1. März 1923, Stuttgart, Konferenz, in: Konferenzen mit den Leh-
rern der Freien Waldorfschule 1919 bis 1924, Bd. II, GA 300 b,
Dornach 1975:
Vorhaben zum Lehrplan: «Die Temperamente kommen dann bei den
Lebensaltern zur Geltung.» [Dies ist nicht ausgeführt.]

22. April 1923, Dornach, in: Die pädagogische Praxis vom Gesichts-
punkte geisteswissenschaftlicher Menschenerkenntnis (8. Vortrag),
GA 306, Dornach ⁴1989:
Hinweis auf die Zuckerdiät für den Melancholiker, um die Lebertätigkeit zurückzuhalten, denn «das bekämpft von der Körperseite
her das melancholische Temperament. Es ist eine äußere Stütze, aber
diese äußere Stütze muß man kennen. [...] Beim sanguinischen Kinde
kann es wieder gut sein, gerade die Leber anzuregen, und das geschieht, wenn man ihm den Zucker entzieht.»
Aufzählung der «vier Haupttemperamente» und Hinweis auf eine
entsprechende Sitzordnung in der Klasse. Blick auf Temperament und
Charakter im Zusammenhang mit der Erkenntnis der Evangelien.

12. Juli 1923, Stuttgart, Konferenz, in: Konferenzen mit den
Lehrern der Freien Waldorfschule 1919 bis 1924, Bd. III, GA 300 c,
Dornach 1975:
Hinweis auf einen Schüler und sein «Temperament».

27. Juli 1923, Dornach, «Die geistigen Individualitäten unseres
Planetensystems. Schicksalbestimmende und menschenbefreiende
Planeten», 1. Vortrag, in: Initiationswissenschaft und Sternen-
erkenntnis, GA 228, Dornach ²1985:
Hinweis auf die Venus als einen der schicksalbestimmenden Plane-
ten: «Die Venus, die liefert die Kräfte für alles das, was Gemüts- und
Temperamentsanlagen sind.»

16. August 1923, Ilkley, in: Gegenwärtiges Geistesleben und
Erziehung (12. Vortrag), GA 307, Dornach ⁵1986:
Hinweis auf eine temperamentsgemäße Sitzordnung und auf den Zuk-
ker bei Sanguinikern («darauf sehen, daß seinen Speisen der Zucker
möglichst entzogen wird») und bei Melancholikern («dann müssen
wir mehr Süße den Speisen zusetzen»). Ausführungen über die Leber.

13. Oktober 1923, Dornach, in: Mensch und Welt. Das Wirken
des Geistes in der Natur. Über das Wesen der Bienen (3. Vortrag),
GA 351, Dornach ⁴1988:
Ausführungen über Leber und Galle, Phlegmatik und Zorn [Cho-
lerik]. «Wenn Sie keine Galle hätten, wären Sie fürchterliche Phleg-

matiker. [...] Namentlich bei den jähzornigen Leuten fließt aus der Leber fleißig Galle heraus. [...] Der Zorn ist etwas Seelisches, die Gallenabsonderung ist etwas Physisches; aber es gibt nichts im Menschen, das nicht zugleich seelisch ist, und alles Seelische hat irgendwie eine physische Form.»

19. November 1923, Den Haag, «Die Kunst der moralischen und physischen Erziehung», in: Anthroposophische Menschenkunde und Pädagogik, GA 304 a, Dornach 1979:
Hinweis auf die Zuckerdiät des stark melancholischen Kindes: «Man regelt nun im Zusammenwirken mit den Eltern die Diät in bezug auf den Zuckerzusatz zu den Speisen.» Zur physischen Erziehung.

23. November 1923, Dornach, in: Mysteriengestaltungen (1. Vortrag), GA 232, Dornach ⁴1987:
Ausführungen über das «Erinnerungserlebnis»: «Die Erinnerung gibt der Seele die Färbung.» Das Leben des Menschen prägt nach außen die Physiognomie, «nach innen hin sein Temperament. [...] Das Temperament des Alters ist vielfach ein Ergebnis dessen, was wir im Leben durchgemacht haben und was innerlich seelisch Erinnerung geworden ist.»
Bedeutsame Übung, sich ins «Temperament seiner Kindheit oder überhaupt in ein früheres Temperament hineinzuversetzen».

15. Dezember 1923, Dornach, in: Mysteriengestaltungen (11. Vortrag), GA 232, Dornach ⁴1987:
Ausführungen über den Zusammenhang der Physiognomik mit dem Tierkreis und Hinweis auf das melancholische Temperament und die Leber: «Eigenschaft in der Leber, die z.B. einen Anflug von Melancholie in das Seelenleben hineinbringt». Vom «kosmischen Bestimmtsein des Menschen».

18. Dezember 1923, Stuttgart, Konferenz, in: Konferenzen mit den Lehrern der Freien Waldorfschule 1919 bis 1924, Bd. III, GA 300 c, Dornach 1975:
Hinweis zum Turnen: «Es wäre möglich, eine Stunde so zu gestalten im Turnen, daß man die Kinder so gruppiert, daß sie das machen, wozu ihr Temperament sie treibt.»

25. Januar 1924, Bern, in: Esoterische Betrachtungen karmischer
Zusammenhänge, Sechster Band, GA 240, Dornach ⁵1992:
Hinweis, daß wir aus dem Geistigen «bestimmt sind nach unseren
innersten Fähigkeiten, nach unserem Temperament, sogar nach dem
innersten Wesen unseres Charakters».

Ausführungen über die Wirkung von Sonne und Mond im Zusammenhang mit dem menschlichen Temperament: «Da sind schon
Kräfte in unserem Temperament, die durchaus in den physischen
Leib, namentlich aber in den Ätherleib hineinspielen: Das regelt in
uns das Zusammenspiel von Sonne und Mond. Derjenige, der einen
stark melancholischen Einschlag hat in seinem Temperament, der ist
stark beeinflußt vom Mondenhaften. Wer einen stark sanguinischen
Zug in seinem Temperament hat, der ist stark beeinflußt vom Son-
nenhaften. Derjenige, in dem sich Sonnen- und Mondenhaftes aus-
gleichen, der wird dann ein Phlegmatiker. Da, wo das Physische in
uns hereinspielt und seelisch zum Vorschein kommt wie in dem Temperament, da spielt im ganzen Wesen, das wir als Mensch in uns
tragen, das Sonnen- und Mondenhafte herein.»

19. Februar 1924, Dornach, «Das Dur- und Moll-Erlebnis»,
in: Eurythmie als sichtbarer Gesang (1. Vortrag), GA 278,
Dornach ⁴1984:
Hinweis auf den Sanguiniker und auf den Melancholiker in bezug auf
die eurythmische Darstellung der Vokale o und u bzw. a und e: «Da
haben Sie schon das Hinübergehen in die ewige Dur-Stimmung des
sanguinischen Menschen [o und u] und in die ewige Moll-Stimmung
des melancholischen Menschen [a und e].»

8. April 1924, Stuttgart, in: Die Methodik des Lehrens
und die Lebensbedingungen des Erziehens (1. Vortrag), GA 308,
Dornach ⁵1986:
Ausführungen über das Lehrertemperament und über die krankmachende Wirkung des ungezügelten Erziehertemperaments: Das unge-
zügelte cholerische Lehrertemperament bewirkt, in oft feiner Weise,
Schreck, Schock und Angst; das kann sich «fortpflanzen bis in die physische Organisation des Kindes hinein». Genaue Ausführungen über
diese Einwirkungen in einer Lebensepoche, in der «das Kind fast ganz
Sinnesorgan ist»: Einwirken in die Atmungsrhythmen, in die Blutzir-

kulation, in den Stoffwechsel. «Und wir sehen die Folgen des cholerischen Temperamentes des Lehrers, der sich gehen läßt, in den Stoffwechselkrankheiten nicht nur des Erwachsenen [im fünfundvierzigsten, fünfzigsten Lebensjahre], sondern des alt gewordenen Menschen zutage treten»: schlechte Verdauung, Gicht, Rheuma und so weiter.

Bedeutung der «Methodik des Lehrens» und der «Lebensbedingungen der Erziehung».

Beim phlegmatischen Lehrer, der sich nicht selbst erzieht, wird es so sein, daß «der inneren Regsamkeit des Kindes kein Genüge geschieht. [...] Die Seele des Kindes fühlt seelisch Atemnot, wenn der Lehrer phlegmatisch ist.» Das hat später Nervosität, Neurasthenie zur Folge. «Ganze Kulturerscheinungen krankhafter Art werden so erklärlich.» Hinweis, daß die Lehrerschaft des ausgehenden 19. Jahrhunderts insofern phlegmatisch war, als sie sich dem Materialismus verschrieb und seinen Interessen, «die eine ungeheure Gleichgültigkeit entwickeln bei dem Erziehenden gegenüber den eigentlichen intimeren Seelenregungen des zu erziehenden Menschen».

Wenn sich der Lehrer dem melancholischen Temperament zu sehr hingibt, entsteht diese Gefahr: «Der Faden des Geistig-Seelischen der Kinder [droht] fortwährend abzureißen, der Faden des Empfindungslebens erkältet [sich].» Wenn dadurch «unregelmäßig werden Atmung und Blutzirkulation», können Herzkrankheiten im vierzigsten, fünfundvierzigsten Lebensjahr verursacht werden.

Der Lehrer und Erzieher muß gegenüber den Temperamenten «Selbsterziehung üben». «Das sanguinische Temperament des Lehrers ohne Selbsterziehung bewirkt eine Unterdrückung der Vitalität, eine Unterdrückung von Lebensfreude, von kraftvollem Willen, der aus der Individualität aufquillt», weil am Schüler kein wirkliches Interesse entstand.

13. April 1924, Bern, in: Anthroposophische Pädagogik und ihre Voraussetzungen (1. Vortrag), GA 309, Dornach ⁵1981:
Ausführungen über den Jähzorn des Erziehers und seine krankmachende Wirkung beim Kind: «Aber bei dem Kinde geht alles Seelische in das Leibliche hinunter.» Später können Erkrankungen daraus entstehen. «Ja, so ist es: Wie der Erziehende sich benimmt gegenüber dem kleinen Kinde, damit veranlagt er es zum innerlichen Glück oder Unglück, zu Gesundheit oder Krankheit.»

Hinweise zur krankmachenden Wirkung bei allen vier Temperamenten:

Cholerik vor dem Zahnwechsel – «Zirkulationsstörungen des rhythmischen Systems» im vierzigsten, fünfundvierzigsten Lebensjahr. Melancholik «ohne Seelenwärme» gegenüber dem Kind – später krankhafte «Störungen des Blutes» und ähnliches. Phlegmatiker, dem alles gleichgültig ist – «Gehirnschwäche, Blutleere im Gehirn, Stumpfheit der Gehirntätigkeit im späteren Lebensalter». Sanguinik – «Mangel an Vitalkraft» und «zu wenig Lebenskraft» im späteren Alter.

25. April 1924, Dornach, in: Meditative Betrachtungen und
Anleitungen zur Vertiefung der Heilkunde (5. Vortrag des
Osterkurses), GA 316, Dornach ³1987:

Ausführungen über den Zusammenhang von Temperament und Wesensgliedern: Astralleib und Ich-Organisation nehmen vehement Formen aus dem physischen oder ätherischen Leib an – Melancholik. Astralleib und Ich-Organisation drücken dem physischen oder ätherischen Leib ihre Struktur auf – Cholerik. Dazwischen liegen Phlegmatik (Tendenz, die Struktur des physischen und besonders des ätherischen Leibes anzunehmen) und Sanguinik (das Vitale des Ätherleibs wird vom Astralleib beeinflußt).

Hinweis: «Pädagogik und Medizin» sind Dinge, «die sich ineinander fortsetzen.»

10. Juni 1924, Breslau, in: Esoterische Betrachtungen
karmischer Zusammenhänge, Fünfter Band (11. Vortrag),
GA 239, Dornach ³1985:

Ausführungen über Friedrich Schiller und Hinweis auf «die ungeheure Melancholie, die auf der Schillerschen Seele ruht. [...] Schiller ist wirklich ein Saturnmensch seinem Karma nach.»

25. Juni 1924, Dornach, in: Heilpädagogischer Kurs (1. Vortrag),
GA 317, Dornach ⁸1995:

Ausführungen über die Leber, unter anderem: Die Leber «ist im eminentesten Sinne dasjenige Organ, das dem Menschen die Courage gibt, eine ausgedachte Tat in eine wirklich ausgeführte umzusetzen».

26. Juni 1924, Dornach, in: Heilpädagogischer Kurs (2. Vortrag),
GA 317, Dornach ^{8}1995:

Ausführungen über ein «pädagogisches Gesetz»: «Das ist dieses, daß wirksam ist in der Welt auf irgendein Glied der menschlichen Wesenheit, wo es auch immer herkommt, das nächsthöhere Glied, und daß es nur dadurch wirksam zur Entwickelung kommt. Zur Entwickelung auf den physischen Leib kann wirksam sein ein im Ätherleib Lebendes, in einem ätherischen Leib Lebendes. Zur Entwickelung auf einen Ätherleib kann nur wirksam ein in einem astralischen Leib Lebendes sein. Zur Entwickelung auf einen astralischen Leib kann wirksam nur ein in einem Ich Lebendes sein. Und auf ein Ich kann wirksam sein nur ein in einem Geistselbst Lebendes. Ich könnte es noch weiter fortführen über das Geistselbst hinaus, aber da würden wir schon in eine Unterweisung des Esoterischen hineinkommen. [...] Mit Bezug auf das Erziehungsschema kann hierher geschrieben werden:

Kind: physischer Leib   Erzieher: Ätherleib
     Ätherleib   astralischer Leib
     Astralleib   Ich
     Ich   Geistselbst.»

1. Juli 1924, Dornach, in: Heilpädagogischer Kurs (6. Vortrag),
GA 317, Dornach ^{8}1995:

Äußerung im üblichen Wortgebrauch, die durchaus auch speziell verstanden werden kann: «Man versucht, mit möglichster Lebendigkeit das Ganze zu verfolgen. Diese Lebendigkeit, die Geistiges trägt, die überträgt sich wirklich auf die Kinder. Man muß, wenn man in dieser Weise auf die Kinder wirken will, Enthusiasmus und Temperament sich anschaffen.»

23. Juli 1924, Arnheim, in: Der pädagogische Wert der Menschen-
erkenntnis und der Kulturwert der Pädagogik (7. Vortrag),
GA 310, Dornach ^{4}1989:

Hinweis auf die Sitzordnung nach Temperamenten: «Gleiches wirkt auf Gleiches günstig.»

Hinweise auf die Behandlung: «Man muß als Lehrer sämtliche vier Temperamente in harmonischem Zusammenwirken in sich tragen», um entsprechend auf die Temperamente der Schüler einwirken zu können.

Ausführungen über die Zuckerdiät: Bei extremer Melancholik des Kindes muß das Kind «die Speisen gesüßter bekommen». Dem Sanguiniker dagegen gilt es «für einige Zeit eine Diät zu geben, die zukkerärmer ist als bisher». Ausführungen über die Leber.

15. August 1924, Torquay, in: Die Kunst des Erziehens
aus dem Erfassen der Menschenwesenheit (4. Vortrag), GA 311,
Dornach ⁵1989:
Hinweis auf das «bildhaft Erzählerische», das einen «guten Blick [...] für die Temperamente der Kinder» erfordert.
　Hinweis auf die Sitzordnung nach Temperamenten: «Gegenseitige Selbstkorrektur.»
　Hinweis auf die Behandlung der Temperamente: «Gleiches muß mit Gleichem behandelt werden.»

15. August 1924, Torquay, «Das innere Beleben der Seele durch
die Eigenschaften des Metallischen», in: Das Initiaten-Bewußtsein
(5. Vortrag), GA 243, Dornach ⁵1993:
Ausführungen über den Zusammenhang des Säftekreislaufes mit dem Kosmos und über den Einfluß des Lebens zwischen Tod und neuer Geburt auf das Temperament. «Wenn wir als Phlegmatiker durch die Welt gehen, müssen wir uns sagen: Unser Phlegma ist bedingt von dem, was wir durchgemacht haben zwischen dem letzten Tode und dieser Geburt. Ebenso das Cholerische, das Melancholische und Sanguinische. [...] In diesen Temperamenten, die im Säftekreislauf liegen, da hinein hat das Leben zwischen Tod und neuer Geburt das Siegel gedrückt. Aber geht man jetzt tiefer, so ist dem beigemischt dasjenige, was man Karma nennt, was man die Schicksalsprüfung nennt.»
　Hinweis auf die Bedeutung von Merkur und Quecksilber. Hinweis auf Brunetto Latini.

13. September 1924, Dornach, in: Sprachgestaltung
und Dramatische Kunst [zusammen mit Marie Steiner-von Sivers]
(9. Vortrag), GA 282, Dornach ⁴1981:
Bemerkungen zum [sanguinischen] Temperament des Schauspielers: «Temperament braucht man zur Bühnenkunst. [...] Ich meine, es ist wirklich so, die heutigen Menschen sind schon auch temperament-

voller, als sie es zeigen. Es ist nur zum Teil, wissen Sie, schon in der Kindheit nicht schicklich, das Temperament zu zeigen.»

Hinweis auf den Humor als gesteigertes Temperament: «An denjenigen Künsten, wo der Mensch sich selber herausstellt, gehört zur Kunst Temperament, und das gesteigerte Temperament, der Humor.»

14. September 1924, Dornach, in: Sprachgestaltung und Dramatische Kunst (10. Vortrag), GA 282, Dornach ⁴1981:
Ausführungen über das Temperament in der Landschaftsmalerei: «Man schaut hinüber durch die gestaltete Landschaft in die Seele eines Temperaments. Denn je nachdem der Mensch sein Temperament hat, schaut die Landschaft aus bis in ihre Farbengebung hinein.» Beispiele zur Melancholik und Sanguinik.

Ausführungen über das Temperament im Schauspiel mit charakteristischen Beispielen für alle vier Temperamente.

14. September 1924, Dornach, in: Esoterische Betrachtungen karmischer Zusammenhänge, Vierter Band, GA 238, Dornach ⁶1991:
Bemerkung innerhalb einer biographischen Darstellung: «Es war bei dieser Persönlichkeit nicht Temperament, nicht Melancholie, nicht Sentimentalität, es war das Hereinleuchten eines früheren Lebens.»

Anmerkungen

1 Rudolf Steiner, *Das Geheimnis der menschlichen Temperamente*, durch C. Englert-Faye aus mehreren Vorträgen zusammengearbeiteter Text, Basel 1967, S. 28.

2 Johann Wolfgang Goethe, *Sämtliche Werke. Bd. 16: Schriften zur Wissenschaftslehre*, Artemis-Ausgabe, München 1977, S. 880; alle folgenden Goethe-Zitate werden nach dieser Ausgabe wiedergegeben.

3 Zitiert nach Michaela Glöckler und Wolfgang Goebel, *Kindersprechstunde. Ein medizinisch-pädagogischer Ratgeber*, Stuttgart ⁷1988, S. 368.

4 Johann Wolfgang Goethe, *Schriften zur Wissenschaftslehre*, a.a.O. (Anm. 2), S. 886.

5 Alfred Kubin, *Die andere Seite. Ein phantastischer Roman*, München ²1973, S. 15.

6 Caroline von Heydebrand, *Vom Seelenwesen des Kindes*, Stuttgart o.J., S. 27.

7 Johann Wolfgang Goethe, *Dichtung und Wahrheit* (Elftes Buch), Bd. 10, S. 500 ff.

8 Wolfgang Amadeus Mozart, Brief vom 13.11.1777 aus Mannheim an das «Bäsle» Maria Anna Thekla Mozart in Augsburg, Kassel 1978.

9 Romain Rolland, *Meister Breugnon* (1914), Reinbek 1987, S. 17.

10 Kurt Brotbeck, *Der Mensch, Bürger zweier Welten. Menschenkunde als Erziehungs- und Führungshilfe*, Zürich 1972, S. 168.

11 *Kinder- und Hausmärchen*, gesammelt durch die Brüder Grimm, Nr. 26, München 1978, S. 177.

12 Johann Wolfgang Goethe, Sprichwörtlich, in: *Gedichte*, Bd. 1, S. 429.

13 Johann Wolfgang Goethe, *Wilhelm Meisters Lehrjahre* (Siebentes Buch, Erstes Kapitel), Bd. 7, S. 453.

14 Johann Wolfgang Goethe, *West-östlicher Divan*, Buch der Liebe, Bd. 3 S. 309.

15 Herman Grimm, *Leben Michelangelos*, Wien / Leipzig o.J., S. 350 und S. 373.

16 Jens Bjørneboe, *Jonas. Roman,* Stuttgart 1993, S. 11 f.

17 Gerhart Hauptmann, *Der Narr in Christo Emanuel Quint,* Berlin 1924.

18 Hans W. Heinsheimer über Bartók, in: Everett Helm, *Béla Bartók,* Reinbek 1965, S. 142.

19 Rudolf Steiner, *Das Geheimnis der menschlichen Temperamente,* a.a.O. (Anm. 1).

20 Paul Sacher über Béla Bartók, in: Everett Helm, a.a.O. (Anm. 18), S. 142.

21 Ein Zeitgenosse über Kant, in: Wilhelm Weischedel, *Die philosophische Hintertreppe. 34 große Philosophen in Alltag und Denken,* Darmstadt 1974, S. 213.

22 Immanuel Kant, Über die Hypochondrie, in: *Streit der Fakultäten,* Berlin 1921–23.

23 Virginia Woolf, *Orlando. Eine Biographie* (1928), Frankfurt/M. 1987, S. 75.

24 Johann Peter Eckermann, *Gespräche mit Goethe. In den letzten Jahren seines Lebens,* Frankfurt/M. 1980.

25 Georges-Arthur Goldschmidt, *Die Absonderung. Eine Erzählung,* Frankfurt/M. 1993, S. 65.

26 Hans Müller-Wiedemann, *Karl König. Eine mitteleuropäische Biographie im 20. Jahrhundert,* Stuttgart 1992, S. 16.

27 Ebd., S. 21.

28 A.a.O. (Anm. 11), Nr. 153, S. 666.

29 Walter Jens, *Herr Meister. Dialog über einen Roman,* München 1963, S. 52 f.

30 Johann Wolfgang Goethe, *Gedichte,* Bd. 1, S. 507.

31 Ebd., S. 515.

32 Ebd., S. 421.

33 Ebd., S. 47.

34 Iwan A. Gontscharow, *Oblomow* (1857), Frankfurt/M. 1961, S. 7.

35 Sten Nadolny, *Die Entdeckung der Langsamkeit. Roman,* München 1989, S. 10 und S. 207 f.

36 Inken Saltzwedel, Schüler erzählen Geschichten. Über kreatives Schreiben im Deutschunterricht der Oberstufe, in: *Erziehungskunst,* 3/1993, S. 261.

37 Giovanni Boccaccio, *Das Dekameron* (Achter Tag, Dritte Geschichte), Frankfurt/M. 1961, S. 418.

38 A.a.O. (Anm. 11), Nr. 50, S. 28.

39 Johann Wolfgang Goethe, *Gedichte* (Aus dem Nachlaß), Bd. 2, S. 45.

40 Johann Wolfgang Goethe, Chor der Schmiede, aus *Pandora,* Bd. 6, S. 412.

41 Hermann Lenz, Die Muse, in: *Hotel Memoria. Erzählungen,* Frankfurt/M. 1990, S. 43.

42 Aus dem Nachruf von Rolf Michaelis, in: *Die Zeit,* 5.8.1994.

43 Johann Wolfgang Goethe, *Aus Lavaters physiognomischen Fragmenten* (1774–1775), Bd. 17, S. 444.

44 Zitiert bei Wilhelm Weischedel, a.a.O. (Anm. 21), S. 228.

45 Rudolf Steiner, *Esoterische Betrachtungen karmischer Zusammenhänge. Vierter Band,* GA 238, Dornach ⁶1991, Vortrag vom 16.9.1924.

46 Eine Schilderung von Joh. Andr. Stumpff in: Stephan Ley, *Beethoven,* Wien o.J., S. 327.

47 Nach Ferdinand Ries in Stephan Ley, ebd., S. 129.

48 *Keltische Sagen aus Irland,* übersetzt und herausgegeben von Martin Löpelmann, München 1988, S. 88.

49 A.a.O. (Anm. 11), Nr. 55, S. 317.

50 Johann Nestroy, *Das Haus der Temperamente. Posse mit Gesang in zwei Akten* (1837), Wien 1948/49, S. 13 ff.

51 Martin Hohnecker in der *Stuttgarter Zeitung.*

52 Helmut Eller, Ein Weg zum Erkennen der kindlichen Temperamente, in: Helmut Neuffer (Hrsg.), *Zum Unterricht des Klassenlehrers an der Waldorfschule. Ein Kompendium,* Stuttgart 1997, S. 1065 f.

53 Brief an Karl Ludwig von Knebel vom 3.1.1807.

54 Johann Wolfgang Goethe, *Schriften zur Literatur,* Bd. 14, S. 756.

55 Johann Nestroy, *Alles will den Propheten sehen. Posse mit Gesang.*

56 Vortrag vom 19.1.1909 in Karlsruhe, in: *Das Geheimnis der menschlichen Temperamente,* a.a.O. (Anm. 1), S. 17.

57 Detlef Sixel, *Rudolf Steiner über die Temperamente,* Dornach 1990.

58 Siehe Georg Hartmann, *Welche Fehler würdest Du am ersten entschuldigen?,* in: *Mitteilungen aus der anthroposophischen Arbeit in Deutschland,* 2/1976, S. 128 ff.

59 Siehe Rudolf Steiner, *Gesammelte Aufsätze zur Kultur- und Zeitgeschichte 1887–1901,* GA 31, Dornach ²1966, S. 618 f.

60 A.a.O. (Anm. 1).

61 Rudolf Steiner, *Welche Bedeutung hat die okkulte Entwickelung des Menschen für seine Hüllen und sein Selbst?,* GA 145, Dornach ⁵1986.

62 Rudolf Steiner, *Die Rätsel der Philosophie,* GA 18, Dornach ⁹1985.

63 Rudolf Steiner, *Erziehungskunst. Seminarbesprechungen und Lehrplanvorträge,* GA 295, Dornach ⁴1984, und *Die Methodik des Lehrens und die Lebensbedingungen des Erziehens,* GA 308, Dornach ⁵1986.

64 Rudolf Steiner, *Erziehungskunst. Seminarbesprechungen und Lehrplanvorträge,* a.a.O. (Anm. 63), Seminarbesprechung vom 22.8.1919.

65 Ebd., Seminarbesprechung vom 21.8.1919.

66 Rudolf Steiner, *Der pädagogische Wert der Menschenerkenntnis und der Kulturwert der Pädagogik,* GA 310, Dornach ⁴1989, Vortrag vom 23.7.1910.

67 Rudolf Steiner, *Wo und wie findet man den Geist?,* GA 57, Dornach ²1984.

68 A.a.O. (Anm. 1). Diese Schrift ist ein Sonderdruck aus *Die Menschenseele,* 2. Jg., Heft 2/3 1928.

69 Rudolf Steiner, *Theosophie. Einführung in übersinnliche Welterkenntnis und Menschenbestimmung*, GA 9, Dornach ³¹1987, und *Die Geheimwissenschaft im Umriß*, GA 13, Dornach ³⁰1989.

70 Stefan Leber, *Die Menschenkunde der Waldorfpädagogik. Anthropologische Grundlagen der Erziehung des Kindes und Jugendlichen*, Stuttgart 1993.

71 Ignaz Paul Vital Troxler, *Fragmente. Erstveröffentlichungen aus seinem Nachlasse*, hrsg. von Willi Aeppli, St. Gallen 1932.

72 Nicolai Hartmann, *Einführung in die Philosophie*, Hannover ⁴1956, S. 121.

73 Rudolf Steiner, *Das Geheimnis der menschlichen Temperamente*, a.a.O. (Anm. 1), S. 17.

74 Ebd., S. 18.

75 Ebd.

76 Ebd.

77 Ebd., S. 19.

78 Rudolf Steiner, *Anthroposophie. Ein Fragment aus dem Jahre 1910*, GA 45, Dornach ³1980, S. 52.

79 Christof Lindenau, Zur Doppelnatur des menschlichen Ätherleibes, in: Jochen Bockemühl (Hrsg.), *Erscheinungsformen des Ätherischen. Wege zum Erfahren des Lebendigen in Natur und Mensch*, Stuttgart ²1985, S. 173.

80 Rudolf Steiner, *Der innere Aspekt des sozialen Rätsels*, GA 193, Dornach ⁴1989, Vortrag vom 12.6.1919.

81 Stefan Leber, Geschlechtlichkeit und Erziehungsauftrag, in: Stefan Leber, Wolfgang Schad, Andreas Suchantke, *Die Geschlechtlichkeit des Menschen. Gesichtspunkte zu einer pädagogischen Behandlung*, Stuttgart ²1989, S. 135.

82 Rudolf Steiner, *Das christliche Mysterium*, GA 97, Dornach ³1981, Vortrag vom 14.3.1906.

83 Rudolf Steiner, *Das Geheimnis der menschlichen Temperamente*, a.a.O. (Anm. 1), S. 10.

84 Rudolf Steiner, *Erziehungskunst. Seminarbesprechungen und Lehrplanvorträge*, a.a.O. (Anm. 63), Seminarbesprechung vom 26.8.1919; Goethe-Verse: Zahme Xenien VI.

85 Rudolf Steiner, *Das Geheimnis der menschlichen Temperamente*, a.a.O. (Anm. 1), S. 12.

86 Ebd., S. 19.

87 Ebd., S. 17.

88 *Erziehungskunst. Seminarbesprechungen und Lehrplanvorträge*, a.a.O. (Anm. 63), Seminarbesprechung vom 21.8.1919.

89 Ebd., S. 20 f.

90 Ebd., Seminarbesprechung vom 26.8.1919.

91 Rudolf Steiner, *Theosophie*, a.a.O. (Anm. 69), S. 50.

92 Rudolf Steiner, *Erziehungskunst. Seminarbesprechungen und Lehrplanvorträge*, a.a.O. (Anm. 63), Seminarbesprechung vom 21.8.1919.

93 Ebd.

94 Klaus Dumke, Der menschliche Organismus und die Wesensglieder, in: *Die Drei*, 11/1986, S. 801 ff.

95 Lothar Vogel, *Der dreigliedrige Mensch. Morphologische Grundlagen einer allgemeinen Menschenkunde*, Dornach ³1992.

96 Rudolf Steiner, *Geisteswissenschaft und Medizin*, GA 312, Dornach ⁶1985, Vortrag vom 29.3.1920.

97 Walter Holtzapfel, *Im Kraftfeld der Organe. Leber, Lunge, Niere, Herz*, Dornach ³1994; Friedrich Husemann / Otto Wolff, *Das Bild des Menschen als Grundlage der Heilkunst. Entwurf einer geisteswissenschaftlich orientierten Medizin*, 3 Bde., Stuttgart 1991 und 1993; Heinz-Hartmut Vogel, Die vier Hauptorgane des Menschen als Grundlage der Psychosomatik, in: *Der Merkurstab*, 1/1994, S. 15 ff.; Lothar Vogel, *Der dreigliedrige Mensch*, a.a.O. (Anm. 95).

98 Zitiert nach Lothar Vogel, *Der dreigliedrige Mensch*, a.a.O. (Anm. 95), S. 84.

99 Rudolf Steiner, *Geisteswissenschaft und Medizin*, a.a.O. (Anm. 96), Vortrag vom 1.4.1920.

100 Rudolf Steiner, *Heilpädagogischer Kurs*, GA 317, Dornach ⁸1995, Vortrag vom 25.6.1924.

101 Ebd.

102 Friedrich Husemann, *Das Bild des Menschen als Grundlage der Heilkunst. Bd. 2: Zur Pathologie und Therapie*, Stuttgart ²1956, S. 520.

103 Ebd.

104 Rudolf Steiner, *Geisteswissenschaft und Medizin*, a.a.O. (Anm. 96), Vortrag vom 29.3.1920.

105 Johann Nepomuk Nestroy, *Der Gutmütige Teufel*, 1851.

106 Rudolf Steiner, *Geiseswissenschaft und Medizin*, a.a.O. (Anm. 96), Vortrag vom 1.4.1920.

107 Rudolf Steiner, *Die Theosophie des Rosenkreuzers*, GA 99, Dornach ⁷1985, Vortrag vom 5.6.1907.

108 Rudolf Steiner, *Geiseswissenschaft und Medizin*, a.a.O. (Anm. 96), Vortrag vom 29.3.1920.

109 Ebd.

110 Ebd.

111 Heinz-Hartmut Vogel, a.a.O. (Anm. 97), S. 16 ff.

112 Walter Holtzapfel, a.a.O. (Anm. 97), S. 70 ff.

113 Rudolf Steiner, *Geisteswissenschaft und Medizin*, a.a.O. (Anm. 96), Vortrag vom 1.4.1920.

114 Friedrich Husemann, a.a.O. (Anm. 102), S. 638 f.

115 Walter Holtzapfel, *Im Kraftfeld der Organe*, a.a.O. (Anm. 97), S. 86.

116 Ebd.

117 Rudolf Steiner, *Geisteswissenschaft und Medizin*, a.a.O. (Anm. 96), Vortrag vom 29.3.1920.

118 Vgl. Lothar Vogel, a.a.O. (Anm. 95), S. 191 f.

119 Rudolf Steiner, *Geisteswissenschaft und Medizin*, a.a.O. (Anm. 96), Vortrag vom 29.3.1920.

120 Ebd., Vortrag vom 1.4.1920.

121 Ebd., Vortrag vom 29.3.1920.

122 Walter Holtzapfel, *Im Kraftfeld der Organe*, a.a.O. (Anm. 97), S. 58.

123 Rudolf Steiner, *Erziehungskunst. Seminarbesprechungen und Lehrplanvorträge*, a.a.O. (Anm. 63); gemeint ist der Vortrag vom 4.3.1909 in Berlin, in: Wo u*nd wie findet man den Geist?*, a.a.O. (Anm. 67).

124 Ebd.

125 Wolfgang Schad, *Erziehung ist Kunst. Pädagogik aus Anthroposophie*, Stuttgart ³1994, S. 89.

126 Ebd.

127 Rudolf Steiner, *Erziehungskunst. Seminarbesprechungen und Lehrplanvorträge*, a.a.O. (Anm. 63), Seminarbesprechung vom 21.8.1919.

128 Rudolf Steiner, *Heilpädagogischer Kurs*, a.a.O. (Anm. 100), Vortrag vom 26.6.1924.

129 Rudolf Steiner, *Die Theosophie des Rosenkreuzers*, a.a.O. (Anm. 107), Vortrag vom 30.5.1907.

130 Wolfgang Schad, *Erziehung ist Kunst*, a.a.O. (Anm. 125), S. 95.

131 Ebd., S. 95 f.

132 Rudolf Steiner, *Erziehungskunst. Seminarbesprechungen und Lehrplanvorträge*, a.a.O. (Anm. 63), Seminarbesprechung vom 26.8.1919.

133 Novalis, Vorarbeiten zu verschiedenen Fragmentsammlungen, Fragment Nr. 222 und 223, in: *Schriften. 2. Band: Das philosophische Werk I*, Stuttgart 1960 / Darmstadt 1965.

134 Rudolf Steiner, *Vor dem Tore der Theosophie*, GA 95, Dornach ⁴1990, Vortrag vom 28.8.1906.

135 Rudolf Steiner, *Das Geheimnis der menschlichen Temperamente*, a.a.O. (Anm. 1), S. 9.

136 Rudolf Steiner, *Welche Bedeutung hat die okkulte Entwickelung des Menschen für seine Hüllen und sein Selbst?*, a.a.O. (Anm. 61), Vortrag vom 22.3.1913.

137 Rudolf Steiner, *Der menschliche und der kosmische Gedanke*, GA 151, Dornach ⁶1990, Vortrag vom 21.1.1914.

138 Siehe Anm. 133.

139 Rudolf Steiner, *Das Geheimnis der menschlichen Temperamente*, a.a.O. (Anm. 1), S. 30.

140 Ebd.

141 Ebd., S. 39.

142 Rudolf Steiner, *Aus den Inhalten der esoterischen Stunden. Band I*, GA 266/1, Dornach 1995, Anhang.

143 Rudolf Steiner, *Gegenwärtiges Geistesleben und Erziehung*, GA 307, Dornach ⁵1986, Vortrag vom 16.8.1923.

144 Rudolf Steiner, *Anthroposophische Menschenkunde und Pädagogik*, GA 304a, Dornach 1979, Vortrag vom 19.11.1923.

145 Rudolf Steiner, *Die pädagogische Praxis vom Gesichtspunkte geisteswissenschaftlicher Menschenerkenntnis*, GA 306, Dornach ⁴1989, Vortrag vom 22.4.1923.

146 Ebd.

147 Rudolf Steiner, *Erziehungskunst. Seminarbesprechungen und Lehrplanvorträge*, a.a.O. (Anm. 63), Seminarbesprechung vom 22.8.1919.

148 Stefan Leber, *Die Menschenkunde der Waldorfpädagogik*, a.a.O. (Anm. 70), siehe Inhaltsverzeichnis S. 7 f.

149 Johann Wolfgang Goethe, Bd. 6, S. 222 (I/2, 304 f.).

150 Johann Wolfgang Goethe, Bd. 7, S. 477.

151 Johann Wolfgang Goethe, Bd. 11, S. 453.

152 Rudolf Steiner, *Metamorphosen des Seelenlebens – Pfade der Seelenerlebnisse. Bd. II*, GA 59, Dornach 1984, Vortrag vom 14.3.1910.

153 Otto Friedrich Bollnow, *Wesen und Wandel der Tugenden*, Frankfurt/M. 1958, S. 155.

154 Ignaz Paul Vital Troxler, Aus den Vorlesungen über psychische Anthropologie (Nachschrift von Jos. Egli), in: *Die Menschenschule*, 54. Jg., 9/1980.

155 Rudolf Steiner, *Erziehungskunst. Seminarbesprechungen und Lehrplanvorträge*, a.a.O. (Anm. 63).

156 Rudolf Steiner, *Menschenwerden, Weltenseele und Weltengeist – Zweiter Teil*, GA 206, Dornach ²1991, Vortrag vom 7.8.1921.

157 Christian Morgenstern, *Werke und Briefe. Band V*, Stuttgart 1987, Aphorismus Nr. 1031, S. 233.

158 Rudolf Steiner, *Die Rätsel der Philosophie*, a.a.O. (Anm. 62), S. 53.

159 Rudolf Steiner, *Kunstgeschichte als Abbild innerer geistiger Impulse*, GA 292, Dornach ²1981, Vortrag vom 8.11.1916.

160 Raymond Klibansky, Erwin Panofsky, Fritz Saxl, *Saturn und Melancholie. Studien zur Geschichte der Naturphilosophie und Medizin, der Religion und der Kunst*, Frankfurt/M. 1990, S. 514.

161 Peter Handke, *Gedicht an die Dauer*, Salzburg 1986, S. 10 und S. 53.

162 Rudolf Steiner, *Allgemeine Menschenkunde als Grundlage der Pädagogik,* GA 293, Dornach ²1992, Vortrag vom 22.8.1919.

163 Rudolf Steiner, *Konferenzen mit den Lehrern der Freien Waldorfschule 1919 bis 1924,* Bd. II, GA 300 b, Dornach 1975.

164 Rudolf Steiner, *Welche Bedeutung hat die okkulte Entwickelung des Menschen für seine Hüllen und sein Selbst?,* a.a.O. (Anm. 61), Vortrag vom 23.3.1913.

165 Georg Kniebe (Hrsg.), *Was ist Zeit? Die Welt zwischen Wesen und Erscheinung,* Stuttgart 1993.

166 Rudolf Steiner, *Das Geheimnis der menschlichen Temperamente,* a.a.O. (Anm. 1), S. 9.

167 Man vergleiche dazu insbesondere Rudolf Steiners Vorträge vom 21. und 26.8.1919 in *Erziehungskunst. Methodisch-Didaktisches,* GA 294, Dornach ⁶1990.

168 Ebd., Vortrag vom 26.8.1919.

169 Vgl. dazu Rudolf Steiner und Marie Steiner-von Sivers, *Sprachgestaltung und Dramatische Kunst,* GA 282, Dornach ⁴1981, Vortrag vom 21.9.1924.

170 Max Gümbel-Seiling, *Sprachkunst,* Stuttgart ²1958, S. 43.

171 Rudolf Steiner, *Erziehungskunst. Seminarbesprechungen und Lehrplanvorträge,* a.a.O. (Anm. 63), Seminarbesprechung vom 23.8.1919.

172 Ebd., Seminarbesprechung vom 25.8.1919.

173 Erika Dühnfort, *Der Sprachbau als Kunstwerk. Grammatik im Rahmen der Waldorfpädagogik,* Stuttgart ³1997.

174 Vgl. Rudolf Steiner, *Erziehungskunst. Seminarbesprechungen und Lehrplanvorträge,* a.a.O. (Anm. 63), Seminarbesprechung vom 21.8.1919.

175 *Kinder- und Hausmärchen,* gesammelt durch die Brüder Grimm, a.a.O. (Anm. 11), Nr. 171.

176 Caroline von Heydebrand, *Christophorus-Spiel,* Verlag Das Seelenpflegebedürftige Kind, 1988.

177 Heinz Müller, *Von der heilenden Kraft des Wortes und der Rhythmen. Die Zeugnissprüche in der Erziehungskunst Rudolf Steiners,* Stuttgart ⁴1995.

178 Ebd., S. 32.

179 Novalis, *Schriften. 3. Band: Das philosophische Werk II,* Stuttgart 1960 / Darmstadt 1968, Fragment Nr. 642.

180 Friedrich Hebbel, *Werke. 5. Band: Tagebücher II, Briefe,* München / Darmstadt 1967, Brief an Friedrich von Uechtritz, Wien, 12.3.1857.

181 Erika Dühnfort, a.a.O. (Anm. 173), S. 305 ff.

182 Friedrich Hebbel, a.a.O. (Anm. 180).

183 Erika Dühnfort, a.a.O. (Anm. 173), S. 312 ff.

184 Ebd., S. 314.

185 Friedrich Hebbel, a.a.O. (Anm. 180).

186 Erika Dühnfort, a.a.O. (Anm. 173), S. 316 ff.

187 Bettina von Arnim, Clemens Brentanos Frühlingskranz, in: *Werke und Briefe. Erster Band,* Köln 1959, S. 74 f. (Brief vom Januar 1802).

188 Erika Dühnfort, a.a.O. (Anm. 173), S. 316.

189 Rudolf Steiner, *Esoterische Betrachtungen karmischer Zusammenhänge. Zweiter Band,* GA 236, Dornach ⁶1988, Vorträge vom 12. und 23.4.1924.

190 Conrad Ferdinand Meyer, *Historisch-kritische Ausgabe in 15 Bänden.*

191 Adolf Frey, *Conrad Ferdinand Meyer. Sein Leben und seine Werke,* Stuttgart 1900, S. 27.

192 Elisabeth Weißert, «Trost der Sichtbarkeit», in: *Erziehungskunst* 11/1975, S. 576.

193 Kurt Brotbeck, *Der Mensch, Bürger zweier Welten. Menschenkunde als Erziehungs- und Führungshilfe,* a.a.O. (Anm. 10), S. 177.

194 Betsy Meyer, *Conrad Ferdinand Meyer in der Erinnerung seiner Schwester,* Berlin 1903, S. 161.

195 Friedrich Schiller, *Sämtliche Werke,* Fünfter Band, München 1967.

196 Ebd., Fünfzehnter Brief.

197 Ebd., Fünfzehnter Brief.

198 Ebd., Fünfzehnter Brief.

199 Conrad Ferdinand Meyer, *Jürg Jenatsch. Eine alte Bündner-Geschichte,* 1. Buch, 4. Kapitel.

200 Rudolf Steiner, *Esoterische Betrachtungen karmischer Zusammenhänge. Zweiter Band,* a.a.O. (Anm. 189), Vortrag vom 12.4.1924.

201 *Briefe Conrad Ferdinand Meyers in zwei Bänden,* hrsg. von Adolf Frey, Leipzig 1908.

202 Rudolf Steiner, *Esoterische Betrachtungen karmischer Zusammenhänge. Zweiter Band,* a.a.O. (Anm. 189), Vortrag vom 12.4.1924.

203 Brief an Emil Kuh, Zürich, 18. Juli 1872, in: Gottfried Keller, *Gesammelte Briefe,* Bd. 3,1, hrsg. von Carl Helbing, Bern 1952, Nr. 401.

204 Carl Ludwig Schleich, *Besonnte Vergangenheit,* Berlin 1929, S. 128.

205 Eduard Korrodi, *Gottfried Kellers Lebensraum,* Zürich 1930, S. 4.

206 Gottfried Keller, *Der grüne Heinrich,* Ausgabe von 1879/80, 2. Fassung, 1. Teil, 3. Kapitel, Stuttgart 1950.

207 Gottfried Keller, *Sämtliche Werke,* hrsg. von Clemens Heselhaus, 3. Bd., München ²1963.

208 Peter Handke, *Der kurze Brief zum langen Abschied,* Frankfurt/M. 1972, S. 55.

209 Ebd., S. 97.

210 Peter Handke, *Das Spiel vom Fragen,* Frankfurt/M. 1989.

211 Peter Handke, *Wunschloses Unglück,* Frankfurt/M. 1974, S. 50.

212 Peter Handke, *Mein Jahr in der Niemandsbucht,* Frankfurt/M. 1994, S. 690 f.

213 Thomas Bernhard, Drei Tage, in: *Der Italiener,* Salzburg 1971, S. 146 f.

214 Ebd., S. 152 f.

215 Thomas Bernhard, *In der Höhe,* Salzburg 1989.

216 Thomas Bernhard, *Die Ursache,* Salzburg 1975, S. 142.

217 Thomas Bernhard, *Ein Kind,* München 1985, S. 38.

218 Thomas Bernhard, *Der Atem,* München 1981, 17.

219 Thomas Bernhard, *Die Ursache,* a.a.O. (Anm. 216), S. 19.

220 Ebd., S. 17 f.

221 Thomas Bernhard, *Die Kälte,* München 1981, S. 137.

222 Ebd., S. 144.

223 Rudolf Steiner, *Erziehungskunst. Seminarbesprechungen und Lehrplan-vorträge,* a.a.O. (Anm. 63), Seminarbesprechung vom 22.8.1919.

224 Ebd.

225 Ebd.

226 Vgl. Christa Slezak-Schindler, *Künstlerisches Sprechen im Schulalter,* Stuttgart 1978, S. 46.

227 Christoph Peter, *Zum Phänomen der Pause und der Wiederholung in der Musik,* Stuttgart 1986, S. 47.

228 Rudolf Steiner, *Erziehungskunst. Seminarbesprechungen und Lehrplan-vorträge,* a.a.O. (Anm. 63), Seminarbesprechung vom 22.8.1919.

229 Rudolf Steiner, *Konferenzen mit den Lehrern der Freien Waldorfschule 1919 bis 1924,* a.a.O. (Anm. 163).

230 Ebd., Bd. I, GA 300 a.

231 Rudolf Steiner, *Eurythmie als sichtbarer Gesang,* GA 278, Dornach [4]1984, Vortrag vom 19.2.1924.

232 Rudolf Steiner, *Konferenzen mit den Lehrern der Freien Waldorfschule 1919 bis 1924,* a.a.O. (Anm. 163), Bd. III.

233 Jochem Nietzold, *Geistige Strukturen sinnvollen Turnens. Grundlagen praktischer Turnarbeit. Eine Wesenskunde,* Stuttgart 1978.

234 Rudolf Steiner, *Der Zusammenhang des Menschen mit der elementarischen Welt,* GA 158, Dornach [4]1993, Vortrag vom 21.11.1914.

235 Jochem Nietzold, a.a.O. (Anm. 233), S. 122.

236 Fritz Graf von Bothmer, *Gymnastische Erziehung,* Stuttgart [3]1989, S. 132.

237 Ebd.

238 Ebd., S. 135.

239 Rudi Ballreich, Udo von Grabowiecki, *Zirkus-Spielen,* Stuttgart 1993.

240 Johann Wolfgang Goethe, Zur Farbenlehre, in: *Naturwissenschaftliche Schriften,* Bd. 16.

241 Ebd., Sechste Abteilung: Sinnlich-sittliche Wirkung der Farbe, Nr. 765, 766, 768, 769.

242 Ebd., Nr. 778, 779, 781, 782, 784.

243 Ebd., Nr. 792, 796, 797.

244 Ebd., Nr. 774, 775, 776.

245 Ebd., Nr. 802.

246 Rudolf Steiner, *Das Wesen der Farben*, GA 291, Dornach [4]1991.

247 Rudolf Steiner, Fragenbeantwortung vom 8.10.1920, in: *Die Menschen-schule*, 3/1959.

248 Ebd.

249 Anke-Usche Clausen, Martin Riedel, *Schöpferisches Gestalten mit Farben. Methodischer Aufbau und die dazugehörige Materialkunde*, Stuttgart [4]1988.

250 Margrit Jünemann, Fritz Weitmann, *Der künstlerische Unterricht in der Waldorfschule: Malen und Zeichnen*, Stuttgart [4]1994.

251 Margrit Jünemann u.a., *Formenzeichnen. Die Entwicklung des Formensinns in der Erziehung*, Stuttgart [2]1992.

252 Rudolf Steiner, *Erziehungskunst. Seminarbesprechungen und Lehrplanvorträge*, a.a.O. (Anm. 63), Seminarbesprechung vom 23.8.1919.

253 Ebd.

254 Ebd., Seminarbesprechung vom 25.8.1919.

255 Ebd.

256 Ernst Schuberth, *Der Anfangsunterricht in der Mathematik an Waldorfschulen. Aufbau, fachliche Grundlagen und menschenkundliche Gesichtspunkte*, Stuttgart 1993, S. 42.

257 Ernst Bindel, *Das Rechnen. Menschenkundliche Begründung und pädagogische Bedeutung*, Stuttgart [3]1982.

258 Ebd.

259 Ernst Schuberth, a.a.O. (Anm. 256).

260 Rudolf Steiner, *Erziehungskunst. Seminarbesprechungen und Lehrplanvorträge*, a.a.O. (Anm. 63), Seminarbesprechung vom 23.8.1919.

261 Rudolf Steiner, *Ägyptische Mythen und Mysterien*, GA 106, Dornach [5]1992, Vortrag vom 13.9.1908.

262 Rudolf Steiner, *Erziehungskunst. Seminarbesprechungen und Lehrplanvorträge*, a.a.O. (Anm. 63), Seminarbesprechung vom 25.8.1919.

263 Johannes F. Brakel, Menschenaffen und Menschsein. Beobachtungen an Gorillas und Schimpansen, in: *Die Drei*, 2/1992, S. 139.

264 Ebd., S. 139 f.

265 Zitiert nach Wolfgang Schad, Afrika – das Geburtsland der Menschheit. Lebensformen einer menschengemäßen Natur, in: *Die Drei*, 2/1992, S. 123.

266 Ebd.

267 Frits H. Julius, *Das Tier zwischen Mensch und Kosmos. Neue Wege zu einer Charakteristik der Tiere*, Stuttgart [2]1981; Ernst-Michael Kranich,

Wesensbilder der Tiere. Einführung in die goetheanistische Zoologie, Stuttgart 1995; Wolfgang Schad, Säugetiere und Mensch. Zur Gestaltbiologie vom Gesichtspunkt der Dreigliederung, Stuttgart ²1985; Andreas Suchantke, Sonnensavannen und Nebelwälder. Pflanzen, Tiere und Menschen in Ostafrika, Stuttgart ²1992; ders., Der Kontinent der Kolibris. Landschaften und Lebensformen in den Tropen Südamerikas, Stuttgart 1982.

268 Rudolf Steiner, Erziehungskunst. Seminarbesprechungen und Lehrplanvorträge, a.a.O. (Anm. 63), Seminarbesprechung vom 2.9.1919.

269 Ernst-Michael Kranich, Pflanzen als Bilder der Seelenwelt. Skizze einer physiognomischen Naturerkenntnis, Stuttgart ²1996, S. 10.

270 Ebd.

271 Rudolf Steiner, Erziehungskunst. Seminarbesprechungen und Lehrplanvorträge, a.a.O. (Anm. 63), Seminarbesprechung vom 1.9.1919.

272 Gerbert Grohmann, Die Pflanze. Ein Weg zum Verständnis ihres Wesens, 2 Bde., Stuttgart 1991; ders., Metamorphosen im Pflanzenreich, Stuttgart ³1990; ders., Zur ersten Tier- und Pflanzenkunde in der Pädagogik Rudolf Steiners, Stuttgart ³1992; Frits H. Julius, Ernst-Michael Kranich, Bäume und Planeten. Beitrag zu einer kosmologischen Botanik, Stuttgart ³1997.

273 Herta Schlegtendal, Temperamente und Obstbäume, ein Versuch, in: Erziehungskunst, 4/1950, S. 115–120.

274 Rudolf Steiner, Erziehungskunst. Seminarbesprechungen und Lehrplanvorträge, a.a.O. (Anm. 63), Vortrag vom 6.9.1919.

275 Siehe dazu Franz Stark, Zum Zeitalter der Entdeckungen, in: Helmut Neuffer (Hrsg.), a.a.O. (Anm. 52), S. 602 ff.

276 Christoph Lindenberg, Geschichte lehren. Thematische Anregungen zum Lehrplan, Stuttgart ²1991, S. 61.

277 Christoph Kolumbus, Bordbuch, Frankfurt/M. 1981.

278 Vgl. ebd., 6. August und 21. November.

279 Georg Heym, Dichtungen und Schriften, Bd. 1: Lyrik, Hamburg 1964.

280 Friedrich Schiller, Sämtliche Werke, Erster Band, München 1965.

281 Friedrich Nietzsche, Werke, Zweiter Band, Stuttgart o.J.

282 Ebd.

283 Thomas Göbel, Feuer-Erde. Von Australiens Vögeln, Blumenheiden und Feuerwäldern, Stuttgart 1976; Jochen Bockemühl, Wolfgang Schad, Andreas Suchantke, Mensch und Landschaft Afrikas. Zur Ökogeographie, Biologie und Völkerkunde, Stuttgart 1978; Andreas Suchantke, Der Kontinent des Kolibris, a.a.O. (Anm. 267); ders., Sonnensavannen und Nebelwälder, a.a.O. (Anm. 267); Andreas Suchantke, Hans-Ulrich Schmutz, Wolfgang Schad, Wolfgang Fackler, Mitte der Erde. Israel und Palästina

im Brennpunkt natur- und kulturgeschichtlicher Entwicklungen, Stuttgart ²1996.

284 Christoph Göpfert, Menschenbildung durch Geographie; Von der Heimatkunde zum Verständnis Mitteleuropas; Polaritäten in Europa; Ein erstes Bild der ganzen Erde; Landschaften und Menschen in anderen Erdteilen: Asien; Land und Mensch in Amerika, alle Beiträge in: Helmut
Neuffer (Hrsg.), a.a.O. (Anm. 52), S. 669 ff.

285 Hans Rudolf Niederhäuser, *Fremde Länder – fremde Völker. Eine Einführung in die Völkerkunde in Bildern, Mythen und Erzählungen*, Stuttgart ⁷1986.

286 Hermann von Baravalle, *Physik als reine Phänomenologie*, 2 Bde., Stuttgart 1993 und 1996; Georg Unger, *Vom Bilden physikalischer Begriffe*, 3
Teile, Stuttgart 1959, 1961 und 1967; Frits H. Julius, *Grundlagen einer
phänomenologischen Chemie. Teil 1: Zum Chemieunterricht der Mittelstufe*, Stuttgart ²1988; mehrere Beiträge zum Physik- und Chemiunter-
richt sind enthalten in Helmut Neuffer (Hrsg.), a.a.O. (Anm. 52).

287 Georg Kniebe, *Die vier Elemente. Moderne Erfahrungen mit einer alten
Wirklichkeit*, Stuttgart 1993.

288 *Kunst und Handarbeit. Anregungen von Rudolf Steiner für Pädagogen
und Künstler*, zusammengestellt von Hedwig Hauck, Stuttgart ⁶1993.

289 Anke-Usche Clausen, Martin Riedel, *Plastisches Gestalten für alle Altersstufen*, Stuttgart ³1985; dies., *Plastisches Gestalten in Holz*, Stuttgart
⁴1990.

290 Walter Kraul, *Spielen mit Wasser und Luft*, Stuttgart ⁵1996; ders., *Spielen
mit Feuer und Erde*, Stuttgart ³1992.

291 Michael Martin (Hrsg.), *Der künstlerisch-handwerkliche Unterricht in
der Waldorfschule*, Stuttgart 1991.

292 Helmut Eller, a.a.O. (Anm. 52), S. 1066.

293 Ebd., S. 1066 ff.

294 Rudolf Steiner, Die geistig-seelischen Grundkräfte der Erziehungskunst,
GA 305, Dornach ³1991, Vortrag vom 22.8.1922.

295 Rudolf Steiner, *Erziehungskunst. Seminarbesprechungen und Lehrplanvorträge*, a.a.O. (Anm. 63), Seminarbesprechung vom 21.8.1919.

296 Ebd., Seminarbesprechung vom 26.8.1919.

297 Rudolf Steiner, *Konferenzen mit den Lehrern der Freien Waldorfschule*,
a.a.O. (Anm. 163), Bd. I.

298 Siehe z.B. Rudolf Steiner, Die Methodik des Lehrens und die Lebensbedingungen des Erziehens, a.a.O. (Anm. 63), Vortrag vom 10.4.1924; vgl.
insbesondere Armin J. Husemann, *Der musikalische Bau des Menschen.
Entwurf einer plastisch-musikalischen Menschenkunde*, Stuttgart ³1993.

299 Johann Peter Hebel, *Poetische Werke*, Darmstadt 1967.

300 Erika Dühnfort, a.a.O. (Anm. 173), S. 295 ff.

301 Siehe *Nögges Elementartheater*, Flensburger Sonderhefte Nr. 11, Flensburg ²1993.

302 Rudolf Steiner, *Die Methodik des Lehrens und die Lebensbedingungen des Erziehens*, a.a.O. (Anm. 63), Vortrag vom 8.4.1924.

303 Ebd.

304 Ebd.

305 Ebd.

306 Ebd.

307 Rudolf Steiner, *Die Erneuerung der pädagogisch-didaktischen Kunst durch Geisteswissenschaft*, GA 301, Dornach ⁴1991, Vortrag vom 11.5.1920.

308 *Die Methodik des Lehrens und die Lebensbedingungen des Erziehens*, a.a.O. (Anm. 63), Vortrag vom 8.4.1924.

309 Ebd.

310 Ebd.

311 Ebd.

312 Ebd.

313 Walter Nigg, *Botschafter des Glaubens. Der Evangelisten Leben und Wort*, Olten 1968.

314 Ebd., S. 76.

315 Ebd., S. 95.

316 Ebd., S. 96.

317 Ebd., S. 101.

318 Ebd.

319 Zitiert nach Walter Nigg, ebd.

320 Ebd., S. 137.

321 Ebd., S. 141.

322 Ebd., S. 150.

323 Ebd.

324 Ebd., S. 163.

325 Ebd., S. 164.

326 Ebd.

327 Ebd., S. 213.

328 Rudolf Steiner, *Die pädagogische Praxis vom Gesichtspunkte geisteswissenschaftlicher Menschenerkenntnis*, a.a.O. (Anm. 145), Vortrag vom 22.4.1923.

329 Rudolf Steiner, *Erziehungskunst. Seminarbesprechungen und Lehrplanvorträge*, a.a.O. (Anm. 63), Seminarbesprechung vom 22.8.1919.

330 Ebd., Vortrag vom 6.9.1919.

331 Jörgen Smit, *Der werdende Mensch. Zur meditativen Vertiefung des Erziehens*, Stuttgart ²1990, S. 53 ff.

332 Paul Feyerabend, *Wider den Methodenzwang*, Frankfurt/M. 1976.

333 Rudolf Steiner, *Die Rätsel der Philosophie*, a.a.O. (Anm. 62), S. 53.

334 Ebd., S. 52.

335 Ebd., S. 53.

336 Ebd.

337 Ebd.

338 Die nachfolgenden Zitate von Thales, Anaximenes, Xenophanes, Heraklit und Empedokles, wie sie von Autoren der Antike überliefert sind, stammen aus dem Buch *Die Vorsokratiker,* ausgewählt, übersetzt und erläutert von Jaap Mansfeld, Stuttgart 1987.

339 Rudolf Steiner, *Die Rätsel der Philosophie*, a.a.O. (Anm. 62), S. 54. Weitere Hinweise Rudolf Steiners zu Heraklits Denken finden sich in *Wege der geistigen Erkenntnis und der Erneuerung künstlerischer Weltanschauung*, GA 161, Dornach 1980, Vortrag vom 10.1.1915; *Der Entstehungsmoment der Naturwissenschaft in der Weltgeschichte und ihre seitherige Entwickelung*, GA 326, Dornach ³1977, Vortrag vom 3.1.1923.

340 Rudolf Steiner, *Der Christus-Impuls und die Entwickelung des Ich-Bewußtseins*, GA 116, Dornach ⁴1982, Vortrag vom 2.5.1910. Weitere Hinweise Rudolf Steiners zu Empedokles finden sich in *Wege und Ziele des geistigen Menschen*, GA 125, Dornach ²1992, Vortrag vom 13.11.1910, und in *Das Markus-Evangelium*, GA 139, Vortrag vom 15.9.1912.

341 Johann Wolfgang Goethe, *Gedichte*, Bd. I, S. 411.

342 Emanuel Schikaneder, Wolfgang Amadeus Mozart, *Die Zauberflöte*, Stuttgart 1957, S. 65.

343 Georg Kniebe, *Die vier Elemente*, a.a.O. (Anm. 287).

344 Rudolf Steiner, *Die Weltgeschichte in anthroposophischer Beleuchtung und als Grundlage der Erkenntnis des Menschengeistes*, GA 233, Dornach ⁵1991, Vortrag vom 27.12.1923.

345 Ernst Marti, *Die vier Äther. Zu Rudolf Steiners Ätherlehre. Elemente, Äther, Bildekräfte*, Stuttgart ⁴1990; Theodor Schwenk, *Das sensible Chaos. Strömendes Formenschaffen in Wasser und Luft*, Stuttgart ⁹1995; Guenther Wachsmuth, *Die ätherische Welt in Wissenschaft, Kunst und Religion*, Dornach 1927.

346 Rudolf Steiner, *Geisteswissenschaftliche Impulse zur Entwickelung der Physik, Bd. II*, GA 321, Dornach ³1982, Vortrag vom 11.3.1920, S. 169.

347 Rudolf Steiner, *Die Geheimwissenschaft im Umriß*, a.a.O. (Anm. 69).

348 Guenther Wachsmuth, a.a.O. (Anm. 345), S. 73.

349 Gaston Baissette, *Leben und Lehre des Hippokrates*, Stuttgart ²1962, S. 134.

350 Charles Lichtenthaeler, *Geschichte der Medizin*, Band 1, Köln 1987, S. 123.

351 Hippokrates, *Werke. Teil 7: Die Natur (Konstitution) des Menschen. Die Nahrung. Die Säfte,* hrsg. von Richard Kapferer, Stuttgart 1934.

352 Ebd.

353 Rudolf Steiner, *Geisteswissenschaft und Medizin,* a.a.O. (Anm. 96), Vortrag vom 21.3.1920.

354 Zur Heilkunst des Hippokrates vgl. Charles Lichtenthaeler, a.a.O. (Anm. 350), und Paul Diepgen, *Geschichte der Medizin,* Bd. 1, Köln 1949.

355 Paul Diepgen, ebd., S. 90.

356 Novalis, *Schriften,* Band 1, Darmstadt / Stuttgart 1960, S. 104.

357 Zitiert nach Joseph Hyrtl, *Lehrbuch der Anatomie des Menschen,* Wien ²⁰1889, S. 740.

358 Aristoteles, *Probleme,* herausgegeben, übertragen und erläutert von Paul Gohlke, Paderborn 1961.

359 Ebd., I/3.

360 Ebd., XIV/1.

361 Ebd., XXVII/3.

362 Ebd., XXX/1.

363 Ebd., XXX/1.

364 Hellmut Flashar, *Melancholie und Melancholiker in den medizinischen Theorien der Antike,* Berlin 1966, S. 61.

365 Paul Diepgen, a.a.O. (Anm. 355), S. 127.

366 Galen, *Daß die Vermögen der Seele eine Folge der Mischungen des Körpers sind. Abhandlungen zur Geschichte der Medizin und Naturwissenschaften,* Heft 21, Berlin 1937.

367 Erwin H. Ackerknecht, *Geschichte der Medizin,* Stuttgart ⁴1979.

368 Erich Schoener, *Das Viererschema in der antiken Humoralpathologie,* Wiesbaden 1964, S. 66.

369 Ebd., S. 93.

370 Heinrich Schipperges, *Moderne Medizin im Spiegel der Geschichte,* Stuttgart 1970, S. 62.

371 Rudolf Steiner, *Die Mystik im Aufgange des neuzeitlichen Geisteslebens und ihr Verhältnis zur modernen Weltanschauung,* GA 7, Dornach ⁵1960, S. 102 f.

372 Klaus Schönfeldt, *Die Temperamentenlehre in deutschsprachigen Handschriften des 15. Jahrhunderts,* Heidelberg 1962.

373 Brunetto Latini, *Tesoretto. Die Geschichte einer Einweihung an der Schwelle der Neuzeit,* übersetzt und eingeleitet von Dora Baker, Stuttgart 1979.

374 Ebd., S. 127/129.

375 Rudolf Steiner, *Wege der geistigen Erkenntnis und der Erneuerung künstlerischer Weltanschauung,* a.a.O. (Anm. 339), Vortrag vom 30.1.1915; vgl.

auch Rudolf Steiner, *Wie kann die Menschheit den Christus wiederfinden?*, GA 187, Dornach ⁴1995, Vortrag vom 29.12.1918.

376 Rudolf Steiner, *Wie kann die Menschheit den Christus wiederfinden?*, ebd.

377 Rudolf Steiner, *Das Initiaten-Bewußtsein*, GA 243, Dornach ⁵1993, Vortrag vom 15.8.1924.

378 Siehe Friedrich Ernst Daniel Schleiermacher, *Ausgewählte pädagogische Schriften*, hrsg. von Ernst Lichtenstein, Paderborn 1959.

379 Rudolf Steiner, *Die Rätsel der Philosophie*, a.a.O. (Anm. 62), S. 485.

380 Ernst von Feuchtersleben, *Zur Diätetik der Seele*, Stuttgart 1980.

381 Immanuel Kant, *Anthropologie in pragmatischer Hinsicht*, Stuttgart 1983; alle folgenden Zitate Kants stammen aus diesem Werk.

382 Brief Goethes an Schiller vom 19.12.1798, in: Friedrich Schiller, *Werke*, Bd. 38/I, Weimar 1975.

383 Zur Person und zur Philosophie Kants vgl. Wilhelm Weischedel, a.a.O. (Anm. 21).

384 Johann Wolfgang Goethe, *Werke*, Weimarer (Sophien-)Ausgabe Bd. 78, Tagebücher Bd. 2, Weimar 1888/1987.

385 Johann Wolfgang Goethe, *Sämtliche Werke. Bd. 11: Tag- und Jahreshefte*, München 1977.

386 Johann Wolfgang Goethe, *Briefe*.

387 Friedrich August Carus, *Psychologie*, 1. und 2. Teil, Leipzig 1808.

388 Ernst-Michael Kranich, Die Temperamente in der Psychologie von F.A.Carus, in: *Erziehungskunst*, 11/1973 und 12/1973, S. 469–477 und S. 542–553.

389 Ebd., S. 471.

390 Ebd.

391 Ebd., S. 472.

392 Ebd., S. 473.

393 Ebd., S. 552.

394 Ebd., S. 553.

395 Ebd., S. 552.

396 Novalis, *Schriften. Bd. 2: Das philosophische Werk I*, Stuttgart 1960, Darmstadt 1965. Die Ergänzungen des Herausgebers für die Abkürzungen wurden übernommen, aber nicht mehr gekennzeichnet, die Rechtschreibung wurde fast ausnahmslos beibehalten.

397 Novalis, *Schriften. Bd. 3: Das philosophische Werk II*, Stuttgart 1960 / Darmstadt 1968.

398 Zur Biographie von Henrik Steffens siehe Ingeborg Möller, *Henrik Steffens*, Stuttgart 1962.

399 Henrik Steffens, *Anthropologie* (1822), hrsg. von Hermann Poppelbaum, Stuttgart 1922.

400 Ignaz Paul Vital Troxler, *Blicke in das Wesen des Menschen* (1811), Stuttgart 1921.

401 Rudolf Steiner, *Die Rätsel der Philosophie*, a.a.O. (Anm. 62), S. 344 f.

402 Ignaz Paul Vital Troxler, Aus den Vorlesungen über psychische Anthropologie, Nachschrift von Jos. Egli, in: *Die Menschenschule*, ²1936, wiederabgedruckt bei Detlef Sixel, a.a.O. (Anm. 57).

403 Vgl. Ekkehard Meffert, *Carl Gustav Carus. Sein Leben – seine Anschauung von der Erde*, Carl Gustav Carus, *Zwölf Briefe über das Erdenleben*, 2 Bde., Stuttgart 1986.

404 Carl Gustav Carus, *Vorlesungen über Psychologie* (gehalten im Winter 1829/30 in Dresden), Darmstadt 1958.

405 Carl Gustav Carus, *Die Symbolik der menschlichen Gestalt* (1852, erw. 2. Aufl. 1858), Darmstadt 1962.

406 Bernhard Hellwig, *Die vier Temperamente bei Kindern. Ihre Äußerung und ihre Behandlung in Erziehung und Schule*, Paderborn ¹⁰1910, in Auszügen wiederabgedruckt in: *Die Menschenschule*, 11/1976 und 2/1979; Bernhard Hellwig, *Die vier Temperamente bei Erwachsenen. Eine Anleitung zur Selbst- und Menschenkenntniß und ein praktischer Führer und Rathgeber im Umgange mit der Welt*, Paderborn 1888 (später erweiterte Auflage).

407 Karl Jaspers, *Psychologie der Weltanschauungen*, Berlin / Heidelberg / New York ⁶1971, S. 19, S. 18.

408 Peter Handke, *Wunschloses Unglück*, Frankfurt/M. 1974, S. 41 f.

409 Marcel Zentner, *Die Wiederentdeckung des Temperaments. Die Entwicklung des Kindes im Licht moderner Temperamentenforschung und ihrer Anwendungen*, Paderborn 1993.

410 Wilhelm Wundt, *Grundzüge der physiologischen Psychologie in drei Bänden*, Leipzig, 6. umgearbeitete Auflage 1911.

411 So lautet das 6. Kapitel der Hauptschrift von Ludwig Klages, *Die Grundlage der Charakterkunde* (1910), Bonn ¹⁵1988.

412 Ebd.

413 Adolf Portmann, *Don Quichote und Sancho Pansa. Vom gegenwärtigen Stand der Typenlehre*, Basel 1958.

414 Ebd., S. 13.

415 Gottfried Ewald, *Temperament und Charakter*, Darmstadt 1969.

416 Rudolf Steiner, *Konferenzen mit den Lehrern der Freien Waldorfschule 1919 bis 1924*, a.a.O. (Anm. 163), S. 267.

417 Ernst Kretschmer, *Medizinische Psychologie*, Leipzig 1930.

418 Ernst Kretschmer, *Körperbau und Charakter*, Berlin 1931.

419 Robert Heiss, *Die Lehre vom Charakter*, Berlin ²1949, S. 43.

420 Ebd.

421 Adolf Portmann, a.a.O. (Anm. 413), S. 20.
422 Ebd., S. 19.
423 Hans D. Schmidt, *Grundriß der Persönlichkeitspsychologie*, Frankfurt/M. 1986, S. 248.
424 Ebd., S. 249.
425 C. G. Jung, *Gesammelte Werke. Bd. 6: Psychologische Typen*, Olten [14]1981, S. 20.
426 Ebd., S. 576.
427 Ebd.
428 Ebd., S. 594.
429 Ebd., S. 598.
430 Ebd., S. 592.
431 William Stern, *Allgemeine Psychologie*, Den Haag [2]1958, S. 788.
432 Ebd., S. 790.
433 Ebd., S. 789 f.
434 Ebd.
435 Philipp Lersch, *Aufbau der Person*, München [11]1970.
436 Josef Hupfer, Philipp Lersch: Gestalter eines psychologischen Menschenbildes, in: *Abhandlungen zur Philosophie und Psychologie*, 3. Heft, Dornach 1955.
437 Philipp Lersch, a.a.O. (Anm. 435), S. 528.
438 Ebd., S. 529.
439 Ebd.
440 Heinz Remplein, *Die Psychologie der Persönlichkeit*, München 1959.
441 Joy Peter Guilford, *Persönlichkeit. Logik, Methodik und Ergebnisse ihrer quantitativen Erforschung* (1959), Weinheim [6]1974.
442 Zitiert nach Erwin Roth, *Persönlichkeitspsychologie*, Stuttgart 1969, S. 40.
443 Joy Peter Guilford, a.a.O. (Anm. 441), S. 399.
444 Ebd., S. 402.
445 Ebd., S. 405.
446 Erwin Roth, a.a.O. (Anm. 442), S. 42.
447 Gordon Williard Allport, *Gestalt und Wachstum in der Persönlichkeit* (1961), Meisenheim 1970.
448 Ebd., S. 33.
449 Ebd.
450 Ebd., S. 34.
451 Ebd., S. 37.
452 Ebd., S. 62.
453 Hans Jürgen Eysenck, *Die Ungleichheit der Menschen. Ist Intelligenz erlernbar?*, München 1975.
454 Ebd., S. 191.

455 Ebd., S. 190.
456 Wiedergegeben nach Georg Kniebe, Die Temperamente in der modernen Psychologie, in: *Erziehungskunst,* 11/1991, S. 1053.
457 Hans Jürgen Eysenck, a.a.O. (Anm. 453), S. 190.
458 Alexander Thomas, Stella Chess, *Temperament und Entwicklung. Über die Entstehung des Individuellen,* Stuttgart 1980.
459 Ebd., S. 32.
460 Ebd., S. 117.
461 Jan Strelau, *Das Temperament in der psychischen Entwicklung,* Berlin 1984.
462 A.a.O. (Anm. 409).

Literatur

Ackerknecht, Erwin H., *Geschichte der Medizin*, Stuttgart [4]1979.

Adler, Alfred, *Menschenkenntnis*, Frankfurt/M. 1966.

Allport, Gordon W., *Gestalt und Wachstum in der Persönlichkeit*, Meisenheim 1970.

Amelung, Manfred und Dieter Bartussek, *Differentielle Psychologie und Persönlichkeitsformung*, Stuttgart 1981.

Aristoteles, *Probleme (Problemata Physica)*, hrsg. von Paul Gohlke, Paderborn 1961.

Arnim, Bettina von, Clemens Brentanos Frühlingskranz, in: *Werke und Briefe. Erster Band*, Köln 1959.

Arnold, Paul, Temperamente – Charakter, in: *Die Menschenschule*, 9/1980.

Asendorf, Jens, *Keiner wie der andere*, München 1988.

Bäuerle, Anna-Sophia, Die Weckung moralischer Kräfte im Blick auf die Temperamente, in: Helmut Neuffer (Hrsg.), *Zum Unterricht des Klassenlehrers an der Waldorfschule*, Stuttgart 1997, S. 1091 ff.

Baissette, Gaston, *Leben und Lehre des Hippokrates*, Stuttgart 1962.

Ballreich, Rudi und Udo von Grabowiecki, *Zirkus-Spielen*, Stuttgart 1993.

Baravalle, Hermann von, *Physik als reine Phänomenologie*, 2 Bde., Stuttgart 1993 und 1996.

Baumann, Adolf und Jürg Reinhard, *Unerhörtes aus der Medizin*, Bern 1981.

Benesch, Friedrich, *Leben mit der Erde*, Stuttgart 1993.

Bernhard, Thomas, *Der Atem*, München 1981.

–, Drei Tage, in: *Der Italiener*, Salzburg 1971.

–, *In der Höhe*, Salzburg 1989.

–, *Die Kälte*, München 1981.

–, *Ein Kind*, München 1985.

–, *Die Ursache*, Salzburg 1975.

Bindel, Ernst, *Das Rechnen. Menschenkundliche Begründung und pädagogische Bedeutung*, Stuttgart [3]1982.

Bjørneboe, Jens, *Jonas. Ein Roman*, Stuttgart 1993.

Boccaccio, Giovanni, *Das Dekameron*, übersetzt von Karl Witte, Frankfurt/M. 1961.

Bock, Emil, *Apokalypse. Betrachtungen über die Offenbarung des Johannes*, Stuttgart 1952.

Bockemühl, Jochen (Hrsg.), *Erscheinungsformen des Ätherischen. Wege zum Erfahren des Lebendigen in Natur und Mensch*, Stuttgart ²1985.

Bockemühl, Jochen, Wolfgang Schad und Andreas Suchantke, *Mensch und Landschaft Afrikas. Zur Ökogeographie, Biologie und Völkerkunde*, Stuttgart 1978.

Böhme, Hartmut, *Albrecht Dürer – Melencolia I*, Frankfurt/M. 1989.

Bollnow, Otto Friedrich, *Wesen und Wandel der Tugenden*, Frankfurt/M. 1958.

Borne, Gerhard von dem, Über die Temperamente, in: *Die Menschenschule*, 9/ 1957.

Bothmer, Fritz Graf von, *Gymnastische Erziehung*, hrsg. von Gisbert Husemann, Stuttgart ²1981.

Brakel, Johannes F., Menschenaffen und Menschsein. Beobachtungen an Gorillas und Schimpansen, in: *Die Drei*, 2/1992.

Britz-Crecelius, Heidi, *Kinderspiel – lebensentscheidend*, Stuttgart 1970.

Broch, Hermann, *Der Tod des Vergil*, Zürich 1958.

Brotbeck, Kurt, *Der Mensch – Bürger zweier Welten. Menschenkunde als Erziehungs- und Führungshilfe*, Zürich 1972.

Büchenbacher, Hans, Über Gestalt- und Ganzheitspsychologie, in: *Abhandlungen aus Philosophie und Psychologie*, 2. Heft, Dornach 1953.

Burton, Robert, *Die Anatomie der Melancholie* (nach der Ausgabe letzter Hand Oxford 1651 von Werner von Koppenfels herausgegeben), Mainz 1988.

Carlgren, Frans, *Erziehung zur Freiheit. Die Pädagogik Rudolf Steiners. Bilder und Berichte aus der internationalen Waldorfschulbewegung*, Stuttgart ⁸1996.

Carus, Carl Gustav, *Die Symbolik der menschlichen Gestalt* (erstmals 1852, erw. 1858), Darmstadt 1962.

–,*Vorlesungen über Psychologie* (Dresden 1829/30), Darmstadt 1958.

Carus, Friedrich August, *Psychologie*, 1./2. Teil, Leipzig 1808.

Chess, Stella und Alexander Thomas, *Temperament und Entwicklung*, Stuttgart 1980.

Clausen, Anke-Usche und Martin Riedel, *Plastisches Gestalten für alle Altersstufen*, Stuttgart ³1985.

–, *Plastisches Gestalten in Holz*, Stuttgart ⁴1990.

–, *Schöpferisches Gestalten mit Farben*, Stuttgart ⁴1988.

Diepgen, Paul, *Geschichte der Medizin*, Bd. 1, Köln 1949.

Dorsch, Friedrich, *Geschichte und Probleme der angewandten Psychologie*, Bern / Stuttgart 1963.

Doucet, Friedrich, *Forschungsobjekt Seele*, München 1971.

Druitt, Ann, Die Temperamente, in: Gudrun Davy und Bons Voors, *Familienleben*, Stuttgart 1985.

Dumke, Klaus, Der menschliche Organismus und die Wesensglieder, in: *Die Drei*, 11/1986.

Eccles , John C. und Karl R. Popper, *Das Ich und sein Gehirn*, München 1990.

Eckermann, Johann Peter, *Gespräche mit Goethe. In den letzten Jahren seines Lebens*, Frankfurt/M. 1980.

Eichendorff, Joseph von, *Werke*, München ²1959.

Eller, Helmut, Ein Weg zur Erkenntnis der kindlichen Temperamente, in: Helmut Neuffer (Hrsg.), *Zum Unterricht des Klassenlehrers an der Waldorfschule*, Stuttgart 1997, S. 1091ff.

Eltz, Heinrich, *Die menschlichen Temperamente*, Bern / Stuttgart / Wien 1992.

Ewald, Gottfried, *Temperament und Charakter*, Darmstadt 1969.

Eysenck, Hans Jürgen, *Die Ungleichheit der Menschen*, München 1975.

Eysenck, Hans Jürgen und Michael W. Eysenck, *Persönlichkeit und Individualität*, München und Weinheim 1987.

Feuchtersleben, Ernst von, *Sämtliche Werke* (mit Ausnahme der rein medizinischen), Wien 1851–1853.

–, *Zur Diätetik der Seele*, Stuttgart 1980.

Feyerabend, Paul K., *Erkenntnis für freie Menschen* (veränderte Ausgabe), Frankfurt/M. 1980.

–, *Wider den Methodenzwang*, Frankfurt/M. 1976.

Flashar, Hellmut, *Melancholie und Melancholiker in den medizinischen Theorien der Antike*, Berlin 1966.

Forster, Edgar, Erscheinungsformen gemischter Temperamentstypen, in: *Erziehungskunst*, 11/1991.

Földenyi, Laszlo F., *Melancholie*, München 1988.

Frey, Adolf, *Conrad Ferdinand Meyer. Sein Leben und seine Werke*, Stuttgart 1900.

Friedeburg, Harald, Die vier Elemente, in: *Die Menschenschule*, 10/1975.

Friedenreich, Carl Albert, Gedanken über die musikalische Behandlung des melancholischen Temperaments, in: *Die Menschenschule*, 2/1928.

Friedrich, Volker, *Melancholie als Haltung*, Berlin 1991.

Frieling, Rudolf, *Aus der Welt der Psalmen*, Stuttgart 1958.

Gadamer, Hans-Georg und Paul Vogler, *Biologische Anthropologie in zwei Bänden*, Stuttgart 1972.

Galen, *Daß die Vermögen der Seele eine Frage der Mischungen des Körpers sind*, hrsg. von Erika Hanke, Nendeln / Liechtenstein 1977.

445

Gerth, Siegfried, *Die Temperamente* (Musikstunde des Süddt. Rundfunks am 23.4.1987), Manuskriptdruck, Stuttgart 1987.

Glas, Norbert, *Das Antlitz offenbart den Menschen. Bd. 2: Die Temperamente,* Stuttgart ⁴1990.

Glöckler, Michaela und Wolfgang Goebel, *Kindersprechstunde,* Stuttgart 1984.

Goethe, Johann Wolfgang, *Sämtliche Werke,* Artemis-Ausgabe, München 1977.

Göbel, Thomas, *Feuer-Erde. Von Australiens Vögeln, Blumenheiden und Feuerwäldern,* Stuttgart 1976.

Goldschmidt, Georges-Arthur, *Die Absonderung,* Zürich und Frankfurt/M. 1991.

Göpfert, Christoph, Menschenbildung durch Geographie; Von der Heimatkunde zum Verständnis Mitteleuropas; Polaritäten in Europa; Ein erstes Bild der ganzen Erde; Landschaften und Menschen in anderen Erdteilen: Asien; Land und Mensch in Amerika, alle Beiträge in: Helmut Neuffer (Hrsg.), *Zum Unterricht des Klassenlehrers an der Waldorfschule,* Stuttgart 1997, S. 669 ff.

Gontscharow, Iwan A., *Oblomow,* München 1961.

Grimm, Herman, *Leben Michelangelos,* Wien / Leipzig o. J.

Grimm, Jacob und Wilhelm, *Kinder- und Hausmärchen,* München 1978.

Grohmann, Gerbert, *Metamorphosen im Pflanzenreich,* Stuttgart ³1990.

–, *Die Pflanze. Ein Weg zum Verständnis ihres Wesens,* 2 Bde., Stuttgart 1991.

–, *Zur ersten Tier- und Pflanzenkunde in der Pädagogik Rudolf Steiners,* Stuttgart ³1992.

Grosse, Rudolf, *Erlebte Pädagogik,* Dornach 1975.

Gruhle, Hans W., *Verstehende Psychologie,* Stuttgart 1948.

Gümbel-Seiling, Max, *Sprachkunst,* Stuttgart ²1958.

Guilford, Joy Peter, *Persönlichkeit,* Weinheim ⁶1974.

Hallesby, Ole, *Dein Typ ist gefragt. Unsere Veranlagungen und was wir daraus machen können,* Wuppertal 1986.

Handke, Peter, *Gedicht an die Dauer,* Frankfurt/M. 1986.

–, *Der kurze Brief zum langen Abschied,* Frankfurt/M. 1972.

–, *Die Lehre der Sainte Victoire,* Frankfurt/M. 1980.

–, *Mein Jahr in der Niemandsbucht,* Frankfurt/M. 1994.

–, *Das Spiel vom Fragen,* Frankfurt/M. 1989.

–, *Die Stunde, da wir nichts voneinander wußten,* Frankfurt/M. 1992.

–, *Wunschloses Unglück,* Frankfurt/M. 1974.

Hartmann, Nicolai, *Einführung in die Philosophie* (Sommersemester 1949 in Göttingen), Hannover ⁴1956.

Hartmann, Otto Julius, *Erde und Kosmos,* Frankfurt/M. 1940.

Hauck, Hedwig (Hrsg.), *Kunst und Handarbeit. Anregungen von Rudolf Steiner für Pädagogen und Künstler,* Stuttgart ⁶1993.

Hauptmann, Gerhart, *Der Narr in Christo Emanuel Quint* (1910), Berlin 192_.

Hauschka, Rudolf, *Ernährungslehre*, Frankfurt/M. [7]1979.

Hebbel, Friedrich, *Werke. 5. Band: Tagebücher II und Briefe*, München 196=.

Hebel, Johann Peter, *Poetische Werke*, Darmstadt 1967.

Heinroth, Daniel Johann Christian August, *Lehrbuch der Anthropologie*, Leipzig 1822.

Heiss, Robert, *Die Lehre vom Charakter*, Berlin [2]1949.

Helm, Everett, *Béla Bartók*, Reinbek 1965.

Hellwig, Bernhard, Die vier Temperamente bei Kindern (1889), in: *Die Menschenschule*, 11/1976 und 2/1979.

Hemleben, Johannes, *Paracelsus*, Frauenfeld 1973.

Hesse, Hermann, *Die Gedichte*, Frankfurt / M. 1977.

Heydebrand, Caroline von, *Christophorus-Spiel*, 1988.

–, Merkmale und Behandlungsweise der vier Temperamente beim Kinde (eine Zusammenfassung des Lehrerkurses 1919), in: *Die Menschenschule*, 3/196=.

–, *Vom Seelenwesen des Kindes*, Stuttgart [11]1991.

Heym, Georg, *Dichtungen und Schriften, Band 1: Lyrik*, Hamburg 1964.

Hiebel, Friedrich, Bemerkungen zur Temperamentenlehre Rudolf Steiners, in: *Das Goetheanum* 1944, S. 148 und 155.

Hildegard von Bingen, *Heilkunde (Causae et curae) – Das Buch von dem Grund und Wesen und der Heilung der Krankheiten*, hrsg. von Heinrich Schipperges, Salzburg [2]1957.

–, *Naturkunde – Das Buch von dem inneren Wesen der verschiedenen Naturen in der Schöpfung*, hrsg. von Peter Riethe, Salzburg [3]1980.

–, *Wisse die Wege (Scivias)*, hrsg. von Maura Böckeler, Salzburg [6]1975.

Hippokrates, *Werke Teil 7: Die Natur (Konstitution) des Menschen. Die Nahrung. Die Säfte*, hrsg. von Richard Kapferer, Stuttgart 1934.

Hölderlin, Friedrich, *Sämtliche Werke. Bd. 4: Empedokles / Aufsätze*, Stuttgart 1962.

Hofstätter, Peter R., *Differentielle Psychologie*, Stuttgart 1971.

Hohmann, Joachim S. (Hrsg.), *Melancholie. Ein deutsches Gefühl*, Trier 198=.

Holtzapfel, Walter, *Im Kraftfeld der Organe. Leber, Lunge, Niere, Herz*, Dornach [3]1994.

Huchel, Peter, *Die neunte Stunde*, Frankfurt/M. 1979.

Hupfer, Josef, Philipp Lersch: Gestalter eines psychologischen Menschenbildes, in: *Abhandlungen zur Philosophie und Psychologie*, 3. Heft, Dornach 1955.

Husemann, Armin J., *Der musikalische Bau des Menschen. Entwurf einer plastisch-musikalischen Menschenkunde*, Stuttgart [3]1993.

Husemann, Friedrich, *Das Bild des Menschen als Grundlage der Heilkunst Bd. 2: Zur Pathologie und Therapie*, Stuttgart [2]1956.

Husemann, Friedrich und Otto Wolff, *Das Bild des Menschen als Grundlage der Heilkunst,* 3 Bde., Stuttgart 1991 und 1993.

Hyrtl, Joseph, *Lehrbuch der Anatomie des Menschen,* Wien [20]1889.

Jaspers, Karl, *Die großen Philosophen. Bd. 1,* München 1957.

–, *Psychologie der Weltanschauungen,* Berlin / Heidelberg / New York [6]1971.

Jens, Walter, *Herr Meister. Dialog über einen Roman,* München 1963.

Jonas, Hans, *Macht oder Ohnmacht der Subjektivität,* Frankfurt/M. 1987.

Jünemann, Margrit u.a., *Formenzeichnen. Die Entwicklung des Formensinns in der Erziehung,* Stuttgart 1985.

Jünemann, Margrit und Fritz Weitmann, *Der künstlerische Unterricht in der Waldorfschule: Malen und Zeichnen,* Stuttgart [4]1993.

Julius, Frits H., *Grundlagen einer phänomenologischen Chemie. Teil 1: Zum Chemieunterricht der Mittelstufe,* Stuttgart [2]1988.

–, *Das Tier zwischen Mensch und Kosmos,* Stuttgart [2]1981.

Julius, Frits H. und Ernst-Michael Kranich, *Bäume und Planeten. Beitrag zu einer kosmologischen Botanik,* Stuttgart [3]1997.

Jung, Carl Gustav, *Gesammelte Werke. Bd. 6: Psychologische Typen,* Olten [14]1981.

Kant, Immanuel, *Anthropologie in pragmatischer Hinsicht,* Stuttgart 1983.

–, *Streit der Fakultäten,* Werke, Berlin 1921–23.

Keller, Gottfried, *Gesammelte Briefe,* Bern 1952.

–, *Der grüne Heinrich* (1879/80), Stuttgart 1950.

–, *Sämtliche Werke,* München [2]1963.

Keltische Sagen aus Irland, hrsg. von Martin Löpelmann, München 1988.

Kerschensteiner, Georg, *Charakterbegriff und Charaktererziehung,* Leipzig / Berlin [4]1929.

Klages, Ludwig, *Die Grundlagen der Charakterkunde* (1910), Bonn [15]1988.

–, *Die Sprache als Quell der Seelenkunde,* Stuttgart 1959.

Klibansky, Raymond, Erwin Panofsky und Fritz Saxl, *Saturn und Melancholie. Studien zur Geschichte der Naturphilosophie und Medizin, der Religion und der Kunst,* Frankfurt/M. 1990.

Kloos, Heinz, *Waldorfpädagogik und Staatsschulwesen,* Stuttgart 1955.

Kniebe, Georg, Die Temperamente in der modernen Psychologie, in: *Erziehungskunst,* 11/1991.

–, *Die vier Elemente. Moderne Erfahrungen mit einer alten Wirklichkeit,* Stuttgart 1993.

– (Hrsg.), *Was ist Zeit? Die Welt zwischen Wesen und Erscheinung,* Stuttgart 1993.

Knijpenga-Heidema, L.J., Natur und Temperament, in: *Die Menschenschule,* 8/1946.

Koch-Hillebrecht, Manfred, *Kleine Persönlichkeitspsychologie,* Stuttgart 1982.

Koepke, Hermann, *Das zwölfte Lebensjahr. Der Eintritt in die Pubertät*, Dornach ³1989.

Kolisko, Eugen, *Auf der Suche nach neuen Wahrheiten. Goetheanistische Studien*, Dornach 1989.

Kolumbus, Christoph, *Bordbuch*, Frankfurt/M. 1981.

Korrodi, Eduard, *Gottfried Kellers Lebensraum*, Zürich 1930.

Kranich, Ernst-Michael, *Pflanzen als Bilder der Seelenwelt. Skizze einer physiognomischen Naturerkenntnis*, Stuttgart ²1996.

–, *Wesensbilder der Tiere. Einführung in die goetheanistische Zoologie*, Stuttgart 1995.

Kranich, Ernst-Michael und Lorenzo Ravagli, *Waldorfpädagogik in der Diskussion. Eine Analyse erziehungswissenschaftlicher Kritik*, Stuttgart 1990.

Kraul, Walter, *Spielen mit Feuer und Erde*, Stuttgart ³1992.

–, *Spielen mit Wasser und Luft*, Stuttgart ⁵1996.

Kretschmer, Ernst, *Körperbau und Charakter*, Berlin 1931.

–, *Medizinische Psychologie*, Leipzig 1930.

Kubin, Alfred, *Die andere Seite. Ein phantastischer Roman*, München ²1973.

Kügelgen, Helmut von, Temperamente, Schlaf und Tod nach neuneindrittel Lebensjahren, in: *Erziehungskunst*, 11/1966.

Kühn, Dieter, *Die Minute eines Segelfalters*, Frankfurt/M. 1992.

Kühne, Petra, *Ernährungssprechstunde*, Stuttgart 1993.

–, *Lebensmittelqualität und bewußte Ernährung. Ein Ratgeber für die Vollwertküche*, Stuttgart 1985.

Kursbuch 92, *Elemente I: Wasser*, Berlin 1988.

Kursbuch 96, *Elemente II: Luft*, Berlin 1989.

Latini, Brunetto, *Tesoretto. Die Geschichte einer Einweihung an der Schwelle der Neuzeit*, hrsg. von Dora Baker, Stuttgart 1979.

Lauer, Hans Eberhard, *Ignaz Paul Vital Troxler*, Oberwil/Zug 1980.

Leber, Stefan, Geschlechtlichkeit und Erziehungsauftrag, in: *Die Geschlechtlichkeit des Menschen. Gesichtspunkte zu einer pädagogischen Behandlung*, mit Beiträgen von Andreas Suchantke, Stefan Leber und Wolfgang Schad, Stuttgart ²1992.

Leber, Stefan u.a., *Die Pädagogik der Waldorfschule und ihre Grundlage*, Darmstadt 1983.

Lenz, Hermann, *Hotel Memoria*, Frankfurt/M. 1990.

Leonhard, Karl, *Akzentuierte Persönlichkeiten*, Stuttgart ²1976.

Lersch, Philipp, *Aufbau der Person*, München ¹¹1970.

Ley, Stephan, *Beethoven. Sein Leben in Selbstzeugnissen, Briefen und Berichten*, Wien 1954.

Lichtenthaeler, Charles, *Geschichte der Medizin. Band 1*, Köln 1987.

Lievegoed, Bernard, *Entwicklungsphasen des Kindes*, Stuttgart ⁵1990.

–, *Heilpädagogische Betrachtungen,* Stuttgart 1995.

–, *Der Mensch an der Schwelle,* Stuttgart ⁴1994.

Lindenau, Christof, Zur Doppelnatur des menschlichen Ätherleibes, in: Jochen Bockemühl (Hrsg.), *Erscheinungsformen des Ätherischen. Wege zum Erfahren des Lebendigen in Natur und Mensch,* Stuttgart ²1985.

Lindenberg, Christoph, *Geschichte lehren. Thematische Anregungen zum Lehrplan,* Stuttgart ²1991.

Lobeck-Kürsteiner, Margrit, Eurythmie und die Temperamente, in: *Die Menschenschule,* 5/1928.

Locher, Louis, Von den Temperamenten, in: *Die Menschenschule,* 1/1927.

Lochmann, Angelika und Angelika Overath, *Das blaue Buch. Anthologie,* Nördlingen 1988.

Lützeler, Heinrich, *Deutsche Kunst,* Bonn 1987.

Maeder, Rosa, Kleiner Beitrag zur erzieherischen Behandlung der Temperamente, in: *Die Menschenschule,* 2/1952.

–, Märchen und Temperamente der Kinder, in: *Die Menschenschule,* 12/1970.

–, Temperament und Rhythmus, in: *Die Menschenschule,* 3/1969.

Marti, Ernst, *Das Ätherische. Eine Erweiterung der Naturwissenschaft durch Anthroposophie,* Basel 1989.

–, *Die vier Äther. Zu Rudolf Steiners Ätherlehre,* Stuttgart ⁴1990.

Matthaei, Rupprecht (Hrsg.), *Goethes Farbenlehre,* Ravensburg ²1988.

Mehrabian, Albert, *Eating Characteristics and Temperament,* New York 1987.

Meumann, Ernst, *Intelligenz und Wille,* Leipzig ⁴1925.

Meyer, Berthold Walther, Das Temperament des Kindes und die Erziehung, in: *Die Menschenschule,* 10–12/1949.

Meyer, Betsy, *Conrad Ferdinand Meyer in der Erinnerung seiner Schwester,* Berlin 1903.

Meyer, Conrad Ferdinand, *Briefe in zwei Bänden,* Leipzig 1908.

–, *Sämtliche Werke,* Bern.

Michaelis, Rolf, Im Herzen die Ruhe. Zum Tode des Schauspielers Ernst Schröder, in: *Die Zeit,* 5.8.1994.

Möller, Ingeborg, *Henrik Steffens,* Stuttgart 1962.

Morgenstern, Christian, *Werke und Briefe,* Stuttgart.

Moritz, Karl Philipp, *Gnoti sauton oder Magazin zur Erfahrungsseelenkunde,* Bd. 10, Nördlingen 1986.

Mozarts Bäsle-Briefe, hrsg. von Joseph Heinz Eibl und Walter Senn, Kassel 1978.

Müller, Heinz, *Von der heilenden Kraft des Wortes und der Rhythmen. Die Zeugnissprüche in der Erziehungskunst Rudolf Steiners,* Stuttgart ⁴1995.

Müller-Wiedemann, Hans, *Karl König. Eine mitteleuropäische Biographie,* Stuttgart 1992.

Müri, Walter, Melancholie und schwarze Galle, in: *Antike Medizin*, hrsg. von Hellmut Flashar, Darmstadt 1971.

Nadolny, Sten, *Die Entdeckung der Langsamkeit. Roman*, München 1989.

Das Naturgedicht. Naturgeschichte in Gedichten. Menschenkunde, hrsg. von Lothar Vogel, Göppingen 1986.

Nestroy, Johann, *Gesammelte Werke in 6 Bänden*, Wien 1948/49.

Niederhäuser, Hans Rudolf, *Fremde Länder, fremde Völker. Eine Einführung in die Völkerkunde in Bildern, Mythen und Erzählungen*, Stuttgart ⁷1986.

Nietzold, Jochem, *Geistige Strukturen sinnvollen Turnens*, Stuttgart 1978.

Nietzsche, Friedrich, *Werke. 2. Band*, Stuttgart o. J.

Nigg, Walter, *Botschafter des Glaubens. Der Evangelisten Leben und Wort*, Olten 1968.

Nögge, Frieder, *Nögge und seine vier Temperamente*, Stuttgart 1991.

Nögges Elementartheater, Flensburger Sonderhefte Nr. 11, Flensburg ²1993.

Nohl, Hermann, *Charakter und Schicksal*, Frankfurt/M. ⁶1963.

Novalis, *Schriften. 1. Band: Das dichterische Werk*, Stuttgart 1960 / Darmstadt 1960.

–, *Schriften. 2. Band: Das philosophische Werk I*, Stuttgart 1960 / Darmstadt 1965.

–, *Schriften. 3. Band: Das philosophische Werk II*, Stuttgart 1960 / Darmstadt 1968.

–, *Schriften. 4. Band: Lebensdokumente*, Stuttgart 1975 / Darmstadt 1975.

Paracelsus, *Mikrokosmos und Makrokosmos. Okkulte Schriften*, hrsg. von Helmut Werner, München 1989.

Peter, Christoph, *Zum Phänomen der Pause und der Wiederholung in der Musik*, Stuttgart 1986.

Petrowski, A.W., *Allgemeine Psychologie*, Berlin 1986.

Planck, Karl Christian, *Seele und Geist*, Leipzig 1871.

Platon, *Sämtliche Werke. Bd. V* (u.a. Timaios), Reinbek 1959.

Plinius der Ältere, *Die Naturgeschichte*, sechs Bände, übersetzt von G. C. Wittstein, Leipzig 1881, Auswahl: Nördlingen 1987.

Portmann, Adolf, *Don Quijote und Sancho Pansa. Vom gegenwärtigen Stand der Typenlehre*, Basel 1958.

Raeck, Christel, Temperament und Farbe, in: *Mensch und Kleidung*, Nr. 19/20, Bad Liebenzell 1983/84.

Remplein, Heinz, *Psychologie der Persönlichkeit*, München 1959.

Renzenbrink, Udo, *Ernährung unserer Kinder. Gesundes Wachstum, Konzentration, soziales Verhalten, Willensbildung*, Stuttgart ⁹1998.

–, *Die sieben Getreide. Nahrung für den Menschen*, Dornach ³1993.

Dirk Revenstorf, *Persönlichkeit. Eine kritische Einführung*, München 1982.

Richter, Dieter, *Schlaraffenland. Geschichte einer populären Phantasie*, Frankfurt/M. 1989.

Riemann, Fritz, *Grundformen der Angst. Eine tiefenpsychologische Studie,* München und Basel 1989.

Rittersbacher, Karl, *Die Notwendigkeit eines neuen Lehrer- und Erzieherbewußtseins,* Schaffhausen ²1988.

Rolland, Romain, *Meister Breugnon* (1914), Reinbek 1987.

Roth, Erwin, *Persönlichkeitspsychologie,* Stuttgart 1969.

Roth, Heinrich, *Pädagogische Anthropologie,* Band 1, Hannover 1971.

Rübenacker, Thomas, *Die Temperamente* (Manuskript von Hörfunksendungen, SDR, 7., 8., 9. und 11.6.1993).

Saltzwedel, Inken, Schüler erzählen Geschichten, in: *Erziehungskunst,* 3/1993.

Schad, Wolfgang, Afrika – Geburtsland der Menschheit, in: *Die Drei,* 2/1992.

–, *Erziehung ist Kunst. Pädagogik aus Anthroposophie,* Stuttgart ³1994.

–, *Säugetiere und Mensch. Zur Gestaltbiologie vom Gesichtspunkt der Dreigliederung,* Stuttgart ²1985.

Schikaneder, Emanuel und Wolfgang Amadeus Mozart, *Die Zauberflöte,* Stuttgart 1957.

Schiller, Friedrich, *Der Briefwechsel zwischen Schiller und Goethe,* Bd. 1, München 1984.

–, *Sämtliche Werke,* Bd. 1, München 1965.

Schipperges, Heinrich, *Moderne Medizin im Spiegel der Geschichte,* Stuttgart 1970.

Schlegtendal, Herta, Temperamente und Obstbäume, ein Versuch, in: *Erziehungskunst,* 4/1950, S. 115–120.

Schleiermacher, Friedrich Ernst Daniel, *Ausgewählte pädagogische Schriften,* hrsg. von Ernst Lichtenstein, Paderborn 1959.

Schmidt, Hans D., *Grundriß der Persönlichkeitspsychologie,* Frankfurt/M. 1986.

Schöffler, Heinz Herbert, *Das Kind im Wandel des Jahrhunderts,* Stuttgart 1971.

Schöner, Erich, *Das Viererschema in der antiken Humoralpathologie,* Wiesbaden 1964.

Schönfeldt, Klaus, *Die Temperamentenlehre in deutschsprachigen Handschriften des 15. Jahrhunderts,* Dissertation Heidelberg 1962.

Schopenhauer, Arthur, *Der handschriftliche Nachlaß,* Bd. 2, Frankfurt/M. 1967.

Schrey, Helmut, *Waldorfpädagogik,* Bad Godesberg 1968.

Schubert, Gotthilf Heinrich von, *Die Geschichte der Seele,* Stuttgart ⁵1878.

Schuberth, Ernst, *Der Anfangsunterricht in der Mathematik an Waldorfschulen,* Stuttgart 1993.

Seifert, Josef, *Das Leib-Seele-Problem und die gegenwärtige philosophische Diskussion. Eine systematisch-kritische Analyse,* Darmstadt ²1989.

Slezak-Schindler, Christa, *Künstlerisches Sprechen im Schulalter*, Stuttgart 1978.

Sixel, Detlef, *Rudolf Steiner über die Temperamente*, Dornach 1990.

Smit, Jörgen, *Der werdende Mensch. Zur meditativen Vertiefung des Erziehens*, Suttgart 1989.

Staiger, Emil, *Grundbegriffe der Poetik*, Zürich 1946.

Stark, Franz, Zum Zeitalter der Entdeckungen, in: Helmut Neuffer (Hrsg.), *Zum Unterricht des Klassenlehrers an der Waldorfschule*, Stuttgart 1997, S. 602 ff.

Steffens, Henrik, *Anthropologie* (1822), Stuttgart 1922.

Steiner, Rudolf, Das Geheimnis der menschlichen Temperamente, durch C. Englert-Faye aus mehreren Vorträgen im Wortlaut zusammengearbeiteter Text, Basel 1967.

Steiner, Rudolf (geordnet nach den Nummern der Gesamtausgabe = GA):

–, *Die Mystik im Aufgange des neuzeitlichen Geisteslebens und ihr Verhältnis zur modernen Weltanschauung* (1901), GA 7, Dornach ⁵1960.

–, *Theosophie* (1904), GA 9, Dornach ³¹1987.

–, *Die Geheimwissenschaft im Umriß* (1910), GA 13, Dornach ³⁰1989.

–, *Die Rätsel der Philosophie* (1914), GA 18, Dornach ⁹1985.

–, *Von Seelenrätseln* (1917), GA 21, Dornach ⁵1983.

–, *Vom Menschenrätsel* (1916), GA 20, Dornach ⁵1984.

–, *Gesammelte Aufsätze zur Kultur- und Geistesgeschichte 1887 – 1901*, GA 31, Dornach ²1966.

–, Die Erziehung des Kindes vom Gesichtspunkte der Geisteswissenschaft, in: *Lucifer – Gnosis*, GA 34, Dornach ²1987.

–, *Anthroposophie. Ein Fragment aus dem Jahre 1910*, GA 45, Dornach ³1980.

–, *Wo und wie findet man den Geist?*, GA 57, Dornach ²1984, Vortrag vom 4.3.1909.

–, *Metamorphose des Seelenlebens – Pfade der Seelenerlebnisse. Bd. I*, GA 58, Dornach 1984, Vortrag vom 5.12.1909.

–, *Metamorphose des Seelenlebens – Pfade der Seelenerlebnisse. Bd. II*, GA 59, Dornach 1984, Vortrag vom 14.3.1910.

–, *Menschengeschichte im Lichte der Geistesforschung*, GA 61, Dornach ²1983, Vorträge vom 22. und 23.3.1913.

–, *Vor dem Tore der Theosophie*, GA 95, Dornach ⁴1990, Vortrag vom 28.8.1906.

–, *Ursprungsimpulse der Geisteswissenschaft*, GA 96, Dornach ²1989, Vortrag vom 15.10.1906.

–, *Das christliche Mysterium*, GA 97, Dornach ²1981, Vortrag vom 14.3.1906.

–, *Natur- und Geistwesen – ihr Wirken in unserer sichtbaren Welt*, GA 98, Dornach 1983, Vortrag vom 11.2.1908.

–, *Die Theosophie des Rosenkreuzers*, GA 99, Dornach ⁷1985, Vorträge vom

30.5. und 5.6.1907.

–, *Ägyptische Mythen und Mysterien*, GA 106, Dornach ⁵1992, Vortrag vom 13.9.1908.

–, *Geisteswissenschaftliche Menschenkunde*, GA 107, Dornach ⁵1988, Vortrag vom 2.11.1908.

–, *Der Christus-Impuls und die Entwickelung des Ich-Bewußtseins*, GA 116, Dornach ⁴1982, Vortrag vom 2.5.1910.

–, *Makrokosmos und Mikrokosmos*, GA 119, Dornach ³1988, Vortrag vom 28.3.1910.

–, *Die Mission einzelner Volksseelen*, GA 121, Dornach ⁵1982, Vortrag vom 8.6.1910.

–, *Exkurse in das Gebiet des Markus-Evangeliums*, GA 124, Dornach ⁴1995, Vortrag vom 28.2.1911.

–, *Wege und Ziele des geistigen Menschen*, GA 125, Dornach ²1992, Vortrag vom 13.11.1910.

–, *Das Markus-Evangelium*, GA 139, Dornach ⁶1985, Vorträge vom 15. und 21.9.1912.

–, *Welche Bedeutung hat die okkulte Entwickelung des Menschen für seine Hüllen und sein Selbst?*, GA 145, Dornach ⁵1986, Vorträge vom 22. und 23.3.1913.

–, *Der menschliche und der kosmische Gedanke*, GA 151, Dornach ⁶1990, Vortrag vom 21.1.1914.

–, *Vorstufen zum Mysterium von Golgatha*, GA 152, Dornach ³1990, Vortrag vom 18.5.1913.

–, *Menschenschicksale und Völkerschicksale*, GA 157, Dornach ³1981.

–, *Der Zusammenhang des Menschen mit der elementarischen Welt*, GA 158, Dornach ⁴1993, Vortrag vom 21.11.1914.

–, *Wege der geistigen Erkenntnis und der Erneuerung künstlerischer Weltanschauung*, GA 161, Dornach 1980, Vorträge vom 10. und 30.1.1915.

–, *Die Verbindung zwischen Lebenden und Toten*, GA 168, Dornach ⁴1995, Vortrag vom 10.10.1916.

–, *Zeitgeschichtliche Betrachtungen. Das Karma der Unwahrhaftigkeit – Zweiter Teil*, GA 174, Dornach ²1983, Vortrag vom 14.1.1917.

–, *Die spirituellen Hintergründe der äußeren Welt. Der Sturz der Geister der Finsternis*, GA 177, Dornach ⁴1985, Vortrag vom 26.10.1917.

–, *Geschichtliche Symptomatologie*, GA 185, Dornach ³1982, Vortrag vom 20.10.1918.

–, *Wie kann die Menschheit den Christus wiederfinden?*, GA 187, Dornach ⁴1995, Vortrag vom 29.12.1918.

–, *Der innere Aspekt des sozialen Rätsels*, GA 193, Dornach ⁴1989, Vortrag vom 12.6.1919.

–, *Die Brücke zwischen der Weltgeistigkeit und dem Physischen des Menschen*, GA 202, Dornach ⁴1993, Vortrag vom 17.12.1920.

–, *Perspektiven der Menschheitsentwickelung*, GA 204, Dornach 1979, Vortrag vom 15.4.1921.

–, *Menschenwerden, Weltenseele und Weltengeist – Erster Teil*, GA 205, Dornach ²1987, Vortrag vom 2.7.1921.

–, *Menschenwerden, Weltenseele und Weltengeist – Zweiter Teil*, GA 206, Dornach ²1991, Vortrag vom 7.8.1921.

–, *Menschenfragen und Weltenantworten*, GA 213, Dornach ²1987, Vortrag vom 30.6.1922.

–, *Die Grundimpulse des weltgeschichtlichen Werdens der Menschheit*, GA 216, Dornach ³1988, Vortrag vom 23.9.1922.

–, *Initiationswissenschaft und Sternenerkenntnis*, GA 228, Dornach ²1985, Vortrag vom 27.7.1923.

–, *Der Mensch als Zusammenklang des schaffenden, bildenden und gestaltenden Weltenwortes*, GA 230, Dornach ⁷1993.

–, *Mysteriengestaltungen*, GA 232, Dornach ⁴1987, Vorträge vom 23.11. und 15.12.1923.

–, *Die Weltgeschichte in anthroposophischer Beleuchtung und als Grundlage der Erkenntnis des Menschengeistes*, GA 233, Dornach ⁵1991, Vortrag von 17.12.1923.

–, *Esoterische Betrachtungen karmischer Zusammenhänge. Zweiter Band*, GA 236, Dornach ⁶1991, Vorträge vom 12. und 23.4.1924.

–, *Esoterische Betrachtungen karmischer Zusammenhänge. Vierter Band*, GA 238, Dornach ⁶1991, Vorträge vom 14. und 16.9.1924.

–, *Esoterische Betrachtungen karmischer Zusammenhänge. Fünfter Band*, GA 239, Dornach ³1985, Vortrag vom 10.6.1924.

–, *Esoterische Betrachtungen karmischer Zusammenhänge. Sechster Band*, GA 240, Dornach ⁵1992, Vortrag vom 25.1.1924.

–, *Das Initiaten-Bewußtsein*, GA 243, Dornach ⁵1993, Vortrag vom 15.8.1924.

–, *Die okkulte Bewegung im neunzehnten Jahrhundert und ihre Beziehung zur Weltkultur*, GA 254, Dornach ⁴1986, Vortrag vom 25.10.1915.

–, *Aus den Inhalten der esoterischen Stunden. Band I*, GA 266/1, Dornach 1995, Anhang.

–, *Eurythmie als sichtbarer Gesang*, GA 278, Dornach ⁴1984, Vortrag vom 19.2.1924.

–, *Sprachgestaltung und Dramatische Kunst* [Zusammen mit Marie Steiner-von Sivers], GA 282, Dornach ⁴1981, Vorträge vom 13. und 21.9.1924.

–, *Das Wesen des Musikalischen und das Tonerlebnis im Menschen*, GA 283, Dornach ⁵1989, Vortrag vom 30.9.1920.

–, *Bilder okkulter Siegel und Säulen*, GA 284, Dornach ³1993, Vortrag vom 20.5.1907.

–, *Das Wesen der Farben*, GA 291, Dornach ⁴1991.

–, *Kunstgeschichte als Abbild innerer geistiger Impulse*, GA 292, Dornach ²1981, Vortrag vom 8.11.1916.

–, *Allgemeine Menschenkunde als Grundlage der Pädagogik*, GA 293, Dornach ²1992, Vortrag vom 22.8.1919.

–, *Erziehungskunst. Methodisch-Didaktisches*, GA 294, Dornach ⁶1990, Vorträge vom 21. und 26.8.1919.

–, *Erziehungskunst. Seminarbesprechungen und Lehrplanvorträge*, GA 295, Dornach ⁴1984.

–, *Die Erziehungsfrage als soziale Frage*, GA 296, Dornach ⁴1991, Vortrag vom 16.8.1919.

–, *Konferenzen mit den Lehrern der Freien Waldorfschule 1919 bis 1924. 3 Bände*, GA 300 a–c, Dornach 1975.

–, *Menschenerkenntnis und Unterrichtsgestaltung*, GA 302, Dornach ⁵1986, Vortrag vom 13.6.1921.

–, *Erziehung und Unterricht aus Menschenerkenntnis*, GA 302a, Dornach ⁴1993, Vortrag vom 2.6.1922.

–, *Die gesunde Entwickelung des Menschenwesens*, GA 303, Dornach ⁴1987, Vorträge vom 3.1., 4.1. und 6.1.1922.

–, *Anthroposophische Menschenkunde und Pädagogik*, GA 304a, Dornach 1979, Vortrag vom 19.11.1923.

–, *Die geistig-seelischen Grundkräfte der Erziehungskunst*, GA 305, Dornach ³1991, Vortrag vom 22.8.1922.

–, *Die pädagogische Praxis vom Gesichtspunkte geisteswissenschaftlicher Menschenerkenntnis*, GA 306, Dornach ⁴1989, Vortrag vom 22.4.1923.

–, *Gegenwärtiges Geistesleben und Erziehung*, GA 307, Dornach ⁵1986, Vortrag vom 16.8.1923.

–, *Die Methodik des Lehrens und die Lebensbedingungen des Erziehens*, GA 308, Dornach ⁵1986, Vorträge vom 8. und 10.4.1924.

–, *Anthroposophische Pädagogik und ihre Voraussetzungen*, GA 309, Dornach ⁵1981, Vortrag vom 13.4.1924.

–, *Der pädagogische Wert der Menschenerkenntnis und der Kulturwert der Pädagogik*, GA 310, Dornach ⁴1989, Vortrag vom 23.7.1924.

–, *Die Kunst des Erziehens aus dem Erfassen der Menschenwesenheit*, GA 311, Dornach ⁵1989, Vortrag vom 15.8.1924.

–, *Geisteswissenschaft und Medizin*, GA 312, Dornach ⁶1985, Vorträge vom 29.3., 1.4. und 6.4.1920.

–, *Physiologisch-Therapeutisches auf Grundlage der Geisteswissenschaft. Zur Therapie und Hygiene*, GA 314, Dornach ³1989, Vortrag vom 7.4.1920.

–, *Meditative Betrachtungen und Anleitungen zur Vertiefung der Heilkuns:* GA 316, Dornach ³1987, Vortrag vom 25.4.1924.

–, *Heilpädagogischer Kurs,* GA 317, Dornach ⁸1995, Vorträge vom 25.6., 26.6. und 1.7.1924.

–, *Anthroposophische Menschenerkenntnis und Medizin,* GA 319, Dornach ³1994.

–, *Geisteswissenschaftliche Impulse zur Entwickelung der Physik, Bd. II,* GA 321, Dornach³1982, Vortrag vom 11.3.1920.

–, *Der Entstehungsmoment der Naturwissenschaft in der Weltgeschichte und ihre seitherige Entwickelung,* GA 326, Dornach ³1977, Vortrag vom 3.1.1923.

–, *Über Gesundheit und Krankheit. Bd. II,* GA 348, Dornach ³1983, Vortrag vom 10.1.1923.

–, *Mensch und Welt. Das Wirken des Geistes in der Natur. Über das Wesen der Bienen,* GA 351, Dornach ⁴1988, Vortrag vom 13.10.1923.

William Stern, *Differentielle Psychologie,* Leipzig ³1921.

Max Stibbe, Menschentypen, in: *Die Menschenschule,* 1–3/1954.

Jakob Streit, *Erziehung, Schule, Elternhaus. Erziehungsfragen und Erziehungshilfen,* Schaffhausen 1973.

Jan Strelau, *Das Temperament in der psychischen Entwicklung,* Berlin 1984.

Suchantke, Andreas, *Der Kontinent des Kolibris. Landschaften und Lebensformen in den Tropen Südamerikas,* Stuttgart 1982.

–, *Sonnensavannen und Nebelwälder. Pflanzen, Tiere und Menschen in Ostafrika,* Stuttgart ²1992.

Suchantke, Andreas, Hans-Ulrich Schmutz, Wolfgang Schad und Wolfgang Fackler, *Mitte der Erde. Israel und Palästina im Brennpunkt natur- und kulturgeschichtlicher Entwicklungen,* Stuttgart ²1996.

Trakl, Georg, *Die Dichtungen,* Salzburg o. J.

Treichler, Markus, Auf der Schwelle: Bellorophon und Pegasus, in: *Die Drei,* 7–8/1992.

Treichler, Rudolf, *Die Entwicklung der Seele im Lebenslauf. Stufen, Störungen und Erkrankungen des Seelenlebens,* Stuttgart 1981.

Troxler, Ignaz Paul Vital, Aus den Vorlesungen über psychische Anthropologie (Nachschrift von Jos. Egli), in: *Die Menschenschule,* 2/1936.

–, *Blicke in das Wesen des Menschen,* Stuttgart 1921.

–, *Fragmente. Erstveröffentlichungen aus seinem Nachlaß,* hrsg. von Willi Aeppli, St. Gallen 1932.

–, *Gewißheit des Geistes. Fragmente,* Stuttgart 1958.

Ullrich, Heiner, *Waldorfpädagogik und okkulte Weltanschauung. Eine bildungsphilosophische und geistesgeschichtliche Auseinandersetzung mit der Anthropologie Rudolf Steiners,* Weinheim und München ³1991.

Unger, Georg, V*om Bilden physikalischer Begriffe,* 3 Teile, Stuttgart 1959, 1961 und 1967.

Vogel, Heinz-Hartmut, Die vier Hauptorgane des Menschen als Grundlage der Psychosomatik, in: *Der Merkurstab,* 1/1994.

Vogel, Lothar, *Der dreigliedrige Mensch. Morphologische Grundlagen einer allgemeinen Menschenkunde,* Dornach ³1992.

–, Die Temperamente, in: *Erziehungskunst,* 2/1962.

Vogt, Alfred, *Theophrastus Paracelsus als Arzt und Philosoph,* Stuttgart 1956.

Die Vorsokratiker, hrsg. von Jaap Mansfeld, Stuttgart 1987.

Wachsmuth, Guenther, *Die ätherische Welt in Wissenschaft, Kunst und Religion,* Dornach 1927.

Wartburg, A. M. von, Einige Beispiele zur Charakteristik der vier Temperamente, in: *Die Menschenschule,* 2/1958.

Watzlawick, Paul, *Anleitung zum Unglücklichsein,* München 1983.

Weischedel, Wilhelm, *Die philosophische Hintertreppe. 34 große Philosophen im Alltag und Denken,* Darmstadt ⁴1974.

Weißert, Elisabeth, «Trost der Sichtbarkeit», in: *Erziehungskunst,* 11/1975.

Wellek, Albert, *Die Polarität im Aufbau der Charakterkunde,* Bern 1950.

Wellershoff, Dieter, *Blick auf einen fernen Berg,* Köln 1991.

Wellhöfer, Peter R., *Grundstudium Persönlichkeitspsychologie. Eine Einführung in Theorie und Diagnose individueller Verhaltensweisen,* Stuttgart 1977.

Widmer, Max, Die Temperamente und die Elemente, in: *Die Menschenschule,* 10/1975.

Woolf, Virginia, *Orlando. Eine Biographie* (1928), Frankfurt/M. 1987.

Wundt, Wilhelm, *Grundzüge der physiologischen Psychologie in drei Bänden,* Leipzig, 6. umgearbeitete Auflage 1911.

Zentner, Marcel, *Die Wiederentdeckung des Temperaments. Die Entwicklung des Kindes im Licht moderner Temperamentforschung,* Paderborn 1993.

Bildnachweis

Abb. 1, S. 28: Philippe Suchard, Schweizerische Landesbibliothek, Bern.

Abb. 2, S. 35: Michelangelo, Il Pensieroso, Bildarchiv Preußischer Kulturbesitz.

Abb. 3, S. 38: Béla Bartók, Archiv für Kunst und Geschichte, Berlin.

Abb. 4, S. 42: Karl König, Verlagsarchiv.

Abb. 5, S. 51: Pieter Breughel d.Ä., Das Schlaraffenland, Archiv für Kunst und Geschichte, Berlin.

Abb. 6, S. 57: Brutus, aus: Johann Wolfgang Goethe, Sämtliche Werke Bd. 17, «Aus Lavaters physiognomischen Argumenten».

Abb. 7, S. 59: Ludwig van Beethoven, Gemälde von Ferdinand Georg Waldmüller, 1823, Archiv für Kunst und Geschichte, Berlin.

Abb. 8, S. 136: Albrecht Dürer, Die vier Apostel, Archiv für Kunst und Geschichte, Berlin.

Abb. 9a-d, S. 138f.: Caspar David Friedrich, Frühling, Sommer, Herbst und Winter, Archiv für Kunst und Geschichte, Berlin.

Abb. 10, S. 181: Conrad Ferdinand Meyer, Radierung von Karl Stauffer-Bern aus dem Jahre 1887, Archiv für Kunst und Geschichte, Berlin.

Abb. 11, S. 187: Gottfried Keller, Radierung von Karl Stauffer-Bern aus dem Jahre 1887, Archiv für Kunst und Geschichte, Berlin.

Abb. 12a-d und 13a-d, S. 220 f. und S. 222f.: Schülerbilder.

Abb. 14a-g, S. 226f.: Formenzeichnungen; aus: Rudolf Steiner, Erziehungskunst. Seminarbesprechungen und Lehrplanvorträge, GA 295, Dornach ⁴1984, Farbtafel, S. 35 f., S. 44 f.

Abb. 15, S. 261: Schema des Verfassers.

Abb. 16, S. 279: Königsportal der Kathedrale von Chartres (mittleres Tympanon), Photographie von Frank Teichmann, Stuttgart.

Abb. 17, S. 317: Das Viererschema in der antiken und mittelalterlichen Humorallehre, aus: E. Schöner, «Das Viererschema in der antiken Humoralpathologie».

Abb. 18, S. 329: Die Temperamentenrose von Goethe und Schiller, aus: Lothar Vogel, Der dreigliedrige Mensch.

Abb. 19 und 20, S. 368 und 371: Matthias Grünewald, Isenheimer Altar, Photographie von Octave Zimmermann, Musée Unterlinden, Colmar.

Sachregister

Dieses Stichwortverzeichnis berücksichtigt nicht die ständig wiederkehrenden Begriffe wie die der Temperamente selbst und bestimmte, damit verbundene Eigenschaften. Auch Rudolf Steiner wurde in das Namenregister aus demselben Grund nicht aufgenommen.

Einiges wird nur dort genannt, wo es ausführlicher dargestellt wird, bloße Wiederholungen oder kleinere Hinweise sind nicht ins Verzeichnis aufgenommen. Das gilt z.B. für viele Begriffe aus der anthroposophischen Menschenkunde und für allgemeine pädagogische Hinweise. Der Anhang ist nicht aufgenommen.

Namenregister

476

Menschenkunde und Erziehung

Schriften der Pädagogischen Forschungsstelle
beim Bund der Freien Waldorfschulen

Verlag Freies Geistesleben

Menschenkunde und Erziehung

Schriften der Pädagogischen Forschungsstelle
beim Bund der Freien Waldorfschulen

Verlag Freies Geistesleben